흔들릴 것도, 아쉬울 것도 없을 때 떠나라

이홍훈

이홍훈 작가는 한양대학교 법학과 졸업 후 1986년 부산지검에서 검사로서 첫발을 내디뎠다. 이후 20년간 검사직에서 활약하던 그는 2005년 서울중앙지검 형사4부장검사를 마지막으로 검찰을 떠난다. 그 후 대형 로펌의 파트너 변호사로서 4년간 활동하며 법조인으로서의 커리어를 이어갔다.

어느 날 문득 돈만을 위해 살아가고 있다는 생각에 회의감을 느낀 그는 변호사 생활을 청산하고 미국 유학을 시작한다. 처음에는 단순히 영어를 배우고 재충전하기 위해 Tompkins Cortland Community College에 입학했으나, 학문에 대한 열정이 커져 준학사 학위 취득 후 컬럼비아 대학교에 편입했다.

졸업 후 현재 미국 뉴저지에 거주하며 집필 활동에 전념하고 있다.

흔들릴 것도,
아쉬울 것도 없을 때
떠나라

컬럼비아 대학에서 늦은 공부하기

이홍훈 지음

Prologue

허드슨 강변의 컬럼비아대학교를 졸업한 지 어느덧 9년이 흘렀다. 그 시절의 일들이 희미하게 멀어져 가는 것이 못내 아쉽기만 하다. 50대의 늦은 나이에 외국 대학에 입학하여 공부하는 것이 쉽지 않은 도전이었지만, 돌아보면 보석처럼 영롱하게 빛나는 시간이었다. 불가능해 보이던 어려움을 극복함으로써 더할 나위 없는 성취감을 느꼈을 뿐만 아니라, 넓은 지식의 바다를 항해하면서 귀한 것을 많이 얻었기 때문이다. 공자는 "50의 나이에 비로소 하늘의 뜻을 알게 되었고[知天命], 60이 되어 귀가 순해져서 듣는 말에 거스름이 없었다[耳順]."라고 했는데, 내게는 뒤늦은 학문의 경험이 바로 그러한 성장의 밑거름이 되었다고 생각한다.

나는 2012년에 컬럼비아대학교의 학부 과정인 School of General Studies에 입학하여 역사학을 공부했고, 2015년에 졸업하면서 인문학 학사학위(Bachelor of Arts)를 받았다. 제너럴 스터디 학부는 컬럼비아대학교에 설치된 세 학부 중 하나로서 liberal arts school이지만 편입생이나 사회 경력이 있는 사람들에게도 입학할 수 있는 기회가 주어지는 점에서 컬럼비아 칼리지(Columbia College) 학부와 차별화된다. 미국의 아이비리그 대학 중에서 사회 경력자들에게 입학 기회가 주어지는 유일한 학부인 셈이다. 나 역시 2년제 대학인 커뮤니티 칼리지를 졸업하고 편입 지원을 통해서 입학 기회를 얻을 수 있었다. 사실 처음부터 미국 대학에서 공부하려 계획한 것은 아니었다. 처음에는 코넬대학교에 유학 중인 딸과 함께 지내기 위해 아내와 함께 미국에서 생활하면서, 영어 공부를 위해 알아보다가 근처에 있는 커뮤니티 칼리지에 입학하게 되었다. 이후 커뮤니티 칼리지를 마칠 무렵, 사회학 교수의 권유에 따라 컬럼비아대학교에 편입 지원을 했고 다행히도 입학 허가를 받았다.

굳게 마음 먹고 입학했지만, 미국 명문 대학에서 젊은 학생들과 경쟁하며 공부하는 것은 결코 쉬운 일이 아니었다. 학기 내내 힘에 겹도록 많은 양의 책과 논문을 읽느라 쉴 틈이 없었고 주어진 페이퍼들을 작성하느라 항상 부담스러웠다. 또한 중간시험과 학기말시험 준비를 하느라 눈코 뜰 새 없이 바빴다. 매번 학기가 시작되면 마치 롤러코스터를 타듯이 학기가 끝날 때까지 약 100일간을 오로지 끝을 향해 질주하곤 했다. 첫 학기를 마쳤을 때쯤 알고 지내던 한국 유학생들이 하나둘씩 학업을 중단하고 떠나가는 모습을 보면서, 나 역시 학업을 끝마칠 수 없을지 모른다는 두려움에 떨어야만 했다. 되돌아보면 어느 한 과목도 수월하지 않았던 것 같다. 교양과목인 음악이나 미술 과목조차도 쉽지 않았으니 말이다. 새로운 과목이 시작되면 과연 이 과목을 무사히 끝낼 수 있을까 하는 두려움을 떨쳐 버리기 어려웠다. 내 핸디캡을 극복하는 방법은 오로지 더 많은 시간을 확보하고 더욱 집중해서 공부하는 길뿐이었다. 털어놓자면 학교에 다니는 동안 월요일부터 일요일까지 매일 학교 도서관에서 저녁 늦게까지 시간을 보냈던 것 같다. 오죽하면 한국 유학생들이 내게 "도서관 아저씨"라고 별명을 지어 주었을까.

힘든 공부였기에 졸업장을 받아 든 감회가 남다를 수밖에 없었다. 무엇보다도 졸업식장에 찾아와 준 자녀들에게 아버지의 집념과 노력이 미국 대학에서도 통한다는 사실을 증명할 수 있어서 기뻤다. 늦은 공부였지만, 스스로 도전을 결정하여 어려움을 극복했고 취업이나 쓰임새를 고려하지 않고 좋아하는 분야의 공부를 할 수 있어서 좋았다. 그리고 젊은 시절에 미처 경험하지 못한 폭넓은 시야를 얻고 깊이 있는 사유의 시간을 보낼 수 있어서 만족스러웠다. 이제는 치열했던 그 시절의 자료들을 모아서 책으로 엮어 보려고 한다. 먼저 졸업하기까지 작성했던 에세이와 리포트 등 페이퍼를 모아서 하나하나 한글로 번역했고, 그 외에 클래스에서 공부한 내용 중 인상 깊었던 부분이나 클래스 블로그에 업로드했던 글들을 추가했다. 이렇게 수록된 자료들을 종합해서 보면 미국 대학에서의 학업을 충분히 가늠해 볼 수 있으리라 생각된다. 사실 처음에는 작성해 둔 글들을 그대로 모아 보관할 생각으로 작업을 시작했다. 그러다가 영어로 된 내용을 우리말로 번역하기 시작했고, 아울러 공부한 내용들을 번역하여 추가하다 보니 작업이 확대되었다. 그래서 마무리하기까지 결국 1년여의 시간이 소요되었다. 이제 작업을 마무리하고 떨리는 마음으로 책을 출간하려 한다. 다만, 지면의 제한으로 모든 글을 이 책에 수록하지 못하고 나머지 글들과 원문 에세이는 다음에 발간할 책에 수록할 예정이다.

    자신이 쓴 글은 언제 보아도 부족하고 부끄럽기 짝이 없다. 얼핏 보면 근사해 보이기도 하지만, 교수의 지적사항이 적힌 초고들을 꺼내어 보면 지금도 얼굴이 화끈거린다. 아무리 노력한들 다른 나라 언어로 쓴 글이니 한계가 있을 수밖에 없다고 생각된다. 그럼에도 부족하고 부끄러운 글이나마 모아서 출판할 용기를 낸 이유는 더 늦기 전에 그 시절의 글과 자료들을 정리하고 후일에 잊지 않기를 바라는 마음 때문이다. 부족하고 미비한 점은 그 나름대로 타산지석의 의미가 있으리라 감히 생각해 본다. 50대의 만학도가 과연 무엇을 보았는지, 그리고 어떻게 느꼈는지 살펴보면 좋겠다.

CONTENTS

Prologue	5

1장. 컬럼비아대학교에 입학하다   11
입학지원하기	12
입학 전 영어 에세이 시험	26
입학의 기쁨	30
편입 지원의 동기	33

2장. 컬럼비아대학교 : 코어 커리큘럼   43
대학 작문(University Writing) 과목	44
문학 과목(Literature Humanities)	69
서양 문학작품들	92
현대 문학작품: 인상적인 몇 편의 시	122
언론 및 표현의 자유 과목	132

3장. 컬럼비아대학교 : 역사 과목   141
역사 자료집(Source Book)	142
동아시아 역사 문헌학(East Asia Historiography) 과목	153

로마사 과목	171
이스라엘 역사 과목	201
기독교 역사 과목	221
중국사 과목	246
현대 중국사 과목	259

4장. 컬럼비아대학교 : 한국사 과목　　　　　283

한국사 입문 과목	284
브루스 커밍스의 저서 『한국전쟁의 기원』	296
테사 모리스의 글 「북한으로 집단이주(Exodus to North Korea)」	314
한국사 과목	326
여성 한국사 세미나 과목	343

5장. 학교 캠퍼스에서　　　　　363

6장. 졸업소감　　　　　379

작가 인터뷰　　　　　385

[컬럼비아대학교에 입학하다]

입학지원하기

나의 입학 지원은 에세이 작성으로 시작되었다. 컬럼비아대학교 입학 지원서를 보면 먼저 자전적 에세이를 필수로 작성해야 하며, 그 외에 자신에 관해 알리고 싶은 글을 추가로 작성하여 제출할 수 있다. 마침 이전에 제주 바다에서 물에 빠져 거의 죽을 뻔했던 경험을 적어 놓았던 글이 있어서 이를 바탕으로 영문으로 에세이를 작성하기로 마음먹었다. 추가 에세이의 분량이 한 페이지 정도로 한정되었기 때문에 글의 분량을 줄이고 표현을 보완하여 마침내 근사 체험(near death experience) 수기를 완성할 수 있었다.

Near Death Experience

Why does one live? What is truly meaningful in life? I raised these questions during my struggle for survival after a boat accident in the sea. I was on a fishing trip in a rubber motor boat to a small offshore island with three co-workers. Bad weather came up, and the boat capsized in high waves, tossing its four passengers into the hostile sea. I barely grabbed a ring on the side of the boat. We had to cope with the violent waves, which made it difficult to hold to the boat. The shore looked too far from us to attempt to swim back. All we could do was wait for someone to rescue us. Unfortunately, it was unlikely that a ship or a boat would come to our aid due to the bad weather. Constant, furious waves kept striking my head, making me shiver with cold. I asked myself, "How long can I endure, one or two hours?" I began to think about giving up and releasing my grasp, certain I was going to die soon.

Suddenly, the thought of my wife and children popped in my head. I felt terribly sad as I imagined my wife all alone and miserable after my death. Strangely, I never thought about wealth, career, reputation, or the things that I valued so much until that moment. The weather began to subside, as strong waves began to push us towards the shore. A few hours later, we finally made it to land. I had survived a near-death experience, and endured almost everything that a person addresses at the end of their life.

At that moment, I realized what was really meaningful to me – it wasn't wealth, status, career, or reputation. Those accomplishments did not mean anything when faced with my own mortality. It was a very shocking realization to me, as I had spent my entire life pursuing these achievements. However, what was truly meaningful in my life was my relationship with the loved ones. I vowed to pursue that same love in all areas of my life, and that is what has led me to pursue this career switch I am now undertaking.

제주도 바다에서 일을 겪은 후에 써 두었던 수기는 다음과 같다.

제주 바다에서 미리 찍어 본 삶의 마침표

2000년 10월 27일 오후 3시 10분경 제주도 김녕리 앞 바다에는 흐린 날씨에 검푸른 파도가 높게 일고 있었다. 나는 직원 3명과 함께 모터가 달린 고무보트를 타고서 낚시하러 작은 비위섬을 향해 가던 중이었다. 보트가 진행하는 방향으로 큰 파도가 해변을 향하여 거칠게 지나가는 것이 보였다. 4-5미터는 족히 되어 보이는 집채만 한 파도들이 연이어서 해변을 향하여 지나가고 있었다. 마치 파도가 지나가는 통로인 것 같았다. 우리 4명이 탄 고무보트는 파도의 통로를 지나가야만 했다. 가슴이 철렁 내려앉으며 온몸이 얼어붙었다. 파도에 가까이 갈수록 보트는 점점 더 좌우로 기우뚱거리며 속도마저 느려지는 듯했다. '파도를 무사히 넘어갈 수 있을까….' 파도와 맞닥뜨렸을 때 궁금함이 바로 풀렸다. 집채만 한 파도가 보트를 덮치자 고무보트는 바람에 낙엽 구르듯이 여지없이 뒤집혀 버렸다.

정신을 차려 보니 물속이었다. 물 위로 올라가려고 부지런히 팔을 저었으나 쉽사리 밖으로 나갈 수 없었다. '이러다가 영영 물속에 잠겨 버리는 것은 아닐까?' 하는 마음에 덜컥 겁이 났다. 무척이나 길게 느껴진 순간이 지나고 가까스로 물 위로 떠올랐으나 주변에 아무것도 보이지 않았다. 찬찬히 살펴보니 뒤집힌 보트의 빈 공간에 갇혀 있었다. 밖이 보이지 않으니 마치 잔잔한 실내 수영장에 있는 것같이 느껴져서 잠시 그대로 있었다. 문득 집채만 한 파도 모습이 떠올라 정신을 차렸다. 보트 밖으로 서둘러 나와서 무엇인가 잡을 것을 찾으니 보트의 옆 부분에 달린 쇠고리가 보였다. 고리가 작아서 손가락 3개만 겨우 집어넣어 잡을 수 있었다.

그제야 주위를 둘러보니 여직원은 반대쪽에서 보트에 매달려 있고, 이 계장은 내 뒤쪽에서 허우적거리며 다가오고 있었다. 장 주임은 이 계장 뒤에서 보트 쪽으로 헤엄쳐 왔다. 해변은 아득히 멀리 떨어져 있고 파도마저 심해서 수영은 감히 엄두도 낼 수 없었다. 비닐 우비와 낚시용 장화를 신고 있어서 몸을 움직이기도 쉽지 않았다. 검푸른 바닷물은 섬뜩할 정도로 너울거렸고 큰 파도는 연이어서 밀려오고 있었다. 덮쳐 오는 파도를 보면서 고리를 잡은 손가락에 힘을 주었다. 강한 물벼락을 맞은 듯 머리에 충격이 느껴졌다. 충격을 받은 보트는 매달려 있는 우리를 내동댕이치려는 듯 심하게 몸부림쳤다. 계속되는 물벼락 때문에 정신을 잃을 지경이었다. 바다 한가운데서 경험하는 파도는 해변에서 맞이하는 파도와는 전혀 차원이 달랐다. 해변에서 보는 파도가 길짐승과 같다면 바다 가운데서 맞이하는 파도는 마치 성난 야수와 같다고 할까? 손가락에 너무 힘을 주다 보니 마비되어 감각이 없어졌다. 마비된 새끼손가락을 빼고 집게손가락 등으로 고리를 잡았으나 힘을 줄 수가 없었다. 오른손으로 바꾸어 잡았으나 자세가 불안해서 다시 왼손으로 바꾸어 잡았다. 고리를 놓치는 날이면 혼자 떠내려 가 영락없이 빠져 죽을 판이었으니 손가락이야 어찌 되든 고리를 꽉 잡고 버티는 수밖에 없었다. 왼손으로는 고리를 잡고 오른팔로는 보트의 둘레를 감아쥐고 버티었다. 다리는 물속 허공에 떠 있는 상태라서 그야말로 손가락으로 고리를 잡고 공중에 매달려 있는 형국이었다. 집채만 한 파도는 계속 밀려오고, 얼마나 더 버틸 수 있을지….

직원들과 함께 체육행사 차 나왔다가 이게 무슨 날벼락인지. 보트에 매달려 있는 직원들에게 무사한지 물어보았다. 여직원은 반대쪽에서 보트의 고리를 붙잡고 있어서 견딜 만하다고 했다. 그렇지만 내 오른쪽에 매달린 이 계장은 양팔로 보트의 둘레를 어정쩡하게 부둥켜안고 있었다. 붙잡을 고리조차 없어서 어쩔 수 없이 그렇게 하고 있었다. 장 주임은 특전사 출신이라 수영에는 자신이 있으니 걱정하지 말라면서 뒤집어진 보트 위로 기어 올라가고 있었다. 파도가 지나간 뒤라서 주위가 잠시 잠잠해졌지만 다음에 밀려올 파도를 생각하니 눈앞이 캄캄했다. 다음 파도가 몰아치면 우리들 중에서 누군가가 보트를 놓쳐 버리고 떠내려갈 것만 같았다. 각자가 보트에 매달려 있기에도 힘겨웠기 때문에 설사 누군가가 떠내려간다 할지라도 전혀 도와줄 수 없는 형편이었다. 눈앞에서 동료 직원이 죽어 가는 것을 바라보고 있어야 할지도 모른다고 생각하니 온몸에 서늘한 소름이 돋았다.

또다시 큰 파도가 몰아쳐 보트를 뒤흔들었다. 내 머리는 물에 빠진 맥주병처럼 물속에 잠겼다가 밖으로 나오기를 반복했다. 여러 차례 짠물을 먹고 나니 속에서 쓴 물이 넘어오면서 진저리 쳐졌다. 이 계장도 옆에서 "어푸! 어푸!" 하면서 물을 먹고 있는 듯했다. 아슬아슬하게 보트를 끌어안고 있는 그의 얼굴에 어두운 표정이 역력했다. 나도 손으로 고리를 잡고 매달려 있기가 점점 힘에 겨웠다. 누군가가 도와주러 왔으면 하는 마음이 간절했다. 그러나 날씨도 흐리고 파도가 심하게 쳐서 지나가는 배도 보이지 않았고, 육지까지는 아득히 멀어서 물에 빠진 우리를 본 사람도 전혀 없는 것 같았다. 더욱 불안한 것은 지금이 썰물 때라서 조류에 휩쓸려 바다 한가운데로 떠내려가지 않을까 하는 것이었다. 모든 것이 절망적이었다. 이러한 상황에서 보트에 매달려 버텨보는 것이 무슨 의미가 있을지…. 버틴다 해도 과연 얼마나 버틸 수 있을까? 1시간? 길어야 2시간? 어차피 구조될 가망이 없다면 좀 더 오래 버틴다고 할지라도 무슨 차이가 있을 것인가? 차라리 지금 손을 놓아 버리고 싶었다. 정말 죽을지도 모른다는 생각이 들었다. 그때까지 끼고 있던 선글라스가 갑갑하여 어깨로 밀어내 물속에 떨어뜨리고 신고 있던 장화도 벗어 버렸다. 살아 돌아가지 못할 바에야 이런 것들이 다 무슨 소용이란 말인가? 리더스 다이제스트에서 종종 읽었던 죽음에 직면한 사람들의 이야기가 떠올랐다. 어처구니없게도 내가 바로 그러한 상황에 처해 있는 것이다.

문득 그저께 제주에 다녀간 아내의 얼굴이 떠올랐다. 죽기 전에 마지막으로 보려고 왔던 것일까? 아내가 싸늘하게 식은 내 시체를 본다면 얼마나 기가 막힐까? 이어서 아들 형건이의 모습이 떠올랐다. 중학생이 되었는데도 마음이 야무지지 못하고 생활이 게을러서 영 마음이 놓이지 않는 아들이다. 그 아들의 앞날이 걱정되어 마음이 무거웠다. 철부지 아들과 딸을 아내에게 남겨 두고 떠나려 하니 가슴이 아팠다. 여생을 혼자서 살아내려면 고생이 이루 말할 수 없을 텐데…. 그 순간 마음속에서 살아온 인생을 정리해야만 한다는 생각이 들었다. 마음을 정리하지 못한 채 의식을 잃게 된다면 얼마나 원통할 것인가? 지금의 기회를 놓친다면 삶의 마침표를 영영 찍을 수 없을 것만 같았다. 되돌아보니 나 자신에 대해서는 아무런 아쉬움이 없었다. 무엇인가 더 누리고 싶은 것도 없었다. 단지, 가족에 대한 염려뿐이었다. 생각이 여기에 미치자, "가족들을 남겨두고 혼자 죽을 수 없어. 반드시 살아야 해!" 하는 간절한 생각이 들었다.

장 주임은 보트 위에 엎드려 있다가 큰 파도를 맞았다. 바닷속으로 나동그라졌다가 겨우 헤엄쳐 나와 보트 위로 다시 기어 올라갔다. 그리고는 바지 주머니에서 칼을 꺼내어 보트에 묶인 밧줄을 끊어 냈다. 그 밧줄 끝에는 바윗돌이 묶여 있어서 닻의 역할을 하고 있었다. 나중에 안 일이지만 배가 뒤집어질 때 우리에게 두 가지 큰 행운이 있었다. 하나는 배가 뒤집힐 때 모터 엔진에 기름을 공급하는 선이 끊어지는 바람에 스크루가 멈추었던 점이다. 만약 스크루가 계속해서 돌아갔다면 우리 중 누군가가 물속에서 스크루에 걸려 큰 상처를 입을 수도 있었고, 스크루의 추진력으로 인하여 배가 어디론가 달아나 버릴 수도 있었기 때문이다. 다른 하나는 출발 전에 보트에 연결된 밧줄에 바윗돌을 묶어 두었는데 배가 뒤집힐 때 그 바윗돌이 물속에 가라앉아서 닻의 역할을 해 주었다는 점이다. 그 닻이 뒤집힌 배를 고정해 주었기 때문에 우리들이 배를 붙잡을 수 있었던 것이었다. 밧줄을 끊어내자 파도 물살에 따라 배가 조금씩 움직이기 시작했다.

같이 매달린 직원들이 희망을 잃고 스스로 포기해 버리지 않을까 염려되어 그들을 독려했다. 전에 강릉지청에 근무할 때 직원들과 함께 단축 마라톤을 하면서 동료 간에 서로 독려하는 것이 얼마나 도움이 되는지 실감한 적이 있었기 때문이었다. 그 당시 서로에게 자신감을 불어넣어 주면서 한 사람도 낙오하지 않고 전원이 완주한 경험을 가지고 있었다. "이 계장, 조금만 더 견뎌 봐. 육지가 멀지 않아." "윤 양, 다 왔으니 조금만 더 참자." 하고 계속해서 소리쳤다. 그렇게 견뎌내며 20분쯤 지났을까, 파도가 다소 약해지는 것을 느낄 수 있었다. 파도가 밀려오는 쪽을 바라보니 이미 저만치에서 그 최고조에 달한 뒤 점점 약해지고 있었다. 파도가 더 이상은 우리를 집어삼키지 못하고 약해져 갔다. 이제는 보트가 파도 위로 떠다니게 되어서 매달려 있기가 한결 편해졌다. 배 위에 엎드려 있던 장 주임이, "부장님, 살았어요. 바위섬이 바로 옆에 있어요!"라고 소리쳤다. 장 주임의 말이 믿기지 않아서 맞은편에 매달려 있는 여직원에게 뭐가 보이느냐고 물어보았다. 내 뒤쪽으로 섬이 보인다고 하기에 고개를 돌려보니 30미터쯤 떨어진 곳에 바위섬이 있었다. 바위로 된 납작한 섬이었는데 윗부분만 겨우 물 밖에 나와 있었다. "마음만 먹으면 헤엄쳐서 섬에 올라갈 수도 있겠구나. 이제는 살았구나!" 하는 안도감이 들었다. 고개를 돌려보니 해안까지도 그리 멀지 않아 보였다. 파도가 우리를 조금씩 밀어 주고 있었기 때문에 더 기다리면 해안에 닿을 수 있겠다는 생각이 들었다. 이제는 오히려 파도가 고맙게 느껴졌다.

잠시 후 엉덩이가 바위에 눌리는 느낌이 들었다. 드디어 바위 해안에 도달했을 때, 저쪽에서 해녀들이 떼 지어 달려오며 물었다. "몇 사람이 나갔어요? 몇 명이나 돌아왔어요?" 그들은 우리 일행 모두가 살아 돌아온 것이 믿기지 않는다는 눈치였다. "오늘 같이 궂은 날씨에 바다에 나가다니…" 육지에 올라서서 보는 바다는 평화롭고 낭만적이었다. 그렇지만 바다에 빠져서 육지를 바라보는 마음은 전혀 그렇지 않았다. 내 눈앞에 펼쳐진 검푸른 바다에 삶과 죽음의 경계선이 선명하게 그어져 있는 듯했다. 죽음은 나에게서 그리 멀리 있지 않았다. 코끝에서, 턱

밑에서, 옆구리 주위에서 기다리고 있었다. 그날 나는 그곳에서 숨이 끊어지는 것만 빼고는 죽음의 모든 것을 경험했다. 이제는 죽을 수밖에 없다고 체념했을 때 오로지 자식과 아내의 모습만이 떠올랐다. 정말 이상한 일은 내가 살아오는 동안에 그렇게 얻으려고 노력했던 지위나 명예, 값진 소유 등은 간 곳 없고 오히려 평소에는 그다지 대수롭지 않게 여겼던 사랑, 염려 등 사람에 대한 감정만이 남았다는 점이다. 삶에 있어서 정말 중요한 것이 무엇인지 다시 생각하게 되었다. 지금도 왼쪽 새끼손가락에 남아 있는 흉터를 볼 때마다 그때를 생각하게 된다.

올해 1월에 우리가 빠졌던 김녕리 앞 바다에서 낚싯배가 뒤집혀서 중소업체 사장 등 일행 3명이 사망했다는 소식을 들었다. 빠진 사람들은 아무도 해변으로 나오지 못하고 조류에 휩쓸려 먼바다 쪽으로 떠내려갔다고 한다. 그간 살아오면서 애써서 이루었다고 생각한 명예, 지위, 돈 등은 모두 죽음을 앞둔 그 순간에는 내게 아무런 의미도 없었다. 오직 사랑하는 이의 모습이 떠오른 것 이외에 마지막 순간에 나의 생각을 사로잡은 것은 아무것도 없었다. 인생이 정말 허망하게 느껴졌다.

컬럼비아대학교에 지원하기 위해 필수로 작성해야 하는 자전적 에세이(autobiographical essay)는 1,500-2,000단어 분량으로 자신의 학업 배경, 경력과 함께 현재 처한 상황과 앞으로의 계획 등을 포함하고, 아울러 자신이 non-traditional student에 해당하는 이유와 제너럴 스터디 학부를 선택하여 지원하는 이유를 설명하도록 되어 있었다. 나는 커뮤니티 칼리지의 사회학 시간에 작성해 두었던 글을 토대로 부족한 내용을 보완하고 표현을 더욱 다듬어 에세이를 완성할 수 있었다.

    Nelson Mandela, the former president of South Africa, once said,
    Education is the great engine of personal development. It is through education that the daughter of a peasant can become a doctor, that a son of a mineworker can become the head of the mine, that a child of farm workers can become the president of a great nation. It is what we

make out of what we have, not what we are given, that separates one person from another.

He talked about the importance of education to children, especially the children in poverty. Likewise, education is what made me who I am today. Without education, I could never have succeeded in my life.

My father was a construction worker. In the early 1960s, he went to Vietnam during the Vietnam War. He left before I entered elementary school and worked there for six years. During my father's stay abroad, my mother, siblings and I lived in a shabby rented house on the hillside in Seoul. The day we moved to the house, we were badly poisoned by briquette gas, which leaked through the cracks in the floor. I remember feeling dizzy and sick, and my mother and my younger sister were taken to a nearby hospital. They recovered soon after but suffered chronic headaches and nausea for a long time. Furthermore, the house was so old that the ceiling leaked badly. Whenever it rained, we had to place water buckets under the places where water dripped down. While we were suffering hardships, my father also spent tiring days, working hard. He operated bulldozers and cranes in the U.S. military air base in Da Nang. He sometimes wrote letters and sent photographs, in which my father and his coworkers looked exhausted after working under the scorching sun. My father had to work under dangerous conditions because Da Nang was not far from the front line. He experienced the horrible Tet Offensive, a military campaign by Vietcong, in January 1968. He heard the sound of gunfire in his residence and even saw hundreds of soldiers being killed on the ground.

My elementary school education was characterized by overcrowding and a lack of safety, which greatly inhibited my academic potential. The conditions of Korean elementary schools were poor because education funding was seriously insufficient. In my school, there were twenty classes of eighty students in each grade. Due to the lack of classrooms, the school operated two shifts a day. Teachers could hardly care for each student – they could not even recognize each of us or learn our names. I saw myself as one of numerous children, rather than a unique and special child. Since I scarcely received attention from my teacher, I had no interest in studying. Additionally, a lack of supervision often led to dangerous situations. The tiny playground was far too small to hold the children playing soccer after school. As one of the hundred children running around, I bumped my mouth against another boy's head. My two front teeth were seriously injured, yet no adult even noticed that I was hurt. I pushed my teeth back into my upper gums, and had to endure enormous pain for days without receiving any treatment.

My family hardships continued after my father returned from Vietnam to Korea. At first, my siblings and I were delighted to live with my father. However, he could not get a job, and stayed at home without any income. My sister and I would pick up cigarette butts from the streets and give them to my father because he loved to smoke but could not afford it. After one year of unemployment, my father and mother decided to move to my grandmother's farm in the countryside. They left Seoul with my only younger sister and grew rice in the country. My other two siblings and I lived with my aunt in Seoul in order to stay in school. The trip to my junior high school took two and a half hours by bus because my campus was in the opposite side of the city. After school, I spent another two and a half hours to return home. Usually, I left home at six in the morning and returned after eight at night. I was always tired and hungry. Students attended morning meetings held every Wednesday on the playground, during which we sang the national anthem and listened to the principal's speech. We were forced to stand during these meetings for an hour under the blazing sun. As a result, I frequently fainted from the heat, however I was never excused from the meetings.

Once my family was reunited, our hardships continued, but I continued to learn the value of hard work. The dispersion of my family ended when my parents came back to Seoul two years later and my father got a job as a crane operator at a construction site. He continued to have difficulties staying employed because he only graduated from junior high school, and when he had a job, the salary was always low. My father could barely support his wife and four children, and we had to live together in a single room for a year, sharing an outdoor toilet and bathing under a faucet. Nevertheless, we were happy to live together.

In spite of poverty, my father motivated me to make an effort to succeed. He encouraged me to become a public prosecutor, and taught me that becoming a high-ranking official such as a prosecutor was a great success in life. When I was in ninth grade, my father took me to the local police station where my uncle was a chief, and demonstrated that police work was essential for society. My father explained that a public prosecutor performed a more important role because he supervised police investigations. This experience inspired me to become a public prosecutor. In order to achieve my goals, I would have to pass the national bar examination, which was very difficult - only one out of every fifty exam takers usually passed. When I was in college, I studied for the national bar exam. During summer and winter vacations, I used to study at the Buddhist temple in high mountains. Because it was completely secluded, there was no amusement at all, and I usually studied fifteen hours a day. Three years later, I passed the exam and finally became a public prosecutor.

Twenty years of service as a prosecutor gave me a sense of accomplishment. Handling diverse criminal cases, such as murder, robbery, drug, and organized crimes, I felt proud of my significant role in maintaining public order. However, a near-death experience inspired me to try something new. On a fishing trip with co-workers, our rubber boat capsized by furious waves, and I was thrown into the sea. In the face of death, I realized that those things that I had pursued for a long time were not so meaningful to me as I had hoped. Since my high school years, I had nurtured a desire to study history, but I chose law instead to find a stable job and make my father proud. The boating accident inspired me to finally pursue my other intellectual passions. Therefore, I enrolled in Tompkins Cortland Community College in Dryden, New York.

At the community college, I reignited my academic passions, and enjoyed my courses in American history and government. The Federalist Papers impressed me the most because they contained profound ideas for forming a whole new Democratic government in the world. My interest in American history deepened after I read The Unfinished Nation by Alan Brinkley, which examines efforts to build the United States. I enjoy his open-minded attitude towards diverse viewpoints. His work inspired me to pursue an education in American history at Columbia University.

Attending the community college surprised me, for I realized that my academic ability did not deteriorate. During my second year, I received several e-mails from four-year colleges which encouraged me to apply as a transfer student. However, I hesitated to apply because I thought there were considerable disadvantages for me to pursue further studies. I was too old to be a four-year college student, and I would have to major in a whole new area different from my long-time career. Then, I received an e-mail from the Admissions of Columbia University School of General Studies. After I visited the school's website, I instantly thought that it was perfect for me. Being among the students with nontraditional backgrounds and work experiences, I not only would not stick out like a sore thumb but also would be able to learn from the peers as much as from the professors. In addition, GS offers rigorous Ivy League education, which I longed to experience in my twenties. I think that attending GS is the best way to fulfill my dream. Furthermore, I hope to be inspired and stimulate my academic passion through interacting with renowned faculty and diverse students with nontraditional backgrounds at GS.

As a student, I plan to study American history, focusing on the relationship between Korea and the United States. I am specifically interested in cultural exchanges between the two countries from the late 19th century onward. After graduation, I plan to continue my research and work towards the publication of my own book. Two-time Pulitzer Prize winner David McCullough said that history must not merely be readable, but rather move the readers. Historians should make history come alive by painting with words. Like him, I want to write a book to make history come alive.

이렇게 에세이 작성을 마치고, 다른 지원 요건을 충족하기 위해서 토플 시험을 준비했다. 컬럼비아대학교는 유학생의 경우 정해진 기준 이상의 어학능력 시험 점수가 필요한데, TOEFL 시험의 경우에는 120점 만점 중 100점 이상이어야 했다. 나는 커뮤니티 칼리지에 입학하기 전에 본 시험에서 89점을 받은 경험이 있었기 때문에, 그동안 미국에서 공부한 경험에 힘입어 쉽사리 100점 이상의 점수를 받을 것으로 예상했다. 하지만 미국에서의 학업 경험은 정작 토플 시험에 크게 도움이 되지 않았다. 모두 세 차례 시험에 응시했지만 고작 6점 높은 95점을 받는데 그쳤을 뿐 기준 점수에는 미달이었다. 입학 지원 시한 때문에 더 이상 시험을 볼 시간이 없었다. 지원을 포기할 수밖에 없다고 낙담하고 있을 때, 딸이 희망을 주었다. 부족한 점수이지만 일단 지원을 하고 담당자에게 메일을 보내서 심사 기회를 요청해 보라는 것이었다. 실제로 미국 대학 입학 심사에서 예외가 허용되고 있다고 했다. 딸의 조언에 한줄기 희망을 걸고 입학 지원과 함께 담당자에게 이메일을 보냈다. 그리고 얼마 후 대학으로부터 기쁜 이메일을 받았다. 입학을 허가한다는 축하 메일이었다.

입학 허가를 받고 난 후, 그간 다니던 직장의 퇴직 절차를 밟았다. 이전에 2년제 커뮤니티 칼리지에 다닐 동안에는 직장에 휴직 신청을 하고 2년 6개월간 학교에 다녔는데, 이제 4년제 대학에 편입하려니 더 이상은 휴직 상태를 유지하기 어려워 퇴직 신청을 할 수밖에 없었다. 물론 퇴직을 할 것인지 아니면 입학을 포기할 것인지 고민이 많았다. 그러다가 결국 퇴직을 결심하고 직장에 퇴직 인사를 했다.

퇴직인사

저는 이번에 정든 직장을 떠나 새로운 길을 가려고 합니다. 뉴욕에 있는 컬럼비아대학교에서 역사학을 공부할 계획입니다. 지난 6년 동안 근무하면서 정들었던 친정을 떠나기가 못내 아쉽지만, 오래전부터 꼭 하고 싶었던 공부라서 덜컥 결정하고 말았습니다. 제 삶을 3등분해 보면, 두 번째 3분의 1 기간에는 가족을 부양하고 직장이나 사회에 필요한 일을 하는 데 매진했던 것 같습니다. 그러나 앞으로 남은 3분의 1은 저 자신을 위해서 사용하려고 합니다. 앞으로의 날들은 조금은 비생산적이고, 비효율적으로 살아 볼 생각입니다. 그동안 부족한 저를 지도해 주신 선배님들과 함께 땀 흘렸던 동료 및 후배들 그리고 모든 직원분께 깊은 감사의 말씀을 드립니다.

COLUMBIA UNIVERSITY
IN THE CITY OF NEW YORK

SCHOOL OF GENERAL STUDIES
OFFICE OF ADMISSIONS AND FINANCIAL AID

May 23, 2012

Mr. Honghoon Lee
600 Warren Road #6-1F
Ithaca, NY 14850

Dear Mr. Lee:

On behalf of Dean Peter J. Awn and the Committee on Admissions, I want to congratulate you on your admission to the School of General Studies of Columbia University (GS) for the fall semester of 2012. For more than sixty-five years the faculty of Columbia University has recognized that a traditional liberal arts education should be available to talented women and men who follow an untraditional path to higher education. I hope my letter marks one more significant milestone on this challenging and rewarding educational journey.

GS is created specifically for nontraditional students and is the finest liberal arts college of its kind in the country. As a student at GS you will join a community of 1,500 students in an undergraduate program of nearly 8,000. Among Ivy League institutions, Columbia is unique in integrating its traditional and non-traditional students in the undergraduate classroom—one of the distinguishing characteristics of a Columbia undergraduate education that is made possible because of GS. In many ways, at GS you have all the advantages of a small liberal arts college housed within a larger, world-class research University.

From the dean to your advisor, the GS staff is dedicated to your academic success. We realize that nontraditional students have needs different from traditional students, and we have created an environment that will provide you with the support, academic and otherwise, to help you succeed. Starting with the Academic Planning Session, you will begin a rigorous academic program, one that often leads to graduate or professional study, and concludes with your membership in a worldwide alumni network.

As a student at Columbia University you must be comfortable with rapid and idiomatic spoken English. You are required to take the ALP Essay Exam offered by the American Language Program at Columbia University before you will be allowed to meet with your advisor or register for classes. You must take this test if your home language is not English and if your primary language of instruction has not been English, even if you have current TOEFL scores. Please consult the enclosed ALP Essay memo.

On behalf of the faculty members of the Arts & Sciences at Columbia University, I again congratulate you on your admission and wish you success as you embark on your studies at Columbia University.

Yours sincerely,

Curtis M. Rodgers
Dean of Admissions

N.B.: Please consult the checklist of missing documentation contained in your packet to see what materials must be received to finalize your admission.

입학 전 영어 에세이 시험

입학통지서를 받고 보니 홀가분한 마음으로 그간 근무하던 직장의 퇴직 절차를 마무리하고 미국으로 떠날 수 있을 것 같았다. 그런데 입학통지서의 끝부분에 뭔가 꺼림칙한 내용이 적혀 있었다. 외국 유학생들은 수강등록 전에 대학에서 실시하는 ALP(American Language Program) 시험을 통과해야 한다는 것이었다. 부랴부랴 학교 사이트에서 확인해 보니 다음과 같이 설명되어 있었다.

About the ALP Essay Exam

The ALP Essay Exam is taken by students who are enrolled in or planning to enroll in a degree program at Columbia University, and whose native language is not English. The purpose of the test is to certify students' English language ability for the purpose of admission to a degree program, or for satisfaction of graduation requirements, as determined by individual schools and departments of Columbia University

English Language Testing

The American Language Program provides instruction in ten levels of English proficiency. ALP Level 1 corresponds to absolute beginner ability, whereas Level 10 signifies near-native proficiency of an educated language user.

　　The ALP Essay Exam is taken by students who are enrolled in or applying to a degree program at Columbia University, and who have been referred to the ALP by that degree program.

　　The Qualifying Exam is an end-of-term essay test given to all students currently registered in ALP courses at levels 7, 8, and 9.

　　학위 과정에 등록한 유학생은 반드시 시험을 치러서 통과해야 하고, 만약 시험을 통과하지 못하면 한 학기 동안 ALP 수업을 듣고 난 후에 다시 시험을 보아야 한다고 되어 있었다. 문제가 심각하다고 느껴졌다. 여차하면 모든 계획이 수포로 돌아갈 수도 있으니 말이다. 시험 방식은 주어진 문제에 대한 에세이 형식의 시험이었다. 마치 미국 고등학생들의 SAT 시험 중 에세이(essay) 부문과 유사했다. 그때까지 영어 작문 시험은 언제나 불편하고 어렵게만 느껴졌다. 토플 시험을 볼 때마다 writing 분야에서 겪었던 기억이 떠올랐기 때문이다. 제한 시간의 압박 때문에 글의 내용을 제대로 구상할 수 없었고, 또한 영어로 정확히 표현하기도 어려웠다. 그러다 보니 매번 미흡하기 짝이 없는 답안을 제출할 수밖에 없었다. 이번 시험에 미리 철저히 준비하지 않으면 난감한 상황에 처할 것이 분명했다. 부랴부랴 토플 시험을 위해 다녔던 어학 학원의 SAT 작문반에 등록하고 3개월 정도 다니며 시험을 준비했다.

　　당시에 연습한 방법은 먼저 전체적인 답변의 틀(template)을 익히는 것이었다. 답변의 틀은 도입 - 본문 - 결론의 순으로 구성하되, 도입부에는 문제와 관련된 논란의 이유와 대립되는 견해를 소개한 다음에 자신의 의견을 밝히고 이하 에세이에서 담을 내용의 줄거리를 소개한다. 다음으로 본문에는 몇 가지 예를 제시하여 주제를 뒷받침하는데, 사례의 배경과 내용을 소개하면서 주제에 부합하는 이유를 설명한다. 예시할 사례로는 역사적인 사실이나 인물이나 또는 문학작품을 활용했다. 결론에는 먼저 반대의 견해와 이유를 간략히 소개한 다음에, 이에 비하여 자신의 주장이 타당한 이유를 본문의 사례를 근거로 요약, 정리한다. 학원에서 이러한 답변의 틀이 익숙해질 때까지 반복 연습했다. 그리고 본문에 사용할 대표적인 예시들을 역사, 인물, 문학 분야별로 선정하여 각각의 내용을 외우는데 시간을 할애했다. 역사적인 사례로는 르네상스, 과학 및 산업혁명, 미국 독립전쟁, 제2차 세계대전과 민권운동(the Civil Rights Movement) 등을, 인물로는 갈릴레오, 코페르니쿠스, 나폴레옹, 프로이트, 스티브 잡스 등을, 문학작품으로는『프랑켄슈타인』,『위대한 개츠비』,『주홍 글씨』와『앵무새 죽이기』 등을 선정하여 예문을 익혔다. 예를 들어, 스티브 잡스에 대한 예문으로는 다음과 같은 내용을 익혔다.

"By searching to foresee and set trends with innovation and style, Steve Jobs shifted the paradigm in consumer electronics. It can be argued that no modern CEO has influenced the lives of people and industries as Jobs did. He developed a series of essential software as a result of careful analysis of the failures from the Mac. Jobs mentioned his hardship was the best thing that had happened to him."

이렇게 공부함으로써 시험 문제가 주어지면 미리 준비한 예시들을 적절히 동원하여 템플릿에 맞게 에세이를 구성하는 방법으로 대처했다.

입학을 앞두고 학교에 도착해서 시험에 응시했다. 출제된 문제가 정확히 기억나지는 않지만, 아마도 "사람의 야망이 역사의 발전에 도움을 준다고 생각하는가, 아니면 나쁜 영향을 준다고 생각하는가?"였던 것 같다. 나는 속으로 쾌재를 부르며 에세이를 작성해 나갔다. 그동안 연습했던 템플릿과 예문들을 적절히 활용할 수 있었기 때문이다. 답안에는 히틀러 등 비뚤어진 야망이 해악을 끼친 사례가 있지만, 갈릴레오, 뉴턴처럼 기존 질서에 도전하여 세상을 좋게 바꾼 사례가 있다고 예시하면서 끝으로 스티브 잡스의 사례로 마무리한 것 같다. 학원에서 익혀 둔 방법을 잘 활용하여 시험 답안을 작성하니 시간이 충분했다. 마감시간 전에 답안지를 제출하고 다른 유학생들이 가득한 시험장을 나오면서 쾌재를 불렀다. 미리 예상하고 준비하길 정말 잘 했다는 생각이 들었다. 시험장에서는 아무리 지식이 많고 글솜씨가 있는 사람일지라도 결코 자신의 머릿속에 있는 지식을 충분히 표현하기 어렵다. 시간의 제약과 시험장의 스트레스 때문에 가지고 있는 지식의 30퍼센트도 표현하기 어려울 것이다. 그렇기 때문에 자신의 평소 실력을 믿고 안심하기보다는 미리 답안 작성의 요령을 연습하고 활용 가능한 예문들을 많이 확보하여 암기해 두는 것이 효과적이다.

시험을 보고 며칠 후 결과를 통보받았는데, 10등급 중 최고 등급인 10등급을 받았다. 더 이상 어학과정 없이 곧바로 강의를 들을 수 있게 되었다.

입학의 기쁨

첫 학기 시작을 앞두고 중앙도서관인 버틀러 도서관에 들어가 자리에 앉으니 설레는 마음을 가눌 수 없었다. 사방 벽면의 서가에 꽂힌 오래된 책들이 이곳의 오랜 역사를 말해 준다. 정면 창문 너머로 대학의 상징 건물인 로우 라이브러리의 지붕이 햇볕을 받아 밝게 빛난다. 로마시대의 판테온 건물을 모방하여 지은 돔형 건물이다. 우측의 창문을 통해서 이곳 출신으로서 미국 독립에 기여한 알렉산더 해밀턴의 동상이 보인다. 그 동상 뒤 해밀턴 홀 강의실에서 첫 학기의 두 과목을 수강할 예정이다. 이 무렵 종전 직장 선배로부터 편지를 받고서, 반가운 마음에 그간의 학교 생활을 소개하는 편지를 적어 보냈다.

소식이 늦어서 죄송합니다. 그동안 이사하는 데 어려움이 있었고, 학교 등록이나 재정 문제 등 적지 않은 문제로 여유가 없었습니다. 늦은 나이에 공부하려니 어려움이 적지 않습니다. 그렇지만 이제 거의 정리되었고 학교 생활에도 잘 적응하고 있습니다. 그동안 기쁜 일들도 있었습니다. 먼저, 학교에서 장학금을 받게 되었습니다. 커뮤니티 칼리지의 성적이 좋았던 덕에 받을 수 있었습니다. 다음으로 외국 유학생들에게 요구되는 ALP 에세이 시험에서 최고 등급인 10등급을 받은 일입니다. 그 덕분에 어학 과정 없이 곧바로 학과 강의를 수강할 수 있게 되었습니다. 사실 이 시험을 준비하느라 한국에서 몇 달간 새벽에 학원을 다니며 남몰래 준비한 사연이 있습니다. 이제는 당당하게 학교 캠퍼스를 누비고 있습니다.

저널리즘 대학원 건물 앞에 있는 토머스 제퍼슨의 동상 하단에 새겨진 글을 보면, 1912년에 퓰리처의 기부로 대학원 건물을 지었고, 또 그의 희망에 따라 존경하는 제퍼슨의 동상을 건물 앞에 세웠다고 적혀 있습니다. 퓰리처 역시 역사적인 인물인데 그가 존경한 제퍼슨의 자취를 함께 더듬어 볼 수 있으니 역사의 현장에서 그들을 만나는 느낌이 듭니다. 이 건물과 대칭되는 위치에 같은 모양으로 지어진 건물 앞에는 알렉산더 해밀턴의 동상이 서 있습니다. 당당한 모습의 그는 이곳 컬럼비아대학교의 졸업생입니다. 재학 중에 독립전쟁에 참여하느라 미처 학업을 마치지 못했지만, 후에 학교에서 졸업장을 수여했다고 합니다. 그는 조지 워싱턴을 도와서 미국의 독립을 쟁취했고 초대 재무 장관이 되었습니다. 초기 정부에서 토머스 제퍼슨과 알렉산더 해밀턴은 서로 의견을 달리하는 라이벌 관계였다고 합니다. 마치 그런 관계를 상징하듯이 이곳에서 두 동상이 서로 대척점에 위치해 있는 것을 보니 무척 흥미롭습니다.

입학 전에 예상한 대로 아이비리그 대학에서 공부하기가 무척 어렵습니다. 매시간 읽어야 할 과제의 분량이 가히 살인적입니다. 과목마다 매주100페이지씩은 읽어야 합니다. 이번 학기에 4과목을 수강하고 있으니 매주 300-400페이지의 글을 읽어야 하는 셈입니다. 정말 입이 딱 벌어질 정도로 불가능해 보이는 일들을 요구하고 있습니다. 평일이고 주말이고 밤 늦게까지 학생들이 도서관을 가득 채우는 이유가 바로 이 때문인 듯합니다. 이렇듯 부담이 적지 않지만, 제가 스스로 선택한 길이니 가급적 편한 마음으로 지내려고 합니다.

지난번 신입생 오리엔테이션 시간에 볼린저 총장의 환영사가 인상적이었습니다. 자신은 지금도 에머슨, 소로우, 토머스 제퍼슨이나 벤저민 프랭클린 같은 인물들과 대화하고 있다고 하더군요. 그들은 결코 자신을 지루하게 하거나 실망시킨 적이 없다고 합니다. 이와 같이 단순히 작품의 내용만을 머릿속에 넣을 것이 아니라, 인생을 살아가면서 계속 묵상하고 되새기며 조언을 구하는 자세로 대화하며 배우는 것이 필요하다고 강조했습니다. 미국을 대표하는, 소위 잘나가는 대학 총장이 입학생들에게 하는 연설로는 매우 이례적이었습니다. 새로운 사회에 적응해서 어떻게 성공을 할 것인가 하는 내용이 아니라 내면의 가치를 강조하는 내용이었으니 말입니다.

처음 이곳에 왔을 때 대학의 도서관 벽에 플라톤과 아리스토텔레스, 에머슨과 소로우 등 유명 철학자와 문학가들의 이름들이 새겨져 있는 모습을 보고 깊은 인상을 받았는데, 총장의 연설 취지와 잘 어우러지는 것 같습니다. 그간 서구의 문화는 외형과 물질을 중시한다고 생각했는데, 이와는 달리 내면적인 가치를 강조하는 것을 보니 신선한 충격이 느껴집니다. 저도 모처럼 이곳에서 문학과 철학의 깊은 바다에 푹 빠져 보려고 합니다. 늦은 나이에 입학한 탓에 어려움이 적지 않지만, 장점도 있는 것 같습니다. 젊은 학생들 보다 좀 더 넓게 보고 더 깊이 생각할 수 있기 때문입니다. 젊어서는 한 면 만을 보고 급히 달려가느라 놓치는 것도 많았지만, 지금은 예전과는 달리 의미 있게 보이는 것들이 적지 않습니다. 또한 그러한 것들을 통찰하고 깊이 생각할 수 있게 된 것도 장점입니다. 반가운 마음에 이야기가 길어졌습니다. 다른 분들에게도 안부 전해 주시기 바랍니다. 안녕히 계십시오.

편입 지원의 동기

편입 지원의 계기는 커뮤니티 칼리지 사회학 클래스에서 비롯되었다. 자신이 살아온 수기를 작성하여 클래스에서 발표해야 하는 과제가 주어졌다. 나의 발표 후 교수와 학생들이 인상 깊어하는 모습을 보면서 내심 놀랐다. 가난했던 어린 시절과 강한 성취 동기, 그리고 입지전적인 성공담이 미국 사람들에게도 크게 호소력이 있음을 알게 되었다. 동서양의 문화적 차이나 노소간 나이 차이에도 불구하고 사람의 관심을 끈다는 것을 알았다. 이러한 이야기를 통하여 나만의 독특한 개성을 표현할 수 있겠다는 자신감을 얻게 되었다.

다음은 그 사회학 시간에 주어진 과제와 그에 대해 내가 작성한 글이다.

"Your paper includes 1) your life experiences; …. and 4) statistical data to connect the micro (your experiences) to the macro (social structures – factors that transcend your experiences) how both biographical and social structural factors or historical factors contributed to the obstacle or opportunity that you focus on."

역경 속의 희망

남아프리카 공화국의 전직 대통령 넬슨 만델라는 "교육은 개인의 발전을 위해 훌륭한 엔진입니다. 농부의 딸이 의사가 될 수 있고, 광무의 아들이 광업소의 책임자가 될 수 있으며, 농장 노동자의 자녀가 위대한 국가의 대통령이 될 수 있게 해 주는 것이 바로 교육입니다. 사람은 그가 무엇을 물려받았는가가 아니라 가진 것으로 무엇을 성취했는가에 의하여 다른 사람과 구별됩니다."라고 말했다. 그는 아이들, 특히 가난한 아이들에 대한 교육의 중요성을 강조했다. 그의 말처럼 교육은 나에게 성공의 엔진이 되었다. 내가 어렸을 때에 우리 가족은 매우 가난했기 때문에 성공을 위해 이용할 만한 자원이 전혀 없었다. 교육이 아니었다면 내 삶에 있어서 성공은 불가능했을 것이다.

나의 아버지는 건설 현장에서 중장비를 운전하셨다. 1960년대 초반 베트남 전쟁이 한창일 때에 그는 베트남에 가셨다. 내가 국민학교에 입학하기 전에 집을 떠나 6년 동안 베트남에서 일하셨다. 아버지가 떠나신 후, 어머니는 서울의 언덕에 있는 허름한 집을 임차하여 우리 네 명의 자녀와 함께 이사했다. 이사한 첫날에 우리 가족은 연탄가스에 중독되었다. 그 방은 한국식 온돌방으로 연탄으로 바닥을 난방하는 방식이었다. 시멘트 바닥에 생긴 균열을 통해서 연탄가스가 새어 들어온 것이었다. 당시 연탄가스 중독은 한국인의 주된 사망 원인이었다. 아침에 일어난 나는 어지러움과 메스꺼움을 심하게 느꼈다. 가족 중에서 특히 어머니와 여동생의 상태가 심해서 가까운 병원으로 실려갔다. 얼마 후 회복되어 퇴원했지만, 한동안 반복되는 두통과 메스꺼움으로 고통받으셨다. 그 후로 이사한 집은 우물가의 한옥 주택이었는데, 너무 낡아서 지붕이 비를 막아 주지 못했다. 비가 오는 날이면 양동이와 그릇을 십여 개씩 가져다 물이 떨어지는 집안 바닥에 두어야 했다.

우리가 어려움을 겪는 동안, 아버지는 힘겹게 일하시면서 지친 나날을 보내셨다. 그는 베트남의 항구도시인 다낭에 있는 미군 공군기지에서 불도저와 크레인을 운전하셨다. 가끔 편지와 사진을 보내셨는데, 사진 속의 아버지는 뜨거운 햇볕 아래에서 일하느라 지쳐 보였다. 더구나 다낭이 최전선에서 멀리 떨어지지 않았기 때문에 위험한 환경이었다. 아버지가 그곳에 계시는 동안 남북 베트남 사이에 피비린내 나는 격렬한 전투가 벌어졌다. 1968년 1월 베트콩의 대대적인 군사작전인 "구정 대공세"를 현장에서 겪어야 했다. 아버지는 숙소에서 대포와 총소리를 들었고, 심지어 수백 명의 군인들이 쓰러져 죽어가는 모습을 목격하셨다.

나는 아버지가 베트남에 계시는 동안에 국민학교에 입학했다. 당시에는 학교 시설이 턱없이 부족했기 때문에 학교 환경이 아주 열악했다. 내가 다녔던 서울의 국민학교에는 한 학년에 80명씩 20개 학급이 있었다. 이용 가능한 교실이 10개에 불과했기 때문에, 오전 반과 오후 반으로 나뉘어 2부제로 운영되었다. 학생들이 착각해서 다른 반에 들어가는 일이 흔히 있었다. 선생님은 학생들이 너무 많아서 하나하나 구분하기 어려웠고 세심하게 돌볼 수 없었다. 나 스스로도 자신을 독특하고 특별한 아이라고 생각하기보다는 수많은 아이들 중 하나로 여겼다. 선생님의 관심을 거의 받지 못했기 때문에 공부에 그다지 관심이 없었다. 이렇게 학교의 감독이 부족한 여건에서 종종 위험한 상황이 발생했다. 학교에는 운동장이 하나 있었는데, 수업이 끝나고 쏟아져 나온 많은 아이들을 수용하기에는 턱없이 작았다. 운동장을 뛰어다니는 100여 명의 아이들 중 하나였던 나는 다른 아이의 이마에 이빨을 부딪혔다. 앞니 두 개가 충격을 받아 반쯤 빠져나왔는데 주위에는 어른이 아무도 없었다. 나는 손으로 흔들리는 이빨들을 잇몸 속으로 밀어 넣고 수돗가에 가서 피가 가득한 입안을 헹구어 냈다. 아무런 치료도 받지 못한 채 며칠 동안 통증을 참아야 했다. 그 당시 우리는 학교에서 결코 편안하지 않았다.

아버지는 내가 중학교 1학년 때에 귀국하셨다. 아버지와 함께 살게 되어 무척 기뻤다. 그렇지만 아버지는 한국에서 일자리를 구할 수 없었다. 아무런 수입 없이 집에 계시는 동안에 누나와 나는 길거리에서 담배꽁초를 주워서 줄담배를 피우시는 아버지께 드리곤 했다. 1년이 지난 후 아버지와 어머니는 시골에 계신 할머니 댁으로 내려가시기로 결정하셨다. 부모님은 여동생을 데리고 서울을 떠나 시골로 가서서 농사를 지으셨다. 우리 가족은 계속되는 어려움에 낙담했다.

부모님이 떠나신 후, 형과 누나와 나는 서울의 이모 집에서 함께 살면서 학교에 다녔다. 그런데 다니는 중학교가 서울의 반대편에 있었기 때문에 버스를 두 번이나 갈아타야만 했고 보통 2시간 30분이 걸렸다. 학교가 끝나면 다시 2시간 30분이 걸려서 집으로 돌아왔다. 가끔씩 집에 오는 길에 군것질을 하느라 돈을 써버리고는 버스 요금이 없어서 버스를 갈아타는 곳까지 1-2시간씩 걷기도 했다. 매일 아침 6시에 집을 나섰다가 저녁 8시가 되어서 집에 돌아왔다. 그 시절에는 항상 피곤하고 배가 고팠다. 학교에서 학생들은 매주 수요일에 열리는 학생 조회에 참석해야 했는데, 전교생이 운동장에 도열하여 애국가를 부르고 교장 선생님의 훈시를 들어야 했다. 한 시간 동안 움직이지 않고 서 있으려면 보통 고역이 아니었다. 이러한 행사는 일제 시절에 생긴 군국주의 전통이었다. 이 외에도 또 다른 군국주의 전통이 계속되었는데, 학생들은 머리를 완전히 삭발하고 일본 군복과 비슷한 검정색 교복을 입어야 했다. 집회는 보통 더운 햇볕 아래서 열렸는데, 당시 나는 빈혈 때문에 더위를 참지 못하고 바닥에 쓰러져 기절하는 일이 자주 있었다. 그럼에도 불구하고 집회에 빠질 수 없었다. 너무나 고통스러워서 매주 수요일이면 학교를 빠지고 싶었다. 그 시절에 나의 시력이 심하게 나빠졌다. 학생들을 위한 적절한 건강검진이 없었기 때문에 당시 오른쪽 눈의 시력을 잃고 있다는 사실을 알 수 없었다. 나빠지는 눈을 교정할 기회를 잃었기 때문에, 결국 오른쪽 눈의 시력을 거의 잃었고, 이후로 왼쪽 눈 하나만으로 생활하게 되었다.

    2년 후 부모님이 시골생활을 끝내시고 서울로 돌아오셔서 가족들이 모처럼 함께 살게 되었다. 아버지는 건축현장에서 타워 크레인 기사로 취직하셨다. 학력이 낮아서 언제나 취직에 어려움을 겪으셨고, 설령 취직한다 해도 월급이 항상 적었다. 이 때문에 아버지는 어머니와 네 자녀를 부양하는 데 항상 어려움을 겪으셨다. 우리 여섯 가족은 한동안 단칸방에서 함께 생활해야 했다. 언덕 위로 올라가는 가파른 계단 옆에 있는 집의 단칸 셋방이었는데, 마당에 있는 수도꼭지에서 세수를 해야 했고, 집에 화장실이 없어서 몇 집이 함께 공중변소를 이용해야 했다. 학교 시험을 앞두고 밤새 공부해야 할 때는 방 한구석에 낮은 탁자를 놓고 희미한 불빛 아래서 공부했다. 가족을 깨우지 않기 위해 조용히 책장을 넘기려고 노력했다. 그럼에도 불구하고, 가족이 함께 살 수 있어서 행복했다. 사회학자 Wright Mills는 그의 논문, 「사회학적 상상력(The Sociological Imagination)」에서 사람은 자신의 삶을 사회의 역사와 함께 이해할 수 있고, 양자를 함께 이해함으로써 어떤 일이 일어나고 있는지 명확한 파악이 가능하다고 설명했다. 그리고 전쟁은 개인이 겪는 개인적인 문제가 아니라 사회 전체에 장기적인 영향을 주는 구조적인 문제라고 언급한다. 이 시절을 돌이켜 보면 우리 가족이 겪은 일련의 역경은 단순히 개인적인 문제가 아니라 당시 한국 사회가 처한 구조적인 문제였다는 생각이 든다. 역사적인 관점에서 볼 때, 그 역경은 3년 동안 한반도를 황폐화시킨 한국전쟁에 그 뿌리를 두고 있다.

    한국인들은 1950년부터 1953년까지 끔찍한 내전을 겪었다. 한국전쟁은 일본의 한국에 대한 식민 지배에 그 뿌리를 두고 있다. 일본은 36년 동안 한국을 식민지화하고 약탈했다. 제2차 세계대전에서 일본이 패망한 후, 미국과 소련은 전쟁을 일으켰던 일본 대신에 피해 국가인 한국을 분단시켰다. 이 때문에 한국은 자본주의의 남한과 공산주의의 북한으로 나뉘어 치열한 대립을 하게 되었다. 결국 그 대결이 비극적인 전쟁으로 이어졌다. 전쟁 중에 3만 3,000명의 미군 병사를 포함하여 모두 200만 명 이상이 목숨을 잃었다. 전쟁은 또한 국토와 경제를 철저히 파괴했다. 국가 기반 시설의 2분의 1이 파괴되었고, 한국은 세계에서 가장 가난한 나라로 남았다. 전쟁의 피해를 복구한 1960년대에도 1인당 국내총생산은 79달러에 불과했고, 실업률은 11.7퍼센트에 달했다. 일자리를 구하기 어려웠고 일반 가정의 예산은 적자를 면치 못했다. 1인당 국내총생산은 전쟁 후 10년이 지난 1963년에도 여전히 100달러였다. 교육 시설이 턱없이 부족했기 때문에 도시의 학교들은 하루에 2-3부 제로 운영하는 경우가 많았다. 학급에는 종종 100명 이상의 학생들이 있었다. 한국인들은 전쟁 후 수십 년 동안 빈곤, 실업과 많은 어려움에 시달려야 했다. 대부분의 사람들은 같은 문제에 직면했고, 스스로 문제를 해결할 수 없었다.

가난에도 불구하고, 아버지는 내게 성공을 위한 성취동기를 부여해 주셨다. 내가 사법시험에 합격해 검사가 되겠다는 목표를 갖게 해 준 사람이 바로 아버지였다. 그는 검사와 같은 고위 공무원이 되는 것이 인생에서 명예로운 성공이라고 강조하셨다. 중학교 3학년 때 아버지는 이모부가 근무하는 지방의 경찰서로 나를 데리고 가셨다. 이모부는 내게 경찰서를 이곳저곳 구경시켜 주면서 어떤 일을 하는지 설명해 주셨다. 그곳에서 경찰관들이 범죄자들을 조사하는 것을 보면서, 경찰 업무가 사회에 꼭 필요하다고 생각했다. 아버지께서는 경찰의 수사업무를 지휘, 감독하는 것이 검사라고 설명해 주셨다. 바로 그날 나는 장차 검사가 되겠다고 마음먹었다. 그런데 검사가 되기 위해서는 사법시험에 합격해야 하는데, 정말 합격하기 어려운 시험이었다. 한국 사회에서는 사법시험이 성공으로 가는 명예로운 관문으로 여겨진다. 사법시험에 합격한 사람들만이 판사나 검사로 임용될 수 있었다. 따라서 그 시험은 경쟁이 무척 치열했고, 경쟁률이 보통 50 대 1을 넘었다.

아버지는 강직하고 부지런한 점에서 나의 롤 모델이었다. 그는 설악산의 한계령 도로 건설 현장에서 일하셨는데, 설악산을 관통하는 도로였기 때문에 공사가 무척 어려웠다. 그곳에서 일하시는 동안에 아버지는 오래된 시골집의 작은 셋방에서 지내셨다. 어머니와 내가 그곳을 방문하여 보니 방안에는 낡은 나무 궤짝 하나밖에 아무것도 없었다. 우리를 부양하기 위해 많은 어려움을 견디시는 것을 직접 보았다. 한계령 공사가 끝난 뒤, 아버지는 서울로 돌아와 여러 건축 현장에서 일하셨다. 어느 날 호텔 공사 현장에 찾아갔을 때, 아버지는 타워 크레인의 꼭대기에서 쇠사다리를 타고 내려오셨다. 높이가 30미터는 더 되어 보였다. 아버지는 내게 올라가 보겠느냐고 물으셨는데, 무서워서 도저히 못하겠다고 대답했다. 아버지의 일은 그렇게 위험하고 고된 일이었다. 매일 사다리를 타고 30미터 높이의 조종석까지 오르내려야 했다. 아버지의 일은 힘들고 위험했지만, 한 번도 불평하지 않으셨다. 대신에 내게 "환경에 불평하지 말고 주어진 상황에서 항상 최선을 다하라."라고 가르치셨다. 이 교훈이 바로 내 성공의 열쇠가 되었다. 대학생이 되어서 나는 사법시험을 위해 공부했다. 3학년 이후로 여름과 겨울 방학에는 산에 있는 절에 가서 공부했다. 그곳은 세상과 완전히 격리되었기 때문에 아무런 즐길 거리가 없었다. 텔레비전이나 라디오는 물론 신문이나 전화조차 없었다. 그곳에서 아무런 방해 없이 하루에 보통 15시간씩 공부했다. 그곳에서 스님들과 함께 생활하면서 불편함과 어려움을 견디려고 노력했다. 마음이 풀어질 때면, 아버지께서 일하시는 공사 현장을 떠올렸다. 3년 후, 시험에 합격하여 검사가 되었다.

　밀스(Mills)는 어느 사회의 역사와 개인사를 이해하고 그 관계를 파악하기 위해서는 다음과 같은 문제를 살펴볼 필요가 있다고 강조한다. "그 시대, 그 사회에는 어떤 부류의 사람들이 살고 있는가?" "그 시대, 그 사회에서 볼 수 있는 사람들의 성격과 행동에는 어떤 종류의 인간성이 나타나는가?" 그러면 내가 자란 한국 사회에는 어떤 부류의 사람들이 어떤 생각을 가지고 살았을까? 한국의 교육적 성공 요인을 연구한 클락 소렌슨(Clark Sorensen)은 튼튼한 가족구조와 교육에 대한 높은 가치 부여를 성공의 요인으로 꼽는다. 먼저, 가족구조에 관하여, 한국의 부모들은 노년에 자녀들에게 부양받기를 기대한다. 그러므로 부모들은 자녀들을 돕기 위해 기꺼이 자신을 희생한다. 그러므로 자녀들은 부모의 보살핌을 받으면서 열심히 공부해야 한다는 의무감을 느낀다. 그들은 부모의 바람을 만족시키려고 열심히 공부한다. 유교적인 생각으로 개인의 성공은 가문의 성공이라고 간주한다. 이처럼 한국에서는 고등교육이 성공으로 가는 가장 확실한 관문으로 여겨진다. 한국에서는 교육적인 성공이 높은 지위를 보장하기 때문에, 학생들이 열심히 공부하는 동기가 된다.

1997년과 2001년에 한국의 학생들을 대상으로 실시한 다른 연구에서도 비슷한 결과가 나왔다. 한국 학생들은 개인적, 사회적 성공을 이루기 위한 방법으로 교육을 생각한다. 그들은 타고난 능력을 믿지 않고, 노력을 통해 능력을 얻을 수 있다고 믿는다. 한국의 부모들은 자녀를 뒷바라지함으로써 자녀의 학업성취에 중요한 역할을 한다. 그 외에도 부모의 기대와 압력은 자녀에게 긍정적인 영향을 미친다. 자녀들은 부모의 지원에 대하여 빚을 지고 있다고 느낀다. 따라서 이러한 긍정적인 영향은 학업성취를 촉진한다. 이러한 연구는 성공에 대한 나의 생각과 부모에 대하여 가졌던 마음가짐, 그리고 나의 성공에 있어서의 부모의 역할 등을 잘 설명해 준다. 나는 가난에서 벗어나기를 갈망했고, 열심히 공부하는 것이 성공의 열쇠라고 생각했다. 아버지는 내가 최선을 다하도록 동기를 부여해 주셨을 뿐만 아니라 열심히 사는 본을 보여 주는 롤 모델이셨다. 나는 부모님의 기대에 부응하고 싶었고 시험에 합격하여 집안에 명예를 더하고 싶었다.

정리하자면, 사회학적 상상력의 개념 덕분에 나는 우리 가족의 가난이 한국 전쟁이란 역사적 사건에 뿌리를 두고 있다는 사실을 이해했다. 또한 나의 성공은 한국 사회의 유교문화와 관련이 있다는 점도 알게 되었다. 사회학적 상상력 덕분에 개인적인 삶뿐만 아니라 사회의 역사에 대하여도 명료하게 요약할 수 있었다. 또한, 개인의 문제가 구조적 변화가 필요한 공적인 문제이기도 하다는 사실을 이해하게 되었다. 마침내, 사회를 개선하기 위해서는 풍부한 상상력과 사람들의 단합된 노력이 필수적이라는 점을 알게 되었다. 행동하지 않으면 변화를 기대할 수 없다.

이 과제에 대하여 교수는 학생들에게 돌아가면서 자신의 글을 발표하도록 했다. 다른 학생들의 발표를 들으면서 내 차례를 기다리는 중에 내심 걱정되었다. 내 이야기는 태평양 건너 전혀 다른 세상의 이야기인데 지루해하지 않을까 염려되었기 때문이다. 그렇지만 차례가 되어 발표하는 동안에 모든 학생들이 관심을 보이며 집중하는 모습을 보니 놀라웠다. 바다 건너에서 가난한 가족이 겪은 시련의 이야기이고 생계를 위해 고군분투하는 한 아버지의 이야기인데 모두가 큰 호기심과 관심을 보였다. 발표가 끝나자 교수는 동양 사회의 가치에 대하여 몇 가지 언급했다. 가부장 사회에서 가장이 가족에 대하여 느끼는 책임감이 남다르고, 가족 간의 공동체 의식이 특히 강하며 가족 구성원의 성공이 가족 전체의 성공이라고 느끼는 점이 미국인들의 개인주의 의식과 많이 다르다고 설명했다. 덧붙여, 학문을 중시하고 공부를 통한 입신출세의 전통도 독특한 동양의 문화라고 언급했다. 교수의 논평을 들으니 스스로 큰 자부심을 느낄 수 있었다. 부끄럽고 보잘것없다고 생각한 나의 이야기가 미국 사람들의 관심거리가 된다는 점이 놀라웠다.

학기가 끝나갈 무렵에 그 교수는 내게 4년제 대학에 편입할 것을 권유했다. 나 역시 그러한 경험에 고무되어 편입 문제를 적극적으로 고려하게 되었다. 나는 먼저 미국인들이 어떠한 점에 관심을 보이는지 주목했다. 그리고 이러한 점을 부각해 에세이로 작성할 계획을 세웠다. 편입을 마음먹고서, 편입할 대학을 알아보았다. 그곳 커뮤니티 칼리지를 졸업한 학생들이 주로 편입하는 대학은 코틀랜드나 빙엄턴에 있는 뉴욕 주립대학교(SUNY)였다. 그러던 중에 컬럼비아대학교에 제너럴 스터디 학부(School of General Studies)가 있다는 사실을 알게 되었다. 그 학부가 컬럼비아대학교의 정규 학부이고, 아이비리그 대학 중에서 유일하게 편입생을 받는 학부라는 사실을 알고는 도전하기로 마음먹었다. 대학교 사이트를 통해서 입학원서를 다운로드해 작성하고, 한국의 대학과 커뮤니티 칼리지의 졸업 증명서와 성적 증명서를 첨부했다. 입학 에세이로 요구되는 자전적 에세이는 사회학 시간에 작성했던 글을 토대로 수정 보완했다. 처음의 예상과 달리 수정이 쉽지 않았다. 지원서에 쓸 에세이로는 종전의 장황한 내용을 더욱 간결하고 논리적으로 정리해야만 했다.

그리고 끝부분에 대학에서 역사학을 공부하려는 이유를 적었다.

    얼마 후 대학으로부터 기쁜 답장을 받았다. 합격 통보였다. 기쁨과 함께 많은 생각이 교차했다. 중년의 나이에 학문을 갈구하는 간절한 바람이 미국 땅에서 공감을 불러일으켰다고 생각하니 기뻤다. 그리고 젊은 시절에는 오로지 실용적인 동기에서 법학을 선택했지만, 이제는 예전에 하고 싶었던 역사학을 선택할 수 있어서 더욱 기뻤다.

[컬럼비아대학교 : 코어 커리큘럼]

대학 작문(University Writing) 과목

대학 작문 과목은 모든 입학생이 첫해에 수강해야 하는 필수과목이다. 전공과목의 수강에 앞서서 기본적으로 요구되는 영어 작문 능력을 배양하기 위한 과정이다. 기본적인 읽기와 작문 연습이라고는 하지만 실제로는 깊이 있는 자료조사 과정을 거쳐서 연구 논문에 버금가는 수준 높은 에세이를 작성해야만 했다. 과목에 대한 소개는 다음과 같다.

University Writing is a one-semester seminar designed to facilitate students' entry into the intellectual life of the university by teaching them to become more capable and independent academic readers and writers. The course emphasizes habits of mind and skills that foster students' capacities for critical analysis, argument, revision, collaboration, meta-cognition, and research. Students read and discuss essays from a number of fields, complete regular informal reading and writing exercises, compose several longer essays, and devise a research-based project of their own design.

영작문이라고 하면 우선 먼저 영문법과 수준 높은 단어 구사와 세련된 문장 표현 등을 떠올리게 되는데, 그러한 점도 중요하지만 더 중요하게 평가하는 것은 글의 내용이다. 글의 내용이 얼마나 관심을 끄는가, 그리고 그 글의 전개 과정이 논리적이고 설득력이 있는가 하는 점을 더욱 비중 있게 평가하는 것을 알 수 있었다. 따라서 글을 쓰기 전에 폭넓은 자료조사와 글의 주제와 방향에 관하여 깊이 궁리할 필요가 있었다.

한 학기 동안 모두 세 편의 글을 완성했는데, 첫 번째로 주어진 에세이의 과제는 어떤 학술문헌을 읽고 그 소재에 관하여 해석, 설명 또는 분석을 하고, 이를 토대로 그 연구의 성과에 관하여 평가하는 것이었다. 미국 역사를 공부하면서 앤 허친슨(Anne Hutchinson)에 관한 이야기를 처음 접했을 때, 청교도(Puritan) 지도자들의 완고함과 너그럽지 않은 태도 때문에 무척 놀랐다. 앤 허친슨의 믿음이 잘못된 것이 아니었음에도, 그녀는 재판에 회부되었고 그 재판에서 청교도 지도자들은 그녀에게 잘못을 시인하도록 강요했다. 미국에 정착한 청교도 공동체가 지극히 평화롭고 화목했을 것으로 생각했는데, 위 재판을 보니 그렇지 않은 것 같았다. 그리고 그들의 지도자인 존 윈스럽(John Winthrop)에 대하여 그의 유명한 연설문, "City on a Hill"을 탐독한 이래로 매우 용기 있고 신실한 지도자라고 알고 있었는데, 위 재판에서 드러난 그의 모습은 전혀 달랐다. 청교도들은 종교적인 탄압과 박해를 몸소 겪은 후 이를 피해 신대륙으로 건너온 사람들이었다. 그런데 이제는 그들이 다른 이들을 종교적으로 박해하는 모습을 보니 기가 막혔다.

나는 위 재판 기록을 분석한 킴멜(Kimmel)의 연구 자료를 토대로 미국에 정착한 청교도 공동체의 사고방식과 생활양식을 분석했고, 미국 역사에 끼친 앤 허친슨의 영향에 관하여 살펴보았다. 클래스에 제출한 에세이를 우리말로 번역하여 소개한다.

앤 허친슨: 공동체 사회에 적합하지 않은 여인

한 중년 여인이 나이 든 남자들 앞에 서 있다. 남자들은 테이블 뒤에 앉아서 의심과 불만스러운 눈으로 그녀를 응시하고 있다. 그들은 모두 흰색 칼라를 단 검은색의 성직자 복장 차림이다. 어둑한 방에서 여인의 얼굴만이 창문을 통해 비치는 빛을 받아 밝게 빛나고 있다. 그녀는 검은색 긴 치마와 회색 네커치프가 물린 린넨 천의 검은색 덧옷을 입고 있다. 그 차림은 독립 이전의 뉴잉글랜드 여성의 전통 복장이다. 그녀는 방안 가운데에 똑바로 서서 확신에 찬 모습이다. 이것은 미국 화가 에드윈 오스틴 애비가 1901년에 그린 〈재판정의 앤 허친슨〉이라는 회화작품 속 모습이다. 이 재판은 지금부터 376년 전에 매사추세츠 베이 콜로니에서 열렸다. 재판에서 앤 허친슨은 이단 신앙과 체제의 권위에 도전했다는 이유로 기소되어 결국 청교도 사회로부터 추방형을 선고받았다. 흔히 오해  하기를 그녀가 급진적이고 이단적인 생각을 가지고 있었다고 생각한다. 그렇지만 실상은 그렇지 않았다. 그녀는 교조적인 당국에 의해 이단이라고 잘못 판결된 것이었다. 그 이유는 그녀가 남성 중심의 가부장적 권위에 도전했기 때문이다. 사실 이 판결의 바탕에는 매사추세츠 베이 콜로니 사회의 성차별 의식과 남성 권력의 분노가 깔려 있다.

앤 허친슨은 1591년 성공회 목사 프랜시스 마버리의 딸로 영국의 링컨셔에서 태어났다. 영적인 인도자 존 코튼 목사를 따라서 1633년에 가족과 함께 대서양을 건너서 보스턴의 매사추세츠 베이 콜로니에 정착했다. 그녀는 산파로서 공동사회의 이웃들에게 큰 도움이 되었다. 그녀는 또한 공부하기를 원하는 부녀들에게 성경을 가르쳐 주었다. 후에 그녀는 매주 자신의 집에서 이웃의 여자들을 초대하여 모임을 갖고, 그 자리에서 교회 설교에 대하여 되새겨 보면서 서로 토의했다. 설교에 대한 그녀의 논평이 여자들 사이에 큰 인기를 얻게 되자, 남자들도 아내와 함께 참석하기 시작했다. 앤 허친슨의 논평은 단순히 설교의 내용에 대한 설명에 그치지 않고 더 나아갔다. 때때로 목사들이 하나님의 은혜에 대한 설교를 게을리하면서 선한 행실을 지나치게 강조한다고 비판하곤 했다. 이러한 비판은 지역 목회자들을 자극했고, 급기야 그녀는 재판에 넘겨진다. 1637년 11월의 일이었다.

앤 허친슨의 죄는 무엇이었나? 재판 기록을 보면, 그녀는 세 개의 죄목으로 기소되었다. (1) 종교 학습을 위해 정기적인 모임을 열었고, (2) 목사들에 대하여 모욕적인 말을 했으며, (3) 이단적인 생각을 이야기했다는 것이다. 재판을 마무리하면서 존 윈스럽 총독은 앤 허친슨에게 추방형을 선고했다. 그녀의 범죄가 인정되고 또한 그녀가 그들의 공동체에 적합하지 않다는 이유였다. 그 재판의 내용을 살펴보면, 첫째, 청교도 당국은 여자들이 도덕적으로 남자들에 비해 열등하기 때문에 성경을 가르치는 것이 허용되지 않는다고 했다. 필그림 공동체의 목사 존 로빈슨은 "여자들은 교회에서 보통의 예언을 하는 것이나 남자를 주도하는 다른 일들을 하는 것이 금지되었다."라고 설명했다. 이런 관점에서 볼 때 허친슨이 성경 모임을 개최하고 참석자들에게 성경을 가르침으로써 규칙을 어겼다는 것이다. 둘째, 재판부는 그녀가 제5계명, 즉 부모를 공경하라는 십계명을 어겼다고 보았다. 그녀는 공개적으로 지역 목사들을 비난함으로써, 교회에서 교인들의 아버지로 간주되는 목회자들에 대한 공경을 거부했다는 것이다. 셋째, 이단의 유죄 판단을 했다. 그녀는 하나님의 은혜만을 강조하면서, 선한 행실의 중요성을 무시했다는 것이다. 이것은 청교도 사회의 도덕적 기초에 도전하는 것이기 때문에 비정통적인 견해라고 간주되었다.

그러나 이 판결은 오늘날의 많은 신학자들과 학자들에 의해 옳지 않은 것으로 평가된다. 왜냐하면 이러한 그녀의 행위들은 성경의 가르침에 반하지 않기 때문이다. 첫째, 정기 모임을 열었다는 점에 관하여 윈스럽 총독은 허친슨에게 "당신은 왜 집에서 그러한 모임을 지속했습니까?"라고 묻는다. 그녀는 다음과 같이 자신을 변론했다. "제가 이렇게 한 것은 합법적입니다. 저는 디도서에 분명한 규정이 있다고 생각합니다. — '늙은 여자로는 이와 같이 행실이 거룩하며 참소치 말며 많은 술의 종이 되지 말며 선한 것을 가르치는 자들이 되고, 저들로 젊은 여자들을 교훈하되, 그 남편과 자녀를 사랑하며(디도서 2:3-4)' — 나이 든 여사들은 젊은 여자를 가르쳐야 합니다. 그래서 저는 시간을 내서 가르쳐야 합니다." 그리고 덧붙이기를, "만일 어떤 이가 하나님의 말씀을 배우기 위해 내 집에 온다면, 무슨 규칙으로 그들을 내 쫓을 수 있겠습니까?"라고 반문했다. 그녀가 운영한 집회의 상황과 성경의 말씀을 고려해 볼 때, 그녀가 성경의 가르침을 따르지 않았다고 비난하기 어렵다.

둘째, 목사들에 대한 경멸적인 발언을 했다는 기소 내용은 십계명의 제5조 위반에 해당하지 않는다. 총독은 계명 위반에 해당한다고 주장하지만 그 의견에 동의하기 어렵다. 제5조 계명에는 "너의 아버지와 어머니를 공경하라."(출20:12)고 규정되어 있다. 만약 계명에 규정된 "아버지"라는 단어에 목회자가 포함되는 것으로 해석한다면 이것은 유추해석에 해당하고, 이러한 유추해석은 형사재판에서 엄격하게 금지되는 것이다. 이는 "법률이 없으면 처벌 없다."라는 기본적인 법 원칙에 반하기 때문이다.

셋째, 앤 허친슨의 발언에서 어떤 이단적인 사상을 찾아보기 어렵다. 재판 기록을 보면 총독은 다음과 같이 기소 내용을 제시한다. "하나님의 말씀과 차이가 있는 것으로 알려진 당신의 의견들은 당신에게 의지하는 순수한 사람들을 유혹할 수 있다." 그리고 부총독 더들리는 이에 덧붙인다. "그녀는 특별히 우리의 목사님들을 모독했습니다. 그들이 행위의 언약을 설교했고, 오직 코튼 씨만이 은혜의 언약을 설교했다고 말입니다." 이어서 총독이 그녀에게 묻는다. "그들이 행위의 언약을 설교할 때, 그들이 진실을 설교하는가요?" 그러자 그녀는 "예, 그렇지만 그들이 구원을 위해서 행위의 언약을 설교한다면, 그것은 사실이 아닙니다."라고 대답한다. 이 문답에서 허친슨은 은혜의 언약만이 구원을 위한 유일한 길이고, 반면에 행위의 언약은 그렇지 않다고 밝힌다. 이 말은 성경의 가르침에 부합한다. 왜냐하면 성경에는 "사람이 의롭게 되는 것은 율법의 행위에서 난 것이 아니요. 오직 예수 그리스도를 믿음으로 말미암는 줄 아는 고로, 우리도 그리스도 예수를 믿나니. 이는 우리가 율법의 행위에서 아니고 그리스도를 믿음으로서 의롭다 함을 얻으려 함이라. 율법의 행위로서는 의롭다 함을 얻을 육체가 없느니라."(갈2:16)라고 가르치고 있기 때문이다. 허친슨의 이러한 믿음은 마틴 루터와 마찬가지로 성경에 부합한다. 그녀의 믿음에 잘못된 점이 없었음에도, 법원은 그녀에 대하여 이단이라고 판단했다.

그러면 청교도 당국은 왜 앤 허친슨을 이단이라고 잘못 판결했을까? 우리는 가부장적 청교도 사회의 남성중심 사고에서 그 답을 찾아볼 수 있다. 사회학자 마이클 킴멜은 그의 글 "동성애 혐오로서의 남자다움"에서 미국 역사에 있어서 이어져 온 남자다움과 배타주의에 관하여 논의한다. 사회에서 남자들이 생각하는 남자다움은 주로 다른 남자들의 판단에 의해 정의된다. 이런 의미에서 남자다움은 남성 사회의 규칙이다. 그러므로 사회생활에서 남자들은 끊임없이 자신들의 남자다움을 다른 남자들의 인정을 통해 확인받으려 한다. 매사추세츠 베이 콜로니의 청교도 사회는 전적으로 남성 지배의 사회였다. 그곳에서는 가부장제가 사회의 모든 체제를 좌우했다. 이러한 사회에서 모든 남자는 자신의 남자다움을 청교도 당국의 관점에서 판단했다. 모든 구성원들은 청교도 당국에 의해 수립된 규칙과 생활방식에 따를 것이 기대되었다. 앤 허친슨이 매주 모임을 열어서 설교에 대하여 논평하자, 청교도 지도자들은 여성이 사회적인 그리고 성적인 경계를 침범한 것으로 받아들였다.

이에 더하여 총독 헨리 베인을 포함한 많은 남자들이 그 모임에 참석하기 시작한 사실은 남성 우위의 청교도 사회를 크게 자극했다. 이에 반응하여 당국은 그 모임에 참석하는 남자들을 격렬히 비난했다. 성경공부 모임에 참석한 남자들은 주류사회의 남자들로부터 남자답지 않다고 매도되었을 법하다. 구체적으로 모임에 참석한 헨리 베인 총독은 1637년에 치러진 총독 선거에서 존 윈스럽에게 패배했다. 그는 영국으로 돌아가 다시는 돌아오지 않았다.

킴멜에 따르면 남자다움의 정의는 거세되지 않기 위한 방어적인 노력이라고 할 수 있다. 그렇지만 그 남자다움은 자신들의 두려움을 극복하기 위하여 소수자들에 대하여 막대한 대가를 요구한다. 이러한 사고에서 성차별, 동성애 혐오, 인종차별을 초래하는 다양한 배타적 신념이 싹텄다. 이것이 대부분의 남자들이 보통 다른 남자들이 여자들이나 동성애자들이나 또는 유색인종을 공격하는 데 대하여 침묵하는 이유이다. 이러한 이유로 미국 역사에 있어서 주류의 백인 남성 사회에 의한 배제의 정치가 반복되는 경향을 보인다. 청교도 사회는 성직자 계급이 지배하는 정교일치 체제의 불관용 사회였다. 무엇이 옳고 그른지를 판단하는 것은 전적으로 청교도 성직자들에게 달렸다. 재판에서 앤 허친슨은 직설적으로 청교도 지도자들의 권위에 대하여 문제를 제기했다. 그 결과 킴멜이 언급했듯이 성적인 차별과 배타적 신념이 싹텄다. 재판에서 존 윈스럽 총독의 경우가 바로 그랬다. 예를 들어서, 모두 진술을 통해서 그는 "하나님이 보시기에 매력적이지도 않고 용납할 수 없고 당신의 성별에도 합당하지 않은"이라고 표현했고, 재판을 마무리하면서도 "이 재판부의 선고는 당신이 우리 사회에 적합하지 않은 여성이므로 우리 사회로부터 추방된다는 것이다."라고 판결했다. 이러한 언급들은 성차별의 명백한 사례가 아닐 수 없다.

이 외에도 재판에서 반대자에 대한 불관용과 배척의 입장을 확인할 수 있다. 총독은 허친슨이 목사들에 대하여 경멸적인 비판을 했다고 강하게 질책하면서 목사들을 아버지로서 공경해야 한다고 주장한다. 그는 반대자들에 대한 종교적 불관용의 강한 의지를 드러냄으로써 배제의 정치를 보여준다. 이 재판에서 보듯이, 청교도 지도자들은 모든 반대 의견에 대하여 불관용과 무자비한 태도로 일관하고 있다. 그들의 태도는 매우 이율배반적이다. 왜냐하면 그들은 모두 영국 국교회에 대한 반대자들이었기 때문이다. 그들은 모두 신앙의 자유를 찾아서 대서양을 건너왔다. 그러나 그들은 동일한 폭압적인 경향의 먹이가 되었다. 잉글랜드에서 박해당한 사람들이 뉴잉글랜드에서는 박해자가 된 것이다.

혹시 어떤 이들은 당시의 상황에서 불안정한 사회를 유지하기 위해서 위와 같은 판결이 불가피했다고 말할지 모른다. 어떤 의미에서 수긍할 만한 견해이다. 왜냐하면 그러한 상황에서는 생존이 신앙보다 더 중요할 수 있기 때문이다. 그렇지만 신앙의 문제만이 전부가 아니라 재판의 배후에는 그 이상의 이야기가 있다. 허친슨은 청교도 당국의 아메리카 원주민에 대한 정책에 반대한 인물이기도 하다. 청교도 지도자들은 아메리카 원주민들과의 전쟁을 강력히 주장했으나, 허친슨은 원주민의 권리를 옹호하며 이를 반대했다. 1637년에 발생한 영국 정착민들과 원주민들 간의 피쿼트(Pequot) 전쟁 중에 허친슨은 전쟁에 반대했고 그 추종자들은 군대에 가담하지 않았다. 이 일은 청교도 당국을 분노하게 만들었다. 또 다른 논란은 아메리카 원주민의 노예화 문제였다. 그녀는 노예화에 강력히 반대했다. 반면에 윈스럽은 세 명의 피쿼트 인디언을 노예로 소유했던 것으로 알려진다. 윈스럽은 구약성경을 근거로 하여 노예제도를 지지하면서, 총독으로서 1641

년 매사추세츠 지역의 노예제도 합법화에 중요한 역할을 했다. 허친슨의 반대 목소리는 그를 당황하게 했음에 틀림없다.

킴멜의 렌즈를 통해서 청교도 사회의 남성 우위의 가부장적 사고방식을 이해할 수 있었다. 심리학 연구 결과에 따르면, 사람들은 설사 잘못된 것일지라도 주류의 결정을 따르는 경향이 있다. 그 이유는 사람들이 비슷해 보이기를 원하면서, 이와 달리 어리석게 보이지 않으려고 하기 때문이라고 설명된다. 이러한 경향은 킴멜이 "남자들은 그들의 남자다움을 다른 남자들에게 인정받기를 원한다."라고 설명했다. 이러한 성향과 관련하여 한 가지 주목할 점은 그룹의 일치된 의견이 일단 반대자에 의해 깨어지고 나면 사람들이 두려움이나 압력에서 벗어나 이에 도전할 수 있게 된다는 점이다. 하나의 용기 있는 행동이 전체사회의 주요한 변화로 이어질 수 있다는 의미이다. 앤 허친슨은 미국 역사의 초기에 엄청난 압력 하에서도 단호한 용기를 분명히 보여주었다. 비록 당시에는 그녀의 목소리의 반향이 미미했을지라도 그녀의 용기는 미국 역사에 중요한 영향을 미쳤다. 여성운동과 시민권 운동의 선구자로서 그녀의 발언들은 그녀를 기소한 이들의 발언에 비하여 훨씬 더 힘이 있고 영향력이 있다.

두 번째로 작성한 에세이는 미국인의 정체성에 관한 몇 개의 연구논문을 읽고 그에 대한 의견을 담은 글을 작성하는 것이었다. 주어진 논문들은 "다양한 민족의 미국 이민에 따른 문화적 특성은 무엇인가? 무엇이 미국인의 정체성인가? 이상적인 귀화정책은 무엇인가?" 하는 주제를 다루었다. 이러한 주제와 관련하여 미국인의 정체성에 관한 문제를 고민하고 있을 때, 마침 한국 정부에서 한 재미교포 인사를 장관으로 지명했다는 소식이 들려왔다. 그런데 그의 국적이 미국이어서 국내에서 격렬한 찬반 논란이 일어났다.

김종훈은 서울에서 태어나 1975년 열네 살 때 가족과 함께 미국으로 이민했다. 어려운 가정 형편 때문에 점심을 거르는 날이 많았고, 신문배달, 식당 주방보조, 슈퍼마켓 점원 등으로 일을 하면서 학교에 다녀야 했다. 고교를 우등 졸업한 후 존스홉킨스대학교에 진학하여 3년 만에 우등 졸업할 수 있었다. 이후 해군에 입대하여 장교로 복무했고, 존스홉킨스대학교에서 경영학 석사학위 및 공학박사학위를 취득한다. 학위 취득 이후 유리시스템즈라는 통신 분야 기술 회사를 설립하여 중요한 통신 시스템의 개발에 성공한다. 그 후 1998년 루슨트 테크놀로지사에 그의 유리시스템즈를 11억 달러에 매각하고, 루슨트 테크놀로지사의 광대역 캐리어 네트워크 부문 사장으로 임명되어 2001년까지 근무했다. 2001년부터 2005년까지 메릴랜드대학교의 교수로 재직한 후, 2005년에는 루슨트 테크놀로지를 인수한 벨 연구소의 소장으로 임명되어 개발제품의 상용화에 주력하는 등 연구소의 성장에 크게 기여했다.

나는 이런 김종훈의 사례가 미국인의 정체성을 논의할 좋은 소재가 된다고 생각했다. 그래서 먼저 두 개의 질문을 떠올려 보았다. "김종훈은 왜 미국 시민권을 포기하고서 한국으로 돌아가려고 하는가?" "귀화한 미국인들은 그들의 복수 정체성 때문에 미국의 국민 통합에 방해가 되는가?" 하는 것이었다. 이에 대한 답을 찾기 위해 미국인의 정체성에 관한 연구논문들을 깊이 있게 검토했다. 특히 사라 송의 견해에 주목했다. 그녀는 귀화 과정에서 세 가지 사회통합 유형이 있는데, 그 유형들은 서로 배척하는 관계가 아니라 보충하는 관계라고 설명한다. 다음으로, 두 번째 문제에 관하여 많은 연구 자료들 중에서 특히 호레이스 칼렌(Horace Kallen)의 「1.5세대 한국계 미국인 연구」라는 논문이 귀화한 미국인들의 본질과 정서를 설명하는 데 큰 도움이 되었다. 그의 연구 결과를 참고하여 귀화 미국인들의 본질과 정서 및 미국 사회에 대한 영향을 살펴보았다.

두 나라 사이에서: 재미 한국인의 정체성

2013년 2월 재미 한국인 김종훈이 대한민국의 과학기술부 장관으로 지명되었다. 미국 벨 연구소의 소장인 김은 열네 살 때 한국에서 미국으로 이주하여 그의 아메리칸드림을 이룬 인물이다. 장관 임명을 위해서 그는 30년 전에 상실한 그의 대한민국 국적을 재취득해야 했다. 이를 위해 그는 미국 시민권을 포기해야만 한다. 그런데 이 지명으로 인해 한국인들 사이에 큰 논란이 일었다. 찬성하는 사람들은 그의 지식과 경험이 한국의 기술 발전에 크게 기여할 것이라고 주장했다. 반면에 반대하는 사람들은 그가 미국 정부의 첩자 역할을 할 수 있다는 이유를 들었다. 왜냐하면, 과학기술부 장관은 과학과 첨단 기술에 관한 고도의 비밀정보를 다루는 책임자이기 때문이다. 그들은 김이 최근 5년간 미국 중앙정보국(CIA)의 외부 자문역을 한 경력을 지적한다. 이 논란의 배후에는 한국계 미국인의 정체성에 관한 근본적인 문제가 깔려 있다. 반대자들의 시각으로 보면, 김은 한국인이 아니라 미국인이다. 그러므로 한국보다 미국에 더 충성할 가능성이 있다는 것이다. 지구 반대편 미국에서는 또 다른 의문이 제기된다. 미국인들로서는 김이 왜 미국 시민권을 포기하려는지 의아하기만 하다. 만약 시민권을 포기한다면, 그는 미국에서 벨 연구소의 소장 지위를 사임해야 할 것이다. 더구나 그는 거액의 국적 포기세를 납부해야 하는데, 그의 미국 내 재산을 감안하면 그 세액은 대략 1억 달러에 달할 것으로 추산된다. 사정이 이러한데도 그는 왜 엄청난 불이익을 감수하려는 것일까? 우리는 이민자 미국인들의 본질을 살펴봄으로써 이러한 의문에 대한 답을 찾아보려 한다.

　김종훈은 1961년에 서울에서 태어났다. 그가 열네 살 때에 아버지와 새어머니를 따라서 미국으로 이민했다. 그는 아버지와 다툰 후 집을 나와서 편의점에서 일을 하며 고등학교를 다녔다. 장학금 덕분에 존스홉킨스대학교에 입학하여 전기공학을 공부했다. 그는 3년 만에 대학을 졸업한 후, 해군에 입대하여 7년간 핵잠수함의 장교로 복무했다. 그 후 메릴랜드대학교에서 전기공학과 컴퓨터 과학을 공부하여 박사학위를 받았다. 졸업 후 그는 1992년에 통신회사를 창업한다. 혁신적인 발상과 해군에서의 경험 덕분에 통신 분야에서 놀랄 만한 성공을 이루었다. 그의 회사 유리시스템즈는 곧 데이터 전송 기술 분야의 선두주자가 되었다. 그는 1998년에 회사를 루슨트 테크놀로지에 10억 달러에 매각했다. 이로써 그는 30대의 나이에 세계적인 사업가가 되었다. 그의 성공은 전국적인 관심을 받았고, 그의 이름이 국립 공학 학술원에 헌액되기도 한다. 그리고 2001년에 모교인 메릴랜드대학교로 돌아와 전기공학 및 컴퓨터공학 교수로 5년간 근무한다. 그는 루슨트 테크놀로지의 제안을 받아들여 2005년부터 저명한 벨 연구소 소장으로 재직하게 된다. 그의 놀라운 이야기는 성공적인 아메리칸드림의 본보기가 되었다.

그러면 김종훈의 정체성은 무엇인가? 그는 미국인인가 아니면 한국인인가? 그의 정체성을 결정하기 위해서는 먼저 미국인으로 간주되기 위해 요구되는 판단 기준이 무엇인지 알 필요가 있다. 사라 송 교수는 미국인의 정체성을 검토하기 위하여 세 가지 유형의 시민적 결속 모델을 분석했다. 이 모델들은 미국 시민권을 위한 귀화 절차에서 시민의 기준을 제시한다. 첫 번째 모델은 헌법적인 애국심인데, 헌법적 이념, 예컨대, 대의제 정부, 연방제, 권력분립, 헌법상 보장되는 기본권 등에 대한 충성을 요구한다. 두 번째 모델은 진보적 민족주의인데, 이는 국가의 문화와 미국인들 사이에 공통된 특성의 공유를 요구한다. 예컨대, 언어와 공통된 신념과 문화적 동질성 등이다. 세 번째 모델은 깊은 다양성 모델인데, 이는 어떤 기준을 정하지 않고 구성원들의 특성이나 시각의 모든 다양성을 존중한다. 이 모델은 구성원들이 다양한 방법으로 공동체에 속하는 것에 초점을 둔다. 이러한 다양성이 시민적인 유대와 결속을 증진한다고 믿는 것이다. 송 교수에 따르면, 세 가지 모델은 상호 배척하는 것이 아니라 보완적이다. 그러므로 각 모델이 미국인의 정체성을 결정하는 판단 기준으로 사용될 수 있다. 정치 철학자 마이클 왈저(Michael Walzer)는 주장한다. 미국이 아직까지 형성 단계에 있기는 하지만 고유의 이념과 문화를 가지고 있고, 이로 인해 미국인으로 구별된다고 주장한다. 그는 '에머슨의 실험적인 삶' '휘트먼의 포괄성' '퍼스와 제임스의 실용주의' 등이 미국인의 특성을 예시한다고 설명한다. 미국인의 특성에 관하여 교육학자 윌리엄 데이먼(William Damon)은 기회, 혁신과 공동선을 위한 헌신 등이 미국인의 정체성과 연관되어 있다고 말한다. 요약하자면, 미국인의 정체성을 결정하려면 앞서의 모든 특성들을 기준으로 고려할 필요가 있다고 하겠다.

김종훈은 위에 언급된 기준들에 따라 평가해 볼 때, 충분히 미국인으로 인정될 만하다. 그의 생각과 삶은 분명하게 미국인의 특성을 보여주고 있기 때문이다. 7년간의 군 복무는 헌법적 이념에 대한 충성심과 민주주의에 대한 헌신을 증명한다. 이는 헌법적인 애국심의 요건을 충족한다. 그가 미국의 교육기관에서 지속적으로 공부한 사실은 진보적 민족주의의 요건에 부합한다. 언어와 공통된 신념과 문화적 동질성 등 미국인들의 문화를 공유하고 있기 때문이다. 미국에서 교육을 받는 동안 동료 학생들이나 교사들과 어울리면서 미국인들에게 공통된 생각과 가치를 갖게 되었음이 분명하다. 더구나 그는 기업을 시작했을 때 혁신적인 아이디어 덕분에 통신 분야에서 놀라운 성공을 거둘 수 있었다. 그의 일과 성취는 에머슨 식의 실험적인 삶뿐만 아니라 실용적이고 창의적인 발상을 반영하고 있다. 이러한 특성들은 미국인의 자질 목록에 수록된 특성들과 일치한다. 김은 또한 미국에서의 기회에 대한 강한 믿음을 표현했다. 김종훈은 1998년 5월 Academy of Achievement와의 인터뷰에서 자신의 성공에 관하여 다음과 같이 말했다.

"다른 나라였더라면 저의 성공이 가능했으리라 생각하지 않습니다. 중요한 한 가지 원인은 여기 사람들의 마음가짐이었어요. 저의 회사, 유리시스템즈는 제가 처음 만든 회사가 아니었어요…. 사람들은 저의 첫 실패를 큰 경험으로 보아주었어요. 제가 어려운 시절을 겪었기 때문에 그들은 더 편하게 느꼈어요. 다른 나라였더라면, 만약 시도한 후 실패한다면, 완전한 실패가 됩니다. 사람들은 기본적으로 당신을 실패자로 봅니다. 그렇지만 여기 미국에서는 (실패를) 훌륭한 경험으로 봅니다. 제 생각에 미국에서, 오직 미국에서만 사람들이 모두 위험을 감수할 필요가 있다는 그런 마음가짐을 가지고 있습니다."

그는 분명하게 도전정신을 높이 평가하고 사람을 과거가 아닌 그의 성취로서 판단하고, 자수성가한 사람을 칭찬하는 그런 미국적인 생각을 감사해한다. 그 외에도 김은 1999년 메릴랜드대학교에 공학부 건물을 건축하는 데 500만 달러를 기부했다. 그는 존스홉킨스대학과 다른 학교들에도 돈을 기부했다. 이러한 기부 행위는 공동의 선을 위한 헌신의 마음을 보여준다. 이 역시 미국인의 특성 중 하나로 제시되었다. 김은 한 인터뷰에서, "이 나라는 이미 제게 많은 것을 주었습니다. 그래서 되갚을 필요가 있어요."라고 말했다. 그의 생각과 삶을 살펴보면, 그가 한국인이라기보다 미국인이라는 점에 의문의 여지가 없다. 그의 삶은 미국과 그 이념에 충실한 모습을 보여주었다.

다음 문제는 미국인들에 의해 제기된다. 그가 시민권을 포기하면 거액의 국적이탈 세금을 내야 하고 또한 벨 연구소의 소장 자리도 포기해야만 한다. 그는 왜 이러한 엄청난 불이익을 감수하려는 것일까? 이 질문에 대한 답은 소위 하이픈 미국인들의 본질과 정서에서 찾아볼 수 있다. 하이픈 미국인이란 용어는 미국의 철학자 호레이스 칼렌이 각기 다른 민족적 배경을 가진 이민자 그룹을 표현하기 위해 만들어 낸 단어이다. 예를 들면, Korean-American이 그것이다. 그는 하이폰 미국인들이 정신적인 삶은 민족적인 바탕, 즉 하이폰의 좌측 편에 두고 있고, 그들의 공적인 삶은 하이폰의 우측 편에 두고 생활한다고 주장한다. 그리고 하이폰 미국인들은 그들의 행복과 정서적인 만족감은 민족집단에서 찾으려는 경향이 있다고 한다. 이러한 이유로 미국 내 민족집단이 소멸하지 않고 존속한다는 것이다.

칼렌이 설명한 대로 김종훈은 그의 공적인 삶은 미국에 두고 살면서 정신적인 삶은 민족적인 편에 두고 있는 듯이 보인다. 그는 한국에서 태어나서 열네 살이 될 때까지 그곳에서 살았다. 그가 한국을 떠나기 전에 그의 민족적 정체성을 형성했음이 분명하다. 그는 외국에서 태어나 어릴 때 부모를 따라 이민한 1.5세대이다. 이민자들의 문화 적응 및 동화과정 연구에 따르면, 1.5세대 개인들은 미국에서 태어난 2.0세대와 다르다. 그들은 이민 전에 이미 완전한 민족적 정체성을 형성했고 이민 후에 문화 적응 및 동화 과정을 경험했기 때문이다. 이민자들은 다른 문화에 접하는 동안 새로운 생활방식을 채택하고 다른 집단과 긍정적인 관계를 만들어 가면서 그들의 새로운 환경에 적응하려고 노력한다.

문화 적응의 결과로, 이민 1.5세대는 두 개의 문화를 가지고 두 문화에서 생활하게 된다. 마치 이중 문화인 것처럼 보이지만, 실상 그들은 두 개의 문화 중 어느 쪽에도 속하지 아니한다. 그들은 자신들을 온전히 미국인이라고 생각하지 않는다. 왜냐하면 그들은 이곳에서 태어나지 않았기 때문이다. 반면에, 그들은 자신들을 완전한 민족국가의 국민이라고도 생각하지 않는다. 왜냐하면 그들은 성인이 되기 전에 그곳을 떠났기 때문이다. 결과적으로 그들은 어느 한 문화에 온전히 소속되기를 희망한다. 한편으로는 어떤 민족적 가치나 신념 등에 집착하면서, 다른 한편으로 미국적인 생활방식과 사고방식에 적응한다. 이러한 맥락에서 우리는 1.5세대 이민자인 김의 정서를 이해할 수 있다. 그의 정서는 벨 연구소장 퇴임 연설에 잘 나타나 있다. "저는 오늘 매우 복잡한 심정입니다. 저는 지난 8년간 열정을 바쳤던 직책을 그만두고 훌륭한 팀과 헤어지게 되어 슬픈 마음입니다. 그러나 동시에, 제가 태어나 열네 살 때 부모를 따라서 떠나온 국가에서 중요한 공적 역할을 맡게 되어 진심으로 명예롭게 생각합니다." 그는 자신의 민족국가에 기여할 희망을 표현했다. 칼렌이 말하듯이, 김은 정서적인 만족을 그의 민족국가에서 찾으려는 듯하다.

어떤 이들은 김의 시민권 포기를 배신 행위라고 말할지 모르겠다. 그리고 다른 이들은 이민자들의 충성 문제를 제기할지도 모른다. 사실, 이민자들의 미국에 대한 불충실의 문제는 논란거리이다. 많은 사람들은 이민자들의 충성심에 대하여 의심스러워하고 있다. 왜냐하면 그들은 이전에 충성했던 다른 나라가 있기 때문이다. 그들의 의심은 제로섬(zero-sum) 개념에 바탕을 두고 있다. 그들은 분쟁으로 인해 충성심이 분리될 경우에 민족국가에 맞서 미국에 충성할 수 없다고 주장한다. 그렇지만 제로섬 개념과 달리, 2세대 이민자들은 국제분쟁 중에 강한 애국심을 보이는 경향이 있다. 에드위나 바르보사(Edwina Barvosa) 교수에 따르면, 멕시칸 아메리칸, 즉 멕시코계 미국인들은 제2차 세계대전 이래로 국제적인 분쟁 중에 강한 애국적인 성향을 보여준다. 제2차 세계대전 중에 의회의 무공훈장을 수상한 멕시코계 미국인들은 전체 수상자의 20퍼센트에 달했다. 그들의 인구 비율이 10퍼센트인 것을 생각하면 비율이 높다. 이와 유사하게, 베트남 전쟁과 이라크 전쟁 중에 남미 출신 미국인들의 참전 비율이 높았다. 바르보사는 비록 2세대 이민자들이 복수의 정체성을 형성하지만 국가에 관하여는 오직 미국인이라는 정체성을 가지고 있을 뿐이라고 주장한다. 그들은 국제분쟁 시에는 강한 충성심을 보여준다. 그러므로 일반적인 오해와는 달리, 이민자들은 미국에 충성스러운 경향을 보인다.

김의 미국 시민권 포기는 미국에 대한 배신으로 간주될 수 있다는 주장은 어떤 면에서 볼 때 일리 있는 말이다. 왜냐하면 그가 기술공학자와 관리자 및 사업가로서의 역할을 하지 않으면 이는 미국에 손해가 될 수 있기 때문이다. 그렇지만 이 문제에 대한 시야를 넓혀 볼 필요가 있다. 비록 그가 미국에서의 역할을 그만둘지라도, 그는 두 나라를 연결하는 중요한 새 역할을 할 수 있다. 김이 수상한 밴 플리트(Van Fleet) 상은 그의 징래 역할에 대하여 시사한다. 1998년에 미국의 한국협회는 한·미 간의 긴밀한 관계에 기여한 김에게 밴플리트 상을 수여했다. 이러한 방법으로 그는 양국 간 좋은 관계를 유지하고 양국 모두에게 이익을 주는 역할을 할 것이다. 마찬가지로, 이민자 미국인들도 비슷한 역할을 한다. 너욱이 그들은 긍정적인 미국의 사상과 가치를 그들의 민족적 배경을 통해 세계에 확산하고 있다.

지금까지 세 가지 유형의 시민적 결속 모델을 토대로 김의 정체성을 검토했다. 그리고 하이픈 미국인들의 본질과 정서를 살펴보았다. 하이픈 미국인들은 정신적인 삶의 바탕을 그들의 민족집단에 두고, 또 그 안에서 정서적인 만족을 추구하는 경향이 있다. 이러한 이유로 이민자들은 이민 국가에 대한 충성심이 약해서 국민적 결속을 약화시킨다고 자주 오해를 받곤 한다. 그러나 그들은 미국에 대한 강한 충성심과 헌신을 보여 왔다. 더구나 하이픈 미국인들은 미국의 가치를 세계에 확산하는 중요한 역할을 하고 있다. 거의 100년 전에, 호레이스 칼렌은 문화적 다양성은 국가적 결속을 약화하는 대신에 국력 신장에 기여해 왔다는 그의 생각을 표현했다. 그는 미국을 각각의 민족집단이 자신들의 고유한 악기를 연주하는 오케스트라에 비유했다. 국가의 오케스트라에서 서로 다른 연주자들이 집중해야 했던 것은 동일한 연주가 아니라 화음이었다. 그의 통찰력은 미국인들 사이에 여전히 반향을 일으키고 있다. 왜냐하면 미국은 이민자들의 나라이고 다양한 민족집단이 국가 발전에 실질적으로 기여했기 때문이다. 김종훈은 『워싱턴 포스트』에 "우리는 미국에서 항상 그러한 포용을 봅니다. 미국은 모든 종류의 이민자들이 조상들이 밟아 온 여정을 되새겨보고 마음속에서 하나 이상의 국가 정체성에 대한 균형을 잡는 커다란 도전을 하고 있는 그러한 곳입니다."라고 기고했다. 그는 포용을 그의 성공의 주요한 요인으로 언급했다. 마이클 왈저 또한 민족적 다양성에 대한 관용을 미국 문화의 미덕이라고 보았다. 그는 "사실, 미국은 심각하지만 산발적인 예외를 제외하고는, 민족 다원주의에 대하여 놀라울 정도로 관용적이었다."라고 언급한다. 미국은 미래를 위해 이 관용의 미덕을 지켜야 할 필요가 있다.

세 번째 과제는 기술 분야에 관한 글을 쓰는 것이었다. 기술의 발전에 따른 장점 혹은 단점에 관하여 광범위한 연구조사를 한 뒤, 연구논문 등을 근거로 하여 자신의 주장을 담은 논설문을 써야 했다. 나는 새로운 기술 개발의 부정적인 측면에 대하여 생각해 보았다. 기술은 항상 우리 생활에 유익함을 주리라는 일반 상식과 달리,

만약 주의 깊게 통제되지 않는다면 매우 위험하다는 내용을 글에 담으려 했다. 우리는 역사를 통해서 새로운 기술이 인류에게 엄청난 재앙을 초래할 수 있다는 뼈아픈 교훈을 배운 바 있다. 예컨대, 원자폭탄이나 환경 파괴 등은 무분별한 기술 추구로 인한 재앙의 사례라 할 것이다. 이러한 아픈 경험 때문에 많은 사람들이 최근의 유전자 조작 기술의 발전에 관하여 크게 우려하고 있다. 이러한 상황에서 나는 새로운 기술 개발로 인하여 초래된 심각한 사생활 침해의 문제에 관하여 경고하고 이를 통해 사람들의 관심을 촉구하고 싶었다. 주장의 설득력을 확보하기 위해서, 가급적 많은 사례들과 조사 자료들과 전문가들의 의견을 제시하려고 노력했다. 폭넓은 자료조사를 통해서 다양한 사생활 침해의 위협을 확인하게 되었다. 그 심각성에 두려움이 느껴져 주위에 경고의 메시지를 던지고 싶었다.

기술 시대의 사생활 위기

"일시적인 안전을 얻기 위해 기본적인 자유를 포기할 수 있는 사람은 자유도 안전도 누릴 자격이 없다." ─ 벤저민 프랭클린

"만약 이 땅에 폭정과 압제가 들어온다면, 그것은 외적과 싸우는 모습을 가장할 것이다." ─ 제임스 매디슨

"우리는 급속히 사생활이 없는 시대로 들어가고 있다. 그곳에서는 모든 사람이 항상 감시에 노출되어 있고, 정부에 대해 아무런 비밀도 없는 세상이다." ─ 윌리엄 오빌 더글러스, 전 대법관

내가 피할 수 없는 것을 꼽으라면, 세금 징수원 이외에 정크 메일, 즉 광고 우편물을 꼽을 것이다. 초대받지 않은 정크 메일은 매일매일 나의 우편함을 채운다. 이들은 벌써 5년 이상 나를 쫓아다니고 있다. 신용카드 안내 우편물은 특히 성가시다. 왜냐하면 그 안에 나의 개인 정보를 담고 있기 때문이다. 그러므로 봉투를 모두 뜯어서 서류를 찢어 버려야 한다. 그렇게 하지 않으면 누군가 내 개인정보를 이용하여 은행으로부터 신용카드를 발급받을까 연려되기 때문이다. 무엇보다도 놀랐던 것은 지난해 8월에 내가 이사했을 때이다. 이사한 지 얼마 되지 않아

서 종전의 주소로 오던 같은 정크 메일이 새 주소로 우송되어 왔다. 새 주소를 어떻게 그렇게 신속히 알았는지 놀라울 뿐이었다. 그때 내가 깨달은 점은 내가 추적되고 있다는 사실이었다.

    기술 분야 저술가 니콜라스 카는 "미국인들은 새롭고 정교한 방법으로 온라인에서 추적되고 있다."라고 말한다. 또한 "우리의 생활에 관한 믿을 수 없을 만큼 세세한 자료들이 우리들이 모르는 사이에 온라인 데이터베이스들로부터 수확되고 있다."라고 경고한다. 2011년 4월에 연구자들이 아이폰과 아이패드가 이용자의 위치정보를 지난 12개월간 수집하고 있는 사실을 발견했을 때, 당시의 CEO 스티브 잡스는 애플사의 잘못에 대하여 공개적으로 사과했다. 달리 말하자면, 모든 휴대폰 회사들이 사용자의 위치를 항상 알고 있다는 것이다. 정보의 홍수 속에 살고 있기 때문에, 사람들은 사생활의 중요성에 대하여 과소평가하는 경향이 있다. 요즘에는 젊은이들이 그들의 개인적인 사진이나 글이나 자료들을 Facebook이나 YouTube 등을 통해 웹상에 올리는 것이 아주 흔한 일이다. 그들에게 사생활에 대하여 물어보면 보통 신경 쓰지 않는다고 대답한다. 조지워싱턴대학교 로스쿨 교수 다니엘 솔로브는「숨길 것이 없다면 사생활이 왜 문제인가?」라는 글에서, 정부가 시민들의 개인 정보를 수집, 분석할 때, 많은 사람들은 이를 신경 쓰지 않으면서, "나는 감출 것이 없어. 무언가 잘못이 있을 때에 염려할 일이야. 그러한 경우라면 그것은 비공개로 유지할 자격이 없어."라고 이야기한다. 흥미롭게도, 솔로브는 영국 정부가 공공장소에 수백만 개의 감시 카메라를 설치하면서 동일한 논거를 제시했다고 지적한다. 영국 정부는 "숨길 것이 없다면, 염려할 것이 없습니다."라고 공표함으로써 시민들의 특별한 항의 없이 카메라를 설치할 수 있었다. 사실, 미국인들에 대한 최근의 설문조사에서도 유사한 반응을 확인할 수 있다. 라스무센 리포트에 따르면, 2011년 미국 성인의 66퍼센트가 모든 주요 공공장소에 감시 카메라가 설치되어야 한다고 생각하고 있다. 그렇지만 한 가지 의문이 든다. 설사 우리에게 숨길 것이 없을지라도 사생활의 문제가 있지 않을까? 그리고 사생활에는 개인적인 이유를 넘어서는 더 큰 의미가 있지 않을까?

    사람들의 공통적인 오해는 인터넷상에서 사생활이 안전하다는 생각이다. 그 이유는 온라인상에서 익명성이 보장된다고 생각하기 때문이다. "인터넷은 공개적인 정보 수집의 수단으로 개발되었고, 그렇기 때문에 사생활이나 안전성과는 거리가 멀지요. 그렇지만 동시에 인터넷은 완벽한 익명성을 제공하는 것처럼 보입니다. 그래서 대부분의 이용자들은 마치 자신들이 보이지 않는 것처럼 행동하지요."라고 NBC 뉴스의 기술 분야 기고가 밥 설리번은 말한다. 퓨 인터넷 및 아메리칸 라이프 프로젝트에 따르면, 미국 인터넷 사용자의 36퍼센트가 인터넷상에서 그들의 건강, 가족관계와 정신건강 문제 등 개인 사정을 상담한다. 그리고 그 중 24퍼센트가 로그인하면서 자신들의 실명과 이메일 주소를 입력한다고 한다. 사람들은 위험성에 대한 충분한 이해 없이 자신들의 사생활이 보호된다고 생각하면서 기술을 신뢰하는 경향이 있다. 그러므로 사람들은 인터넷상에서 자신들의 개인적인 정보를 노출하면서도 편안하게 느끼는 것이다. 그렇지만 일반 상식과는 정반대로 사생활 침해와 관련된 수많은 소름 끼치는 사연들이 있다.

   2012년에 1,260만 명의 미국인들이 개인정보 도용의 피해자가 되었다. 일부 범죄자들은 피해자의 사회보장 번호와 다른 개인정보를 이용하여 은행 신용카드를 개설하거나 대출을 받아냈다. 다른 범죄자들은 피해자들의 은행 계좌를 인계받아 예금을 인출했다. 피해 액수를 합하면 100억 달러를 넘는 것으로 추산된다. 더구나 사생활의 침해는 범죄자들에게 한정되지 않는다. 사기업들도 또한 사람들의 사생활을 침해한다. 사기업들은 할 수 있는 한 고객들의 정보를 추적, 수집하여 처리하고 있다. 그들의 목적은 그 정보를 다른 기업들에게 판매하기 위한 것이다. 2005년 가을에 소니 BMG 회사는 숨은 소프트웨어를 그들의 음악 CD 안에 심었다. 고객이 Window PC에서 CD를 재생하면 숨겨진 스파이웨어가 자동적으로 PC에 설치되어서 그 IP 주소를 소니사에 보낸다. 이어진 집단소송 진행 중에, 소니사는 피해를 입은 고객들에게 1인당 150달러를 배상하기로 약속했다. 그 외에도 2006년 8월에 미국의 웹 검색엔진 사업자 AOL은 AOL의 65만 사용자가 검색 데이터에서 처리한 검색 키워드가 포함된 파일을 출시했다. 불행히도 개개 사용자의 개인적인 신원과 검색 기록이 확인될 수 있었다. 이 사건은 지금까지 일어난 최악의 인터넷 사생활 침해 사건 중 하나가 되었다. 그 외에도 2007년 5월에 구글 맵스의 스트리트 뷰 영상은 거리의 파노라마 뷰를 제공했다. 그렇지만 사생활 침해 우려를 자극했다. 그 영상은 일광욕을 즐기는 사람들의 벗은 나체와 스트립 클럽에 들어가거나 성인 서점에서 나오는 사람들의 얼굴들을 보여주었다. 구글은 민감한 영상을 흐리게 처리했음에도 많은 국가에서 많은 사생활 침해 소송이 제기되었다.

더욱 염려스러운 점은 사생활 침해 이야기가 민간 기업들에 국한되지 않는다는 것이다. 정부 역시 시민들에 대한 다양한 감시활동에 관여되어 있다. 감시활동은 입법부와 사법부의 견제를 받지 않고 은밀하게 시행되고 있다. 구체적으로 2009년 1월 영국 정부는 새로운 "Remote Search(원격 수색)" 계획을 시행한다고 발표했다. 영국 내무부는 경찰이 영장 없이 주기적으로 시민들의 개인용 컴퓨터에 접근하는 것을 허용했다. 경찰은 해킹의 방법으로 은밀하게 시민들의 하드 드라이브와 이메일, 메시지, 웹 브라우징 등의 인터넷 활동을 검사할 수 있었다. 국제 비영리 디지털 사생활 권익단체인 전자프런티어재단(Electronic Frontier Foundation: EFF)에 따르면, 미국에서 국가안보부(NSA)는 2001년부터 2006년간 AT&T의 도움을 얻어 불법적으로 시민들의 통신, 즉 통화와 이메일을 대규모로 감시했다. 따라서 EFF는 2010년에 NSA와 AT&T를 상대로 연방 제9순회 항소법원에 집단소송을 제기했다. 이에 더하여 몇몇 FBI 요원들은 영장 없이 GPS 장치를 시민들의 차에 몰래 설치하여 한 달 동안 차량 위치를 추적했다. 이를 항의하자 FBI는 연방기관들은 GPS 위치 추적 장치를 영장 없이 누구의 차에라도 설치할 권한이 있다고 주장했다. 그렇지만 DC의 항소법원은 FBI의 주장을 인정하지 않았다. 우리의 사생활은 심지어 정부기관에 의해서도 공격받고 있다. 지금 이 순간에 위협받고 있는 것이다.

더구나 EFF는 이제 정부기관들이 불특정 대상을 상대로 한 이동 감청(roving wiretaps)을 실시하고 있다고 주장한다. 2011년의 애국법(the Patriot Act)은 법 집행기관에게 단 하나의 영장으로 목표를 추적해서 통신을 감청할 수 있도록 허용했다. 설사 추적 대상자가 통신기기를 바꾸더라도 계속 추적이 가능하도록 했다. EFF는 추적의 목표가 모두 테러리스트나 간첩과 관련된 것이 아님에도, 애국법이 허용한 이동 감청 때문에 정부기관은 이제 광범위한 개인사업 영역에 영장 없이 접근하고 있다고 주장한다. 정부기관은 이제 새로이 개발된 기술을 이용해 은밀하게 시민들에 대한 다중 감청을 실시하고, 방대한 자료를 수집하고 있다. 그 결과 그들은 개인들에 대한 포괄적인 자료집을 편집할 수 있는 상태이다. 달리 말해서 지금 이 순간에 우리들 중 누군가는 하나 또는 복수의 국가기관에 의해 감시받고 있을 수 있다는 의미이다.

그럼에도 불구하고, 많은 사람들은 사생활은 이미 오래전에 죽은 신화라고 말하면서 자신들의 사생활 문제를 개의치 않고 있다. 기술잡지 편집자 데이비드 로완(David Rowan)은 "우리가 가지고 있는 프라이버시 개념은 다분히 20세기의 관념입니다. 여러분이 민간기업에 제공하는 개인적인 모든 자료를 이용해서 그들이 돈을 벌고 있고, 그리고 어떻게 사용할지 그들이 결정합니다. 여러분은 그 자료에 대한 제어권을 잃게 됩니다."라고 말한다. 사람들은 숨길 것이 없는 한 사생활은 문제가 되지 않는다고 종종 주장한다. 그렇지만 이러한 견해는 두 가지 이유로 매우 사려 깊지 않은 생각이다. 첫째, 최첨단 기술로 인해 종전에는 전혀 상상할 수 없었던 광범위한 감시 방법이 가능해졌다. 스마트폰 회사들은 모든 사용자들의 실시간 위치를 항상 추적하고 있고, 사용자의 스마트폰으로부터 사적인 정보를 지속적으로 수집하고 있다. 그뿐만 아니라 그들은 정기적으로 이 정보들을 다수의 국가기관들, 예컨대, NSA, CIA, FBI, IRS와 SEC 등에 제공하고 있다. 더구나 영국의 '원격 수색 계획'은 경찰이 시민들의 PC의 하드 드라이브와 인터넷 활동 내역을 은밀히 조사할 수 있도록 허용하는 문제를 논의했다. 심지어 150킬로미터 떨어진 곳에 있는 PC에 대한 접근도 가능하다.

둘째, 수없이 많은 새로운 감시기술이 개발되었다. 예컨대 차세대 초소형 무선 카메라, CCTV, 초소형 전화기, DNA 데이터베이스, 휴대폰 감청기기, 열 감지 화상화, 장벽 투과 기술 등 셀 수 없을 정도이다. 데이터 수집을 넘어서서 진보된 데이터 마이닝(채굴) 기술은 산재된 사소한 정보들을 뽑아내고 조합하여 중요한 정보들을 만들어 내는 것이 가능하도록 했다. 몇 년 전에 컴퓨터 상담가 톰 오와드(Tom Owad)는 그가 인터넷상에서 개인들의 민감한 정보를 수집한 실험 결과를 보도했다. 단순한 소프트웨어를 이용하여, 그는 온라인 서점 Amazon.com에서 25만 건의 희망 목록(wish lists)을 다운로드했다. 그 후 논란이 되는 책들에 관한 민감한 정보를 추출했다. 예컨대 **커트 보니것(Kurt Vonnegut)의 『도축장-**

5(Slaughterhouse-Five)』라는 책에 대한 것이었다. 그리고 그는 Yahoo People Search Program을 이용해 희망 목록의 사용자 주소와 전화번호를 확인했다. 그는 "과거에는 개인이나 단체를 감시하려면 영장이 필요했습니다. 그런데, 지금은 점점 더 사람들의 사상을 감시하는 것이 수월해지고 있습니다. 그리고 사람들을 다시 추적합니다."라고 강조한다. 요즘은 데이터 마이닝 기술이 발전하여 인터넷이나 소셜 네트워킹 사이트에서 고도로 민감한 정보를 추출하고 처리하는 것이 가능해졌다.

감출 것이 없을지라도 사생활이 중요한 이유는 정부에 의해 수집된 자료가 잘못 사용될 수 있기 때문이다. 예를 들어, 휴대폰 회사들은 이용자들이 어디에 있는지 항상 알고 있다. 그리고 톨게이트 카메라들은 우리가 누구와 함께 차에 타고 있는지를 분간한다. 상점의 CCTV들은 우리가 어떤 제품을 구매하는지 식별한다. 온라인 서점은 우리가 어떤 책들을 구매하는지 알고 있다. 정부는 모든 정보를 모을 수 있다. 더구나 애국법 덕분에 정부기관들은 집중 감시를 통해 방대한 추가 정보를 수집할 수 있다. 그들은 개개인에 대하여 대량의 자료집을 편집할 수 있다. 결과적으로 그들은 개인의 일상 행동은 물론 그들의 종교, 정치적 견해, 어울리는 사람들을 볼 수 있다. 이제 이러한 정보가 어떻게 이용될 것인가? 정부는 축적된 정보를 결코 버리지 않을 것이다. 왜냐하면 그것은 국민들에 대한 영향력의 원천이기 때문이다. 일단 이렇게 방대한 양의 정보가 수집되면, 이를 관리, 통제하는 것이 매우 어렵다. 왜냐하면 다양한 방법으로 사용될 수 있기 때문이다. 지금으로부터 10년 혹은 20년 후에 어떤 결과가 나타날지 아무도 알 수 없다. 그렇지만 현재 분명하게 알 수 있는 것은 만약 정보가 투명하게 관리되고 엄격하게 내용의 진위가 확인되지 않는다면, 자료가 잘못 사용될 수 있고, 바람직하지 않은 결과를 초래할 것이 확실하다는 점이다. 잘못된 정보 때문에 비행기 탑승이 거부될 수 있고, 유망한 젊은이가 연방 공무원 채용에서 정부의 부정적인 성향 평가를 이유로 거부될 수도 있다.

더욱이 정부가 만약 이 정보를 악용한다면 어떻게 될까? 워터게이트 사건을 알 것이다. 닉슨 대통령과 연결된 다섯 명의 침입자가 불법적으로 상대 정당 지도부를 감청하려고 시도했다. 1972년 대통령 선거운동의 정보를 수집하려 했던 것이다. 또한 경찰이 저지른 여러 건의 악명 높은 사건들을 알 것이다. 경찰관들은 증거를 조작하여 범행 현장에 심어두었다. 예를 들어, 1993년 4월에 뉴욕주 경찰관 크레이그 하비(Craig D. Harvey)는 증거조작죄로 기소되었다. 그는 경미 범죄자인 존 스펜서(John Spencer)의 지문을 살인사건의 증거에 포함시켰다. 후에 그는 스펜서의 지문을 살인사건 현장에서 채취한 것으로 조작했다고 증언했다. 조작된 증거 때문에 스펜서는 징역 50년부터 종신형의 유죄판결을 받았다. 권력은 규제되지 않으면 언제든지 남용될 수 있다. 마찬가지로 축적된 개인정보는 언제든지 악용될 수 있다.

그럼에도 어떤 이들은 국가 안보가 개인의 사생활에 비해 훨씬 더 중요하다고 주장할지도 모른다. 물론 공공의 안전이 다른 어떤 문제보다 우선하고, 안전을 확보하고 위해 정부는 모든 권한을 사용해야 마땅하다. 그렇지만 애국법은 정부에 과도한 권한을 부여했다. 예컨대, 적법절차의 제한을 받지 않는 광범위한 다중 감시 권한이 그것이다. 법 집행기관들은 영장 없이 전화와 인터넷, 그리고 어떤 종류의 통신일지라도 감청할 수 있다. 정부는 그 권한을 확대하는 데 있어서는 지나친 경향이 있는 반면에, 그 축소에는 항상 미온적이다. 예를 들어, 올림픽 경기를 치르는 도시들은 수많은 보안 카메라와 감시 기구들을 경기 전에 설치하지만, 경기가 끝난 후에 이를 제거하지 않는다. 중국 정부는 2008년 베이징 올림픽 경기에 앞서 수천 대의 카메라를 설치했는데 그 모두가 지금까지 가동되고 있다. 영국 정부 또한 2012년 런던 올림픽 경기를 앞두고 4,000대의 CCTV용 감시 카메라를 설치했는데, 그 모두가 지역 정부에 이관되어 여전히 가동되고 있다. 런던에 소재한 빅브라더 워치(Big Brother Watch) 센터의 소장인 밥 설리번(Bob Sullivan)은 "런던 올림픽 경기의 가장 눈에 띄는 유산이 사람들이 일상생활에서 받는 감시의 양이 크게 증가한 것이라니 비극이 아닐 수 없습니다."라고 했다. 또한 "올림픽 경기는 보안 감시의 증가를 의미하며, 실제로 결코 줄어들지 않습니다."라고 덧붙였다. 다니엘 솔로브(Daniel J. Solove) 또한 정부의 감시의 위험성에 관하여 경고한다. "사생활은 종종 한 번의 심각한 행위 때문이 아니라 비교적 사소한 일련의 행위들이 서서히 누적됨으로써 위협받습니다. 이러한 점에서, 개인정보 보호 문제는 환경 피해와 유사합니다." 미국 건국의 아버지 벤저민 프랭클린은 안전과 자유의 관계에 관하여, "작은 안전을 얻기 위해 기본적인 자유를 포기할 수 있는 사람은 자유도 안전도 누릴 자격이 없다."라고 말했다.

더욱 중요한 것은 일반적인 관념과는 반대로 사생활은 공공의 안전에 위협이 되지 않는다는 것이다. 달리 말해서, 공공의 안전은 반드시 사생활의 희생 위에 얻어지는 것이 아니다. 민주주의와 기술센터의 공공정책 분야 부책임자인 제임스 뎀시(James Dempsey)에 따르면, 사생활과 공공의 안전 사이의 균형 주장은 잘못되었다. 그는 그 이유로 세 가지를 든다. 첫째, 많은 시민적 자유들은 공공의 안전과 양립이 불가능하지 않다. 예컨대, 표현의 자유는 사회적, 정치적으로 불안정을 초래하기보다 안정을 증진한다. 둘째, 시민적 자유들은 종종 충분한 숙고 없이 성급하게 제한되곤 한다. 예를 들어서, 애국법은 국가적 위협의 문제점과 원인, 그리고 조치의 실효성을 검토하기 위한 충분한 연구 없이 제정되었다. 끝으로, 그 조치들은 올바르게 초점 잡히지 않았다. 구체적으로, 공항 직원과 공항의 보안에 더 많은 경계가 필요함에도 조치의 대부분을 민간인 감시 분야에 초점을 맞추고 있다.

사생활 보호는 기본적인 인권이다. 이 기본권은 개인의 이익만이 아니라 사회와 국가의 이익을 위해서도 필수적이다. 사생활이 개인과 국가 간의 권력의 균형을 유지시키기 때문이다. 만약, 개인들이 상시적인 감시하에 있게 되면, 그들은 속수무책의 무력감에 빠져들 것이다. 따라서 무력감은 개인과 국가 사이의 균형을 깨뜨릴 것이다. 게다가 사생활은 민주주의를 떠받치고 있다. 정부에 의한 광범위한 감시는 개인들에 대한 '냉각 효과'를 가져와 민주 정치에 필수적인 표현의 자유와 집회의 자유를 제약한다. 더구나 사생활은 사회에 의견 불일치의 공간을 유지하게 해 준다. 사생활은 개인들로 하여금 자신만의 독자성을 추구하도록 허용함으로써 개인들 간의 긴장을 완화한다. 결과적으로 사생활은 보다 관대하고 다양한 사회를 보장한다. 이처럼 사생활은 사회와 국가를 보호하는 매우 중요한 역할을 하는 것이다. 그러므로 우리는 사생활의 중요성을 간과해서는 안 된다. 대신에 정부에 의한 사생활 침해의 상황을 보다 세심하게 감시해야 한다. 정부가 공공의 안전과 사생활 보호의 균형을 유지하도록 해야 한다.

정부가 하는 감시 행위의 위험성은 그 은밀성에 있다. 정부가 비밀리에 감시를 수행하면, 바로잡을 기회는 줄어드는 반면에 남용의 가능성이 더 커진다. 더구나 감시는 다른 위험 요소, 즉 검증 절차의 결여와 정보 오용의 가능성을 가지고 있다. 그러므로 이러한 위험 요인을 줄이기 위하여 적절한 입법 절차가 이루어져야 하고, 이러한 법률 제정이 이루어질 때까지 정부기관을 상대로 한 소송이 임시적인 대책으로 고려되어야 한다. 2009년에 전자프런티어재단(EFF)과 몇몇 로스쿨 학생들이 함께 정부기관들을 상대로 소송을 제기했다. 원고들은 정부기관들이 조사와 감시를 위해 소셜 네트워킹 사이트를 이용하는 것에 대한 정책을 공개하는 것을 거부했다고 주장했다. 이 소송들의 결과로 미국 국세청(IRS)과 법무부(DOJ)가 그들의 기록을 공개하기 시작했다. 그 기록들은 그들이 조사의 목적으로 소셜 네트워킹 사이트를 이용하고 있음을 보여준다. 이러한 소송제기는 정부기관의 정보 오용의 가능성을 줄여 주는 중요한 수단이라 할 것이다.

　우리는 사생활이 단순히 숨기는 것 이상의 의미가 있다는 사실을 살펴보았다. 사생활은 개인에게뿐만 아니라 사회와 국가에도 필수적이다. 그럼에도 우리는 새로운 기술을 통해 얻는 편리함에 지나치게 관심을 둔 나머지 사생활의 중요성을 무시하기 쉽다. 우리가 사생활의 중요성을 무시하고 단순히 효율성과 편리함에 대한 장벽쯤으로 생각한다면, 사생활은 어쩌면 가까운 시일 내에 사라져 버릴지도 모른다. 카(Carr)는 "개인 사생활의 지속적인 약화가 제기하는 가장 큰 위험은 우리 사회가 사생활의 개념을 평가절하하도록 만들 수 있다는 것이다."라고 강조한다. 한편으로 기술은 우리에게 전혀 새로운 가상세계와 엄청난 혜택을 제공했다. 그렇지만 다른 한편으로 광범위한 감시의 기술과 기구들을 제공했다. 정부는 모든 개인들의 모든 삶을 항상 감시할 수 있는 잠재력을 가지고 있다. 아마도 우리의 생전에 조지 오웰이 그의 소설『1984』에서 그려낸 그러한 세상을 보게 될지도 모른다. 미국 건국의 아버지 제임스 매디슨은 "만약 폭정과 압제가 이 땅에 등장한다면, 그것은 외부의 적과 싸우는 모습을 가장할 것이다."라고 경고했다. 그러므로 우리는 사람들이 항상 빅 브라더(Big Brother)의 감시 아래 있는 디스토피아의 출현 가능성에 대하여 경계해야 한다. 만약 우리가 항상 감시받고 있다고 느낀다면 스스로의 개성과 자립심을 잃게 될 것이다. 인류는 원자폭탄의 발명을 통해서 아픈 교훈을 배웠다. 즉, 기술은 양날의 검이다. 기술은 인간에게 큰 혜택을 제공하지만, 한편으로 재앙이 될 수도 있다. 그러므로 우리는 그것을 다루면서 균형을 유지할 필요가 있다. 오만함이나 지나친 낙관론보다 조심스럽고 주의 깊게 기술을 다루어야 한다.

문학 과목(Literature Humanities)

문학 과목은 컬럼비아대학교의 필수 교과과정(core curriculum)의 핵심 과목이라 할 수 있다. 원래 2학기 과정으로 이루어져 있는데, 나는 편입 전 커뮤니티 칼리지에서 영문학 학점을 취득해 두었기에 한 학기 수강만으로 과정을 마칠 수 있었다. 클래스는 20명으로 구성되었고, 매시간 정해진 과제를 읽고 수업에 참석하여 토론하는 형태로 진행되었다. 클래스에서 읽고 토론했던 문학작품들은 다음과 같다. 호머(Homer)의 『일리아드(Iliad)』, 『오디세이(Odyssey)』, 아이스킬로스(Aeschylus)의 『오레스테이아(Oresteia)』, 소포클레스(Sophocles)의 『오이디푸스 왕(Oedipus Rex)』, 에우리피데스(Euripides)의 『메디아(Medea)』와 『바쿠스의 여사제들(Bacchae)』, 아리스토파네스(Aristophanes)의 『리시스트라타(Lysistrata)』, 헤로도토스의 『역사』, 투기디데스의 『펠로폰네소스 전쟁사』, 플라톤의 『향연(Symposium)』, 성경 중 『창세기』, 『욥기』, 『누가복음』, 『요한복음』 등이었다. 사실 학기 중에 이 많은 책들을 읽고 수업을 준비하기가 불가능하다고 생각되었기 때문에, 학기가 시작되기 전 방학 동안에 과제로 주어진 작품들을 미리 읽고 준비했다. 그런데도 매번 토론을 준비하기 쉽지 않았다. 그래서 단원별 줄거리와 토픽 및 주제 등을 요약 정리하고 토론의 소재로 제기할 만한 아이디어와 문제점들을 메모하는 방법으로 매번 수업을 준비했다.

내가 등록한 클래스의 피터 온(Peter Awn) 교수는 1997년 이래 15년 넘게 제너럴 스터디 학부를 이끌어 온 학장이며 문학 과목의 탁월한 강사로도 이름이 높았다. 특이한 점은 그는 기독교 집안에서 태어나 신학을 공부하여 석사학위를 취득한 후 가톨릭 예수회 교단의 성직자로 임명되었다가 하버드대학교에서 이슬람교를 연구하여 박사학위를 받았다. 수업 시간마다 해박한 지식을 가지고 토론을 이끄는 모습이 인상적이었다. 수업을 듣는 동안 그의 탁월한 에세이 지도 능력에 특별히 존경스러움을 느꼈다. 제출한 페이퍼를 돌려받을 때마다 그의 지적과 수정이 훌륭하다고 생각했다. 군더더기 하나 없이 꼭 필요한 부분을 어떻게 그렇게 정확하게 수정해 주는지 감탄이 나올 정도였다. 나중에 들은 소식이지만, 온 학장은 2019년도에 교통사고로 세상을 떠났다고 한다. 그것도 퇴근하기 위해 학교 앞 횡단보도를 건너다가 달려오는 차량에 부딪혔다고 한다. 그 소식을 듣고 얼마나 충격을 받았는지 모른다. 업무에 열정적이면서도 항상 위트 넘치고 다정다감했던 그의 모습이 눈에 선하다. 삼가 깊은 애도의 뜻을 표한다.

읽어야 할 작품 중에는 성경이 있었는데 과연 어떻게 읽고 토론을 진행할지 궁금했다. 그렇지만 앞서의 다른 작품들과 마찬가지로 마치 문학작품을 읽고 토론하듯이 진행했다. 종교 경전으로 보아 영적인 의미라든가 신앙과 관련지어 탐구하기보다는 다른 문학작품을 보듯이 표현된 내용에 집중해서 이해하고 토론했다. 나 역시 그런 관점에서 창세기에 관한 토론에서 기후변화의 문제와 인간의 수명 단축에 관한 문제를 제기해 보았다. 기독교인인 나로서도 성경을 읽는 새로운 방법을 경험할 수 있어서 좋았다. 이전에는 성경을 거룩한 경전으로 생각한 나머지 세부적인 구절에 집중했는데, 이와는 달리 한 권의 책을 읽듯이 읽어 보니 새로운 시야가 열리는 것 같았다. 예를 들자면, 요한복음을 처음부터 끝까지 한 번에 읽으면서 예수 그리스도의 마음을 느껴볼 수 있었다. 예수께서는 하나님이 보내신 아들이라는 사실을 거듭거듭 밝혔음에도 불구하고, 사람들이 이를 믿지 않음을 안타까워하는 마음이 느껴졌다. 이처럼 전개되는 사건을 중심으로 객관적인 눈으로 성경을 보는 것도 필요하겠다는 생각이 들었다.

흥미로웠던 점은 당시 같은 클래스에 중국에서 유학 온 여학생이 있어서 성경을 공부하는 것이 어떤지 물어보았다. 공산체제하에서 종교가 금지되어 있기 때문에 생소한 기독교에 대하여 과연 어떻게 생각할지 궁금했다. 그녀의 대답은 매우 흥미롭고 유익하다는 것이었다. 혹시 생소하거나 거부감은 없는지 물어보았지만 그렇지 않다고 답했다. 아마도 일종의 서양 고전문학 작품으로 받아들이는 것 같았다. 그렇기 때문에 특별한 거부감을 느끼지 않는 것 같았다. 코어 커리큘럼의 의미 있는 역할이라 생각되었다. 공산국가에서 온 학생들에게도 거부감 없이 기독교 정신을 공부하도록 기회를 제공하니 말이다.

문학 시간에 모두 세 편의 에세이를 작성했다. 첫 번째 에세이는 호머의 작품 『일리아드』와 『오디세이』를 읽은 후에 작성했다. 제시된 화제들 중에서 내가 선택한 질문은 "Why was glory/ honor so important/ meaningful to the Greek?"였다. 이 토픽에 관하여 나는 다음과 같은 에세이를 작성하여 제출했다.

일리아드 영웅들의 명예와 영광에 대한 집착

"만약에 자네와 내가 이 전투에서 도망쳐서, 영원히 나이 먹지 않고 불멸의 삶을 살 수 있다고 가정한다면, 나는 전장의 맨 앞에서 싸우지도 않고 또한 자네에게 전투에서 영광을 얻기 위해 싸우라고 권유하지도 않을 걸세. 그렇지만 지금 수많은 죽음의 기운이 우리에게 아주 가까이 있는 것을 보니, 아무도 죽음을 외면하거나 피할 수 없네. 그러니 함께 나가 싸워서 영광을 쟁취하세, 아니면 다른 이들에게 그것을 양보해야 할 테니" – 호머, 일리아드

『일리아드』는 포로로 잡은 여자를 두고 아가멤논과 아킬레스가 서로 다투는 이야기로 시작된다. 이 다툼은 명예에 관한 견해의 차이에서 비롯된다. 이 장면은 명예가 이 서사시를 관통하는 주요한 주제가 될 것임을 보여준다. 이야기의 클라이맥스 무렵에 그리스의 영웅 아킬레스는 고향으로 돌아가 평범한 삶을 오래 영위하기보다는 전장인 트로이에서 임박한 죽음을 기꺼이 받아들이겠다는 의지

를 밝힌다. 이와 유사하게, 트로이의 영웅 헥토르는 아킬레스에게 맞서서 싸울 것인지 아니면 성 안으로 철수할 것인지를 곰곰이 생각한다. 그는 결국 성 밖에 혼자 남아 목숨을 걸겠다고 결심한다. 그들은 과연 무엇을 위해 자신의 목숨을 거는 것일까? 헥토르의 말에서 그 이유를 확인할 수 있다. "올림포스 신이 누구에게 영광을 허락할지 보게 될 것이다." 이 말을 통해서 영웅들이 열망하는 것은 바로 영광이라는 사실을 알 수 있다. 그러면 이들은 왜 이토록 명예와 영광에 집착하는 것일까? 나의 주장은 영웅들이 명예와 영광을 그들의 삶에서 얻을 수 있는 가장 가치 있는 것으로 생각한다는 것이다. 왜냐하면 오직 명예와 영광만이 그들이 죽은 후에도 영원히 남는다고 믿기 때문이다. 이 글에서 나는 다음 문제들을 살펴보려고 한다. 영광과 명예는 무엇인가? 어떻게 그것들을 얻을 수 있는가? 영웅들은 왜 영광을 얻으려고 그렇게 애를 쓰는가? 그들은 영광에 어느 정도의 가치를 두고 있는가?

명예와 영광은 무엇인가? 명예는 좋은 평판을 얻는 것을 의미하고, 영광은 뛰어난 업적을 통해 얻을 수 있는 높은 명예 또는 영원한 명성을 의미한다. 그러면 어떠한 종류의 명성이 오래도록 지속될 수 있을까? 일리아드에서 오디세우스는 만약 그리스인들이 트로이의 정복에 성공한다면 그 영광은 영원히 사라지지 않을 것이라고 천명한다. 오직 영웅적인 행동으로 얻은 위대한 명성만이 오래도록 남을 것이라는 의미이다. 그렇다면 어떻게 그것이 가능할까? 고대 세계에서 혁혁한 영웅담은 서사시나 노래의 형태로 세대에서 세대로 전해 내려왔다. 이 작품에서 파울리다마스는 헥토르에게, 신은 어떤 사람에게 춤추는 재능을, 다른 사람에게 악기 연주의 재능이나 노래하는 재능을 주었다고 말한다. 그의 말에 따르면, 당시에 이미 직업적인 가수들과 악기 연주자들이 있었음을 의미한다. 아가멤논이 전령들을 아킬레스의 막사에 보냈을 때, 그들은 아킬레스가 라이어(칠현금)에 맞추어 사내들의 명성에 관해 노래하는 것을 보았다. 한편, 헬렌은 파리스와 그녀의 이야기가 만들어져서 후대에 불릴 것을 예측한다. 이를 종합해 보면, 명예롭고 영광스러운 이야기들이 노래와 시로 만들어져서 다음 세대에게 전해졌음을 알 수 있다.

명예는 종종 물질적인 상급이나 선물에 의해 표시되기도 하지만, 명예 자체는 물질적인 상급이나 선물과는 구별된다. 이 작품의 시작 부분에 소개된 아가멤논과 아킬레스 사이의 말다툼은 명예에 대한 그들의 견해 차이 때문에 일어난 것이다. 아가멤논이 포로로 잡은 여자, 브리세이스를 아킬레스로부터 빼앗으려 할 때, 그는 여자를 많은 전리품 중 하나로 생각한다. 그러므로 그가 보기에 그 여자는 다른 전리품으로 대체될 수 있었다. 이와는 달리 아킬레스는 그의 명예가 그 여자에 의해 표상된다고 보았다. 그러므로 그녀는 대체될 수 없었다. 그가 보기에 그 여자를 빼앗아가려는 행위는 그의 명예에 대한 참을 수 없는 모욕이었다. 그렇지만 아이어스는 "고작 여자 하나 때문에 완강해져서 누구보다도 훨씬 더 그를 존중해 주었던 친구들의 우정을 기억하려 하지 않는다."라며 아킬레스를 비난한다. 아킬레스의 분노가 여인에 대한 욕정 때문이라는 것이다. 그러나 아킬레스는 아가멤논이 그에게서 명예의 상급을 빼앗았고 그것이 그가 분노하는 이유임을 분명하게 말한다. 그리스인들이 그를 명예롭게 하려고 그녀를 선택한 것이기 때문에 그녀를 빼앗는 것은 그를 불명예스럽게 하는 것이라고 설명한다. 이에 원로인 네스토르는 아가멤논에게 "그대는 신들이 존중하는 위대한 인물이 받은 상을 빼앗아 가짐으로써 그를 욕되게 했소."라고 질책하면서 아킬레스를 두둔한다. 그는 아킬레스의 분노가 아가멤논의 불명예스러운 공격 때문이라는 점을 분명히 한다.

그러면 명예와 영광은 어떻게 얻을 수 있을까? 일리아드에서 명예와 영광은 주로 전장에서 위험을 무릅쓰면서 용감하고 희생적인 행동을 통해서 얻을 수 있다. 사르페돈은 그의 친구 글라우코스에게 남자가 영광을 얻을 수 있는 곳은 전장이라고 말한다. 또한 헥토르도 "나는 용감하게 싸우는 법을 배웠고, 나 자신의 영광을 얻고 또 아버지를 위해 언제나 트로이인들의 가장 선두에서 싸웠다."라고 말함으로써 전투에서의 용맹함이 명예를 얻을 수 있는 길임을 분명히 하고 있다. 계속하여 그는 나라를 지키는 전투에서 죽는다면 그 죽음은 불명예가 되지 않는다고 말한다. 달리 말해서 남자가 전투에서 자기희생의 용맹함을 보인다면 결과에 상관없이 영광을 얻게 된다는 의미이다. 반면에 투쟁 없이 죽는다면 그것은 불명예스러운 것이다. 따라서 영광은 오직 힘든 분투 노력을 통해서 얻을 수 있는 것이다.

영웅들은 왜 영광을 얻으려고 그토록 갈망하는가? 얼핏 보기에 공동체로부터 약속되는 상당한 보상 때문에 영광을 추구하는 것처럼 보인다. 실제로 영웅들은 공동체로부터 특별한 특전과 상당한 혜택을 받는다. 사르페돈은 물질적인 보상을 열거한다. "어찌하여 너와 내가 리키아에서 자랑스러운 자리와 좋은 고기와 채운 포도주 잔으로 남들 앞에서 명예를 얻고, 모든 이들이 우리를 마치 불멸의 존재인 양 우러러보고 산도스 강변의 좋은 땅, 즉 과수원과 포도원과 밀을 경작하기 좋은 경작지를 받게 되는가?" 확실히 그러한 이익들은 영웅들이 영광에 집착하는 이유 중 하나가 될 수 있을 것이다. 그렇지만 이러한 현실적인 이유만으로는 영웅들이 목숨을 걸고서 영광을 추구하는 이유를 설명하기 어렵다. 왜냐하면 물질적인 욕구는 자신들의 죽음까지 무릅쓰는 동기가 될 수 없기 때문이다. 일단 그들이 죽으면 물질적인 이익을 전혀 누릴 수 없게 되기 때문이다.

그렇다면 그 외에 어떤 이유가 있을까? 인간의 본질과 근본적인 한계상황을 살펴봄으로써 답을 찾을 수 있다. 작가는 신들의 말을 통해서 인간의 한계를 묘사한다. 제우스는 인간의 처지를 동정하면서, "땅 위에서 숨 쉬고 기어다니는 피조물 중에서 사람보다 더 비참한 것은 어디에도 없다."라고 평가한다. 아폴로의 견해도 다르지 않다. "하찮은 인간들, 마치 나뭇잎과 같아서 지금은 번성해서 생명으로 따뜻해지고 땅이 주는 것을 먹지만, 다시 시들어 버려 죽어 버리는 인간들"이라고 말한다. 이러한 인간이 죽으면 그 혼은 육신과 분리되어 하데스, 즉 저승으로 내려간다. 헥토르는 모든 인간은 운명 아래 있고 지금까지 하데스에서 빠져나온 인간은 아무도 없다고 말한다. 파트로클로스의 유령은 아킬레스에게 일단 그의 혼이 불타는 의식 후에 죽은 자의 땅에 있는 강을 건너면 그는 더 이상 하데스로부터 돌아올 수 없게 된다고 말한다. 아킬레스도 또한 인간이 일단 죽음의 선을 넘으면 누구도 돌아올 수 없다는 점을 인정한다. 하데스는 모든 인간의 최종 목적지로서 매우 음울한 곳이다. 그곳은 비통한 영혼들의 슬픔과 아우성으로 가득 차 있다. 요약하자면, 고대 그리스인들은 자신들의 미래에 관하여 누구나 예외 없이 하데스로 내려가서 끝없는 슬픔을 견뎌야 하는 비참한 운명이라고 믿고 있었다.

내세에 대한 암울한 전망 때문에, 고대 그리스인들은 자신들의 고통과 슬픔을 보상해 줄 수 있는 영원한 가치를 열망했다. 그들이 죽은 뒤에도 확실히 살아남을 영원한 영광을 염원했다. 플라톤은 그의 저서 『향연』에서 인간이 명예와 영광을 추구하는 경향에 관하여 설명한다. "인간들은 명예를 구한다… 유명해지고 불멸의 영광을 쌓기를 갈구하면서. 그들은 이를 위해서라면 어떤 위험도 감수할 준비가 되어 있었다. 그리고 그들은 영광을 위해 돈을 쓰고 온갖 시련을 겪고, 심지어 죽을 각오가 되어 있다." 이러한 불멸의 가치에 대한 열망은 인간의 유한성에 대한 자연스러운 반응이었다. 헥토르는 최고의 그리스 전사들과의 1대1 전투에 도전하면서 다음과 같이 말한다.

> 그러나 만약 내가 그의 목숨을 빼앗고, 아폴로 신이 내게 영광을 안겨 준다면, 나는 그의 갑옷을 벗겨 신성한 일리온으로 가져가 아폴로 신전 앞에 걸어둘 것이다. … 그리고 언젠가 한 사내가 와인빛 푸른 물 위로 배를 타고 와서 이야기할 것이다. '이것은 오래전에 전장에서 죽은 한 남자의 무덤이다. 그는 가장 용맹한 전사 중 하나였는데, 영광스러운 헥토르가 그를 죽였다.' 훗날 그가 그렇게 이야기할 것이고, 그래서 나의 영광은 잊히지 않을 것이다.

이 말을 통해서, 그는 불멸의 가치인 영광에 대한 그의 열망을 드러내고 있다. 영광을 추구하는 아킬레스의 동기 역시 동일하다. 그는 말한다. "나는 죽는 날을 향해 두 가지의 운명을 짊어지고 있다. 그중에서 만약 내가 이곳에 남아 트로이 옆에서 싸운다면, 고향으로 돌아갈 운명은 사라지겠지만, 나의 영광은 영원할 것이다." 이에 더하여 페트로클로스가 죽은 이후 그의 신성한 갑옷을 두고 전사들이 치열하게 싸우는 장면에서 불멸을 갈구하는 인간의 욕망을 볼 수 있다. 이 쟁투의 승자 헥토르는 대단히 만족스럽게 이 갑옷을 입는다. 사르페돈과 글라우코스의 대화에서도 영광을 추구하는 영웅들의 심리를 엿볼 수 있다. 사르페돈 은 글라우코스에게 "그렇지만 이제 수많은 죽음의 기운이 우리에게 아주 가까이 있는 것을 보니, 아무도 죽음을 외면하거나 피할 수는 없네. 그러니 함께 나가 싸워서 영광을 쟁취하세. 그렇지 않으면 다른 이들에게 양보해야 할 걸세."라고 말한다. 결국 영웅들은 그들의 운명을 피할 수 없다는 사실을 알기 때문에, 영구적인 가치인 영광을 추구하는 것이다. 그들은 영원한 영광의 찬란함이 임박한 그들의 고통과 죽음에 대한 보상이 되리라고 믿고 있다.

혹시 어떤 이들은 인간뿐만 아니라 신들도 영광을 열망하기 때문에, 죽어야 할 운명이 영광을 추구하는 이유가 될 수 없다고 주장할지 모른다. 그렇지만 인간들과 달리 불멸의 존재들에게는 영광이 큰 의미가 없다. 왜냐하면 매 순간의 영광이나 불명예는 서로 번갈아 가면서 끝없이 반복되기 때문이다. 젊음 역시 영광과 비슷하다. 젊음은 순간적으로 지나가 버리기 때문에 인간에게는 소중하지만, 늙지 않는 신들에게는 특별히 중요하지 않다. 사르페돈은 인간에게 영광이 갖는 의미에 관하여 이야기한다. "가령 자네와 내가 이 전투에서 도망쳐서 나이 먹지 않고 불멸의 삶을 살 수 있다고 가정한다면, 나는 앞장서서 전투에 나서지도 않을 것이고 자네에게 영광을 얻기 위해 싸우라고 권하지도 않을 걸세." 그의 말처럼, 영광은 오로지 죽을 운명의 인간들에게 의미가 있지만, 불멸의 신들에게는 특별한 의미가 없다고 할 것이다.

마지막 질문은 "영웅들은 영광에 얼마만큼의 가치를 두고 있는가?" 하는 것이다. 일리아드에서 영웅들은 종종 선택의 기로에 서게 된다. 그럴 때 그들은 두 길 중에서 하나를 선택해야만 한다. 예컨대 아킬레스는 진퇴양난의 곤경에 처하여 "나는 죽는 날을 향해 두 가지 운명을 짊어지고 있다. 그중에서 만약 내가 이곳에 남아 트로이 옆에서 싸운다면, 고향으로 돌아갈 운명은 사라지겠지만 나의 영광은 영원할 것이다. 그러나 내가 내 조상들이 사랑했던 고향으로 돌아간다면 내 영광의 광채는 사라지고, 내게는 긴 생명이 남을 것이며, 죽음이 속히 오지 않을 것이다."라고 외친다. 이러한 진퇴양난의 곤경은 인간의 한계에서 비롯된다. 파울리다마스는 인간의 한계에 관하여 이야기한다. "신이 그대에게 전투의 재능을 주었기 때문에 그대는 충고를 받아 남들보다 현명해지기를 원한다. 그러나 그대에게 주어진 선물들을 모두 한꺼번에 가질 수는 없다. 어떤 이에게 신은 전투의 능력을 주었고, 어떤 이에게는 춤추는 재능을, 다른 이에게는 수금을 타며 노래하는 재능을 주었다." 아킬레스도 신의 인색함에 대하여 불평한다. "제우스는 사람의 마음속에 있는 모든 생각을 성취시키지 않는다." 그러므로 인간은 오직 하나만을 선택해야 한다.

전멸의 위기에 처하여, 아가멤논은 영광의 추구를 계속 고집하기보다는 현실적인 방안으로 병력의 철수를 제안한다. 그가 내세우는 이유는 "재앙을 피해 도망치는 것은 비록 밤에 도망칠지라도 부끄러운 일이 아니며, 도망치는 사람이 붙잡히는 사람보다 낫다."라는 것이다. 그렇지만 이러한 제안은 오디세우스에 의해 거부된다. 그는 "전투를 피해 달아나는 것은 겁쟁이이다. 전투에서 명예를 얻고자 하는 사람은 전장에서 비록 쓰러지거나 또는 남을 쓰러뜨리든지 땅을 딛고 굳건하게 서있어야 한다."라고 주장한다. 영웅들은 갈림길에서 그들의 목숨을 걸고 영광스러운 길을 과감히 선택해야 한다. 이러한 생각들은 영웅들이 영광을 그들 자신의 목숨보다 훨씬 가치 있게 생각했음을 보여준다.

아킬레스는 자신의 죽음이 곧바로 닥칠 것임을 알고도 평범하게 오래 사는 길보다 기꺼이 영광스러운 죽음의 길을 선택한다. 그에게는 오래 사는 것보다 영광이 한결 가치 있기 때문이다. 이와 유사하게 헥토르 역시 영광스러운 길을 선택한다. 트로이 병사들 모두가 성 안으로 철수한 후, 프라이엄과 헤카베는 아들 헥토르에게 성 안으로 철수할 것을 간청한다. 그러나 헥토르는 이를 거절하고 성 밖에서 아킬레스를 기다린다. 그는 곰곰이 생각한다. "지금 내가 성 안으로 돌아간다면… 그들은 말할 것이다. 그리고 나로서는 그때에 아킬레스에 맞서 싸워서 그를 베고 돌아오거나 아니면 영광스럽게 성 앞에서 죽는 것이 훨씬 더 나았을 것이라고…." 그는 영광을 위해 그의 목숨을 희생하기로 과감히 결정한다. 이와 같이 영웅들은 그들의 목숨보다도 영광에 훨씬 더 큰 가치를 두고 있는 것이다.

이 서사시는 인간의 불행한 운명과 불멸의 가치에 대한 인간의 열망을 성공적으로 그려내고 있다. 인간은 자신의 운명을 좌우할 수도 없고 그로부터 벗어날 수도 없다. 이러한 한계상황에서 영웅들은 불멸의 가치를 추구한다. 그들은 영광과 명예를 그들이 얻을 수 있는 가장 가치 있는 성취라고 생각한다. 왜냐하면, 영광과 명예만이 그들이 죽은 이후에도 확실히 살아남을 것이기 때문이다. 그리고 그러한 찬란함과 영원함이 그들의 고통과 슬픔을 보상해 주리라고 믿기 때문이다. 이러한 이유로, 그들은 영광과 명예에 깊이 집착하여 기꺼이 자신들의 목숨을 바치는 것이다. 이러한 인간의 본성은 이 서사시의 주요한 주제라 할 것이다. 이 서사시는 인간의 한계와 불멸의 가치를 희구하는 인간의 본성을 적나라하게 드러내기 때문에 성공적으로 독자들의 공감을 불러일으킨다. 이 때문에 이 작품은 신들의 이야기가 아니라 인간의 이야기인 것이다. 이 서사시는 고대의 영웅들에게 불멸을 주는 영원한 영광의 분명한 사례임에 틀림없다. 왜냐하면 이 작품이 오늘날까지 찬란한 모습으로 살아남아 사람들에게 널리 읽히고 있기 때문이다.

제출한 에세이에 대하여 교수로부터 다음과 같은 평가를 받았다. "The essay demonstrates a very serious knowledge of the texts. Your argument is clear and substantive. Nicely done." 좋은 평가에 매우 기쁘고 자랑스러웠다. 토론 시간에 영어 스피킹에 항상 부족함을 느끼고 있었기에 에세이 작문을 통해서 만회할 수 있어 다행스러웠다.

두 번째로 작성할 에세이는 그동안 읽은 그리스 희곡 작품들에 관하여 문학 분석 에세이(literary analytic essay)를 작성하는 것이었다. 나는 아이스킬로스의 <오레스테이아>에 나오는 주인공 오레스테스의 모친 살해 행위와 소포클레스의 <오이디푸스 왕>에 나오는 주인공 오이디푸스의 부친 살해 행위를 법률적인 관점에서 비교 분석하여 보았다.

오레스테스와 오이디푸스의 부모 살해 행위에 대한 법적인 분석:
행위, 동기, 위법성, 책임성과 운명의 역할

두 편의 유명한 그리스 비극, 즉 아이스킬로스의 <오레스테이아>와 소포클레스의 <오이디푸스 왕>은 동일한 소재, 즉 존속살인의 문제를 다루고 있다. <오레스테이아>에서 분노의 코러스는 자신의 어머니를 궁궐에서 살해한 오레스테스를 비난한다.

바닥에 쏟아진 그대 모친의 피는 다시는 돌아올 수 없다. 모두 흘러 나가 땅으로 스며들어 사라졌다. 그대는 산 사람의 피로 그 핏값을 갚아야 한다. 그대 몸의 붉은 피를 빨아내서, 그대에게서 나온 흠뻑 젖은 쓰디쓴 삼킴으로 갚아야 한다. 살아있는 동안에 그대의 강한 다리를 절면서, 아래로 끌려 내려가, 살해당한 모친의 고통의 값을 치러야 한다.

　　아테나 여신의 법정에서 분노의 코러스는 오레스테스가 저지른 모친 살해 범행의 악성을 생생히 묘사한다. 오레스테스는 고의로 그 모친을 살해했다. 그러나 그는 재판에서 무죄 선고를 받았다. 반면에, 소포클레스의 〈오이디푸스 왕〉에서 오이디푸스는 사거리에서 그의 아버지를 우발적으로 살해한다. 그 결과, 그는 스스로 눈을 찔러 자해하고 자진 추방의 길에 나선다. 오레스테스와 오이디푸스는 각각 부모 살해의 범죄를 저질렀음에도, 이들이 받은 결과는 판이하게 달랐다. 그러면 이들이 저지른 범죄 행위에 있어서 차이는 무엇이었을까? 언뜻 보기에 피해자들의 성별의 차이 때문인 것처럼 보인다. 오레스테스는 그의 어머니를 살해했고, 오이디푸스는 그의 아버지를 살해했다. 고대 그리스는 남성 중심의 가부장적 사회였기 때문에 이는 그럴듯한 이유처럼 보인다. 그렇지만 그러한 이유 때문에 결과가 달라진 것은 아니라고 판단된다. 이러한 차이보다는 법률적인 관점에서 두 범죄의 차이를 살펴볼 필요가 있다. 법률적인 관점에서 범죄를 평가하기 위해서는 범죄의 성립 요소를 하나하나 검토해 보아야 한다. 즉, 행위, 내심의 의사, 위법성, 책임성 및 기여 요인 등이 그것이다. 특별히 유의할 점은 운명(fate)을 기여 요인으로 고려하여야 한다는 것이다. 왜냐하면 그리스 연극에 있어서 운명이 행위자에게 지대한 영향을 미치기 때문이다. 따라서 이 사건 범죄 행위에 있어서 운명의 영향에 대하여 특별한 주의를 기울이려고 한다.

　　범죄의 첫 번째 성립 요소는 행위이다. 이는 타인에게 해를 끼칠 수 있는 자발적인 행동을 의미한다. 두 사건에 있어서 두 사람의 행위는 모두 살인(homicide)에 해당한다. 행위자의 의식적인 행위에 의해 피해자가 사망했기 때문이다. 먼저, 오레스테스의 행동은 살인에 해당한다. 왜냐하면 그가 자발적으로 그의 어머니를 칼로 찔러 죽게 했기 때문이다. 재판에서 그는 "예, 저는 그녀를 죽였습니다. 그 점에 대하여 부인하지 않습니다…. 내 손에 칼을 꺼내어 들고서 그녀의 목을 베었습니다."라며 자신의 범죄 행위를 인정한다. 오이디푸스의 행위 역시 살인의 요건을 충족한다. 왜냐하면 그는 사거리에서 자발적으로 상대방을 때려죽였기 때문이다. 그는 "내 지팡이가 그를 뒤로 때렸고, 그는 마차에서 굴러떨어졌습니다. 그리고 난 다음에 그들을 모두 죽였습니다."라고 설명한다.

두 번째 요소는 내심의 의사이다. 행위자가 다른 사람을 사망하게 하면 그 내심의 의사에 따라서 모살(謀殺, murder: 의도적인 살인)이나 고살(故殺, manslaughter: 우발적 살인)에 해당한다. 만약에 행위자가 의도적으로 사람을 죽이려는 마음을 가지고 있었다면 모살에 해당하고, 갑작스러운 분노 또는 격정을 참지 못하고 우발적으로 살해 행위에 이른 것이라면 고살에 해당한다. 뉴욕주 형법에 따르면, 다른 사람을 사망하게 할 의도를 가지고 그 사람이나 또는 다른 사람을 사망하게 한 경우에 모살(murder)의 책임이 있다(§125.25). 그리고 다른 사람에게 중한 신체적 상해를 가할 의도를 가지고, 그 사람이나 또는 다른 사람을 사망하게 한 경우에는 고살(manslaughter)의 책임이 있다(§125.20). 오레스테스의 경우에는 모살의 책임이 있는 것이 분명하다. 왜냐하면 그는 사람을 살해할 의도를 분명히 가지고 있었기 때문이다. 사실, 그는 제우스에게 "제우스여, 제우스여, 제게 아버지의 원한을 갚도록 허락하소서. 제 옆에서 싸워 주소서."라고 탄원하면서 그의 살해 의도를 분명히 표현했다. 그 후에 그는 범행 계획을 누이인 엘렉트라와 사촌인 필라테스에게 밝히면서, 그들에게 징조를 통해 확신시킨다. "그녀는 잔인하게 살해되어야 해. 나는 뱀으로 변해서 그녀를 죽일 거야. 이것이 꿈이 계시한 것이야." 반면에, 오이디푸스가 그의 부친을 죽게 할 당시에 그에게 사람을 죽일 의도가 있었는지는 불분명하다.

"내가 걸어서 사거리의 갈래 길 부근에 이르렀을 때, 전령을 앞세운 마차와 마주치게 되었지. 앞장선 자와 마차에 탄 노인은 나를 길에서 힘으로 밀어내길 원했어. 나는 화가 나서 나를 밀어내는 마부를 때렸다. 노인이 이 모습을 보고서 내가 옆으로 지나갈 때 나를 때리는 것이야. 그의 두 갈래 막대기로 내 머리를 정통으로 때렸어. 그러나 그는 그 값을 치러야 했지. 나는 즉시 지팡이로 그를 마차 뒤쪽을 향해 때렸고, 그는 밖으로 굴러떨어졌어. 그리고 나는 그들 모두를 죽여 버렸어."

이러한 상황에서 몇 가지 이유로 오이디푸스에게 사람을 죽일 의도가 있었다고 보기 어렵다. 첫째, 우발적인 몸싸움에서 비롯된 사건이었기 때문에 사람을 죽일 분명한 동기를 찾기 어렵다. 둘째, 싸움은 상대방인 라이오스 일행이 유발한 것이고, 오이디푸스는 혼자서 다섯 명의 남자에게 대항한 것이었다. 셋째, 오이디푸스는 갑작스러운 공격에 맞서 자신을 방어하는 방법 이외에 달리 선택의 여지가 없었다. 더구나 그는 지팡이 이외에는 무기를 사용하지 않았다. 이러한 사정을 고려해 볼 때 오이디푸스는 당시 사람을 살해할 의도를 가지고 있지 않았고, 단지 방어하기 위해 상대에게 상해를 가할 의사를 가지고 있었을 뿐이라고 결론짓는 것이 합리적이다. 그러므로 오이디푸스의 행위는 모살(murder)이 아니라 고살(manslaughter)에 해당한다.

세 번째 요소는 위법성이다. 두 살인 행위는 모두 위법한 것으로 추정된다. 그러나 두 사람은 모두 항변하고 있다. 오레스테스는 정당행위임을 주장하고, 오이디푸스는 정당방위임을 주장한다. 오레스테스는 다음과 같이 자신의 행위가 정당했다고 주장한다. "나는 정당한 이유로 내 어머니를 죽였다. 아버지를 살해함으로써 그녀는 더럽혀졌고, 또 신들이 혐오하는 바가 되었다." 정당행위의 항변은 그 행위가 도덕적으로 선하고, 사회적으로 바람직하며 불법하지 않기 때문에 범죄 행위로 간주하지 않는 것이다. 예를 들어서, 의사가 환자의 배를 갈라 열어서 상처를 입게 했을 때, 의사가 복부 수술을 위해서 행한 것이라면 그 행위는 정당행위로서 위법성이 없다. 이러한 의사의 행위는 사회적으로 바람직하고 불법하지 않기 때문에 정당화된다.

그렇지만 유형력의 행사가 정당행위에 해당하려면, 행위 당시의 상황이 다음 세 가지 기준에 합당하여야 한다. 첫째 요건은 필요성이다. 유형력의 사용은 그것이 임박한 위협을 회피하기 위한 비상수단으로서 필요성이 인정되어야 한다. 둘째 요건은 균형성이다. 행사된 유형력이 그 상황을 유발한 위협의 정도와 균형이 맞아야 한다. 셋째 요건은 합리적인 믿음이다. 행위자는 그 유형력의 행사가 필요하고 또 피하려는 위협에 합당하다고 합리적으로 믿었어야 한다. 이러한 요건을 고려해 볼 때, 오레스테스의 모친 살해 행위는 기준에 맞지 않는다. 왜냐하면 그가 어머니를 살해할 때 임박한 위협을 피하기 위한 비상수단으로서 유형력을 사용할 필요성이 있었다고 보기 어렵기 때문이다. 만약 오레스테스가 그 부친 아가멤논의 살해 현장에 있었다면 위협이 임박했으므로 그의 유형력의 행사가 정당화될 수 있을지 모른다. 그러나 이 사건 당시에 임박한 위협은 없었다. 따라서 오레스테스의 항변은 받아들이기 어렵다.

그럼에도 우리는 오레스테스가 범죄를 저지를 당시의 사회 문화적인 환경을 감안할 필요가 있다. 고대 그리스에서 "눈에는 눈으로"라는 탈리오 법칙이 일반적이었고, 특히 자식의 아버지를 위한 복수는 정당화될 수 있었기 때문이다. 아테나는 그리스 사회의 가부장적 정서에 관하여 "그러므로 아내가 그 집의 주인인 남편을 죽인 경우에, 아내의 죽음은 내게 큰 의미가 없을 것이다."라고 말한다. 분노의 코러스는 탈리오의 원칙을 말한다. "의의 영이 큰 소리로 부르짖어 마땅히 받아야 할 보상을 받아내나니 피의 타격은 피의 타격으로 갚을지니라." 아폴로도 "그의 아버지에 대한 정확한 대가를 치르는 말"이라고 평가했다. 이러한 도덕적 기준을 감안할 때, 부친의 피해에 대한 오레스테스의 복수 행위는 정당화될 수 있을지도 모른다. 오레스테스는 아마도 그의 행위가 도덕적으로 선하고, 또한 사회적으로 바람직하다고 주장했을 것이다. 왜냐하면 그리스 사회에서 장차 유사한 남편 살해 범죄의 발생을 예방하기 위해서 필요한 행위였다고 볼 여지가 있기 때문이다. 모든 점을 고려해 볼 때, 이러한 주장은 연극의 재판에서 그에 대한 무죄 선고의 주된 이유였을 것으로 보인다.

이와 유사하게, 오이디푸스는 "제가 죽인 그들은 나를 죽였을 것입니다. 그러므로 법률적으로 저는 결백합니다."라며 정당방위의 항변을 한다. 크레온과 대화하면서 그는 "가령, 지금 여기서 누군가가 당신 옆에 서서 당신을 죽이려고 한다면, 당신과 같은 정의로운 사람이라면, 당신은 살인자가 되려는 사람에게 그가 당신의 아버지인지 묻겠습니까, 아니면 즉시 그에게 맞은 만큼 갚아 주겠습니까? 만약 당신이 자신의 생명을 사랑한다면, 당신은 주위를 둘러보지 않고 공격한 자에게 대갚음해 줄 것이라고 생각합니다."라며 자신의 행위를 한층 정당화한다. 그의 발언은 정확히 정당방위의 관념을 표현하고 있다. 형법에 따르면, 다른 사람에게 치명적인 폭력을 행사한 사람은 다음과 같은 경우에 정당화될 수 있다. (a) 그가 먼저 공격한 사람이 아닐 경우, 그리고 (b) 그러한 폭력의 행사가 다른 사람의 임박한 불법적인 위협을 물리치기 위해 불가피하다고 믿은 데에 합리적인 이유가 있을 경우이다.

앞서 살펴본 바와 같이, 오이디푸스의 범행 경위 설명에 따르면 다음과 같은 사실들을 확인할 수 있다. (1) 이 싸움은 라이오스 왕과 그 수행원들의 공격으로 인하여 시작되었다. 수행원은 오이디푸스를 힘으로 밀쳐 길 밖으로 몰아냈다. (2) 오이디푸스는 혼자서 다섯 사람을 상대했다. (3) 라이오스 일행은 마차를 타고 있었으나, 오이디푸스는 걸어가는 중이었다. (4) 라이오스는 마차에 앉아 지나쳐 가는 오이디푸스를 가지고 있던 막대기로 때렸다. (5) 오이디푸스는 이에 대항하여 막대기로 라이오스를 때렸고, 이로 인해 싸움이 일어나 상대방 일행을 죽게 했다. 이렇게 주어진 상황에서 오이디푸스의 폭력의 사용은 정당화될 수 있다. 왜냐하면 그는 먼저 공격한 사람이 아니었고, 불법적인 공격에 의해 위협을 받았으며, 그의 생명을 방어하기 위해서 유형력의 행사가 필요하고 또 불가피했다고 인정할 수 있기 때문이다. 그러므로 오이디푸스의 행위는 정당방위에 해당하여 위법하지 않다.

네 번째 요소는 책임성, 즉 행위자에 대한 비난 가능성이다. 책임성은 행위와 결과에 대한 행위자의 책임을 의미한다. 책임성은 몇 가지 사유로 조각, 즉 면제될 수 있다. 예를 들어, 미성년자, 정신이상 또는 강요에 의한 행위 등의 경우이다. 오레스테스는 강요를 면책사유로 주장할지도 모른다. 달리 말해서, 아폴로 신의 강요 때문에 이를 저항하지 못하고 범행을 저지른 것이라고 변명할 수 있다. 강요로 인한 행위로서 책임을 물을 수 없는 경우는 다음과 같다. 즉, 어떤 행위가 (a) 다른 사람의 생명 또는 신체에 대한 불법적인 위협 때문에 행한 것이고, (b) 그의 잘못이 없이 그러한 위협에 처한 경우이다. 오레스테스는 아폴로의 신탁 때문에 어쩔 수 없이 범행을 저질렀을까? 그렇지 않다. 오레스테스는 그 범행에 앞서서 "이런 신탁을 믿지 않을 것인가? 혹은 믿지 않는다 해도 반드시 해야 할 일이 있다. 여기 수많은 열망이 모여 나를 나아가게 한다."라며 범행의 결의를 밝힌다. 아폴로의 계시와 상관없이 범죄에 대한 결의를 표현한 것이다. 그러므로 오레스테스가 아폴로의 강요로 인해 범행을 저질렀다고 보기 어렵다.

마지막 요소는 기여 요인이다. 특별히 운명이 기여 요인으로 고려되어야 한다. 왜냐하면 그리스 연극에 있어서 운명은 인물들에게 상당한 영향을 미치기 때문이다. 연극 〈오레스테이아〉에서, 운명은 인간의 삶의 과정에서 영향을 미치고 있다. 그렇지만 그 영향은 그다지 강제적이지 않다. 인간은 신들에게 계시를 구하여 기도하고, 신들은 신탁이나 징조를 통해서 인간에게 무엇을 하거나 또는 피해야 할 일을 알려 준다. 그렇지만 신들의 신탁은 강제적이 아니고 인간 스스로 선택할 여지를 남겨 둔다. 오레스테스는 빈번하게 신의 계시를 구한다. 그는 "제우스여, 제우스여, 우리가 하려는 모든 것을 지도하소서!"라고 간청한다. 그리고 그는 신탁이나 징조를 통해서 신의 대답을 확인한다. 그는 이것을 "신이 보낸 안내"라고 불렀다. 그렇지만 오레스테스는 아직도 스스로의 자유의지에 따라 다른 길을 선택할 수 있다. 그가 모친을 살해하기로 결심할 때 그는 아폴로의 신탁과 상관없이 행동하겠다고 자신의 분명한 결의를 표현했다.

그러므로 이 연극에서 운명의 역할은 제한적이다. 신들은 인간에게 조언자나 보호자로서의 역할을 하는 것이다. 아폴로는 오레스테스를 보호할 것이라며 그의 재판에서 증언하고 그의 범죄에 대한 책임을 질 것이라고 말한다. 아테나 역시 오레스테스를 돕겠다고 선언한다. 만약 배심원의 표결이 동수가 된다면, 그녀는 오레스테스에게 유리하게 투표하겠다는 것이다. 이처럼 운명은 결코 사람을 절대적으로 강제하거나 제한하지 아니한다. 이러한 의미에서, 운명을 범죄의 주요한 요소로서 고려할 필요는 없다.

한편, 연극 〈오이디푸스 왕〉에서 운명은 인간의 삶의 행로를 강력하게 지배한다. 마치 거미가 거미줄을 짓듯이, 운명은 인간의 행동 방향을 정교하게 설계하고 조종한다. 운명에 더하여 인간의 오만함(hubris)과 판단의 잘못(hamartia)이 인간을 자신의 운명에 빠져들게 하는 역할을 담당한다. 〈오레스테이아〉에 비하여 운명은 보다 제약적이고 강제적이다. 예컨대, 다음과 같은 일련의 사건을 통해서 운명의 개입을 볼 수 있다. 라이오스 왕이 그 아들을 죽이려는 시도에도 불구하고, 오이디푸스는 살아남는다. 오이디푸스는 그의 아버지를 피하려고 코린트를 떠난다. 그렇지만 그는 결국 그의 친부 라이오스를 교차로에서 만나게 된다. 그는 테베에 도착해서 스핑크스를 만나 수수께끼를 풀어서 도시의 구원자가 된다. 그리고 이로 인하여 그의 모친과 혼인하게 된다. 이러한 일련의 사건들은 단지 우연만으로는 설명될 수 없다. 오직 운명의 탓이라 하지 않을 수 없다. 그러한 일들을 통해서 운명은 오이디푸스를 조금씩 조금씩 저주의 그물로 가까이 가게 만든다. 급기야 교차로에서 라이오스 왕의 일행과 마주치자, 자신의 불 같은 성격을 참지 못하고 치명적인 싸움에 빠져들어 결국 부친 살해라는 운명의 그물에 빠지고 말았다. 오이디푸스는 자신의 불운과 신의 저주에 대하여 탄식한다. 그리고 결국에는 "이 쓰디쓴 쓰라림과 나의 슬픔을 완성시킨 것은 바로 아폴로이다."라고 울부짖는다. 이러한 의미에서, 운명은 범죄의 주요한 기여 요소로서 고려되어야만 한다.

현대의 법률적인 관점으로 볼 때, 오이디푸스의 행위는 고의적인 살인(manslaughter)에 해당하지만, 정당방위에 해당하여 위법성이 조각된다. 반면에 오레스테스의 행위는 모살(murder)에 해당한다. 오레스테스는 정당행위의 항변을 하지만 정당성의 기준을 충족한다고 보기 어렵다. 이러한 법률적인 분석에도 불구하고, 연극에서 주인공들에 대한 재판의 결과는 이에 상응하지 않는다. 작가는 왜 이러한 결론에 이른 것일까? 그것은 아마도 운명의 역할 때문이라 생각된다. 오이디푸스의 경우에는 비록 그가 유죄가 아님에도 저주 때문에 스스로 자신을 벌했는데, 그 저주는 그의 오만과 판단의 잘못 때문에 결국 성취되었다. 반대로 오레스테스는 실은 유죄임에도 운명의 도움으로 재판에서 무죄를 선고받고 방면된다. 우리는 두 연극에서 사뭇 다른 운명의 뉘앙스를 볼 수 있다. 아이스킬로스는 보다 덜 제약적인 성격의 운명을 등장시킨 반면에 소포클레스는 보다 제약적인 성격의 운명을 선보였다. 아이스킬로스는 마치 후원자 느낌의 신들을 강조함으로써 그리스의 평화와 영광을 부각시킨다. 반면에 소포클레스는 "우리에게는 화를 내는 말이 필요한 것이 아니라, 어떻게 하면 우리를 위한 신의 뜻을 가장 잘 이해할 수 있을지 하는 생각이 필요할 뿐이다."라고 인간의 지혜와 경건한 마음가짐을 강조하면서 드라마를 끝맺는다.

제출한 에세이에 대하여 다음과 같은 평가를 받았다. 교수는 "This is a carefully argued and sophisticated analysis. You write well but need to be more aware of when in English the use of the definite article is required. Your legal training is put to creative use in this essay. I enjoyed reading it."이라고 평가했다. 몇 군데 관사의

사용과 관련된 오류들이 지적되었다. 영어 글쓰기에서 마지막까지 어려운 점이 관사의 사용과 단어의 선택이 아닌가 생각된다. 문법적인 오류에도 불구하고 글의 착상에 관하여 좋은 평가를 받은 점은 상당히 고무적이었다.

세 번째로 작성한 에세이는 성경의 창세기에 나오는 사건에 관하여 글을 쓰는 것이었는데, 나는 가인과 아벨의 제사에 관하여 에세이를 작성했다.

가인의 제사와 아벨의 제사: 제사의 의미와 하나님의 교훈

창세기에 따르면, 에덴동산에서 추방된 후 아담과 이브는 두 아들, 가인과 아벨을 낳는다. 그들은 하나님께 제물을 드린 최초의 인간들이었다. 그들은 서로 다른 제물을 바쳤다. 가인은 식물의 열매를 바쳤고, 아벨은 가축을 바쳤다. 그러나 그들의 제사에 대한 하나님의 반응은 전혀 달랐다.

> 그가 또 가인의 아우 아벨을 낳았는데, 아벨은 양치는 자이었고 가인은 농사하는 자이었더라. 세월이 지난 후에 가인은 땅의 소산으로 제물을 삼아 여호와께 드렸고, 아벨은 자기도 양의 첫 새끼와 그 기름으로 드렸더니. 여호와께서 아벨과 그의 제물은 열납했으나, 가인과 그의 제물은 열납하지 아니하신지라. 가인이 심히 분하여 안색이 변하니 (창4:2-5)

이렇게 다른 응답은 가족에게 불행을 초래한다. 두 형제가 들에 있을 때 가인은 아우 아벨을 쳐 죽인다. 가인은 인류 최초의 살인자가 된다. 이 이야기는 유목민들과 정착 경작민들 사이의 갈등을 담은 오래된 신화를 반영한다. 왜 하나님은 가인의 제물을 거부하시면서 오직 아벨의 제물만을 받으셨을까? 혹시 어떤 이들은 아벨과 달리 가인은 진심 어린 마음으로 그의 제물을 준비하지 않았기 때문이라고 말할지도 모르겠다. 언뜻 생각하면 그럴싸하게 들린다. 그렇지만 성경에 그들의 진실성에 대한 언급이 전혀 없으므로 그러한 주장은 근거가 없다. 그러면 하나님께서 아벨의 제물을 좋아하신 이유는 과연 무엇일까? 그리고 이 이야기에 담긴 하나님의 교훈은 무엇일까? 답을 알아보기 위해서 다음의 문제들을 살펴보려고 한다. 제물의 차이점, 아담의 죄와 이에 대한 처벌, 아담에 대한 하나님의 교훈, 희생 제사의 방법과 이에 대한 하나님의 지시 등이다.

먼저, 두 제물의 차이는 무엇일까? 가인은 땅을 경작하는 자였으므로 땅의 소산으로 제물을 준비했다. 반면에 아벨은 양을 치는 자였으므로 양의 첫 새끼를 제물로 골랐다. 달리 말해서, 가인의 제물은 땅에서 자라나는 식물의 열매였다. 이와는 달리, 아벨의 제물은 양의 새끼인 동물이었다. 그런데 땅의 열매를 제물로 바친다면 무엇이 문제일까? 성경에 나오는 희생제사 의식을 살펴보면 희생제물이 갖는 공통점을 알 수 있다. 그것들은 모두 동물이라는 점이다. 예를 들어, 노아는 홍수 후에 제단을 쌓고 하나님께 희생제물을 드렸다. "노아가 여호와를 위하여 단을 쌓고, 모든 정결한 짐승 중에서와 모든 정결한 새 중에서 취하여 번제로 단에 드렸더니"(창8:20). 이와 유사하게, 욥기를 보면 하나님께서 욥의 친구 엘리바스에게 다음과 같이 명령하셨다.

> 여호와께서 욥에게 이 말씀을 하신 후에 데만 사람 엘리바스에게 이르시되, 내가 너와 네 두 친구에게 노하나니, 이는 너희가 나를 가리켜 말한 것이 내 종 욥의 말같이 정당하지 못함이니라. 그런 즉 너희는 수송아지 일곱과 수양 일곱을 취하여 내 종 욥에게 가서 너희를 위하여 번제를 드리라. 내 종 욥이 너희를 위하여 기도할 것인즉, 내가 그를 기쁘게 받으리니. 너희의 우매한 대로 너희에게 갚지 아니하리라. 이는 너희가 나를 가리켜 말한 것이 내 종 욥의 말같이 정당하지 못함이니라(욥42:7-8).

위의 두 제사에서 제물은 모두 동물 중에서 취했고, 식물로부터 취하지 않았다. 이렇게 한 이유는 무엇일까? 창세기에 나오는 아담의 죄에 대한 처벌의 이야기가 참고가 될 수 있다.

아담은 하나님으로부터 선악을 알게 하는 나무의 열매를 먹지 말라는 명령을 받았다. 그럼에도 불구하고 그는 그 나무의 열매를 먹음으로써 하나님의 명령을 위반했다. 그래서 하나님은 그를 저주하고 에덴동산에서 추방하셨다.

아담에게 이르시되, 네가 네 아내의 말을 듣고 내가 너더러 먹지 말라 한 나무 실과를 먹었은즉, 땅은 너로 인하여 저주를 받고, 너는 종신토록 수고하여야 그 소산을 먹으리라. 땅이 네게 가시덤불과 엉겅퀴를 낼 것이라. 너의 먹을 것은 밭의 채소인즉, 네가 얼굴에 땀이 흘러야 식물을 먹고 필경은 흙으로 돌아가리니 그 속에서 네가 취함을 입었음이라. 너는 흙이니 흙으로 돌아갈 것이니라 하시니라(창3:17-19).

하나님은 아담의 죄로 인하여 땅이 저주받았음을 분명히 선언하셨다. 그 결과 아담은 먹기 위해 고통스럽게 일해야만 했다. 그러므로 저주받은 땅의 열매를 하나님께서 좋아하지 않으리라는 점은 의문의 여지가 없다. 달리 말해서 땅의 소산은 하나님께 드리는 제물이 될 수 없다는 의미이다. 두 가지 이유로 이 저주는 아담의 기억에 깊게 박혔음에 틀림없다. 첫째, 혹독한 처벌을 통해 그는 하나님의 말씀이 얼마나 엄중한 것인지 깨닫게 되었다. 둘째, 아담은 추방된 이후로 들에서 식량을 위해 힘들게 일을 할 때마다 땅에 대한 하나님의 저주를 떠올렸을 것이기 때문이다. 그러므로 아담이 두 아들에게 추방의 이야기와 땅에 대한 하나님의 저주에 관하여 이야기했을 것이 틀림없다. 그렇기 때문에 이 말을 들은 아들들은 땅을 저주하신 하나님께 땅의 소산을 제물로 바치는 것은 바람직하지 않다고 충분히 추론할 수 있었다는 의미이다. 그럼에도 불구하고 가인은 굳이 땅의 열매를 택하여 하나님께 제물로 드렸다. 이것이 하나님께서 가인의 제물을 외면하신 이유일 것이다.

그러면 하나님은 왜 아벨의 제사는 열납하셨을까? 이 문제와 관련하여, 희생 제사에 관한 하나님의 말씀들을 성경에서 깊이 살펴볼 필요가 있다. 하나님은 아브라함에게 희생제물을 어떻게 준비하는지에 관하여 가르치셨다. "나를 위하여 삼 년 된 암소와 삼 년 된 암염소와 삼 년 된 수양과 산비둘기와 집비둘기 새끼를 취할지니라"(창15:9). 이 지시에 따라서 아브라함은 그 짐승들을 준비했다. "아브람이 그 모든 것을 취하여 그 중간을 쪼개고, 그 쪼갠 것을 마주 대하여 놓고, 그 새는 쪼개지 아니했으며"(창15:10), 그리고 그는 그 제물들을 하나님께 드렸다. 몇 년 후 아브라함은 그 아들 이삭을 희생 제물로 바치라는 하나님의 명령에 순종

했다. 아브라함이 칼을 들어 그 아들을 베려 할 때 하나님이 그를 멈추시고 대신할 제물을 주셨다. "아브라함이 눈을 들어 살펴본즉, 한 수양이 뒤에 있는데, 뿔이 수풀에 걸렸는지라. 아브라함이 가서 그 수양을 가져다가 아들을 대신하여 번제로 드렸더라"(창22:13). 이 장면들에서 하나님께서 희생 제물로 적합한 특정한 동물들을 열거한다.

레위기에서 하나님은 모세를 불러서 희생제사를 행하는 방법을 가르친다. "이스라엘 자손에게 고하여 이르라. 너희 중에 누구든지 여호와께 예물을 드리려거든, 생축 중에서 소나 양으로 예물을 드릴지니라. 그 예물이 소의 번제이면, 흠 없는 수컷으로 회막문에서 여호와 앞에 열납하시도록 드릴지니라"(레1:2-3), "만일 그 예물이 떼의 양이나 염소의 번제이면 흠 없는 수컷으로 드릴지니"(레1:10), "만일 여호와께 드리는 예물이 새의 번제이면, 산비둘기나 집비둘기 새끼로 예물을 삼을 것이요"(레1:14). 이러한 지시들을 통해서, 하나님은 인간에게 모든 희생제물은 동물 중에서 선택하되, 그중에서도 특별한 성질을 가진 짐승을 골라야 한다고 가르치신다.

제물을 제한하는 이유는 무엇 때문일까? 왜 동물만이 희생 제물로 쓰일 수 있을까? 레위기를 보면, 하나님은 모세에게 "무릇 이스라엘 집 사람이나 그들 중에서 우거하는 타국인 중에 어떤 피든지 먹는 자가 있으면, 내가 그 피 먹는 사람에게 진노하여 그를 백성 중에서 끊으리니. 육체의 생명은 피에 있음이라. 내가 이 피를 너희에게 주어 단에 뿌려 너희의 생명을 위하여 속하게 했나니. 생명이 피에 있으므로 피가 죄를 속하느니라."(레17:10-11)고 설명하신다. 오직 피만이 인간의 죄를 위하여 속죄물이 될 수 있기 때문에, 희생제물은 식물이 아니라 특정한 동물 중에서 선택되어야 하는 것이다. 이와 관련하여 한 가지 주목할 점은 아담과 이브를 에덴동산에서 추방하실 때, 하나님께서 그들에게 짐승의 가죽으로 옷을 지어 입히셨다는 점이다. 하나님은 아담의 부끄러움을 가죽으로 가리셨는데, 이는 짐승의 희생을 상징하는 것이다. 이러한 의미에서 하나님은 인간의 죄를 위해 짐승의 희생이 필요함을 암시하신 것이다.

그러면 가인과 아벨의 제사 이야기에 나타난 하나님의 가르침은 무엇인가? 동생 아벨과 달리 가인은 그의 아버지의 말에 주의를 기울이지 않은 것 같다. 그 결과 그는 희생 제사에 관한 하나님의 가르침을 제대로 이해하지 못했다. 결국 그는 하나님이 원하시는 희생제물을 알지 못했다. 제사에 실패한 후 그가 매우 화가 났을 때 하나님은 그에게, "네가 분하여함은 어찜이며 안색이 변함은 어찜이뇨. 네가 선을 행하면(If you do what is right) 어찌 낯을 들지 못하겠느냐. 선을 행하지 아니하면 죄가 문에 엎드리느니라. 죄의 소원은 네게 있으나 너는 죄를 다스릴지니라."(창4:6-7)라고 말씀하셨다. 이 대화에서 하나님은 가인에게 하나님께서 좋아하시는 것이 "옳은 것(what is right)"이라고 말씀하신다. 이 말씀은 하나님의 뜻을 아는 것이 옳은 것을 행하는 데 필수라는 의미이다.

하나님은 또한 인간이 옳은 것을 행하지 않으면, 그들은 모두 죄인이기 때문에 죄를 지을 것이라고 말씀하신다. 그렇지만 가인은 여전히 하나님의 말씀 하나하나가 얼마나 엄중한 것인지 깨닫지 못했다. 하나님께서 경고하셨듯이, 가인은 들에서 그의 동생을 살해했다. 그러자 하나님께서 가인을 엄하게 꾸짖으신다. "네가 무엇을 했느냐. 네 아우의 핏 소리가 땅에서부터 내게 호소하느니라." 그러고는 선언하신다. "땅이 그 입을 벌려 네 손으로부터 네 아우의 피를 받았은즉, 네가 땅에서 저주를 받으리니, 네가 밭 갈아도 땅이 다시는 그 효력을 네게 주지 아니할 것이요. 너는 땅에서 피하며 유리하는 자가 되리라"(창4:11-12). 이 이야기를 통해서 하나님은 인간에게 근본적인 교훈을 하셨다. 하나님의 뜻을 아는 것이 옳은 것을 행하기 위해 필수적인 것이라고 말이다.

우리는 시편에서 비슷한 가르침을 확인할 수 있는데, 지혜에 관한 구절이 그것이다. "여호와를 경외함이 곧 지혜의 근본이라. 그 계명을 지키는 자는 다 좋은 지각이 있나니. 여호와를 찬송함이 영원히 있으리로다"(시111:10). 이 내용은 하나님의 말씀을 두려운 마음으로 주목하는 것이 지혜를 얻는 길이라고 설명한다. 이와 비슷하게 잠언의 말씀 역시 지혜의 중요성을 강조한다. "여호와를 경외하는 것이 지식의 근본이어늘, 미련한 자는 지혜와 훈계를 멸시하느니라. 내 아들아, 네 아비의 훈계를 들으며 네 어미의 법을 떠나지 말라. 이는 네 머리의 아름다운 관이요, 네 목의 금사슬이니라"(잠1:7-9). 이 말씀은 하나님의 말씀을 이해하고 지키려고 노력하는 것이 인간의 행복에 필수적임을 강조하는 부분이다. 그리고 하나님의 교훈은 부모를 통해 전해질 수 있음을 설명한다. 이것이 인간이 그 부모의 말에 주의를 기울여야 하는 이유인 것이다. 이러한 의미에서 가인은 그의 부모의 가르침을 게을리함으로써 심각한 잘못을 저지른 것이다.

    가인은 그 아버지 아담으로부터 추방의 이야기를 들었음에 틀림없다. 그럼에도 불구하고 그는 아버지의 말에 주의를 기울이지 않았다. 그 결과, 그는 하나님께서 무엇을 좋아하시고 무엇을 싫어하시는지에 관하여 분별하지 못했다. 그는 끝내 하나님께서 저주하신 땅의 소산을 취하여 하나님께 제물로 드렸다. 이러한 실패는 결국 그에게 불행을 가져다주었다. 이 이야기를 통해서 하나님은 인간에게 창조주의 말씀에 주의를 기울이고 이에 복종해야 한다는 중요한 교훈을 주신다. 잠언의 말씀도 이 교훈을 강조한다. "너는 마음을 다하여 여호와를 의뢰하고 네 명철을 의지하지 말라. 너는 범사에 그를 인정하라, 그리하면 네 길을 지도하시리라. 스스로 지혜롭게 여기지 말찌어다. 여호와를 경외하며 악을 떠날찌어다"(잠3:5-7). 그리고 잠언의 책은 놀라운 비밀을 드러낸다. "지혜는 그 얻은 자에게 생명나무라. 지혜를 가진 자는 복되도다"(잠3:18). 여호와의 지혜가 바로 인간에게 영원한 삶을 주는 생명 나무라는 비밀을 알려 준다.

이 글에 대한 교수의 평가는 다음과 같았다. "This is a very interesting argument, namely linking the Pastoralist back to the cursing of the loud in the story of the fall of Adam and Eve. You became too speculative in places, but the basic thrust and the essay is sound. The issue of God's will is also interesting but the text never indicates that Adam made explicit to Cain God's will. The essay, however, is overall serious and creative." 무척 기뻤다. 영문학 과목에서 미국 학생들과 함께 경쟁하여 우수한 평가를 받았다는 점이 무척 자랑스러웠다.

서양 문학작품들

서양문학을 공부하면서 인상적이었던 글들이 있어서 소개한다. 먼저 고전문학 작품 중에서, 플라톤의 『향연(Symposium)』에 있는 재미있는 이야기와 헤로도토스의 『역사(Histories)』에 나오는 흥미로운 이야기들이다. 그리고 현대의 시문학 작품 중에서 몇 편의 시를 함께 살펴보려고 한다.

플라톤의 『심포지엄』

플라톤이 기록한 것으로 알려진 『향연』은 고대 그리스의 아테네에서 열렸던 축하연 참석자들의 토론을 기록한 것이다. 기원전 416년 당시 시인이자 비극 작가인 아가톤(Agathon)이 아테네의 연극 축제(the Lenaian Festival)에서 입상한 일을 자축하기 위해 축하연을 베풀었는데, 그 자리에는 철학자 소크라테스, 희극작가 아리스토파네스(Aristophanes) 등 8명이 참석했다. 당시 50대였던 소크라테스가 참석자 중의 연장자였다. 참석자들은 몇 가지 주제에 관하여 돌아가면서 자기 의견을 밝혔는데, 대화의 주제는 사랑(eros)과 아름다움(the form of beauty) 등이었다. 후에 플라톤은 위 축하연에서의 발언 내용을 수집, 정리하여 기원전 385-378년에 기록으로 남길 수 있었다. 그 내용 중에서 희극작가인 아리스토파네스의 재미있는 이야기가 있어서 소개한다.

원래 인간의 형태는 지금의 남성, 여성뿐만 아니라 이를 합친 형태의 양성(androgynous)도 있었다. 양성 인간은 형태가 완전히 구형이었고 네 개의 손과 네 개의 다리가 있었으며 양면의 얼굴이 목에 붙어 있었는데 앞뒤로 같은 모양이었다. 양면의 얼굴 사이에는 머리가 있었는데, 네 개의 귀가 붙어 있었다. 성기도 두 개가 붙어 있었고 똑바로 서서 걸었다. 그러면 왜 이렇게 세 가지 형태의 인간이 있었을까? 그 이유는 남성은 태양의 후손이었고, 여성은 지구의 후손이었으며, 양성 인간은 달의 후손이었기 때문이다. 왜냐하면 달은 태양과 지구의 양자의 성격을 공유하기 때문이다. 그래서 양성 인간은 그 부모인 달처럼 모양이 구형이었다. 그런데 이 중에서 양성 인간의 힘은 강력했고 야망은 대단했다. 그래서 그들은 하늘에 있는 신들을 공격했던 것이다. 호머의 이야기에 나오는 거인 에피알테스(Ephialtes)와 오토스(Otos)는 원래 양성 인간이다. 그 이야기에는 그들이 신들을 공격하려고 하늘에 올라간 이야기가 나온다.

그래서 제우스와 다른 신들이 회의를 열어 이 문제를 논의했다. 번개로 인류를 모두 죽여 없앨 수도 있었지만, 그럴 수는 없었다. 인류를 말살할 경우 그들이 바치는 희생 제물도 더 이상 받을 수 없기 때문이었다. 제우스가 고민 끝에 아이디어를 냈다. "양성을 잘라서 둘로 만들겠다. 그렇게 하면 그들은 힘을 잃을 것이고, 숫자가 늘어나는 만큼 우리에게 유익할 것이다. 그들은 두 다리로 서서 걸을 것이고, 만약 또 반역하면 다시 쪼개서 한 다리로 총총거리며 가게 될 것이다." 제우스는 아폴로에게 명하여 양성 인간을 둘로 잘라내게 했다. 아폴로는 그들을 잘라낸 다음에 잘린 상처 부위를 잘 치료하고 피부로 잘린 부위를 덮었다. 양성 인간은 둘로 분리되자 자신의 다른 반쪽을 그리워하게 되었다. 서로를 갈망하게 된 것이다. 그래서 한 인간이 자신의 다른 반쪽을 만나게 되면 놀라운 일이 생기는 것이다. 둘은 사랑에 빠져서 서로 하나라는 생각에 사로잡히고, 서로에 대한 열망 때문에 잠시도 서로 떨어지려고 하지 않는 것이다. 그중에서 남자와 남자로 분리된 경우나 여자와 여자로 분리된 경우에는 서로 동성을 갈망하여 동성연애를 하게 되기도 했다. 원래의 사람은 완전체였다. 그렇기 때문에 인간의 사랑이란 바로 완전함을 추구하는 마음인 것이다.

두 연인이 함께 누워 있을 때 헤파이스토스(Hephaestus)가 연장을 들고서 그들 위에 서서 물었다. "너희 인간들이 서로에게서 진정으로 원하는 것이 무엇인가?" 그러고는 계속하여 말했다. "둘이 가장 가깝게 되어 완전히 하나가 되는 것. 그래서 낮이나 밤이나 결코 분리되지 않는 것, 이것이 너희 마음이 진정으로 열망하는 것인가? 이것이 그대들의 소망이라면, 나는 그대 둘을 붙여서 자연스럽고 완전한 하나의 개체로 만들어 줄 수 있다. 둘이 하나가 되어서 사는 동안에는 하나의 삶을 살고, 죽을 때에도 같이 죽어서 저승에 가게 된다. 이것이 그대들이 원하는 것인가?"

나는 이 이야기를 읽고서 집에 와서 아내에게 물어보았다. "나를 사랑해?" 그러자 아내는 대답했다. "물론이지. 그런데 왜?" 그래서 나는 다시 물었다. "플라톤의 심포지엄을 보면, 남녀가 원래 하나였다고 하는데, 우리가 하나로 붙는다면 어떻겠어?" 이 질문에 대한 아내의 대답은 "미쳤어? 끔찍해!"였다. 당연한 대답인 것 같았다. 별개의 육체가 하나로 붙어 버리면 불편함이 이루 말할 수 없을 것이기 때문이다. 그렇지만 마음 한구석에 풀리지 않는 의문이 있었다. 성경을 보면 하나님께서 "이러므로 남자가 부모를 떠나 그 아내와 연합하여 둘이 한 몸을 이룰지로다."(창세기 2:24)라고 말씀하신다. 또한 예수께서도 "이러므로 사람이 그 부모를 떠나서 아내에게 합하여 그 둘이 한 몸이 될지니라 하신 것을 읽지 못했느냐."(마태복음19:5)라고 하셨다. 그러면 이 말씀들은 단순히 수사적인 표현에 불과한 것일까, 아니면 실제로 그렇게 되어야 한다는 말씀일까? 그리고 한 몸이 된다는 것은 과연 어떤 의미일까 궁금했다.

헤로도토스의 『역사』

다음 이야기는 헤로도토스(Herodotus)의 『역사(Histories)』에 나오는 솔론의 이야기이다. 헤로도토스는 기원전 484-430/420년 에 살았던 고대 그리스의 역사가 겸 지리학자였다. 중국의 위대한 역사가 사마천이 『사기(史記)』를 저술했던 시기가 기원전 1세기경이었던 점을 감안하면 정말 오래된 인물임을 알 수 있다. 그는 그리스의 아테네에서 연극 작가 소포클레스 등과 교우했고 그리스와 소아시아 반도 등 고대 세계를 널리 여행하면서 많은 사람과 만나 대화하면서 얻은 지식과 확인한 많은 자료들을 토대로 역사서를 기술했다. 특히 페르시아 제국의 형성과 발전 과정, 페르시아 전쟁 등에 관하여 상세히 기록했다. 훗날 로마의 키케로(Cicero)는 그를 "역사의 아버지"라고 평가했다. 헤로도토스는 자신이 역사를 기술하는 목적에 관하여 "인간사의 흔적이 시간이 지남에 따라 지워지는 것을 방지하고 성취와 업적의 명성을 보전하기 위함"이라고 밝혔다. 또한 조사 방법에 관하여, (1) 사실적 증거에 기반했고, (2) 그 증거를 조사와 면담을 통해 수집했으며, (3) 서로 다른 진술들 간에 균형을 유지하려고 했으며, (4) 증거의 경중에 관하여 비판적 시각과 균형감을 갖고 판단하려 노력했다고 말했다. 그렇지만 그의 저술은 대부분 구전이나 주관적인 진술에 의존하고 있음에도 그 신뢰성을 담보할 만한 충분한 검증 작업 - 예컨대, 객관적인 증거를 통한 확인이나 과학적인 분석 등의 방법 - 을 거치지 않았다는 한계가 있다. 그리고 그리스 중심의 시각이나, 종교적인 문제에 지나치게 중점을 둔 것도 단점으로 지적될 수 있다.

그가 기록한 책의 앞부분에 고대 그리스의 현인 솔론이 리디아 왕국의 크로이소스 왕을 만난 이야기가 소개된다. 솔론(Solon, c 630 - c 560 BC)은 그리스 아테네 민주 정치의 토대를 쌓은 개혁 정치가이다. 그는 아테네인들에게 법률을 제정해 주고, 이집트와 소아시아 반도 등 외국을 두루 여행하던 중이었다. 그러던 중 당시 소아시아 반도의 서쪽을 지배하던 리디아 왕국을 방문하여 그 통치자 크로이소스(Croesus, 재위 기간 585 - 546 BC)를 만난다. 크로이소스는 솔론을 영접하여 궁전들과 귀한 보물들을 구경시켜 주고 물었다. "당신은 지식을 사랑하여 세상을 두루 여행했다고 들었소. 그동안 당신이 만난 사람들 중에서 누가 가장 행복한 사람인가?" 크로이소스는 자신이 가장 행복한 사람이라는 대답을 기대했으나 솔론의 대답은 달랐다.

이어지는 이야기는 아시아에서 최초의 통일 제국을 건설한 페르시아 제국의 키루스 대왕(Cyrus the Great, 600 – 530 BC)에 관한 이야기이다. 그는 페르시아의 제왕이 되어 기원전 553 – 550년에 메디아 왕국을 정복했고, 546년에 리디아 왕국을 정복했으며, 539년에는 오피스 전투(the Battle of Opis)에서 바빌론 제국을 꺾고 아시아 전역을 지배하는 대제국을 건설한다. 키루스는 한글 성경에 '고레스'라고 기록된 인물이다. 이사야서 44:28에는 "고레스에 대하여는 이르기를 그는 나의 목자라. 나의 모든 기쁨을 성취하리라 하며, 예루살렘에 대하여는 이르기를 중건되리라 하며, 성전에 대하여는 이르기를 네 기초가 세움이 되리라 하는 자니라."라고 기록되어 있다. 또 45:1에는 "나 여호와는 나의 기름 받은 고레스의 오른손을 잡고 열국으로 그 앞에 항복하게 하며 열왕의 허리를 풀며 성문을 그 앞에 열어서 닫지 못하게 하리라."라고 예언되어 있다. 그는 바빌론을 정복한 후 포로로 잡혀 있던 유대인들이 고국으로 귀환할 수 있도록 칙령을 내렸다.

헤로도토스의 역사에 기록된 내용 중 일부를 번역하여 소개한다. 내용을 번역할 때 인명이나 지명을 한글로 표기하는 데 어려움이 있었다. 몇몇 경우를 제외하고는 우리나라에서 일반적으로 사용되는 표기 방법에 따르려고 노력했다.

역사(Histories)

아버지 알리아테스(Alyattes)가 죽은 뒤 기원전 560년에 크로이소스가 리디아의 왕위에 오른다. 리디아 왕국의 수도 사르디스(Sardis)는 소아시아 반도의 서쪽에 위치해 있었는데, 크로이소스는 소아시아 반도에 있는 지중해 연안의 도시 에베소를 공격하여 점령한 것을 시작으로 소아시아 반도에 있는 모든 그리스 도시들을 차례차례 정복한 후 조공 관계를 체결한다. 그는 얼마 지나지 않아 소아시아 반도의 할리스강(the Halys) 서편 지역을 모두 정복하여 영토로 삼았다. 리디아 제국의 영토가 확장되어 수도 사르디스가 번영의 절정을 구가하고 있을 때, 그리스의 지식인들은 한 번쯤은 이 도시를 방문했고 아테네의 솔론도 그중 하나였다. 솔론은 아테네인들의 요청에 따라 그들에게 법률을 만들어 주었다. 그러고는 외국을 10년간 두루 여행하던 중이었다. 그는 세상을 돌아보기 위한 목적으로 여행한다고 주장했지만, 실상은 그가 제정해 준 법률의 폐지를 피하기 위한 목적이었다. 아테네인들은 법률을 폐지할 수 없었다. 왜냐하면 그들은 만약 솔론이 다른 법률을 만들지 않는다면 그가 만든 법률을 반드시 10년간 시행하기로 엄숙히 서약했기 때문이다. 이런 이유로 솔론은 외국을 두루 여행하는 중이었다.

크로이소스는 소문을 듣고 그의 궁전에 솔론을 초대했다. 도착한 후 2-3일이 지난 후 크로이소스는 시종에게 명하여 솔론에게 그의 보물과 귀한 것들을 모두 보여주도록 했다. 그러고 나서 크로이소스는 솔론에게 물었다. "당신은 지식을 사랑하여 세상을 두루 여행했다고 들었소. 그동안 당신이 만난 사람들 중에서 누가 가장 행복한 사람인가?" 크로이소스는 자신이 가장 행복한 사람이라는 대답을 기대했으나 솔론의 대답은 달랐다. 솔론은 "아테네의 텔루스(Tellus)"라고 대답했다. 크로이소스는 놀라서 "어째서 그렇게 생각하는가?" 하고 물었다. 솔론은 대답하기를, "먼저 그는 부유하게 살면서 훌륭한 아들들을 두었습니다. 자식들이 올바르고, 모두 자녀를 낳았고, 모두 살아 있습니다. 다음으로 그는 풍족할 때에 죽음을 맞이했습니다. 그래서 영광스러운 죽음이 되었습니다. 아테네인들은 많은 기여를 한 그를 위해 공식적인 장례행사를 베풀어 칭송했습니다."

그의 부유함 때문이라는 말에 잔뜩 기대가 된 크로이소스는 "그러면 누가 두 번째로 행복한 사람인가?"라고 물었다. 솔론은 "클레오비스와 비톤"이라고 대답했다. "이 아가이브(Argive)인들은 부족하지 않은 삶을 살면서 육체적으로 놀랍도록 강인함을 타고났습니다. 둘은 운동경기 대회 수상자들이고 다음과 같은 이야기가 있습니다. 그들은 아르고스(Argos, 그리스 남부 펠로폰네소스 지역의 도시국가)에서 열린 헤라 여신에 대한 축제 도중에 어머니의 소식을 듣고 달려갑니다. 어머니가 수레를 타고 신전으로 가려고 할 때 수레를 끌 황소가 쓰러졌다는 소식이었습니다. 그들은 스스로 멍에를 메고 어머니가 탄 수레를 끌었습니다. 신전까지의 거리는 45스테이드(고대 그리스의 거리 단위)였는데, 그들은 수레를 끌어 신전에 도착한 후 모인 사람들이 지켜보는 가운데 숨이 끊어졌습니다. 모인 사람들은 그들의 강인함을 칭찬하면서 그 어머니를 부러워했습니다. 어머니는 그곳에 있는 여신상 앞으로 가서 기도했고, 모인 사람들은 쓰러져 죽은 젊은이들을 신전 안으로 옮긴 후 장례의식을 치러 주었습니다. 아가이브 사람들은 그들을 위해 조각상을 만들어 델피 신전에 봉헌했는데, 그들의 조각상에는 가장 훌륭한 인간들이라고 새겨져 있습니다."

크로이소스는 화가 나서 외쳤다. "아테네에서 오신 손님이여, 그대는 우리가 누리는 행복을 철저히 경멸하는가? 그래서 우리를 일반 평민들보다도 못하게 평가하는가?" 이에 솔론은 대답했다. "크로이소스 왕이시여, 누구든지 오래 사는 사람은 피할 수 없이 많은 일을 겪게 되어 있습니다. 사람의 수명을 칠십으로 한정하여 보면, 2만 6,250일이 됩니다. 그렇게 많은 날들 동안 같은 일이 일어나는 법이 없습니다. 인간의 삶은 완전히 우연의 연속인 셈이지요. 제가 보기에 왕께서는 지극히 부유하고 수많은 사람들을 지배하고 계시지만, 아직까지는 당신이 좋은 죽음을 맞이하게 될지를 알 수 없습니다. 아시다시피, 많은 부를 가진 사람이 그날 벌어 근근이 먹고사는 사람보다 못한 경우가 있습니다. 소유와 재물이 그가 죽을 때 여전히 남아서 도움이 되지 않는 한 말입니다. 결국 엄청난 부를 소유한 부자들은 불행합니다. 적당한 재산을 가진 많은 사람들은 행복합니다. 큰 재산을 가졌지만 운이 나쁜 사람이 운이 좋은 사람보다 더 잘 사는 경우는 거의 없습니다. 반대로 운이 좋은 사람이 재산은 많지만 운이 나쁜 사람보다 대체로 형편이 좋은 편입니다. 운이 없는 부자는 그의 욕구를 채우고 어려움을 피하는 데 있어서 더 재능이 있습니다. 그렇지만 운이 좋은 사람은 비록 어려움을 피하고 욕구를 충족시키는 능력이 부족하지만 그의 행운이 그를 보호합니다. 그는 또한 기형과 병마를 피하고 어려움이나 재앙을 겪지 않으며 건강하고 좋은 자녀와 보기 좋은 외모의 축복을 받습니다. 그는 영웅적인 죽음을 맞이하게 되고, 결국 행복한 사람이라고 평가됩니다. 그렇지만 그가 죽기까지는 그를 행복한 사람이라고 하지 않는 것이 좋겠습니다. 단순히 운 좋은 사람이라고 표현하는 것이 좋겠습니다. 인간이 한꺼번에 모든 복을 받는 것은 불가능합니다. 마치 어떤 나라가 모든 것을 자급자족하는 것이 불가능하듯이 말입니다. 어떤 나라는 어떤 물건을 가지고 있지만, 한편 다른 것들은 결핍합니다. 마찬가지로 개인도 그러합니다. 어떤 사람이 행복한지 판단하기 위해서 그 사람의 종말이 어떠한지를 고려해야만 합니다. 왜냐하면 신은 때때로 인간에게 풍요로움을 주지만 그러고는 그것을 완전히 파괴하기도 하기 때문입니다."

그 말을 듣고 크로이소스는 아무런 말 없이 솔론을 떠나보냈다. 그는 솔론이 현재의 이익을 무시하고 모든 것의 결말을 보아야 한다고 말하는 무식한 인간이라고 생각했다. 솔론이 떠난 후 신의 노여움이 그에게 내렸다. 그가 자는 동안에 그의 아들에게 닥칠 재앙의 꿈을 꾸었다. 그의 아들 아티스(Atys)가 쇠로 된 날 끝에 맞아 죽는 꿈을 꾸었다. 크로이소스는 꿈을 곰곰이 곱씹으며 염려했다. 그래서 그는 궁궐 안에서 창과 화살과 유사한 무기들을 모두 치우도록 했고, 침실에는 방벽을 쌓아 외부의 공격을 차단했다. 그가 아들의 결혼식 준비로 바쁠 때 한 남자가 사르디스에 도착했다. 이웃 나라의 왕족이었는데 불행을 겪고 양손에 상처를 입은 상태였다. 그는 크로이소스에게 그 지역의 전통에 따라 정화의식을 취할 수 있기를 간청했다. 그래서 크로이소스는 그에게 정화의식을 시행한 다음에 그에게 어디에서 왔는지를 물어보았다. 그는 프리지아(Phrygia)로부터 왔다고 답했다. 무슨 잘못을 했기에 정화의식이 필요한지를 물었다. 그는 "제 이름은 아드라스터스(Adrastus)이고 제 아버지는 마이더스(Midas)의 아들인 고르디어스(Gordias)입니다. 저는 사고로 친 형제를 죽였습니다. 그래서 아버지로부터 추방되어 이곳에 왔습니다."라고 대답했다. 이에 크로이소스는 "너는 이제 우리의 친구가 되었다. 너의 가족과 나의 가족은 친구이다."라고 하면서, 그를 궁궐에서 살게 했다.

하루는 엄청나게 큰 곰이 나타나 미시아(Mysia)의 올림포스 산에 이르렀다. 미시아의 전령이 크로이소스에게 찾아와 곰을 잡으려 했으나 실패했으니 아들과 병사와 개들을 보내 주어 곰을 쫓아내도록 도와달라고 간청했다. 그러자 크로이소스는 꿈이 생각나서 아들을 보내지 않고, 대신에 정예 병사와 사냥개들을 보내겠다고 제의했다. 그러다가 크로이소스는 결국 마음을 바꾸어 아들을 사냥에 보내기로 결정했다. 대신에 아드라스터스를 함께 보내며 아들의 보디가드가 되어 지켜 달라고 부탁했다. 사냥에 나간 일행은 올림포스 산에서 곰을 발견하고 들고 있던 창들을 곰을 향하여 일제히 던졌다. 그런데 아드라스터스가 던진 창이 빗나가 크로이소스의 아들에게 맞았다. 결국 크리스서의 꿈이 실현되고야 말았다. 나중에 아들의 시신을 싣고 돌아왔을 때, 아드라스터스는 시체 앞에 앉아서 크로이소스 왕에게 자신의 목숨을 끊어달라고 간청했다. 크로이소스는 뜻하지 않게 일어난 사고라는 이유로 이를 거절했다. 아들의 장례식이 끝난 후 아드라스터스는 결국 무덤가에서 스스로 목숨을 끊었다.

아들이 죽은 지 2년 후, 페르시아에서는 캄비세스(Cambyses)의 아들 키루스(Cyrus)가 왕위를 승계하여 힘을 키워 강대해졌다. 크로이소스는 페르시아의 팽창을 저지할 필요를 느껴 사신을 델피 신전에 보냈다. 신전에 희생제물을 바치고 엄청난 양의 황금을 녹여서 117개의 황금괴를 만들어 바쳤다. 또한 10달란트 무게의 황금으로 사자 모형과 그릇을 만들고, 그 외에도 4개의 은 항아리를 만들어 봉헌했다. 봉헌을 하면서 그는 2개의 질문에 대한 신의 계시를 구했다. 먼저, 페르시아와 전쟁을 해야 할지, 다음으로 어떤 나라의 군대와 동맹을 맺을지 하는 질문이었다. 델피 신전을 방문한 사신은 신의 계시를 가지고 리디아로 돌아왔다. 신탁의 내용은 다음과 같았다. "노새가 페르시아의 왕이 될 때가 부드러운 발의 리디아인들이 도망쳐야 할 때이다. 지체 없이, 그리고 겁쟁이라 걱정하지 말고 자갈 많은 헤르무스 강가(소아시아 반도 서해안으로 흐르는 강)로 도망쳐야 한다." 크로이소스 왕은 그 내용을 보고서 크게 안심했다. 노새가 페르시아의 왕이 될 일이 없을 것이기 때문이었다.

그래서 그는 그리스의 도시국가 중에서 가장 강력한 동맹 대상을 물색했다. 그는 스파르타가 가장 강력한 국가라 생각하여, 스파르타에 사신단을 보내어 동맹을 제의했다. 스파르타는 이에 응해서 동맹 서약을 했다. 스파르타는 테두리가 현란하게 장식된 대형 청동 그릇을 제작하여 서약의 선물로 보냈다. 그러나 그 선물이 해상으로 운반되어 사모스 섬을 지나 리디아로 향하던 중에 리디아가 패망하여 크로이소스 왕이 포로로 잡히고 말았다는 소식을 들었다. 이에 스파르타는 선물을 더 이상 운반하지 않고 사모스 섬에서 팔아 버리고 말았다.

크로이소스는 신탁의 내용을 잘못 이해한 나머지 페르시아에 속한 카파도키아(Cappadocia)를 공격했다. 내심 키루스를 쫓아내고 페르시아를 멸망시킬 수 있다고 생각했기 때문이었다. 크로이소스가 군대를 동원하는 중에 그는 산다니스라는 리디아인으로부터 어떤 조언을 받는다. "폐하, 폐하는 지금 가죽옷만 입고 사는 자들과 전쟁을 하려고 하십니다. 그들의 음식은 손쉽게 채취하는 것들일 뿐 귀한 것이 아닙니다. 왜냐하면 그들의 땅이 울퉁불퉁하기 때문입니다. 그들은 포도주를 마시지 않고 물을 마실 뿐입니다. 그들이 먹는 것 중에서 좋은 것이라고는 무화과 정도일 뿐입니다. 그들은 아무것도 갖고 있지 않습니다. 그러니 폐하께서 승리하더라도 그들에게서 무엇을 얻을 수 있겠습니까? 하지만 만약 패하신다면 모든 좋은 것들을 잃을 것입니다. 일단 그들이 우리가 사는 방식을 경험해 보면, 그렇게 사는 방법에 집착하게 될 것이고, 그 후에는 영영 그들을 몰아낼 수 없을 것입니다. 제 소견으로는 신들이 페르시아인들에게 우리 리디아를 침공할 생각을 하지 않게 해 주어서 감사할 따름입니다." 이 조언이 비록 크로이소스를 설득하지는 못했지만, 모두 사실이었다. 페르시아인들이 리디아를 정복하기 전까지 그들에게는 진미나 좋은 것들이 없었다.

그리스인들은 카파도키아인들을 시리아인이라고 불렀다. 당시에 페르시아의 키루스가 그들의 통치자였다. 그렇지만 페르시아의 지배를 받기 전에는 메디아(Medea) 왕국의 지배를 받았다. 메디아 왕국과 리디아 왕국의 경계는 할리스강(the Halys)이었는데, 그 강은 아르메니아 산지에서 발원하여 실리키아(Cilicia)를 통과하여 프리지아(Phrygia)와 카파도키아를 거쳐 북쪽으로 흐른다. 할리스강을 경계로 서쪽 지역은 리디아 왕국이었고, 동쪽 지역은 메디아 왕국이었다. 크로이소스가 카파도키아를 공격한 이유는 영토 확장의 욕심 이외에도, 페르시아의 키루스가 메디아 왕국의 아스티아게스(Astyages) 왕에게 저지른 일을 벌하려는 목적도 있었다. 아스티아게스는 크로이소스의 매부였다. 캄비세스의 아들 키루스는 메디아 왕국을 침략하여 점령하고 아스티아게스 왕을 포로로 잡았다.

아스티아게스가 크로이소스의 매부가 된 이야기는 다음과 같다. 메디아 왕국의 키악사레스(Cyaxares) 왕 시절에 유목 민족인 스키타이인들이 왕국의 영역 안으로 침범해 들어왔는데, 왕은 이들을 불쌍하게 보아 잘 대해 주었다. 실제로 왕은 메디아의 10대 소년들을 그들 무리에 보내서 함께 지내며 그들의 언어와 활쏘기 기술을 배우도록 했다. 스키타이인들은 사냥을 나가 사냥감을 잡으면 항상 왕에게 공물을 상납하곤 했다. 그런데, 어느 날 그들은 사냥에 실패하여 빈손으로 돌아오게 되었다. 그러자 왕은 그들을 지나치게 나무라면서 심한 모욕감을 주었다. 그들은 왕의 행동이 부당하다고 생각한 나머지 궁리 끝에 그들에게 배우러 온 메디아의 소년들 중 한 명을 토막 내기로 결정한다. 그렇게 소년을 죽여서 마치 사냥해 온 야생동물인 것처럼 테이블에 올려서 왕과 그 일행을 대접했다. 그렇게 왕과 그 일행이 소년의 고기를 먹고 있을 때, 스키타이인들은 이웃나라 리디아 왕국으로 도망하여 알리아테스 왕에게 보호를 요청했다. 이 일이 있은 후에 메디아의 키악사레스 왕은 스키타이인들을 넘겨달라고 요구했으나 알리아테스 왕은 이를 거절한다. 그래서 메디아 왕국과 리디아 왕국 사이에 전쟁이 일어났다.

전쟁은 5년 동안 계속되어 서로 간에 많은 전투가 벌어졌다. 6년이 되던 해에 일종의 야간전투가 벌어졌다. 그날 낮에 벌어진 전투에서 어느 쪽도 주도권을 쥐지 못하고 밀고 밀리는 상태였는데, 갑자기 낮이 변하여 어두운 밤이 되었다. 그 일이 있기 전에 밀레토스(Miletus)의 탈레스(Thales)는 낮의 빛이 소멸될 것을 예측하여 이오니아인들(소아시아 반도 서남부에 위치한 지중해 연안의 그리스 도시국가의 시민들)에게 그해가 가기 전에 그런 일이 일어날 것이라고 미리 예고했었다. 리디아인들과 메디아인들은 낮이 밤으로 바뀌는 것을 보고도 전투를 멈추지 않았다. 그러나 양측은 모두 간절히 전쟁을 끝내기를 원했다. 양측의 평화 협상을 위해 실리키아의 키네시스(Cyennesis)와 바빌론의 라비네투스(Labynetus)가 나섰다. 그들은 평화조약의 체결을 염원하여 양국 간의 혼사를 추진했다. 그렇게 그들은 알리아테스 왕의 딸인 아리에니스(Aryenis)와 키악사레스 왕의 아들인 아스티아게스 간의 결혼이 결정되었다. 두 민족은 그리스인들과 마찬가지 방법으로 조약을 공식화하는데, 자신들의 팔을 칼로 그어 피를 낸 후 서로 상대방의 피를 핥아 마시는 것이었다.

이렇게 크로이소스의 매부가 된 아스티아게스는 페르시아와의 전쟁에서 패하여 키루스 왕의 포로가 된다. 사실 페르시아의 키루스 왕은 아스티아게스의 딸의 아들, 즉 외손자이다. 리디아의 크로이소스왕은 키루스를 응징하기 위한 목적으로 사신을 신전에 보내어 그가 페르시아를 공격해도 좋을지 신탁을 구한 것이었다. 그리고 애매모호한 내용의 신탁을 받고서, 이를 유리한 내용이라고 오해한 나머지 페르시아의 영토를 침공한 것이었다. 크로이소스와 그의 군대는 할리스강에 도착하여 강을 건넌다. 그들은 강 건너의 카파도키아 땅으로 진입해 들어갔다. 그곳은 프테리아(Pteria) 지역으로 카파도키아에서 가장 황량한 지역이었다. 크로이소스는 프테리아의 수도를 점령하고 주민들을 포로로 잡아 노예를 삼았다. 침략 소식을 들은 페르시아의 키루스 왕은 군대를 동원하여 크로이소스의 군대를 향해 진군했다. 가는 도중에 통과하는 지역 주민들을 징집하여 군대에 편입시켰다. 출병 전에 그는 지중해 연안의 그리스인들인 이오니아인들에게 전령을 보내 크로이소스에 대항하여 봉기할 것을 촉구했으나, 그들은 이를 거부했다.

프테리아에 도착한 키루스 왕은 크로이소스의 리디아 군대 캠프의 반대편에 페르시아 군대를 주둔시켰다. 그렇게 프테리아는 두 진영 간의 힘을 겨루게 될 전장이 되었다. 치열한 전투가 벌어졌고, 양측은 심한 손실을 입었다. 밤이 되어 두 군대는 갈라졌으나, 어느 쪽도 승리하지 못했다. 크로이소스의 리디아 군대는 키루스의 페르시아 군대에 비하여 수적으로 훨씬 적은 병력이었다. 그래서 크로이소스는 숫자 부족을 불평했다. 다음 날 키루스의 군대가 전장에 나타나지 않자 그는 군대를 돌려 리디아의 사르디스로 철군했다. 그의 계획은 이러했다. 그는 이전에 이집트의 왕 아메시스(Amasis)와 동맹을 맺었다. 비슷한 동맹을 바빌론과도 맺은 바 있었다. 당시 바빌론의 왕은 라비네투스였다. 그리고 그는 스파르타와도 동맹을 맺어 두었다. 그렇기 때문에 그는 동맹국가들에 전령을 보내어 정해진 때에 병력을 모아서, 겨울을 보내고 봄이 되자마자 함께 페르시아를 공격하려는 계획이었다.

그는 전령들을 동맹국들에 파견하여, 그들에게 4개월 이내에 병력을 보내 리디아의 수도 사르디스에 집결해 달라는 요청을 했다. 그리고 그는 추후의 전쟁을 위해서 그의 군대 중 사르디스 이외 지역의 병력을 해산하여 집으로 돌려보냈다. 그는 키루스의 군대가 뒤따라 오리라고는 꿈에도 생각하지 못했다. 크로이소스가 이런 계획을 세우고 있는 중에, 사르디스 외곽지역에는 뱀들로 들끓고 있었다. 뱀들이 나타나자 말들은 들에서 풀을 뜯지 않고 뱀들을 밟고, 죽은 뱀들을 먹었다. 이런 일을 불길하게 여긴 크로이소스는 즉시 사신을 텔메소스(Telmesus) 신전에 보내어 징조의 해석을 구했다. 사신들은 신전에 도착해서 징조가 어떤 의미인지 확인했다. 그렇지만 그들은 돌아와 왕에게 보고할 수 없었다. 그들이 사르디스에 도착하기도 전에 크로이소스가 이미 적에게 붙잡혔기 때문이었다. 텔메소스의 해석은 이러했다. 크로이소스는 외적이 그의 땅을 침략하여 지역 주민들을 제압할 것을 예상해야 한다는 것이었다. 뱀은 땅의 자손을 의미하고 말은 적대적인 침입자를 의미한다고 해석했다.

프테리아에서의 전투 이후에 크로이소스가 그의 군대를 철수하자, 키루스 왕은 크로이소스가 사르디스로 철수하여 그의 군대를 해산하려 한다는 계획을 간파하고, 리디아 군대가 다시 소집되기 전에 추격하여 습격할 것을 결심한다. 이렇게 판단하자마자 그는 리디아를 향하여 진군한다. 크로이소스 왕은 그의 예상과 다르게 전개된 상황에 크게 당황했다. 그럼에도 불구하고 그는 아직 해산되지 않은 성내 잔여 군사를 모아 전투에 보낸다. 리디아인들은 아시아에서 가장 용맹하고 전투에 능한 민족이었다. 그들은 말을 타고 긴 창을 사용하고 능숙한 승마술을 자랑했다. 양쪽 군대는 사르디스성 앞 평원에서 맞섰다. 키루스가 리디아 군대의 대형을 보았을 때, 기병대가 위협적이라고 판단하고 다음과 같은 전술을 채택했는데, 이는 메디아인 하파거스(Harpagus)가 그에게 제안한 것이었다. 페르시아 군대는 음식과 짐을 나르는 낙타들을 보유하고 있었다. 키루스 왕은 낙타를 모두 모아 짐을 내리고 병사들을 태워 기병대 무기로 무장시켰다. 준비가 되자 그는 낙타 부대가 선두에서 진격하도록 하고, 일반 기병대가 그 뒤를 따르게 했다. 그리고 보병대가 그 뒤를 따랐다.

전투가 시작되자, 리디아 기병대의 말들이 낙타를 보고, 그 냄새를 맡자 겁을 먹고 뒤돌아 달아나려고 했다. 그러자 기병들은 말에서 내려 무기를 들고 페르시아 군사에 대항했다. 양측의 손실이 막대했는데, 결국 리디아의 군대는 퇴각하여 사르디스 성안으로 후퇴했다. 그러자 페르시아 군대가 성을 포위했다. 크로이소스 왕은 포위 공격이 오랫동안 지속될 것으로 예상하여 동맹들에게 즉시 도움을 청하는 전령들을 밖으로 보냈다. 전령을 보낸 동맹국들 중에는 스파르타도 있었다. 스파르타는 당시 아르고스(Argos)와 티레아(Thyreae) 지역을 둘러싸고 분쟁 중이었다. 그럼에도 크로이소스왕의 요청을 받고 전함에 군대를 실어 보낼 준비를 한다. 그러나 준비하는 중에 또 다른 연락이 도착했다. 리디아 왕국의 사르디스성이 함락되었고 크로이소스 왕이 포로로 잡혔다는 소식이었다. 결국 스파르타는 모든 출병 준비를 중단할 수밖에 없었다.

다음은 사르디스성이 키루스 군대의 포위 공격을 받은 지 14일째에 어떻게 함락되었는지에 관한 이야기이다. 키루스는 자신의 군대에게 제일 먼저 성벽을 오르는 병사에게 큰 포상을 하겠다고 약속한다. 많은 병사들이 이에 자극받아 성벽을 오르려고 시도했지만 성공하지 못했다. 그렇지만 마디언(Mardian) 부족의 병사인 히로이데스(Hyroeades)가 성벽의 특정한 부분을 통해 벽을 오르는데 성공한다. 그는 전날에 리디아 병사 하나가 떨어진 자신의 헬멧을 주우려고 성벽을 기어 내려오는 것을 발견하고 그 지점을 기억해 두었다. 다음 날 그는 페르시아 병사들을 이끌고 같은 지점에서 성벽을 오르는 데 성공한다. 그렇게 하여 페르시아 군대는 사르디스성을 점령하고 도시 전체를 약탈한다.

다음은 크로이소스 왕에게 일어난 일의 설명이다. 크로이소스에게는 두 아들이 있었는데, 큰 아들은 앞서 언급한 대로 사냥 중에 목숨을 잃었다. 둘째 아들은 말을 하지 못했다. 아버지는 아들을 위해 모든 일을 해 보았지만 허사였다. 심지어 그 아들을 위해 델피에 있는 아폴로 신전에 사신을 보내 문의했는데, 사신은 다음과 같은 신탁을 받아왔다. "리디아의 군주 크로이소스여, 그대는 매우 어리석구려. 그대는 아들이 말할 수 있기를 오랫동안 기도해 왔소. 그렇지만 그럴 필요가 없소. 왜냐하면 그대는 아들이 말하는 소리를 불행의 날에 듣게 될 테니."라는 내용이었다. 그는 신탁의 내용을 마음에 담아 두었다. 이제, 도시를 점령한 페르시아 병사들은 크로이소스 왕을 붙잡으려고 애를 쓰고 있었다. 한 병사가 검을 들고 크로이소스에게 다가왔다. 크로이소스는 병사를 발견했지만 두려워하지 않았다. 그렇지만 함께 있던 그의 아들은 병사가 검을 들고 다가오는 모습을 보고 너무 놀라서 소리쳤다. "이봐요, 크로이소스를 죽이지 마세요!" 이것은 그가 처음으로 토해 낸 말이었다. 이후로 그는 말을 할 수 있게 되었다. 이렇게 페르시아 군대는 사르디스 성을 함락시키고 크로이소스 왕을 포로로 잡았다.

크로이소스의 재위 기간은 14년간이었고, 포위 공격은 14일간 계속되었다. 키루스 왕은 거대한 장작을 쌓고 크로이소스를 묶어서 장작 위에 세웠다. 아울러 리디아 소년 14명도 묶어서 함께 장작 위에 세웠다. 승리의 제물로 신에게 바치려는 것이었다. 절박한 상황에 놓인 크로이소스에게 문득 솔론의 말이 떠올랐다. 살아 있는 동안에는 어느 누구도 행복한지 알 수 없다는 말이었다. 그는 그 말이 얼마나 신의 영감을 받은 말인지 그때 비로소 알게 되었다. 솔론은 그런 말을 했던 것이다. 이런 생각을 하며 그는 한숨을 내쉬었다. 그리고 침묵을 깨고 "솔론"이라고 세 번을 외쳤다. 키루스 왕은 그 소리를 듣고 통역자를 보내어 그가 외친 이름이 누구인지 물어보았다. 크로이소스는 처음에는 대답을 하지 않았다. 그러다가 대답을 강제하자, 자신이 전에 만났던 사람이라고 대답했다. 계속하여 그에게 묻자, 그는 솔론과 만난 이야기를 털어놓았다. 솔론이 어떻게 그리스의 아테네로부터 크로이소스의 궁궐까지 찾아왔는지로부터 시작하여 자신의 모든 부와 보물들을 보고서도 이를 쓰레기처럼 무시했고, 그리고 그가 떠난 후 자신에게 일어났던 일들이 어떻게 그가 말한 대로 되었는지를 설명했다. 비록 그 이야기는 모든 인류에게 - 특별히 자신이 부유하다고 생각하는 사람들에게 - 해당하는 이야기였음에도 크로이소스는 자신에 대한 이야기인 것처럼 생각했다. 그때 장작더미에 불이 붙었다. 크로이소스가 그의 이야기를 하고 있을 때 불길이 장작더미 언저리에서 타오르기 시작했다. 통역자가 키루스 왕에게 이야기를 들려주자 왕은 마음을 바꾸어 즉시 장작의 불을 끄라고 명령했다. 그래서 시종들이 불을 끄려고 했으나 이미 너무 늦어 어쩔 수 없었다.

그러면 이후에 어떻게 되었을까? 리디아 왕국의 기록에 따르면 다음과 같다. 크로이소스는 키루스가 그의 마음을 바꾼 것을 알았다. 그렇지만 너무 늦어 그들이 불을 어찌지 못하는 것을 보고서 그는 아폴로 신을 불렀다. "만약 제가 바친 제물들이 당신을 기쁘게 했다면" 하고 그는 울부짖었다. "이제 오셔서 저를 이 위험에서 구해 주십시오." 그가 신에게 부르짖자 갑자기 맑은 날씨가 변하여 구름으로 덮이더니 폭풍이 일면서 비가 세차게 내리쳤다. 그렇게 장작불이 꺼졌다. 이런 일을 통해서 키루스 왕은 크로이소스가 선한 인간이고, 신의 총애를 받고 있다고 생각하게 되었다. 그래서 그는 크로이소스를 장작 위에서 내려오게 한 후 누가 그에게 페르시아를 침략하도록 설득했는지 물었다. 그러자 크로이소스는 대답했다. "왕이시여, 제가 스스로 한 것입니다. 이 전쟁에서 당신은 승리했지만 나는 패배했습니다. 그렇지만 책임은 그리스의 신들에게 있습니다. 그 때문에 제가 전쟁을 하게 된 것입니다. 평화보다 전쟁을 더 좋아할 어리석은 인간은 없을 것입니다. 평화 시에는 아들들이 아버지들을 땅에 묻지만, 전시에는 아버지들이 아들들을 묻습니다. 그러나 제가 부기에 신은 이런 일이 일어나기를 원했던 것입니다." 그러자 키루스는 크로이소스를 묶은 줄을 풀어 주고 옆에 앉게 했다.

그는 크로이소스에게서 매우 깊은 인상을 받았다. 그와 시종들은 크로이소스의 언행을 존경하게 되었다. 그렇지만 크로이소스는 깊이 생각에 잠겼다. 그는 페르시아 병사들이 리디아의 도시를 약탈하는 모습을 보면서 말했다. "군주시여, 제가 지금 일어나고 있는 일에 대하여 말해도 되겠습니까?" 키루스는 그에게 서슴없이 말해 보라고 했다. 그러자 크로이소스는 "이 병사들이 무엇을 그리 서둘러 애쓰고 있습니까?" 하고 물었다. "그들은 당신의 도시를 약탈하여 물건들을 나르고 있소."라고 키루스가 대답했다. 이에 크로이소스는 "아닙니다. 이제는 저의 도시가 아닙니다. 그리고 그들이 가져가는 물건들은 더 이상 저의 것이 아닙니다. 모두 당신의 것입니다."라고 말했다.

키루스는 크로이소스의 말에 흥미를 느껴서 주위에서 시종들을 물리치고 크로이소스에게 그의 의견을 물었다. 그러자 크로이소스는 대답했다. "신들께서 저를 당신에게 붙여 종이 되게 했으니, 제가 가지고 있는 특별한 영감들도 모두 당신께 알리는 것이 제 의무라고 생각합니다."라며 이야기를 시작했다. "페르시아인들은 본래 공격적인 사람들입니다. 그리고 소유물에 익숙하지 않습니다. 그러므로 만약 당신은 그냥 지켜보고, 병사들은 약탈을 하여 값진 재물을 모두 취한다면, 그중에 가장 많은 재물을 획득한 자가 당신에게 대항하여 반란을 일으킬 수 있음을 알아야 합니다. 그렇지만 그 예방책을 말씀드리면 마음에 들 것입니다. 이렇게 하십시오. 경호병들을 차출하여 모든 성문에서 지키게 하는 것입니다. 그리고 약탈한 재물을 가지고 성 밖으로 나가는 병사들로부터 그중 10분의 1 상당을 제우스 신에 대한 몫으로 걷도록 하십시오. 그러면 병사들은 당신을 미워하지 않을 것입니다. 정당하다고 생각하여 기꺼이 제물을 바칠 것입니다."

그 말을 듣고 키루스 왕은 매우 기뻐했다. 그래서 즉시 경호병들에게 그렇게 지시했다. 그리고 흡족해서 크로이소스에게 말했다. "당신은 왕실의 배경에도 불구하고 선한 행실과 건전한 판단 능력을 잃지 않았소. 무엇이든지 원하는 것이 있으면 내게 말씀하시오. 곧바로 공급해 주겠소." 크로이소스가 말했다. "주인이시여, 제가 차고 있던 이 쇠고랑을 제가 가장 숭배하던 그리스의 신들에게 보내주시면 더할 나위 없이 기쁘겠습니다. 그리고 그 신들에게 이렇게 물어보아 주십시오. 후원자들을 속여 골탕 먹이는 것이 일상적인 일인지를 말입니다." 이 말을 듣고 키루스는 크로이소스에게 신들이 그에게 한 일 중에서 무엇이 문제인지를 물어보았다. 그러자 크로이소스는 자초지종을 털어놓았다. 그의 계획과 그가 받은 신탁 등 모든 이야기를 했고, 특별히 그가 바친 제물들을 상세히 이야기했다. 그리고 신의 계시에 힘입어 어떻게 준비하여 페르시아와의 전쟁에 나서게 되었는지 이야기했다. 모든 이야기를 털어놓은 후 그가 신전에 사신을 보내어 항의해도 될 것인지 물었다. 그러자 왕은 크게 웃으며 대답했다. "그래요, 물론 그렇게 하도록 허락하오. 당신의 미래에 대하여도 물어보시오."

크로이소스는 키루스 왕의 승낙을 받고 리디아의 사신들을 델피로 보냈다. 그들에게 자신의 쇠고랑을 아폴로 신전의 입구에 던져 놓고 신에게 페르시아를 상대로 전쟁을 벌이도록 계시한 것에 관하여 부끄럽지 않은지, 그리고 그리스의 신들은 받은 제물에 대하여 전혀 고마워하지 않는지에 관하여 물어보라고 했다. 사신들은 델피로 가서 크로이소스가 지시한 것을 말했다. 신전의 대사제는 "우리는 이런 답을 들었소."라며 설명했다. 그 답은 다음과 같았다. 신이라도 정해진 운명을 피할 수는 없다. 크로이소스는 그의 4대 조상이 저지른 죄의 대가를 치른 것이다. 그 조상은 헤라클라이디(Heraclidae) 왕의 경호원이었음에도 여인의 간계에 빠져서 그의 주군을 죽였다. 그리고 그의 것이 아닌 권좌를 차지했다.

사실, 아폴로는 사르디스의 몰락이 크로이소스 때가 아니라 그의 아들 대에 닥치기를 원했다. 그러나 운명을 바꾸는 것은 가능하지 않다. 그런데도 아폴로는 운명으로부터 어느 정도의 양보를 얻어냈다. 첫째, 사르디스의 멸망을 3년 연기했다. 그러므로 크로이소스는 이를 감사해야 한다. 둘째, 아폴로는 그가 장작 위에 있을 때 그를 도왔다. 이렇게 설명한 후 대사제는 크로이소스가 아폴로의 계시에 관하여 불평할 근거가 없다고 덧붙였다. 아폴로는 "만약 크로이소스가 페르시아를 침략한다면, 그는 대제국을 멸망시킬 것이다."라고 예언했다. 이 예언을 듣고 그가 생각이 깊었더라면 사람들을 신전에 다시 보내서 문의했어야 한다. 언급된 대제국이 키루스의 제국을 의미하는지, 아니면 그 자신의 제국을 의미하는지를 말이다. 그러므로 그는 스스로를 원망해야 할 뿐, 어느 누구도 비난할 수 없다.

그의 마지막 질문에 아폴로는 그에게 노새에 관하여 말했다. 그러나 크로이소스는 이 또한 오해했다. 핵심은 키루스가 노새라는 것이다. 왜냐하면 그가 서로 다른 혈통의 부모에게서 태어났기 때문이다. 그의 모친은 고귀한 혈통으로 메디아 왕국의 아스티아게스 왕의 딸이다. 그렇지만 부친은 낮은 혈통으로 메디아 왕국의 지배를 받는 페르시아인이었다. 이렇게 그는 지배국의 공주와 결혼했다. 이것이 아폴로 신전 대사제의 설명이었다. 사신들은 아폴로 신의 답변을 가지고 사르디스로 돌아와 크로이소스에게 전했다. 크로이소스는 그 소식을 듣고 잘못이 신에게 있었던 것이 아니라 바로 자신에게 있음을 깨달았다.

이 책의 다음 과제는 크로이소스의 제국을 멸망시킨 키루스 왕에 관하여 좀 더 알아보는 것이다. 아울러 페르시아인들이 어떻게 해서 아시아 지역의 지배 민족이 되었는가에 관한 이야기이다. 나의 글은 페르시아인들의 구체적인 이야기에 근거하고 있는데, 그들은 키루스의 업적을 칭송하기보다는 실제의 사실을 추구하는 인물들이다. 그렇지만 이 외에도 세 개의 다른 버전의 키루스에 관한 이야기가 있다. 아시아 지역에서 아시리아인들의 지배는 520년간 계속되었다. 그 후에 메디아가 처음으로 그들에게 반기를 들었다. 메디아인들은 아시리아에 대항하여 그들의 독립을 쟁취했다. 이후 다른 민족들도 뒤따라 독립을 쟁취했다. 메디아에서는 영리한 지도자 데이오세스(Deioces)가 왕이 되었다. 그는 옳고 그름에 대한 판단이 분명한 사람이었다. 그리고 정의를 강조하면서 무법자들을 비난했다. 그는 마을 주민들의 분쟁사건을 판단해 주면서 신뢰를 얻어 마을의 판사로 선출되었다. 그 후 명성을 듣고 찾아온 이웃 주민들의 사건을 공정하게 판단해 주어 많은 사람들의 존경을 받게 되었다. 메디아인들이 아시리아로부터 독립하게 되었을 때, 그들은 왕을 세울 필요가 있다고 생각하여 누구를 왕으로 정할지 논의했다. 국가가 잘 통치되어야 백성들이 그들의 일에 전념할 수 있기 때문에 왕을 정하는 일이 중요했다. 대부분의 사람들이 데이오세스를 칭찬하고 있었기 때문에 그를 왕으로 추대하기로 의견을 모으고, 그에게 왕궁과 경호 병력을 배치해 주었다.

메디아인들은 언덕 위에 성벽을 쌓고 왕궁을 지었는데, 그 도시는 현재 에크바타나(Ecbatana)로 알려져 있다. 왕궁을 중심으로 동심원의 방어 성벽을 쌓았는데 모두 일곱 겹의 성벽이었다. 가장 외곽의 성벽은 그 크기가 아테네를 둘러싼 성벽과 대체로 같은 규모이다. 바깥 다섯 겹의 성벽은 각각 다른 색깔의 페인트로 칠했는데, 처음은 흰색, 그리고 검은색, 붉은색, 푸른색, 그리고 오렌지색으로 칠했다. 그리고 안쪽 두 겹의 보루는 은색과 금색으로 칠했다. 궁궐과 성벽의 건축이 끝나자 데이오세스는 첫 번째 법률을 공포했다. 그 내용은 아무도 왕이 있는 곳에 들어올 수 없고, 오직 연락관을 통해서 모든 일을 처리한다는 것이었다. 아무도 왕을 직접 볼 수 없도록 했다. 사실은 왕의 출신이 비천했고 용맹스럽지도 않았기 때문에, 만약에 사람들이 그의 모습을 보면 경멸하거나 심지어 반역을 꾀할 수도 있다고 염려했기 때문이었다. 그는 왕으로서 백성들의 재판에 관심을 기울였다. 백성들은 그들의 사건을 글로 적어서 왕에게 보냈다. 그러면 그가 판단한 뒤 판결 내용을 적어서 궁궐 밖으로 내보냈다. 이렇게 소송사건을 처리했다. 또 다른 방식도 채택되었다. 만약에 범죄자가 붙잡혀서 왕에게 보내지면, 그가 사건을 판단하여 저지른 범죄에 상응하는 벌을 정해 범죄자를 벌하는 방식이었다. 이렇게 그는 온 나라의 백성들이 범죄를 감시하고 그의 판단을 구하도록 만들었다.

데이오세스는 53년간 통치했고, 그가 죽은 뒤에 그의 아들 프라오르테스(Phraortes)가 왕위를 승계했다. 프라오르테스는 메디아를 다스리는 것만으로는 만족하지 않고 이웃한 나라들과 전쟁을 벌였다. 페르시아를 공격하여 메디아의 지배 하에 두었다. 이어서 그는 아시아의 민족들을 차례차례 점령했다. 그리고 마침내 니느웨의 아시리아인들과 대결하게 된다. 그 전투에서 프라오르테스의 군대가 패배하고 프라오르테스 왕은 전사한다. 이로써 22년간의 통치를 마감하고 아들 키악사레스(Cyaxares)가 왕이 되었다. 그는 부친에 비하여 더욱 호전적인 인물이었다. 그는 군대를 정비하여 더욱 효율적으로 편성했다. 창을 쓰는 병사들과 활을 쏘는 병사들과 기마병들을 분리하여 별도로 운영함으로써 새로운 전술을 구사했다. 그는 일식이 일어났을 때에 리디아 군대와 전투를 벌인 왕이기도 하다. 할리스강을 경계로 하여 동쪽의 아시아 내륙 전부를 통일하여 지배했다.

그러고 나서 그는 군대를 모아 아시리아의 니느웨를 공격했다. 부친의 패배에 대한 복수를 위한 것이었다. 그는 포위 공격 도중에 엄청난 스키타이 군대의 공격을 받게 된다. 스키타이의 왕은 마디에스(Madyes)였는데, 메디아의 군대는 스키타이 군대에게 패배한다. 이후 메디아인들은 스키타이인들의 지배를 받게 된다. 이로부터 28년간 스키타이인들이 아시아 지역을 지배하게 된다. 그들의 지배를 받던 중에 키악사레스는 상당수의 스키타이인들을 초대하여 대접하고 그들이 취한 틈을 이용하여 그들을 죽인다. 그리고 메디아인들을 이끌어 스키타이인들을 내쫓고 메디아 왕국을 되찾는데 성공한다. 그 후에는 아시리아인들의 니느웨성도 점령하여 지배한다. 아시리아인들이 지배하던 영토 중에서 바빌론 지역만을 제외한 모든 영토를 정복하여 지배했다. 얼마 후에 키악사레스가 죽고 그 아들 아스티아게스(Astyages)가 왕국을 승계한다. 키악사레스의 총 재위 기간은 40년인데, 여기에는 스키타이인들의 지배 기간 28년이 포함된 것이다.

아스티아게스 왕에게는 만다네(Mandane)라는 딸이 있었다. 어느 날 왕은 딸에 관한 꿈을 꾸었다. 그의 딸이 오줌을 누었는데 엄청난 양의 오줌이 그의 왕국뿐만 아니라 아시아 전체를 뒤덮었다. 꿈에서 깨어난 왕은 왕국의 점술사들을 불러 그가 꾼 꿈을 이야기하며 해몽을 구했다. 그는 설명을 듣고 깜짝 놀란다. 그 후 그의 딸이 자라서 혼기가 되었다. 메디아의 고관대작의 아들들을 사윗감으로 고를 수 있었지만 꿈을 생각하며 두려운 마음에 그들과의 결혼을 회피했다. 대신에 그는 캄비세스(Cambyses)라는 페르시아인에게 딸을 시집보낸다. 사위는 비록 메디아인들보다 사회적 계급이 열등했지만, 페르시아인들 중에서는 귀족의 혈통에 속했고 온화한 품행의 소유자였다.

딸이 결혼하고 수개월 후에 아스티아게스는 또 다른 꿈을 꾸게 된다. 그 꿈에서는 딸의 생식기로부터 덩굴이 자라나기 시작하더니 점점 커져서 그 덩굴이 아시아 전체를 뒤덮게 되었다. 이번에도 그는 점술사들을 불러서 해몽을 구했다. 해몽을 들은 아스티아게스는 임신한 딸을 페르시아로부터 그의 궁궐로 불러들였다. 그는 딸을 세심하게 감시하면서 아이를 낳으면 죽여 버리려고 계획했다. 점술사들의 해몽에 따르면, 아스티아게스의 딸이 낳은 자식이 왕의 자리를 차지하고 아시아 전부를 지배하게 될 것이라고 해석했기 때문이었다. 만다네 공주가 아들 키루스를 출산하자, 아스티아게스는 그의 친척 하파거스(Harpagus)를 불렀다. 하파거스는 왕의 온 재산을 관리하는 집사였다.

왕은 말했다. "하파거스, 내가 지시하는 일을 무시하거나 나를 배신하여 다른 편에 선다면, 그대는 파멸하게 될 거야. 내 딸 만다네가 낳은 아이를 그대에게 맡길 테니 집으로 데려가서 죽인 다음에 알아서 매장하도록 하게." 하파거스가 대답했다. "폐하, 지금까지 제게 조금치의 잘못도 없었다는 것을 폐하께서 잘 아십니다. 저는 항상 폐하께 닥칠지도 모를 위험에 주의를 기울여 왔고, 앞으로도 그럴 것입니다. 이번 일이 폐하께서 원하는 일이라면, 저는 마땅히 명령에 따르겠습니다." 하파거스는 아이를 받아서 왕실의 옷을 입혀 집으로 데려갔다. 집에 도착해서 그의 아내에게 자초지종을 이야기했다. 그의 아내가 어떻게 할 것인지를 묻자, 그는 왕의 명령에 따르지 않겠다고 대답했다.

그가 아이를 죽일 수 없는 이유를 다음과 같이 설명했다. 먼저, 아이가 하파거스 자신의 친척이기 때문이었다. 다음으로, 왕이 나이가 들었는데 현재까지 후사가 없는 상태였다. 그가 죽으면 그의 딸 만다네 공주가 왕위를 승계할 수도 있는데, 만약 그 아이를 죽인 일을 알게 되면 아이를 죽인 자신에게 재앙이 미칠 것이기 때문이었다. 그렇다고 해서 그가 왕의 명령을 이행하지 않는다면 역시 목숨을 유지하기 어려울 것이었다. 그래서 그는 방법을 궁리했다. 자신의 목숨을 위해서 아이를 반드시 죽여야 하지만, 그 아이를 죽이는 것은 자신이 아니라 다른 사람이어야만 했다.

그래서 그는 왕의 다른 시종을 시켜서 실행해야겠다고 생각했다.

마침 왕의 양치기 중에서 알고 있는 자를 불러들였다. 그의 이름은 미트라다테스(Mitradates)였는데, 왕궁이 있는 에크바타나 북쪽의 높은 산지에서 가축을 키우며 아내와 함께 살고 있었다. 그 아내의 이름은 그리스어로 번역하면 키노(Cyno), 즉 암캐인데, 그녀의 메디안 이름이 스파코(Spaco)이고 메디아 말로 암캐라는 단어가 스파카(Spaka)여서 비슷했기 때문이다. 양치기가 도착하자 하파거스가 말했다. "이 아이를 줄 테니, 데리고 가서 산에서 제일 외진 곳에 버려두게. 왕은 이 아이가 최대한 빨리 죽기를 원한다."라고 명령하면서, "왕이 특별히 당부하기를, 만약 그대가 아이를 죽이지 않고 살려 준다면, 그대를 가장 잔인한 방법으로 처형할 것이라고 했네."라고 덧붙였다.

이에 양치기는 아이를 받아 자신의 움막으로 돌아왔다. 마침 양치기의 아내는 임신 중이었는데, 출산을 앞두고 이례적인 호출에 불안해했다. 아내는 갓난아이를 안고 돌아온 남편을 보고 물었다. 남편은 아내에게 자초지종을 이야기했다. 처음에는 그 아이가 왕궁 시녀의 아이인 줄로 생각했었는데, 아이가 입고 있는 옷이 예사롭지 않았고, 금 장신구를 하고 있었으며, 또 당시 하파거스의 집에서 애곡을 하고 있었던 점을 고려해 이 아이가 만다네 공주의 아이라는 사실을 알게 되었다고 설명했다. 실제로 그 아이는 만다네 공주가 캄비세스와의 사이에 낳은 아들이었다. 양치기는 덮개를 걷어내고 아내에게 아이를 보여주었다. 잘생긴 사내아이였다. 그녀는 눈물을 쏟으며 남편에게 매달렸다. 어떠한 경우에도 아이를 산에 버리지 말아 달라고 애원하며 울었다. 그렇지만 남편은 완강하게 거부했다. 만약 그렇게 하지 않으면 자신이 죽어야 한다며 아내를 설득했다.

그러자 양치기의 아내는 남편에게 방법을 조언했다. "당신이 다녀오는 동안에 우리 아이를 낳았는데, 안타깝게도 사산이 되었어요. 그러니 죽은 우리 아이를 산에 묻고, 공주의 아이를 마치 우리 아이인 것처럼 키웁시다. 그렇게 하면 죽은 우리 아이를 왕실의 방식대로 귀하게 묻어 줄 수 있으니 우리에게도 좋고, 살아있는 아이는 목숨을 건질 수 있으니 모두에게 좋은 일 아니겠어요?" 남편이 들으니 아내의 제안이 훌륭했다. 양치기는 아내의 말대로 죽은 자신의 아이를 산의 외진 곳에 버려 두고 이틀이 지난 후 하파거스에게 가서 명령받은 대로 했다며 버려둔 아이를 보여줄 수 있다고 했다. 하파거스는 믿을 만한 시종을 보내어 산에 버려진 아이의 시신을 확인한 후 예를 갖추어 그곳에 매장했다.

이제 살아남은 공주의 아이는 양치기의 아들로 자란다. 후일에 키루스(Cyrus)라는 이름으로 불리게 되지만, 어릴 때에는 양치기 부모에게 다른 이름으로 불린다. 그렇게 자라던 아이의 신원이 열 살이 되던 해에 밝혀지게 된다. 다음은 어떻게 그 신원이 밝혀졌는지에 관한 이야기이다. 그는 같은 마을에서 자라면서 다른 아이들과 어울려 놀곤 했는데, 아이들의 놀이는 왕을 뽑아서 하는 놀이였다. 아이들은 양치기의 아들을 왕으로 뽑았다. 왕이 된 아이는 다른 아이들에게 여러 가지 해야 할 일들을 정해 주었다. 어떤 아이들은 집을 짓고, 다른 아이들은 경호병이 되어서 근무를 했다. 그중 한 아이는 명망 있는 메디아인인 아템바레스(Artembares)의 아들이었는데, 키루스의 명령을 거부했다. 그러자 키루스는 다른 아이들에게 명령하여 그 아이를 붙잡게 한 후 매우 호된 체벌을 가했다. 그 아이는 풀려난 후 자기 집으로 돌아가 그 아버지에게 고했다. 아이의 아버지는 키루스가 왕의 양치기의 아들이라는 이야기를 듣고 아스티아게스 왕에게 찾아간다. 양치기의 아들 때문에 입은 피해를 하소연했다. 소년의 어깨에 생긴 상처를 확인한 왕은 양치기와 그 아들 키루스를 데려오도록 명령했다.

이들이 왕궁에 도착하자 왕은 어린 키루스를 바라보며 물었다. "네가 이 아이를 때렸느냐? 네가 우리 왕국의 높은 집안의 자식을 때려 상처를 입혔느냐?" 그러자 키루스는 "예, 주인님 제가 그렇게 했습니다."라고 대답하면서 그 이유를 설명했다. "그런데, 그렇게 할 정당한 이유가 있었습니다. 마을의 아이들이 저를 왕으로 선택했습니다. 저 아이도 함께 선택했어요. 왕으로서 저는 아이들에게 할 일을 정해 주었고, 아이들은 모두 받은 일을 했습니다. 그런데 저 아이는 받은 일을 하지 않고 무시하면서 거부했습니다. 그래서 벌을 한 것입니다. 만약에 제가 한 일이 잘못이라면 마땅히 벌을 받겠습니다."

아이가 이야기를 하는 중에 아스티아게스는 그 아이가 아는 아이라는 느낌이 들기 시작했다. 그 소년의 모습이 자신의 모습을 닮은 것 같았다. 그 아이는 종이 아니라 자유인처럼 말했고, 그 나이를 어림잡아 보니 딸의 갓난아이를 내버려 죽게 한 때로부터 흐른 시간과 비슷했다. 왕은 너무 놀라서 한동안 아무 이야기도 할 수 없었다. 그 후에 아템바레스에게 그의 아들은 불평할 이유가 없다며 돌려보냈다. 그리고 시종들에게 키루스를 내실로 들여보내라고 하고는 양치기에게 물었다. 어떻게 소년을 키우게 되었는지, 그리고 누가 그 소년을 그에게 보내 주었는지를 추궁했다. 그는 소년이 자신의 아들이고 아이의 엄마가 함께 살고 있다고 대답했다. 왕은 무시무시한 처벌을 받을 것이라고 위협하면서 병사들을 시켜 양치기를 포박했다. 양치기를 고문하기 시작하자 그는 사실을 털어놓기 시작했다. 그는 모든 사실을 털어놓고 선처를 구했다.

진상을 알게 된 아스티아게스는 특별히 하파거스에 대하여 심한 배신감을 느껴 그를 불러 물었다. "하파거스, 그대는 내가 맡긴 아이를 정확히 어떻게 죽였는가? 내 딸이 낳은 아이 말이다." 하파거스는 안에 있는 양치기를 보는 순간 거짓말을 해서는 안 된다는 것을 알았다. 그래서 사실대로 털어놓았다. 양치기에게 아이를 버려 두라고 시킨 후 죽은 아이를 확인하고 산에 묻었다고 왕에게 고했다. 사실대로 털어놓았지만 왕은 진노했다. 그렇지만 왕은 자신의 분한 마음을 하파거스에게 전혀 내색하지 않았다. 그러고는 태연하게 이야기했다. "내가 그 아이에게 한 일에 대해서 마음 편하지 않았네. 딸이 내게 적개심을 가지고 있어서 항상 불편했지, 그런데 이제 모든 것이 잘되었네. 손님들을 불러서 잔치를 베풀 테니 자네도 참석해 주게. 우리 함께 소년이 안전한 것을 축하하세. 그리고 그대 아들을 보내서 이 소년을 만나게 하지 않겠나?" 이 말을 듣고 하파거스는 왕 앞에 바싹 엎드리며 감사를 표했다. 그에게는 외아들이 있었는데 당시 대략 열세 살이었다. 그가 집에 도착하자마자 아들에게 지시하여 왕궁으로 들여보냈다. 그리고 그의 아내에게 놀랄 만큼 기쁜 소식을 전했다.

하파거스의 아들이 왕궁에 도착하자, 아스티아게스는 그를 죽여서 살을 발라냈다. 그리고 일부는 불에 굽고, 나머지는 끓여서 스튜로 만들었다. 만찬 시간이 되어 하파거스를 포함하여 모든 손님이 참석했다. 왕과 다른 손님들에게는 양고기 요리가 제공되었다. 그렇지만 하파거스에게는 그 아들의 살로 요리한 음식이 제공되었다. 식사가 끝날 때쯤 아스티아게스는 하파거스에게 식사를 충분히 즐겼는지 물었다. 하파거스는 매우 맛있게 먹었다고 대답했다. 그러자 시종들이 뚜껑을 덮은 솥을 가지고 들어왔다. 그 솥이 하파거스의 뒤에 도착하자, 뚜껑을 열어 보라고 요청했다. 뚜껑을 열자 그 안에는 그 아들의 머리와 손과 발이 들어 있었다. 이를 본 하파거스는 경악했다. 그렇지만 슬픔을 속으로 억제했다. 대신에 그의 잘못에 대한 왕의 처사는 지당하다고 말했다. 그러고는 아들의 남은 사체를 수습하여 집으로 돌아갔다. 그리고 아들을 매장했을 것이다. 이것이 아스티아게스가 하파거스를 처벌한 이야기이다. 그러면 키루스에게는 과연 어떻게 했을까?

아스티아게스는 이전에 그의 꿈을 해석했던 같은 점술사들을 불렀다. 그들이 도착하자 예전의 꿈과 관련하여 만약 아이가 살아 있다면 어떻게 될지를 물어보았다. 그러자 그들의 대답은 이전과 동일했다. 만약 소년이 살아 있다면, 그는 불가피하게 왕이 될 것이라는 대답이었다. 아스티아게스는 답했다. "아이가 죽지 않았고, 지금 시골에서 살고 있소. 그 마을에서 아이들이 그 아이를 그들의 왕으로 삼았고, 그 아이는 실제의 왕처럼 모든 것을 성취했소. 그 아이는 모든 아이들에게 일을 나누어 주어 이행하게 했소. 경호병, 짐꾼, 전령 등등의 일을 말이오. 그리고 그들을 다스렸소. 그러면 이 일은 선생들이 보기에 무슨 의미인가?" 그 말을 듣고 점술가들이 말했다. "아이가 살아있고 왕처럼 다스렸다면, 그렇다면 왕께서 걱정하실 필요가 없습니다. 왜냐하면 그 아이는 권력을 두 번 가지지는 않을 것이기 때문입니다. 우리의 예언은 사소한 일에서 성취되기도 하고, 꿈은 그렇게 하찮게 실현되기도 합니다." 그 말을 듣고 아스티아게스는 이렇게 말했다. "나도 그렇게 생각했소. 아이가 왕이라고 불렸으니, 나의 꿈은 실현된 것이고 아이는 더 이상 내게 위협이 되지 않소." 그러자 점술가들이 말했다. "만약 저희가 위험한 징조를 보게 되면 즉시 폐하께 고하겠습니다. 그러니 이 아이는 폐하의 눈앞에서 내보내서 페르시아에 있는 부모에게 보내십시오." 이에 아스티아게스는 매우 기뻐하며 시종들을 시켜서 키루스를 페르시아의 부모에게 보냈다.

페르시아의 캄비세스의 집에서는 키루스와 함께 온 시종들로부터 자세한 설명을 듣고서 크게 놀랐다. 그렇지만 죽은 줄 알았던 아들을 만나 뛸 듯이 기뻐했다. 부모가 아들에게 어떻게 살아남았는지를 묻자, 그는 "이곳까지 오면서 제가 겪은 불행에 대하여 알게 되었어요. 그동안 저는 양치기의 아들인 줄 알고 있었는데, 저와 함께 온 사람들로부터 제게 일어난 일들을 듣고서 사실을 알게 되었어요."라고 대답했다. 그리고 그를 키워 준 양치기와 그 아내 키노에게 깊은 마음으로 고마워했다. 키루스를 키워 준 양치기 아내의 이름, 스파코(Spaco)가 '암캐'라는 단어, 스파카(Spaka)와 비슷하기 때문에, 버려진 아이를 야생의 암캐가 젖을 먹여 키웠다는 소문이 퍼지기 시작했다. 이것이 키루스 왕이 야생개의 젖을 먹고 자랐다는 소문이 생겨난 이유이다. 이후로 키루스는 페르시아에서 자라서 당대에 가장 용맹하고 호감을 사는 인물이 되었다.

한편 메디아 땅의 하파거스는 키루스에게 선물을 보내어 호의를 보이곤 했다. 그는 아스티아게스가 그에게 저지른 악행의 대가를 치르게 되기를 원했다. 그는 키루스가 자라는 것을 지켜보면서 그와의 동맹을 추진했다. 왜냐하면 키루스가 아스티아게스에게 받은 일은 자신이 겪은 일과 비교될 만했기 때문이다. 하파거스는 메디아의 주요 인물들과 하나씩 만나서 아스티아게스 왕의 폭정을 끝내야 한다고 설득하면서, 키루스를 그들의 지도자로 세워야 한다고 설명했다. 그는 키루스에게 그의 계획을 알리기 위해서 토끼를 이용했다. 토끼의 배를 갈라서 그 위장 속에 그의 편지를 넣었다. 그리고 토끼의 배를 다시 꿰매었다. 가장 믿을 만한 그의 종들을 선발하여 사냥꾼 차림으로 페르시아로 보냈다.

키루스는 토끼의 배를 갈라 안에 든 하파거스의 비밀 편지를 읽었다. 내용은 다음과 같았다. "신이 캄비세스의 아들 그대를 보살피고 있음이 확실하다. 그렇지 않다면 그대에게 이토록 큰 행운이 함께할 수 없다. 그대는 그대의 살인자 아스티아게스에게 죗값을 갚아야 한다. 그를 살인자라고 하는 이유는 그대를 죽이려고 원했기 때문이요. 그런데 신들과 내가 그대를 살렸소. 그동안 무슨 일이 일어났는지 그대도 잘 알게 되었으리라 확신하오. 그리고 내가 명령을 거부하고, 그대를 양치기에게 주어 버렸다는 이유로 아스티아게스로부터 받은 끔찍한 일도 알고 있으리라 생각하오. 그대가 나의 조언을 받는다면, 그대는 아스티아게스가 지금 다스리고 있는 모든 영토를 다스리게 될 것이오. 페르시아인들을 설득해서 봉기하여 메디아를 향해 진군하시오. 모든 것은 그대가 원하는 대로 될 것이오. 나 역시 그대를 도와 메디아 군대가 아스티아게스를 버리고 그대에게 협력하도록 할 준비가 되어 있소. 이곳에서의 일은 모두 준비되었소. 그러므로 그대에게 제안하오 – 지체하지 마시오." 이 편지를 받은 키루스는 페르시아인들을 설득하여 반란을 일으키게 할 방법을 생각했다. 그러고는 좋은 계획을 만들어 실행에 옮겼다.

키루스는 편지를 써서 페르시아인 부족들에게 보냈다. 그 편지에는 메디아의 아스티아게스 왕이 그를 페르시아 군대의 지휘관으로 임명했다는 사실과 그가 페르시아 군대의 사령관으로서 모든 페르시아인들에게 각자 낫을 들고 모이라고 명령한다는 내용을 적었다. 편지를 받은 많은 부족민들은 명령에 따라 낫을 들고 모였다. 그들이 모인 곳은 폭과 길이가 18내지 20스테이드(1스테이드는 약 180미터) 되는 들판이었는데 억센 잡초가 자라고 있었다. 키루스는 모인 부족민들에게 그날 중으로 잡초를 베어내고 뜰을 정돈하도록 명령했다. 그들이 명령받은 과제를 완수하자, 키루스는 그들에게 다음 날 목욕을 하고 청결한 몸으로 다시 모이라고 명령했다. 그리고 키루스는 아버지가 키우는 염소와 양과 다른 가축들을 모두 도살하여 페르시아인들의 식사를 준비했다. 그들을 위해 포노수와 다른 맛있는 음식들도 마련했다.

다음 날이 되자 초장에 카우치를 배치하여 모인 부족민들을 앉게 하고 그들에게 성대한 잔치를 베풀었다. 그들이 식사를 마치자, 키루스는 그들에게 어제의 일과 오늘의 일 중에서 어떤 것을 더 좋아하는지 물어보았다. 그들은 너무 차이가 난다면서, 어제의 일은 어려움뿐이었는데 오늘의 일은 좋은 것뿐이라고 대답했다. 키루스는 그들의 반응을 근거로 그의 계획을 설명했다. "페르시아의 남자들이여, 이것이 여러분이 처한 상황이오. 나의 조언을 따른다면 여러분은 오늘 즐길 수 있었던 좋은 음식뿐만 아니라 수천 가지의 좋은 것들을 누릴 수 있소. 그걸 얻기 위해서 노예처럼 일하지 않아도 말이요. 그렇지만 만약 내 조언을 따르지 않는다면 여러분의 삶에는 어제와 같이 끝없는 노역이 기다리고 있소. 그러므로 나는 여러분에게 제안합니다. 자신을 노예 신분에서 해방시키시오. 나는 이 일을 하도록 신의 계시에 의해 운명이 정해졌다고 믿고 있소. 나는 여러분이 메디아인들과 여러 가지 점에서, 특히 전투능력에서 동등하다고 확신하오. 그러므로 지체 없이 들고일어나서 아스티아게스를 타도하시오." 페르시아인들은 오랫동안 메디아의 지배를 증오해 왔다. 그러다가 그렇게 자신들의 지도자를 갖게 되자 열광적으로 호응했다.

아스티아게스가 키루스의 계획을 알게 되자 그는 전령을 보내어 왕 앞에 나오도록 명령했다. 그러자 키루스는 전령을 보내어 왕이 원하는 것보다 더 일찍 가겠다고 답했다. 이 소식을 들은 아스티아게스는 모든 메디아 병사들을 소집하여 무장시켰다. 그리고 하파거스를 그 지휘관으로 임명했다. 그렇게 메디아 군대는 출진하여 페르시아인들과 맞서게 되었다. 전투가 벌어졌지만 메디아 군대 중 일부만이 전력을 다했을 뿐 대부분은 싸우는 시늉만 하다가 항복해 버렸다. 페르시아 군대가 왕궁을 향해 진격해 오자, 다급한 아스티아게스는 성안에 있는 메디아인들을 노소를 가리지 않고 모두 동원하여 성 밖으로 내보내 싸우게 했다. 이어진 전투에서 메디아인들은 패배하고, 아스티아게스는 포로로 잡히고 만다.

하파거스는 아스티아게스가 포로로 잡혀 있는 곳에 와서 으스대면서 그를 조롱했다. 그는 신랄하게 왕을 비난하면서, 이제는 왕이 아니라 노예가 된 기분이 어떤

지 물었다. 아스티아게스는 그를 빤히 쳐다보다가, 키루스가 얻은 것 중에서 무엇을 보답으로 받기로 했는지 물었다. 하파거스는 그가 키루스에게 미리 편지를 보냈기 때문에 얻은 것을 공평하게 나누어 줄 것이라고 대답했다. 그러자 아스티아게스는 그가 세상에서 가장 어리석고 부정한 인간이라고 지적했다. 왜냐하면 자신이 직접 왕이 될 수 있었음에도 다른 사람에게 권력을 넘겨준 것은 어리석은 일이고, 아울러 불의 한 점은 페르시아인에게 왕위를 넘겼기 때문이라는 것이었다. 왕위를 다른 사람에게 넘겨야 했을지라도 페르시아인이 아니라 메디아인에게 넘겼더라면 덜 불의했을 텐데, 그의 사적인 원한 때문에 페르시아인에게 넘겨주어 모든 메디아인들을 노예로 만들었다고 비난했다.

결국 메디아인들은 자신들의 잘못 없이 주인의 지위에서 노예의 신분이 되고 말았다. 반면에 메디아인의 종이었던 페르시아인들은 이제는 그들의 주인이 되었다. 이렇게 아스티아게스의 통치가 끝이 났다. 그의 재위 기간은 35년간이었다. 그의 가혹하고 무자비한 행실로 인해 메디아인들은 페르시아인들의 지배를 받게 되었다. 그들은 128년간 - 스키타이인들의 지배 기간을 제외하고 - 할리스강 동편의 아시아 전역을 지배했었다. 후에 그들은 페르시아의 다리우스왕 시절에 반란을 일으켰으나 전투에서 패배하여 진압된다. 키루스는 할아버지인 아스티아게스에게 더 이상의 해를 끼치지 않았다. 대신에 그를 자신의 궁궐에서 죽을 때까지 함께 살게 했다. 메디아를 정복한 키루스 왕은 계속하여 할리스강 건너편의 리디아 왕국의 크로이소스 왕을 굴복시켰다. 이후 메소포타미아의 바빌론을 꺾고 아시아 전역을 정복한다. 이것이 키루스의 출생과 성장과 왕이 되는 과정에 대한 이야기이다.

현대 문학작품: 인상적인 몇 편의 시

「미술관(Musee des Beaux Arts)」

「미술관」이라는 시는 미국의 시인 오든(W. H. Auden, 1907–1973)이 1940년에 벨기에 브뤼셀을 방문했을 때, 그곳 왕립 미술관에 전시된 피터르 브뤼헐(Pieter Brueghel)의 회화 작품들을 보고서, 특히 <이카로스의 추락이 있는 풍경(Landscape with the Fall of Icarus)>을 보고 감명을 받아 지은 시이다. 시인 오든은 1907년에 영국에서 태어났으나 1939년에 미국으로 건너가 미국인이 되었다. 400여 편의 시와 함께 400여 편의 수필을 남겼는데, 문학, 역사, 정치, 음악, 종교 등 다방면에 관심을 보였다. 그의 작품에서 사회문제에 대한 예리한 통찰력을 느낄 수 있다. 브뤼헐은 16세기 중반의 네덜란드 화가로서 17세기의 빛의 대가 렘브란트와 요하네스 베르메르 등 네덜란드 회화의 황금기를 형성하는 데 크게 영향을 주었다.

시인이 미술관에서 보았던 작품, <이카로스의 추락>을 살펴보자. 화면 우측 아래쪽을 자세히 보면, 언덕 아래 저 멀리 초록색 바다에 어떤 이의 벌거벗은 두 다리가 거꾸로 물 밖에 나와 버둥거리는 모습이 보인다. 아마도 하늘에서 추락한 이카로스의 모습으로 짐작된다. 누군가 한 사람이 물가에서 팔을 뻗어 보지만 역부족이다. 언덕 위 밭에는 한 농부가 말이 끄는 쟁기를 붙잡고 있는데, 밭 가는 일에만 열중하고 있을 뿐 다른 일에는 아무런 관심이 없는 듯하다. 그는 이카로스가 하늘에서 추락하는 모습을 보았을 법도 하지만 전혀 관심이 없어 보인다. 좀 더 낮은 들에

서는 한 양치기가 양들을 먹이고 있는데, 그는 다른 편 하늘을 멍하니 올려다보고 있을 뿐 추락한 이카로스에는 관심이 없다. 바다에 떠 있는 큰 돛을 단 호화로운 범선 역시 물에 빠진 이카로스의 반대 방향으로 바람을 타고 유유히 항해하고 있다. 시인 오든은 이러한 작품의 광경을 잘 묘사했다.

> 고난에 관하여, 옛 대가들은 결코 틀리는 법이 없지
> 인간사에 고난이 자리 잡은 위치를, 얼마나 잘 알고 있는지
> 누군가 먹거나 창문을 열거나 무심코 걷고 있을 때에
> 어떻게 일이 일어나는지
> 기적 같은 탄생이 언제 어떻게 일어날지
> 나이 든 이들은 경외심과 열정을 가지고 기다리지만
> 그런 일에 관심 없는 어린애들은
> 숲 가의 연못에서 그저 얼음지치기를 할 뿐
> 그들은 결코 잊지 않았지

어떻게든 어느 곳에서든
한결 끔찍한 순교가 반드시 일어나야 한다는 것을
어떤 너저분한 곳에서
개들은 개 같은 삶을 살고
고문자들의 말은 그 애꿎은 엉덩이를 나무에 대고 문지른다

예컨대, 브뤼헐의 작품 "이카로스"에는
어떻게 모든 것이 아주 태연하게 그 재앙을 외면하는지
밭을 가는 농부는 풍덩 하는 소리와 절망의 비명소리를
들었을지도 모르지만
그에게 그건 단지 하찮은 실패일 뿐이겠지
언제나 그렇듯이 햇살은 비추고 있지
초록의 물속으로 빠져들어가는 하얀 두 다리 위로
그리고 호화롭고 우아한 배는
한 소년이 하늘에서 떨어지는
놀라운 광경을 보았을 테지만
그저 평온하게 다른 곳을 향해서 항해하고 있지

브뤼헐의 다른 작품, <베들레헴 인구조사(the Census at Bethlehem)>에서 동방박사들은 애타게 그리스도의 탄생을 기다리고 찾아다니는 반면에 이와는 다른 사람들이 그림에 등장한다. 특별히 그런 일을 기다리지 않는 사람들은 마치 그림 속에 있는 어린이들이 숲 가 연못에서 놀이를 하거나 스케이트를 타며 놀듯이, 탄생에 전혀 관심이 없다. 브뤼헐의 <갈보리 언덕의 십자가 행렬(the Procession to Calvary)> 역시 비슷한 메시지를 주는 작품이다. 대형 그림 한복판에 예수로 보이는 인물이 말을 탄 붉은 옷의 병사들이 지켜보는 가운데 십자가를 지고 가는 모습이 그려져 있고, 수많은 사람들이 그림의 나머지 부분을 가득 채우고 있다. 화면에는 수백 명의 사람들이 그려져 있는데, 병사들 이외에는 각자 자기 일에 관심을 둘 뿐

십자가를 지고 가는 예수에 대한 관심은 없어 보인다. 오로지 저 멀리 십자가가 세워진 처형장 주위에 사람들이 둘러서서 구경거리를 기다리고 있을 뿐이다.

　시인은 대가의 그림에는 인간의 고난과 고통이 잘 그려져 있다고 말한다. 그러한 일들은 인간에게 항상 일어나는 일이지만, 그 고통을 직접 당하는 사람들 이외에는 다른 누구에게도 영향을 미치지 못한다는 사실을 잘 알고 있다. 그래서 화가는 남의 고통을 대하는 사람들의 무관심한 모습들을 그림에 나타내고 있다. 브뤼헐의 <무고한 이들의 학살(Massacre of the innocents)>을 보면, 한편에는 사람들이 고문당하거나 살육당하는 모습이 있는가 하면, 그 주위에는 방관자들이 보인다. 인간의 세상에는 끊임없이 끔찍한 일들이 일어나고 있다. 예컨대, 헤롯 왕 때 2세 이하 어린아이들에 대한 살육이 있었고, 중세 가톨릭 시절에 수많은 무고한 이들이 살벌한 종교재판과 십자군에 의해서 희생되었다. 20세기 초에 터키 지역에서는 아르메니아인들에 대한 인종청소 행위가 자행되었고, 제2차 세계대전 중에는 나치 독일

에 의한 유대인 집단학살 등 참혹한 일들이 일어났다. 그렇지만 이외의 사람들은 아랑곳하지 않고 자기들의 삶에만 관심을 두고 있을 뿐이다.

    인간사에서 폭력이 끊임없이 자행되고 무고한 이들의 희생이 일어났음에도 무심한 이웃들은 이를 외면했다. 마치 개나 말들이 인간의 고통에 대하여 무관심하듯이 말이다. 시인은 그림에 담긴 이러한 의미를 표현한다. 오늘날 우리 사회에서 많은 이웃들이 고통과 어려움을 겪고 있다. 그럼에도 사람들은 남의 고통에 무관심한 경향을 보인다. 남의 고통을 보면서도 단지 자신에 대한 영향만을 고려할 뿐이다. 자신에게 이득이나 손실이 있을 경우에만 관심을 둘 뿐, 직접 관련이 없을 경우에는 방관하기 마련이다. 사회학 시간에 이와는 대조적인 사회운동가들의 노력을 배운 적이 있다. 사회학자들은 개인이 처한 어려움에 주목하여 이를 문제로 도출한 후 사회적인 이슈로 삼아 대중들의 관심을 이끌어 낸다. 그러한 사회적인 관심을 바탕으로 사회운동을 전개하여 문제의 해결을 도모한다. 자기 자신의 이해와 관계없음에도 약자들이 처한 어려움에 주목하고 이를 드러내 사회운동을 전개하는 것이다.

이러한 그들의 노력은 마치 모래와 수초들이 시냇물을 정화하듯이 사회를 정화하는 장치 역할을 한다고 생각되었다. 만약 사회 구성원들이 모두 자기 자신의 이해 타산에 따라 행동하고 다른 이들의 고난이나 고통에 무관심하다면, 그 사회는 부패와 쇠락의 길로 접어들 것이다. 미국의 독립선언서를 작성한 토머스 제퍼슨의 경우 당시 수백 명의 노예를 소유하고 있었다고 알려져 있다. 만약 그가 자신의 이해관계에만 집착했다면 독립선언서에 "All men are created equal"이라는 표현을 할 수 없었을 것이다. 비록 자신의 재산적인 손실이 예상될지라도 옳다고 생각하는 가치를 선택했다. 그렇게 그는 모든 인간은 평등하게 창조되었고, 창조주로부터 부여받은 빼앗길 수 없는 천부 인권, 즉 생명, 자유 및 행복 추구의 기본권을 가진다고 선언했던 것이다.

사람들은 자신에게 영향이 미치지 않는다면, 다른 이들의 고난이나 고통에 관심을 두려 하지 않는다. 그렇지만 사회 구성원들이 그러한 태도로 일관한다면, 그러한 환경에서 불의와 불법이 자리를 잡고 뿌리를 내릴 것이다. 이전에 워싱턴 DC에 있는 홀로코스트 기념관에서 보았던 나치 치하의 한 독일인 목사의 글이 생각난다.

> 처음에는 그들이 사회주의자들을 잡으러 왔다. 나는 아무 말도 하지 않았다.
> 왜냐하면 내가 사회주의자가 아니었으므로
> 그러고는 그들이 노동조합원들을 잡으러 왔다. 나는 아무 말도 하지 않았다.
> 왜냐하면 내가 노동조합원이 아니었으므로
> 그 후에 그들이 유대인을 잡으러 왔다. 나는 역시 아무 말도 하지 않았다.
> 왜냐하면 내가 유대인이 아니었으므로
> 그러고 나서 그들은 나를 잡으러 왔다. 그렇지만 나를 위해 소리쳐 줄 아무도 남아 있지 않았다.
> ― 마르틴 니묄러(Martin Niemöller)

이러한 사람들의 무관심에 관하여 성경에도 잘 지적되어 있다.

노아의 때에 된 것과 같이 인자의 때에도 그러하리라. 노아가 방주에 들어가던 날까지 사람들이 먹고 마시고 장가들고 시집가더니, 홍수가 나서 저희를 다 멸하였으며, 또 롯의 때와 같으리니. 사람들이 먹고 마시고 사고팔고 심고 집을 짓더니, 롯이 소돔에서 나가던 날에 하늘로서 불과 유황이 비 오듯 하여 저희를 멸하였느니라(누가복음 17:26-29).

다음으로 인상적이었던 시는 영국 웨일스 출신의 시인 딜런 토머스(Dylan Thomas, 1914-1953)의 「순순히 잠들지 마세요(Do Not Go Gentle into That Good Night)」라는 시이다. 죽어 가는 아버지를 보면서 안타까워하는 내용이다.

순순히 잠들지 마세요(Do Not Go Gentle into That Good Night)

고분고분하게 편한 밤으로 들어가지 말아요
노년에는 날을 마감할 때 불사르고 고함쳐야 해요
분노하고 또 분노하세요. 불빛이 사그라짐을
현명한 이들은 마지막 때에 어둠이 당연하다고 알고 있지만
그 말이 번갯불을 가르지 못하기 때문에
그들은 고분고분하게 편한 밤으로 들어가지 않아요

마지막 물결이 되어 지나가는 순한 이들은
그들의 스러지는 물결들이 만약 깊은 초록의 바다에서 춤추었더라면
얼마나 밝게 빛났을지 흐느껴 웁니다
분노하고 또 분노하세요. 불빛이 사그라짐을
가는 해를 붙잡고 노래했던 꼬장꼬장한 이들은
그들이 해가 짐을 비통해 했음을 뒤늦게 깨닫습니다
고분고분하게 편한 밤으로 들어가지 마세요
죽음이 임박한 이들의 시력 잃은 눈들은
마치 유성처럼 활활 타며 밝아질 수 있어요

분노하고 또 분노하세요. 불빛이 사그라짐을
그대, 나의 아버지여, 슬픔의 언덕 위에 계시는군요
쏟아지는 눈물로 지금 저를 저주하고 축복하세요. 저는 기원합니다
고분고분하게 편한 밤으로 들어가지 마세요
분노하고 또 분노하세요. 불빛의 사그라짐을

시인은 아버지의 죽음을 보면서 죽음에 순응하는 노인들의 태도에 안타까움을 느끼고 있다. 노인분들께 죽음에 대하여 순응하지 말고 처절히 저항해야 한다고 권유하고 있다. 나 역시 비슷한 경험을 가지고 있다. 2012년에 건강검진 결과 췌장에 종양이 발견되어 정밀 검사를 위해 강남에 있는 삼성의료원에 간 적이 있었다. 지하철역에서 나와 병원 셔틀버스에 탔을 때, 좌석을 가득 채운 노인들의 모습을 보고서 그 침울한 분위기에 크게 놀랐다. 병마에 압도되어 병원으로 향하는 모습이 마치 저항하지 못하고 수용소로 끌려가는 사람들의 암울한 행렬처럼 느껴졌다.

2009년에 돌아가신 장인의 모습이 떠올랐다. 대장암 진단을 받은 장인은 서울에 있는 대학 병원에 입원하셨는데, 항암치료가 진행될수록 활력을 잃고 그저 병원치료에 모든 것을 맡길 수밖에 없었다. 돌아가시기 직전에 방문했을 때에는 거의 모든 장기에 혈액, 수액, 배뇨, 배변 등 파이프들이 어지럽게 연결된 상태로 침대 위에서 멍하니 허공을 주시하고 계셨다. 마치 무엇엔가 사로잡힌 듯 아무런 의식 활동이 없어 보였다. 그 모습이 너무나도 비참해서 장인을 껴안고 소리 높여 울고 싶었다. 마치 인간의 존엄성을 모두 빼앗긴 모습처럼 느껴졌기 때문이다. 그 순간으로 되돌아간다면 장인께 이렇게 말씀드리고 싶다. "고분고분하게 죽음을 받아들이지 마세요. 분노하고 또 분노하세요."라고 말이다.

영문학 시간에 알게 된 죽음에 관하여 색다른 시각으로 표현한 시가 있었다. 셰익스피어 시절에 영국의 성공회 사제였던 존 던(John Donne, 1571/1572-1631)이 쓴 「죽음이여, 자만하지 말라(Death, be not proud)」라는 소넷이다.

죽음이여, 자만하지 말라. 어떤 이들은 그대가
강력하고 두려운 존재라고 이를지라도 실상은 그렇지 않으니
그대가 무릎 꿇렸다고 생각한 이들은 죽지 않았고
불쌍한 그대는 나 역시 죽일 수 없으니
그대의 모습을 본뜬 휴식과 수면으로부터 즐거움을 얻듯이
그대, 죽음으로부터 더 큰 즐거움이 넘치리라
그대가 먼저 보낸 선한 이들은 육신은 쉬게 하고 영혼을 얻네
그대는 고작 종일뿐이지, 운명이나 우연이나 왕들이나 절박한 사람들을 주인으로 둔
그리고 그대는 독약이나 전쟁이나 병마와 함께 일하지
양귀비나 주술로도 우린 잠들 수 있네
그대의 효과보다도 더 좋게. 그런데도 그대는 왜 자랑하는가?
짧은 순간의 잠이 지나가면, 우리는 영원히 깨어난다네
그리고 죽음은 더 이상 없으리. 죽음, 그대는 결국 죽게 되리라

시인은 죽음을 통렬히 조롱한다. 어떤 이들의 두려움과 달리, 죽음은 인간의 종말을 의미하지 않는다고 선언한다. 단지 일시적인 휴식이나 수면에 불과할 뿐 영원한 삶으로 나아가는 과정의 일부라고 역설한다. 이 시를 쓴 존 던은 영국 성공회의 사제였다. 그가 이 시를 쓴 시기는 1633년으로 공인된 영어 번역 성경인 『킹제임스 성경』이 1611년에 발간된 지 얼마 되지 않은 때였다. 내용으로 볼 때, 이 시는 성경에서 영감을 얻은 종교적인 내용의 통렬한 풍자시라고 할 수 있다.

> 또 죽기를 무서워하므로 일생에 매여 종노릇 하는 모든 자들을 놓아주려 하심이니.(히브리서 2:15)
> 보라, 내가 너희에게 비밀을 말하노니, 우리가 다 잠잘 것이 아니요. 마지막 나팔에 순식간에 홀연히 다 변화하리니. 나팔 소리가 나매, 죽은 자들이 썩지 아니할 것으로 다시 살고, 우리도 변화하리라. 이 썩을 것이 불가불 썩지 아니할 것을

입겠고. 이 죽을 것이 죽지 아니함을 입으리로다. 이 썩을 것이 썩지 아니함을 입고, 이 죽을 것이 죽지 아니함을 입을 때에는 사망이 이김의 삼킨바 되리라고 기록된 말씀이 응하리라. 사망아, 너의 이기는 것이 어디 있느냐. 사망아, 너의 쏘는 것이 어디 있느냐. 사망의 쏘는 것은 죄요. 죄의 권능은 율법이라.(고린도 전서 15:51-56)

병 치료에 지친 모든 노인들에게 성경의 이 말씀을 권하고 싶다. 죽음은 결코 끝이 아니라고 밝히 말하고 싶다. 끝이 아니라 단지 다른 세상으로 가는 관문일 뿐이라고 말이다.

언론 및 표현의 자유 과목

　표현의 자유 및 언론 출판의 자유 과목은 학부 과정의 과목 중에서 유일한 법률 과목이어서 졸업 후 로스쿨을 지망하는 학생들이 주로 수강했다. 특히, 이 과목은 대학의 총장이 직접 강의하는 과목이어서 더욱 관심이 있었다. 볼린저 총장은 2002년부터 컬럼비아대학교의 총장으로 재직하고 있었다. 그는 컬럼비아 로스쿨을 졸업한 후 대형 로펌에 근무하다가 변호사 업무를 그만두고 대학교수의 길을 선택했다. 첫 시간에 그가 로펌의 변호사 일을 그만둔 이유를 설명했는데 크게 공감이 되었다. 로펌에 근무하던 중 빌딩의 전망 좋은 사무실에서 창밖을 내다보며 잠시 생각에 잠겼다고 한다. 그러다가 문득 "아차, 이래서는 안 되지!" 하는 생각이 들었다고 한다. 변호사에게는 시간이 돈이기 때문에 근무시간에 시간을 낭비하는 자신을 자책했던 것이다. 그리고 나서 생각해 보니 돈과 시간에 매여 자유롭지 못한 자신의 모습이 불쌍해 보였다고 한다. 이런 계기로 결국 변호사를 그만두고 로스쿨 교수의 길을 가게 되었다고 한다. 그의 이야기를 들으니 비슷한 감정을 느꼈던 나의 경험이 떠올랐다.

　나 역시 공직을 사직하고 로펌에 입사하여 변호사로서 근무했는데, 오래지 않아 변호사라는 직업이 싫어졌다. 오로지 돈을 위해서 매진해야 했기 때문이었다. 로펌 변호사들은 매 10분 단위로 자신의 업무 내용을 기록한다. 그렇게 작성한 기록을 토대로 의뢰인에게 변호사 비용을 청구하기도 하고 연말에 변호사의 기여도를 계산하여 수익 분배에 활용한다. 특히, 의뢰인에게 변호사 수임료를 시간 단위로 청구하기로 약정한 사건일 경우에 정확한 시간 계산은 특별히 중요하다. 그렇기 때문에 변호사는 자신의 모든 업무 내용을 10분 단위로 빠짐없이 기록해야 한다. 심지어 머릿속에서 법률문제를 궁리한 시간까지도 포함한다. 우스갯소리로 화장실에 앉아서 보낸 시간일지라도 사건과 관련하여 궁리했다면 청구시간에 포함된다. 이렇게 생활하다 보니 어느 날 문득 스스로의 모습이 초라하게 느껴졌다. 일의 보람보다는 오로지 돈을 위해 살고 있다는 생각이 들었기 때문이었다. 사건의 경중 역시 사건의 내용보다는 수임료의 많고 적음에 따라 판단하는 지경이 되었다. 수임 액수가 큰 사건에 더 큰 관심과 노력을 기울이고 있는 나 자신을 보면서 처량한 생각이 들었다. 처음 변호사가 되려고 했을 때는 어려운 처지에 있는 이들을 돕겠다는 뜻으로 시작했는데, 이제는 돈만을 추구하는 속물이 되었으니 말이다. 어쨌든 이러한 회의감이 늦은 공부의 계기가 되었다.

    볼린저는 컬럼비아대학교의 총장으로 부임하기 전, 1996년부터 6년간 미시간대학교 총장으로 재직했는데, 당시 학교 내 차별 행위에 반대하는 상징적인 시민 평등권(civil rights) 소송을 주도하여 대법원으로부터 승소 판결을 받았다고 한다. 그 소송은 그루터 대 볼린저 사건(Grutter v. Bollinger)으로 대법원 판례가 되었다. 그는 컬럼비아대학교의 총장으로 취임하여 인종적, 사회적, 문화적으로 다양성이 존중되는 대학 환경의 조성에 기여했다. 또한 대학의 '세계 지도자 포럼'을 통해 세계의 저명한 정치 지도자들을 초대하여 그들의 생각과 경험을 청취할 기회를 제공하는 등 학생들의 식견을 넓히는 데 큰 도움을 주었다. 아울러 대학 캠퍼스의 확장에도 힘써, 116번가에 있는 기존의 학교 캠퍼스에 더하여 126번가 맨해튼빌에 비슷한 규모의 새로운 캠퍼스를 조성했다.

    그는 21년간 총장으로 재직한 후 2023년 6월에 퇴임했다. 아마도 아이비리그 대학에서 가장 오랫동안 재직한 총장으로 기록될 것이다. 그는 항상 다정다감하고 친화력이 있는 인물이었고, 인문지식을 상조하고 다양성을 존중하는 총장이었다. 총장임에도 전혀 권위적이지 않고 소수자와 약자를 배려하는 따뜻한 인물이었다. 그는 또 표현의 자유 및 언론 출판의 자유에 관한 법률 전문가로서 Uninhibited, Robust, and Wide Open – A Free Press for a New Century 등 여러 권의 법률 전문 서적을 출간한 바 있다. 그런 그의 수업을 직접 들었던 경험은 오래도록 기억에 남을 것 같다.

펜타곤 페이퍼 사건

언론 및 표현의 자유와 관련한 판례 중 가장 기억에 남는 사건은 펜타곤 페이퍼 사건(Pentagon Paper Case)이다. 이 사건은 1971년에 『뉴욕타임스』가 미 국방부의 1급 비밀문서인 소위 「펜타곤 페이퍼」의 내용을 1면 톱뉴스로 보도하려 함으로써 시작된 사건이다. 「펜타곤 페이퍼」는 국방부가 작성한 총 47권 7,000페이지 분량의 베트남 전쟁에 관한 문서이다. 1967년 당시 국방부 장관 로버트 맥나마라의 의뢰에 따라 연구팀이 구성되어 작성한 연구 보고서로 1급 비밀(top secret)로 분류되었다. 『뉴욕타임스』와 『워싱턴 포스트』는 위 연구에 참여했던 전직 해군 장교 다니엘 엘스버그에게서 위 비밀문서를 은밀히 제공받았다. 이에 연방정부는 법원에 위 언론사들을 상대로 보도를 금지해 달라며 금지명령(injunction)을 신청했는데, 그 이유로 주장한 내용은 다음과 같다. 만약에 보도가 이루어진다면 (1) 베트남전에 참가 중인 병사들이 위험에 처하게 되고, (2) 전쟁 기간이 연장될 것이며, (3) 미국 정부와 외국 정부들과의 관계에 악영향을 끼치게 될 것이라는 점을 들었다. 이 사건의 쟁점은 수정헌법 제1조에 규정된 언론 및 표현의 자유에 대한 사전 규제 문제였는데, 신청인은 국가 안보를 이유로 사전 규제의 필요성을 주장한 것이다. 이 사건은 스티븐 스필버그 감독의 영화 <더 포스트(The Post)>로 2017년에 영화화되었는데, 톰 행크스가 워싱턴 포스트의 편집장으로, 메릴 스트립이 발행인으로 각각 출연했다.

이 사건에 관하여 연방 대법원은 연방정부의 신청을 기각했다. 신청인 측에서 사전 규제의 필요성을 충분히 소명하지 못했다는 이유였다. 신청인 측에서 그 소명

의무를 부담하는 이유는 수정헌법 제1조에 따라 언론 및 표현의 자유에 대한 사전 규제는 위헌이라고 추정되기 때문이라는 것이다. 따라서 신청인으로서는 사전 규제의 필요성을 소명할 예외적으로 무거운 입증책임을 부담한다고 보아야 한다. 이 판결에 따라 정부의 신청은 기각되었고, 뉴욕 타임스와 워싱턴 포스트는 신문 1면에 위 기사를 보도할 수 있었다. 이후로 연방정부는 위 신문사들을 상대로 형사 또는 민사소송을 전혀 제기하지 않았다. 다만 비밀을 누설한 엘스버그를 수사하여 법원에 공소를 제기했으나, 1973년 5월에 법원은 그 공소를 기각했다. 수사기관이 불법적으로 엘스버그를 상담한 심리상담사의 사무실에 들어가 피고인에 대한 정보를 수색했다는 이유에서였다. 이 사건 이후로 지금까지 언론에 대한 미국 정부의 금지명령(injunction)이나 형사 또는 민사 소송은 단 한 번도 제기된 적이 없었다.

상세한 판결의 이유는 다음과 같다. 수정헌법 제1조에 따르면 사전 규제는 위헌이라고 추정된다. 그러므로 신청인은 그 필요성에 대하여 예외적으로 엄격한 입증책임을 부담한다. 정부의 언론에 대한 사전 검열제도는 폐지되었다. 이로 인해 언론은 영구적으로 사전 검열로부터 자유로워졌다. 언론은 정부의 비밀을 드러내고 국민에게 알릴 수 있도록 보호되어야 한다. 자유롭고 규제되지 아니한 언론이어야만 효과적으로 정부의 거짓을 드러낼 수 있기 때문이다. 정부의 비밀스러움은 본질적으로 반민주적인 것이다. 이는 관료들의 잘못을 감추려는 것이므로 공적인 이슈에 관하여 공개적인 토론과 논의가 필수적인 것이다. 국가의 건전성을 위해 공적인 문제에 관하여 제한되지 않고 과감한, 그리고 활짝 열린 토론과 논의가 필요하다. 법원은 정부가 다음과 같은 사실을 입증한 때에 한하여 예외적으로 사전 규제를 허용할 수 있다. 즉, 당해 보도로 인하여 국가나 국민에게 (1) 직접적이고, (2) 즉각적이며, 또한 (3) 돌이킬 수 없는 침해가 발생한다는 점이 입증된 경우에 한한다. 위 재판에 있어서 일부 대법관들은 더 진보적인 소수 의견을 밝혔다. 국가 안보는 언론의 입을 막는 재갈이 될 수 없다는 이유로 어떠한 경우에도 사전 규제가 허용되어서는 안 된다는 의견이었다.

위 판결에 따라 이루어진 언론의 보도 내용에 따르면, 당시 존슨 행정부는 베트남 전쟁에 관하여 의회와 국민들에게 체계적으로 거짓말을 했다. 이 연구 작업은 존슨 행정부의 국방부 장관 맥나마라(McNamara)의 지시로 1967년에 결성된 연구팀에 의해 수행되어 후임 대통령인 닉슨 대통령의 취임 5일 전인 1969년 1월 15일에 최종 보고서가 완성되었다. 7,000페이지의 연구서는 3,000페이지의 연구 자료와 4,000페이지의 역사적 분석 자료로 이루어져 있다. 이 보고서에 따르면, 미국이 베트남 전쟁에 개입한 실제 목적은 중국을 봉쇄하는 것(containment of China)이었고, 미국의 전쟁 개입의 명분이 된 통킹만 사건은 사실상 조작된 것이었다. 통킹만 사건은 1964년 8월 2일 베트남 북동쪽에 위치한 통킹만에서 미군 구축함 매덕스호가 북베트남 소속 어뢰정 3척의 선제공격을 받아 교전했고, 2일 후인 8월 4일에 또다시 어뢰정의 공격을 받아 교전한 사건이다. 미국은 이 사건을 이유로 베트남전에 본격 개입하여 북베트남을 상대로 대대적인 군사작전을 전개하게 된다.

이 사건을 보고받은 미국 의회는 같은 해 8월 7일 "동남아시아 결의안"을 채택해 존슨 대통령에게 무력 실행의 권한을 전격적으로 부여했고, 이에 대통령은 B-52 폭격기 등 군대를 동원해 북베트남을 상대로 전쟁을 수행하게 된다. 그렇지만 이 보고서를 살펴보면, 8월 4일에 있었다는 제2차 공격은 전혀 없었음에도 조작되었고, 8월 2일에 일어난 제1차 공격에 관하여도 교전이 일어난 경위가 왜곡되었다. 북베트남군의 어뢰정이 접근해 오자 매덕스호가 먼저 위협사격을 3발 발포했고 이에 어뢰정이 대응하여 공격한 것임에도, 마치 어뢰정이 처음부터 선제공격을 해 온 것처럼 왜곡했다는 것이다. 결국 미국 의회는 위와 같이 왜곡 조작된 교전 보고를 근거로 대통령에게 전쟁 수행의 권한을 위임한 셈이다.

특히 베트남 전쟁의 목적에 관하여 존슨 대통령은 1965년 1월의 연설을 통해서 "남베트남의 독립을 지키는 것"이라고 천명했지만 실상은 그렇지 않았다. 국방부 차관보를 지낸 존 맥노튼(John McNaughton)은 1965년 1월에 출간한 그의 회고록에서, 베트남 전쟁의 근본적인 이유는 우방을 돕기 위한 것이 아니라 중국을 포위하는 것이라고 언급했다(The Pentagon Papers Vol. 3, pp. 686-687). 1965년 11월 3일 국방장관 로버트 맥나마라는 존슨 대통령에게 보고한 메모랜덤(Memorandum)에서, "베트남에서의 우리의 방책에 관한 중요 정책 결정"을 설명했다. 여기서 그는 1965년 2월의 북베트남 공습의 이면에 있는 근본적인 이유를 밝혔다.

"2월의 북베트남 공습 결정과 7월의 1단계 병력 배치의 승인 조치는 오직 중국을 포위하려는 미국의 장기 정책에 의해서 이해가 된다." "중국은 1917년의 독일처럼, 1930년대 서구의 독일이나 동양의 일본처럼, 그리고 1947년의 소련처럼, 세계에서 미국의 중요성과 유효성을 저해할 위협이 되는 주요한 세력으로 등장하고 있다. 멀리 떨어져 있지만, 훨씬 더 위협적으로 아시아 전체를 미국에 적대적인 세력으로 조직하고 있다." 즉 중국을 포위하기 위하여 미국이 장기적인 중국 포위전략의 일환으로 3개의 전선의 구축을 목표로 하고 있다고 밝혔다. A) 일본 - 한국 전선, B) 인도 - 파키스탄 전선, C) 동남아시아 전선 등이 그것이다. 그렇지만 한편으로는 중국 포위전략을 위하여 미국이 상당한 시간과 비용과 인명을 희생해야만 한다고 지적했다.

공직자에 대한 명예훼손 사건

다음으로 기억에 남는 판례는 『뉴욕타임스』 대 설리번 사건(New York Times v. Sullivan Case)으로 공직자에 대한 명예훼손 판결이다. 『뉴욕타임스』 등을 상대로 손해배상 소송을 제기한 설리번은 앨라배마주 몽고메리 시청의 국장(commissioner)이었다. 그는 『뉴욕타임스』에 게재된 앨라배마 흑인 교직자 협회의 전면 광고 내용을 문제 삼아 자신의 명예가 훼손되었다며 법원에 손해배상을 청구했다. 광고 내용 중에서 몇 군데 잘못된 표현을 문제 삼았는데, 시위 학생들의 인원 수, 마틴 루터 킹 박사의 체포된 횟수, 노래 제목이나 상황 등에 관한 내용이었다.

이에 대하여 1심 법원의 배심원단은 50만 달러의 징벌적 배상을 인정하는 원고 승소 판결을 선고했으나, 상급심에서 그 판결이 번복되었다. 그 판결 이유는 다음과 같다. 공적인 이슈에 관한 분노와 저항의 표현은 헌법적 보호를 받는다. 그러한 표현에 있어서 사실관계상의 오류뿐만 아니라 모욕적인 내용 역시 공직자의 처신에 대한 비판이어서 헌법적 보호의 대상에 포함된다. 공직자는 자신의 공적인 행위에 관련된 명예훼손적인 거짓말에 대하여 배상을 받을 수 없다. 다만, 예외적으로 그가 다음 사항을 증명하는 경우에 한하여 배상받을 수 있다. 즉, (1) 그 표현이 악의에 의한 것이고, (2) 진실이 아니라는 점에 관하여 행위자에게 고의가 있거나 또는 중대한 과실(reckless disregard)이 있었다는 점이다. 이 사건에 있어서 『뉴욕 타임스』가 광고 내용의 정확성에 관하여 자신이 보유하고 있는 이전의 뉴스 내용과 비교 검토하지 않고 광고를 게재했을지라도, 이는 기껏해야 과실에 불과할 뿐 고의 또는 중과실에 해당하지 아니한다.

이 사건의 근거가 된 수정헌법 제1조에는 "의회는 표현의 자유 또는 언론 출판의 자유를 제한하는 법을 제정하여서는 아니 된다(Congress shall make no law … abridging the freedom of speech, or of the press)."고 규정되어 있다. 1964년에 선고된 대법원 판결에 따르면, 이 수정헌법 조항의 정신을 다음과 같이 설명한다(Lee C. Bollinger, 2010, Uninhibited, Robust, and Wide Open, A Free Press for a New Century 참조). 공공의 이슈에 관한 논의는 제한되지 않고, 건강하며 또한 폭넓게 열려 있어야 한다. 그러한 논의에는 정부와 공직자에 대한 격렬하고 신랄하며 때로는 견딜 수 없이 예리한 공격이 포함될 수 있다. 자유로운 논의에는 잘못된 발언이 불가피하다. 표현의 자유가 숨 쉴 공간을 확보하여 존속하기 위해서는 이러한 잘못은 보호되어야 한다. 정부나 공무원에 대한 비판은 수정헌법에 의하여 보호되는 표현의 자유의 핵심이다.

한국의 사례: 대통령 비방 혐의 외신기자 기소

위 강의를 듣고 있던 무렵에 대한민국 검찰은 "대통령의 7시간 미스터리" 기사를 보도한 『산케이신문』 서울지국장 가토 다쓰야를 2014년 10월 8일 법원에 명예훼손 혐의로 기소했다고 한다. 위 기자는 세월호 침몰 사고와 관련하여, 사고 직후 대통령의 행적이 파악되지 않는다는 내용으로 "여객선 침몰 당일 행방불명… 누구와 만났을까?"라는 칼럼을 신문에 게재했다. 검찰은 수사 끝에 정보통신망이용촉진및정보보호등에관한법률위반(명예훼손) 혐의로 그를 법원에 기소했다. 그런데 더 충격적인 점은 기소된 위 기자가 서울에서 몇몇 로펌에 변호인 선임 의뢰를 하려 했으나 모두 거절당했다고 한다. 할 수 없이 그는 평소 친분이 있던 개인 변호사에게 사건을 의뢰했다. 권력의 눈 밖에 나면 변호사의 조력을 받기도 어려운 실정이다.

마침 미국 헌법상 표현 및 언론의 자유를 공부하면서 뉴욕타임스 대 설리번(The New York Times v. Sullivan) 사건을 공부했는데, 그 판결에 따르면 국가기관이나 공직자, 특히 선출직 공직자는 그들의 공무수행에 관하여 국민의 비판을 받도록 예정되어 있으므로 설사 그 비판 내용의 일부가 사실과 다를지라도 국가나 공직자가 상대방의 악의를 입증하지 못하는 한 그 처벌을 구하거나 배상을 청구할 수 없다는 요지이다. 그중 3명의 대법관은 더 나아가 언론에 절대적인 면책권을 주어야 한다는 소수 의견을 제시했다. 한국에서는 대통령이 앞장서서 자신에 대한 비판을 못마땅해하면서 수사기관에 고소하여 인터넷이나 SNS 통신 등을 대대적으로 압수, 수색하게 하는 등 표현의 자유를 통제하고 있다니 기가 막힐 노릇이 아닐 수 없다.

대통령은 특별히 형사사건에 대한 면책특권을 누리고 있다. 그런 예외적인 특전을 누리는 지위에 있으면 자신에 대한 비판의 목소리도 겸허히 들어야 하는 법이다. 더구나 국가적으로 중대한 사건이 발생한 그 시각에 공직자가 근무지를 벗어나 행방불명되었다고 의심받고 있으니 어떠한 비난을 들어도 할 말이 없을 터인데 적반하장도 유분수라는 생각이다. 그나마 다행스럽게도 법원은 2015년 12월 17일 비방의 목적을 인정할 수 없다는 이유로 무죄를 선고했다고 한다. 그런데 무죄를 선고받은 위 기자는 『박근혜 정권과의 500일 전쟁』이라는 책을 발간하여 한국은 대통령과 국민감정에 따라 법이 자의적으로 해석되는 뒤틀린 나라라고 비방했다고 하니 그저 씁쓸할 뿐이다.

[컬럼비아대학교 : 역사 과목]

역사 자료집(Source Book)

컬럼비아대학교에서 역사학을 공부하면서 감탄했던 점은 바로 자료집(Source Book)이었다. 각 역사 과목별로 기본적인 1차 역사 자료(primary source)가 망라된 자료집이 마련되어 있어서 그 분야 연구의 기본 자료로 참고할 수 있고, 또한 그 내용을 인용하기도 한다. 로마사, 중국사, 한국사, 일본사 등 역사 분야별로 마련되어 있었다. 일본사 자료집과 인도사 자료집은 1958년에, 중국사 자료집은 1960년에, 로마사 자료집은 1990년에, 한국사 자료집은 1997년에 각각 발간되었고, 그중에서 인도와 중국 자료집은 후에 개정 보완되었다. 학교에서 새로운 분야의 역사 연구가 시작될 때에는 제일 먼저 해당 분야의 연구자들이 힘을 모아 우선적으로 자료집을 완성함으로써 후학들이 연구할 수 있는 토대를 마련하는 것이다. 그 분야 연구의 기초가 되는 1차 사료를 수집, 선별한 다음에 이를 영문으로 번역하여 자료집에 수록한다. 이 자료집은 다음 연구자와 학생들에게 디딤돌 역할을 하게 된다. 자료집은 분야별로 대부분 2권으로 이루어져 있고, 권당 500-600쪽에 이르기 때문에 방대한 자료가 수록된다. 이렇게 방대한 작업을 하는데 얼마나 많은 수고와 노력이 필요했을지를 생각해 보면, 스스로 디딤돌이 되어 주는 선배들의 희생에 마음 깊이 경의를 표하게 된다. 정말 훌륭한 시스템이라 생각된다.

로마사 자료집

Roman Civilization이라는 제목의 로마사 자료집은 1990년에 컬럼비아대학교 출판부에서 출간했다. 모두 2권으로 구성되어 있는데, 1, 2권 각 674페이지 분량이다. 서문에는 자료집에 인용한 근거자료들이 소개되어 있는데, 로마시대에 시행된 각종 법률 관련 문헌, 원로원의 포고 및 결의, 황제의 칙령, 당시에 발간된 각종 서적이나 서신, 당시 제작된 각종 비문, 파피루스, 동전 등을 두루 참고했다고 설명되어 있다. 대표적인 법률 문서로 기원전 450년경에 제정된 12동판법(The Twelve Tables)이 소개되어 있는데, 이는 고대 로마의 법률집으로 로마법의 토대라고 할 수 있다. 이어서 자료집에 수록된 문서나 서적의 저자들 60명이 소개되어 있다.

로마사 자료집에 수록된 내용 중 일부를 소개하면 다음과 같다. 먼저 트라야누스(Trajan) 황제 시절에 소아시아 북부지방의 총독이었던 플리니(Pliny the Younger)가 황제와 주고받았던 서신을 살펴본다. 플리니(Gaius Plinius Caecilius Secundus)는 AD 61년경 이탈리아 북부지역에서 태어나 군인, 법률가, 정치가의 경력을 쌓은 인물로 100년에 로마 집정관(consul)을 거쳐 111년에 소아시아 반도 북부의 흑해 연안에 있는 비티니아-폰투스(Bithynia-Pontus) 지역의 총독으로 임명되어 근무한다. 총독으로 재직할 때에 황제와 주고받은 서신은 당시의 지방행정에 관한 소중한 역사자료로 평가된다. 특히 그 서신에는 고발된 기독교인들에 대한 조사와 처벌에 관한 내용을 담고 있어서 당시 로마제국에서의 기독교의 전파 실태와 이에 대한 로마인들의 시각을 살펴볼 수 있고, 아울러 기독교인들에 대한 황제의 처리 지침을 알 수 있는 귀중한 기독교 역사자료이기도 하다.

Letter to the Emperor Trajan (AD 112)

폐하, 업무 처리에 있어서 의문이 드는 문제에 관하여 폐하께 문의하는 것은 변함없는 저의 원칙입니다. 왜냐하면 저의 무지를 고하고 우유부단한 저를 지도해 주시기를 바라는 마음 때문입니다. 이제까지 기독교인이라고 하는 자들에 대한 재판 사건에 관여해 본 적이 없기에 저는 이들을 어떠한 죄로, 그리고 어느 정도로 처벌해야 하는지, 아울러 어느 정도까지 조사하는 것이 적절할지 모릅니다. 더 나아가 나이에 따른 차이를 두어야 할지, 반성할 경우에 사면해야 할지, 그리고 단지 기독교인이라는 사실만으로 처벌할 것인지 아니면 다른 범죄 행위가 있어야 처벌 가능한 것인지 등에 관하여 크나큰 의문이 있습니다.

저는 기독교인이라고 고발된 사건들을 다음과 같은 절차를 준수하여 처리했습니다. 심문한 방법은 먼저, 이들에게 기독교인인지를 물어봅니다. 이를 인정할 경우에 처벌을 경고하면서 또다시 물어봅니다. 그래도 계속 인정할 경우에는 이들을 즉시 처벌합니다. 왜냐하면 그들의 고집스러움과 완고한 신념은 분명히 교정되어야 하기 때문입니다. 그렇지만 그가 로마 시민이라면 로마로 압송토록 지시합니다. 이러한 사건들이 처리되자, 으레 그렇듯이 비슷한 고발 사건이 늘어났습니다. 몇 사람에 대한 익명의 고발이 접수되었는데, 심문해 보니 그들은 기독교인이라거나 기독교인이었던 사실이 없다고 부인했습니다. 그들은 신상 앞에서 불러 주는 말에 따라 기원했고, 폐하의 동상 앞에 분향하고 포도주를 바치며 기도했습니다. 이 동상은 이러한 목적으로 신들의 동상과 함께 배치했습니다. 그리고 심지어 그리스도의 이름을 비방하기까지 했습니다. 반면에 진짜 기독교인이라면 이러한 것 중에서 어느 것도 강제할 수 없다고 사람들은 이야기합니다. 이러한 이유로 이들이 방면되어야 한다고 생각합니다.

증인에 의해 고발된 자들 중에서 일부는 처음에는 기독교인이라고 자백했습니다. 그렇지만 바로 부인했습니다. 그들은 과거에 기독교인이었지만 (어떤 이들은 3년 전에, 다른 이들은 20년 전에) 그들의 잘못을 그만두었다고 합니다. 그들은 모두 폐하의 동상과 신들의 형상 앞에 절했고, 그리스도의 이름에 대하여 저주의 표현을 했습니다. 그들은 자신들의 죄과와 실수에 대하여 전적으로 시인했습니다. 이러한 잘못은 그들이 정해진 날 동이 트기 전에 모여서 그리스도라는 신에게 찬미하고 엄중한 서약으로 결속하는 것이지만, 달리 어떠한 사악한 의도를 가진 것은 아니며, 달리 어떠한 사기, 절도 또는 간통이나, 거짓 증언이나 채무변제를 거부하는 등의 범죄를 저지른 적은 없습니다. 이러한 의식이 끝나면 일단 헤어졌다가 다시 모여 공동의 식사에 참여하며, 음식은 보통의 것일 뿐 유해하지 않은 것입니다. 그렇지만 이런 의식을 통해서 그들은 총독이 공포한 집회 금지 명령을 어기는 것입니다. 이 포고는 폐하의 명령에 따라 모든 모임을 금지한 것입니다.

이러한 진술을 받은 다음에 저는 진상을 파악하기 위하여 이들의 의식에 관여한 두 명의 여종들을 고문했습니다. 그렇지만 터무니없고 지나친 미신 이외에 더 이상 발견한 것은 없었습니다. 이에 저는 더 이상의 조사절차를 중지하고 폐하께 의견을 구하는 것이 적절하다고 판단했습니다. 특별히 수많은 자들이 관련되어 있기 때문입니다. 모든 연령대의, 모든 신분의, 그리고 남자 및 여자 모두에게 위험이 되기 때문입니다. 이러한 전염성 높은 미신이 도시뿐만 아니라 마을과 농촌에까지 퍼졌기 때문입니다. 그렇지만 이를 차단하고 치료하는 것이 가능해 보입니다. 한때 거의 버려진 사원들에 사람들이 자주 모이고, 신성한 의식들이 오랜 공백 끝에 다시 시행되며 이를 위해 어느 곳에서든지 희생 제물들이 충분히 공급된다면 말입니다. 이렇게 한 상태에서 (기독교에 대하여) 잘못을 뉘우치는 자들을 사면한다면 얼마나 많은 사람들을 되찾을지 쉽게 예측해 볼 수 있습니다.

Trajan to Pliny

존경하는 플리니여, 그대는 고발된 기독교인들에 대한 사건을 처리하는 데 있어서 적절한 절차를 준수하고 있소. 굳이 기독교인들을 색출하려고 노력하지는 마시오. 기독교인들이 그대 앞에 고발되어 온다면, 그리고 죄가 입증된다면 그들은 처벌되어야 하오. 그렇지만 기독교인이라는 사실을 부인하고, 우리의 신들에게 경배함으로써 그 사실이 증명된다면, 그는 비록 과거의 의혹이 있을지라도 그의 뉘우침에 따라 사면되어야 하오. 다만, 익명의 고발 사건은 어떠한 조사 사건으로도 접수해서는 안 되오. 왜냐하면 그렇게 하면 매우 위험한 전례가 될 수 있고, 우리 시대에 감당하기 어렵기 때문이오.

이 외에 로마사 자료집에 수록된 내용으로 순교자 저스틴(Justin Martyr)의 기독교에 관한 글이 있다. 저스틴은 AD 100년에 팔레스타인 지역의 그리스 가정에서 출생히어 스도아 철학과 플라톤 사상을 공부했으나 신의 존재를 증명할 수 없다는 이유로 공허함을 느껴 실망한다. 후에 시리아의 기독교인을 만나 그들의 금욕적인 생활과 감동적인 순교의 이야기를 듣고 기독교를 믿게 된다. 그는 로마로 가서 기독교인들과 함께 생활하면서 당시의 황제 안토니누스 피우스(Antoninus Pius)에게 기독교를 옹호하는 변론(apology)을 작성하여 보낸다. 후에 그는 붙잡혀 재판을 받고 로마 교외에서 처형된다. 그의 글 First Apology에서 초기 기독교인들의 예배 모습을 엿볼 수 있어 소개한다. 이 글은 서기 155-157년에 작성되었다.

Early Christian Worship

우리가 가르쳐 준 것들이 진실이라고 믿고 확신하며 그 가르침에 따라서 살겠다고 약속하는 모든 사람들은 금식하면서 하나님께 자신들의 이전 죄들의 용서를 구하는 기도를 배우게 됩니다. 그리고 그들은 물이 있는 곳으로 보내져서 우리들이 거듭난 것과 같은 방법으로 거듭나게 됩니다. 아버지 그리고 우주의 주재이신 하나님과, 우리를 구원하신 예수 그리스도와, 그리고 성령의 이름으로 그들은 물에서 씻김을 받습니다. 그러한 침례 후에 확실히 믿고 동의한 사람은 형제들이라 불리는 사람들이 모인 곳으로 안내됩니다. 그곳에서 함께 자신들과 그리고 새롭게 깨닫게 된 사람과 다른 모든 이들을 위하여 진지하게 기도합니다. 이러한 일은 우리가 진리를 알게 되었고 주의 명령을 준행함으로써 영원한 구원에 이르기 위함입니다.

기도를 마치면 우리는 서로 입맞춤으로 인사합니다. 그러면 빵과 함께 물 섞은 포도주 잔이 모임을 주재하는 이에게 놓입니다. 그는 그것을 들고서 우주의 아버지와 아들과 성령께 찬양과 영광을 올립니다. 그는 또한 우리를 존귀하게 하심을 아버지께 감사드립니다. 기도와 감사를 미치면, 모든 이들은 "아멘"이라고 하며 동의의 뜻을 표합니다. 주재자가 성찬식을 축하하고 모든 사람이 이에 동의하면, 무리 중에서 집사라 불리는 이들이 빵과 물 섞은 포도주를 참석한 이들에게 제공합니다. 또한 참석하지 못한 이들에게도 같은 음식이 제공됩니다. 이러한 음식은 우리들 사이에서 성찬이라고 불립니다.

일요일이라고 불리는 날에는 어떤 장소에서 그 도시나 부근에 사는 모든 사람들의 모임이 있습니다. 그곳에서 시간이 허락하는 한 사도들의 회고록이나 다른 선지자들의 기록이 읽힙니다. 그렇게 읽기가 끝나면 모임을 주재하는 이가 이러한 훌륭한 사례를 본받을 것을 구두로 권고하고 질책합니다. 그러면 우리는 모두 함께 일어서서 기도를 합니다. 기도를 마치면 앞서와 같이 빵과 물 섞은 포도주가 나옵니다. 주재하는 사람은 기도와 감사를 올립니다. 그리고 참석자들은 동의의 표시로 "아멘" 합니다. 그리고 각자는 자기의 몫을 받아서 감사함으로 그 음식에 참여합니다. 그리고 집사들에 의해 일부 음식은 참석하지 않은 사람들에게 보내집니다. 그리고 부유한 이들은 그들이 원한다면 스스로의 판단에 따라 그들이 기꺼이 내려고 하는 것을 기부합니다. 그리고 모아진 것들은 주재자에게 맡겨집니다. 그는 고아들과 과부들과 병이나 다른 이유들 때문에 어려운 이들과 혼자되거나 이방인인 사람들, 즉 도움을 필요로 하는 모든 사람들을 돕습니다.

한국사 자료집

한국사 자료집은 Sources of Korean Tradition이라는 제목으로 1997년에 컬럼비아대학교 출판부에서 출판되었다. 2권으로 구성되어 있는데, 1권 432페이지, 2권 479페이지 분량이다. 그 책에는 한국사의 1차 사료들이 수록되어 있다. 1권에는 「단군신화」 「광개토대왕 비문」, 「흥덕왕 칙령」, 「설계두 이야기」, 「화랑제도의 기원」, 왕건의 「훈요십조」, 「훈민정음 서문」, 「훈민정음 해제」, 「처첩구별령」, 「여성 재혼 금지령」, 이익의 「붕당론」, 황사영의 『백서』, 정하상의 『상재상서』, 유득공의 『발해고』, 유길준의 「개화의 단계」, 「백산 무장봉기 격서」, 「12개조 개혁안」, 「전봉준 조사기록」, 장지연의 「시일야방성대곡」 등의 내용이 모두 영어로 번역되어 수록되어 있다. 수록된 내용 중 흥미로운 부분을 번역하여 보았다.

광개토대왕 비문 (AD 414 건립)

영락 5년 을미년(AD 395)에 대왕이 친히 군대를 이끌고 부산을 지나 다른 부산으로 진격했다. 염강의 기슭에 이르러 3개 마을에 주둔한 적의 600-700개 진영을 모두 소탕했다. 그들의 수많은 가축과 말과 양을 노획하여 개선했다.

백제와 신라는 오랫동안 고구려의 속민이었다. 그들은 고구려에 조공을 바쳐왔다. 그렇지만 왜가 신묘년(391년) 이래 바다를 건너와 약탈하여 피해를 입혔다. 백제는 왜구들과 함께 합세하여 신라를 침략해 그 백성을 속민으로 삼았다. 영락 6년 병신년(396년)에 대왕은 친히 해군을 이끌고 원정하여 백제를 벌했다. 육군도 함께 진격하여 처음 공격에서 18개의 방어 읍성을 점령했다. 군대는 계속 진격하여 그들의 수도에 이르러 포위 공격했다. 적군은 항복하지 않고 대적하여 수많은 전투가 벌어졌다. 분노한 대왕은 아리강을 건너 선봉대를 보내어 수도를 압박했다. 정면공격과 측면공격을 벌여 수도를 함락시켰다. 백제의 찬왕은 심각한 곤경에 처하여 1,000명의 남녀를 포로로 인계하고 천 필의 옷감을 제공했다. 백제왕은 고구려에 대한 동맹의 서약을 하면서 엄숙히 맹세했다. "이제부터 폐하의 영원한 종이 되겠습니다." 위대한 대왕께서는 그의 공식적인 복종의 서약을 받아들여 종전의 잘못을 사면했다. 이로부터 58개의 성읍과 700개의 마을이 고구려의 소유가 되었다. 이후 대왕은 군대를 돌이켜 백제왕의 동생과 10명의 백제 신하를 포로로 하여 개선했다.

영락 9년 기해년(399년)에 백제가 맹세를 어기고 왜와 화친조약을 체결했다. 이에 대왕이 평양성으로 행차했다. 그곳에서 신라왕이 보낸 사신이 알리기를, "왜인들이 우리 영토에 침입하여 압박하면서 성벽과 해자를 파괴했습니다. 우리가 폐하를 섬기는 백성으로서 폐하께 피신하여 도움을 청합니다."라고 했다. 대왕께서는 자애로운 마음으로 그들의 충성스러운 태도를 칭찬하면서 은밀한 계획을 신라왕에게 알리도록 했다. 영락 10년 경자년(400년)에 대왕은 신라를 돕기 위해 5만 명의 보병과 기병을 보냈다. 남거성으로부터 신라의 수도까지 온통 왜인들이 가득했지만, 우리의 군대가 진격하자 그들은 후퇴했다. 우리 군대는 왜군을 쫓아 공격했다. 우리 군대가 임나가야의 종발성에 이르자 그들은 항복했다.

영락 14년 갑진년(404년)에 왜인들이 일어나 대방의 영토를 침입했다. 대왕의 군대가 왜군을 기다리다가 기습하여 공격했다. 왜구들은 섬멸되었고, 셀 수 없는 왜구의 목을 베었다. 17년 정미년(407년)에 대왕이 명을 내려 보병 및 기병 5만 군사를 파병했다. 왜구들이 평양성을 공격했을 때, 우리 군대가 그들과 전투하여 타격하고 완전히 말살했다.

신라의 배신행위 (해동고승전)

신라 진평왕 12년(590년) 3월 봄에 원광(圓光, 542-640)은 진나라로 간다. 그는 여러 곳의 강원(講院)을 방문하여 심오한 가르침을 듣고 기록한다. 그곳에서 진리의 완성에 관한 경전(성실론), 열반경과 삼장(Tripitaka)에 있는 몇 가지 경전 등의 진수를 익힌 다음에 오나라의 호구산에 들어가 참선에 힘쓴다. 그를 따르는 신도들의 요청에 응하여 진리의 완성에 관한 경전(誠實論)에 관하여 자세히 기술해 준다. 그때부터 그는 신도들에게 경전을 차례차례 가르친다. 그 후 그는 많은 훌륭한 일들을 통해 명성을 쌓는다. 그가 고국으로 돌아와 불법을 전해야 할 때가 이르렀다. 신라는 수나라에 요청했고 수나라 황실은 진평왕 22년 경신년(600년)에 그의 귀국을 허락했다.

신라 진평왕 30년(608년) 고구려와의 잦은 국경분쟁 때문에 어려움을 겪던 진평왕은 수나라에 도움을 청하기로 결심하고 원광법사에게 수나라의 군사적 침략을 간청하는 청원서를 작성하도록 요구한다. 이에 법사는 "자신을 보호하기 위해 남을 파괴하는 일은 승려가 취할 방법이 아닙니다. 그렇지만 부족한 소승은 폐하의 지경에 살면서 폐하의 의복과 식량을 축내고 있으므로 감히 거역할 수가 없습니다."라고 하면서 청원서(걸사표, 乞師表라고 전해진다)를 작성하여 왕의 요청을 수나라에 전했다.

서희의 전쟁에 관한 논쟁 (고려사 절요)

성종 12년(993년) 10월의 겨울에 박양유를 상군의 지휘관으로 삼고, 내사시랑 서희를 중군의 지휘관으로 삼고, 문하시랑 최양을 하군의 지휘관으로 임명하여 북쪽 국경을 방어했다. 왕이 서경을 방문한 후 안북부까지 행차했고, 그곳에서 거란의 소손녕이 봉산군을 공격하여 고려의 선봉대 지휘관 윤서안을 포획했다는 소식을 들었다. 왕은 더 이상 진행하지 못하고 되돌아와 서경에 머물게 되었다. 이에 서희가 군대를 이끌고 봉산을 탈환하려 하자, 소손녕은 이렇게 주장했다. "우리의 대국은 이미 고구려의 옛 영토를 차지했다. 이제 너희가 그 영토를 침범했으므로 우리의 군대를 보낸 것이다." 아울러 그는 서한을 보내서, "우리 대국은 사방으로 천하 통일을 앞두고 있다. 만약 항복하지 않으면 너희를 멸망시킬 것이니, 즉시 항복하라."라고 요구했다.

이 서한을 본 서희는 왕에게 평화 협상이 가능하다고 상소문을 적어 올렸다. 이에 국왕은 이몽진을 사신으로 임명하여 거란군 진영에 보내기로 했다. 이때에 소손녕은 다시 서한을 보내어, "지금 80만 대군이 이미 도착했다. 너희가 대동강을 건너와 항복하지 않는다면, 너희를 멸망시킬 것이다. 왕과 신하들은 조속히 우리 군대 앞에 나와서 일제히 항복하라."라고 압박했다. 이몽진은 거란 군대의 진영으로 들어가서 침략의 이유를 물었다. 소손녕은 "너희 나라가 백성을 돌보지 아니하므로 우리가 하늘을 대신하여 하늘의 벌을 집행하는 것이다. 평화를 원한다면 즉시 나와서 항복하라."라고 말했다.

이몽진이 돌아온 후, 국왕은 중신들을 소집하여 이 문제를 논의했다. 일부 신하들은 왕이 개경으로 돌아가 고위 신료들에게 명하여 군대를 이끌고 거란군에게 가서 항복하도록 해야 한다고 주장했고, 다른 신하들은 서경 이북의 영토를 거란에게 내어 주고 황주로부터 패령까지의 선을 그어 새로운 국경으로 삼아야 한다고 주장했다. 국왕은 영토를 내어 주라는 의견을 따르기로 정하고 서경에 있는 곡물창고를 열고 백성들에게 창고에 보관 중인 쌀을 가져가도록 했다. 그렇게 하고도 많은 쌀이 남은 것을 보고, 남은 쌀이 적군의 군량미로 사용될 것을 우려한 나머지 모두 대동강에 쏟아 버리라고 명령했다. 이에 서희는 국왕에게 상소를 올려, "식량이 충분하다면 방어진은 지켜질 수 있고 전쟁에서 승리할 수도 있습니다. 군대의 승패는 그 힘에 달려 있지 않고 적군의 약점을 이용하여 신속하게 이동하느냐에 달려 있습니다. 그런데 어찌하여 귀한 미곡을 갑자기 버릴 수 있겠습니까? 더구나 식량은 백성들에게 필요한 양식입니다. 설사 그것이 적군의 식량이 된다 할지라도 어떻게 우리가 귀한 식량을 강에 버릴 수 있겠습니까? 소신은 이러한 일이 하늘의 뜻에 합당치 않을까 염려됩니다."라고 진언했다. 왕은 서희의 의견에 따라서 그의 명을 거두었다.

서희는 또다시 상소를 올렸다. "거란의 동쪽 수도로부터 우리의 안북부까지 사이에 수백 리의 땅이 있사온데, 이 모두 현재 여진이 차지하고 있습니다. 광종께서는 이 땅을 취하여 가주, 송성 등의 지역에 요새를 설치하도록 하셨습니다. 지금 거란은 이 두 북방 요새를 차지하려는 분명한 의도를 가지고 왔습니다. 과거 고구려의 영토를 차지하겠다는 그들의 결의는 우리에 대한 두려움에서 비롯된 것입니다. 그렇기 때문에 서경 이북의 땅을 그들에게 내어주겠다는 것은 좋은 전략이 아닙니다. 왜냐하면, 그들의 군사력이 이미 막강하기 때문입니다. 더구나, 삼각산 이북지역은 모두 과거 고구려의 영토였습니다. 그들이 채울 수 없는 욕심으로 계속하여 요구한다면, 우리가 그것을 모두 주어야 하겠습니까? 우리의 영토를 적에게 내어주는 일은 우리에게 씻을 수 없는 치욕이 될 것입니다. 소신의 희망으로는 전하께서는 개경으로 돌아가시고, 소신들로 하여금 한 번 더 저들과 싸우도록 기회를 주시옵소서. 그런 다음에 저들에게 협상 제의를 한다고 할지라도 늦지 않을 것입니다."

이몽진이 돌아간 후 오랫동안 답이 없자, 소손녕은 마침내 군대를 움직여 안융진을 공격했다. 고려군은 이에 대항하여 전투를 승리한다. 이 전투 후 소손녕은 더 이상 공격하지 못하고 전령을 보내어 항복을 촉구한다. 이에 성종은 왕궁의 서고 책임자인 장영을 평화사절로 거란군 진영에 보냈다. 그러나 소손녕은 "내 앞에 장관을 보내야 한다."라고 요구했다. 이에 국왕은 중신 회의를 열어 누구를 사신으로 보낼지 논의했는데, 아무도 대답을 하지 못하는 가운데 서희가 말했다. "소신이 비록 총명하지 못하나, 명을 받들고자 합니다." 이에 왕은 강변까지 나와서 적진으로 떠나는 서희의 손을 잡고 격려했다.

서희는 국서를 가지고 거란군 진영에 들어가서 소손녕에 절하는 것을 거부하고 동등한 의례를 주장했다. 소손녕은 서희가 비범한 인물이라고 생각하면서, "너희 나라는 신라로부터 일어났다. 반면에 옛 고구려 영토는 우리의 것이다. 그런데도 너희는 그 영토를 침범했다. 또 너희 나라는 우리나라와 육지로 가깝게 연결되어 있음에도 너희는 바다 건너서 중국을 섬기고 있다. 이러한 이유로 우리의 군대가 공격해 온 것이다. 너희가 영토를 우리에게 양도하고 조공 관계를 수립한다면 모든 것이 편안할 것이다."라고 주장했다. 이에 서희가 답했다. "그렇지 않다. 사실 우리나라는 종전 고구려를 이어받은 것이다. 그래서 우리의 국호가 고려이고 수도 역시 평양인 것이다. 영토에 관하여 말하자면, 당신 나라의 동경이 우리의 영토 내에 있다고 할 것이다. 그런데 어찌 우리가 당신네 영토를 침범했다고 하는가? 압록강 양편의 땅 역시 우리의 영토인데, 여진족이 이를 마음대로 차지하는 바람에 오가는 길이 막혀 당신 나라와 조공 관계를 체결하지 못한 것이다. 그대가 우리에게 여진족을 몰아내고 이전 영토를 회복하여 요새를 세우고 길을 열라고 한다면, 어찌 우리가 거란과의 조공 관계를 맺지 않겠는가? 내 말을 당신 황제께 고한다면, 그가 어찌 그 말을 받아 주시지 않겠는가?" 서희의 말과 표정이 워낙 결연하고 단호하여 소손녕은 도저히 그를 강요할 수 없다고 생각했다. 따라서 그는 거란의 황제에게 다음과 같이 보고했다. "고려는 이미 평화 협상을 제의했습니다. 그래서 우리도 병력을 철수하고자 합니다."

서희는 거란 진영에서 7일간 머물러 있었다. 그리고 돌아오면서 낙타 10필, 말 100필, 양 1,000마리, 그리고 두껍게 짠 비단 500필을 받아왔다. 성종은 매우 기뻐하며 강변까지 그를 마중 나갔다. 이에 왕은 곧바로 재상 박양유를 거란 황제에게 사신으로 보내어 화친을 맺으려고 했다. 그러나 서희는 또다시 소를 올렸다. "소신은 소손녕과 다음과 같이 합의했습니다. 함께 여진족을 쫓아내고, 예전의 영토를 회복하고, 그리고 난 후에 조공 관계를 맺자는 것이었습니다. 우리는 지금 압록강 남쪽의 땅을 회복했을 뿐입니다. 우리가 압록강 북쪽의 영토를 회복한 다음에 거란과의 외교관계를 수립하여도 늦지 않을 것이라 사료되옵니다." 이에 왕은 대답했다. "우리가 조공 사절을 보내는 것이 지체된다면, 후에 거란의 반발이 우려된다." 마침내 박양유가 거란의 황제에게 파견되었다.

동아시아 역사 문헌학
(East Asia Historiography) 과목

동아시아 역사 문헌학은 동아시아 역사를 역사자료를 통해 연구하는 과목이다. 그레이 터틀(Gray Tuttle) 교수는 중국 역사, 특히 티베트 역사를 전공한 역사학자로 중국의 티베트 민족 탄압에 대하여 활발한 연구를 진행하고 있었다. 이 과목은 역사학의 연구 방법론이라서 어려운 과목이었지만, 역사학 전공에 필수적인 세미나 과목이기 때문에 수강했다. 과목의 소개는 다음과 같았다. "Introduce major issues in the practice of history illustrated by critical reading of important historical works on East Asia." 강의 계획서를 보니 읽어야 할 과제가 만만치 않아서 마음을 단단히 먹어야 했다. 첫 주에 읽어야 할 과제는 다음과 같았다.

> E. H. Carr, "What is history?"
> Jonathan Haslam, "The Vices of Integrity"
> William H. Sewell, "Logics of History: Social Theory and Social Transformation"
> Reinhart Koselleck, "The Practice of Conceptual History"
> Karl Marx, "The German Ideology"
> Max Weber, "The Protestant Ethics and the Spirit of Capitalism"

학기가 시작되자마자 말할 수 없는 부담으로 삶의 의욕을 잃을 정도로 힘들었다. 5과목(17학점)이 주는 읽기 과제(reading material)의 부담뿐만 아니라 프레젠테이션과 토론 진행 등 세미나 과목의 부담으로 인하여 밤에 잠을 이루지 못할 정도로 고통스러웠다. 다른 과목을 포기할까 고민을 하는 중에 한국 학생 한 명이 뒤늦게 등록을 하고 클래스에 들어온 덕분에 그와 함께 프레젠테이션을 담당하게 되었다. 영어가 유창한 그 학생 준호에게 토론 진행을 맡길 수 있어서 부담을 크게 덜 수 있었고, 그 덕분에 다른 히스토리 과목을 포기하지 않고 계속할 수 있었다.

수업 시간에 에피소드가 많았다. 한번은 수업 시간에 한국 역사에 관하여 이야기할 기회가 있었는데, 한 미국 학생이 안중근 의사의 이토 히로부미 암살과 관련하여 김구 선생을 마치 알카에다의 빈 라덴과 같은 테러리스트라고 비난했다. 일본 정부의 지도자를 테러했다는 이유였다. 그러자 교수는 그 학생에게 조지 워싱턴도 영국의 시각으로 보면 그렇게 말할 수 있다. 그렇지만 객관적인 역사적 관점에서 보면 자유 투사(freedom fighter)라고 할 것이다. 김구 역시 그렇게 표현할 수 있지 않겠느냐고 설득했다. 티베트 신장의 역사를 전공하면서 단순히 강자의 시각이 아닌 약자의 편에서 보는 시각이 형성되었기 때문일까? 존경스러웠다. 더욱이 이해할 수 없었던 점은 위 학생은 자기 아내가 한국 사람이라며 우리에게 아는 척을 했던 터라 더욱 기가 막혔다. 미국은 역사적으로 일본에 편향된 경향을 보이고 있다. 과거 시어도어 루스벨트 대통령이나 스티븐스는 물론 최근의 하버드대학 교수인 램지어와 같은 친일 인사들이 활동하지만, 다른 한편으로 이곳에는 항상 다른 생각을 가진 인사들이 있다. 예를 들면, 선교사 알렌 박사, The Tragedy of Korea를 쓴 조선 말의 역사학자 맥킨지, The Passing of Korea를 쓴 헐버트, 『한국전쟁의 기원』을 쓴 한국사학자 브루스 커밍스, 티베트 역사학자 그레이 터틀 같은 한국을 염려하고 걱정해 주는 바른 역사관을 가진 의로운 이들이 있다. 비록 미국의 주류가 잘못된 길로 갈지라도 소수의 다른 의견이 있기 때문에 그 인사들이 바른 목소리를 내도록 호소해야 한다.

곰곰이 따지고 보면, 김구 선생을 조지 워싱턴과 비교하는 것도 꼭 맞는 것은 아니다. 사실, 미국 혁명 당시 북미 지역은 영국의 주권이 미치는 영토에 해당했고, 식민지인들 역시 영국 왕실의 허가를 받고 정착한 영국인들이었다. 또한 식민지인들은 외부의 위험으로부터 영국의 경제, 군사적 보호를 받아 왔고 영국으로부터 과학기술과 문화적인 수혜를 받아온 처지였다. 그렇기 때문에 조지 워싱턴의 미국인들은 일국의 통치권이 미치는 영토 내에서 분리를 주장한 일종의 반란 행위였던 셈이다. 이에 비하여 김구 선생의 조국 한국은 일본제국의 침략을 받아 억울하게 영토를 빼앗긴 피점령국이었다. 따라서 빼앗긴 영토의 회복을 위한 투쟁은 어느 모로 보나 정당한 것이 아닐 수 없다. 예를 들어서, 적군이 영토를 침략해 오는데 이를 저지하기 위해 적병을 제압한 경우를 생각해 보자. 이것이 테러 행위인가? 범죄 행위인가? 그렇지 않다는 것을 누구라도 알 것이다. 그럼에도 역사는 승자의 편, 강자의 편에 선 듯하다. 어떤 이유로도 제국주의의 팽창, 침략정책을 정당화하는 것은 옳지 않다. 피침략국의 문명개화나 산업화에 도움을 주었다는 평계로 말이다. 진정으로 선한 의도였다면 남의 영토를 점령하지 않고 물적, 인적 자원을 지원하여 얼마든지 경제 문화적 원조를 할 수 있다. 오늘날 김구 선생을 테러리스트라고 주장하는 사람들에게 묻고 싶다. 그렇다면 조지 워싱턴과 당시의 미국인들이 테러리스트요, 반역자들이었는가?

학생들은 매주 읽은 과제에 대한 의견을 요약하여 웹 블로그에 올려야 했다. 첫 주에는 특별히 자신이 역사를 공부하려는 이유에 대하여 글을 올리도록 되어 있어서, 역사를 공부하려는 이유에 대하여 생각해 보았다. 다음과 같이 생각을 정리하여 블로그에 포스팅했다.

역사를 공부하려는 이유

내가 역사를 공부하려는 이유는 인간의 역사를 통해서 지혜를 얻기 원하기 때문이다. 아울러 왜곡된 사실 중에서 참된 사실을 분산해 낼 능력을 얻게 되기를 기대하기 때문이다. 우리 주변에는 왜곡되고 편파적인 사실들이 너무 많다. 그렇기 때문에 거짓된 사실 중에서 참된 것을 분간할 수 있기를 희망한다. 이러한 관점에서 볼 때, 카(E. H. Carr)의 글은 매우 흥미롭고 유익하다. 왜냐하면 그는 역사의 참된 의미와 역사가들의 역할에 관하여 이야기하고 있기 때문이다. 카는 긍정적인 세계관에 대하여 반대한다. 이러한 긍정적인 견해에 따르면, 역사적인 사실들은 객관적이어야 하고 궁극적으로 객관적인 역사 인식이 언젠가는 가능하다는 견해이다. 이에 반하여 카는 순전하게 객관적인 역사는 불가능하다고 주장한다. 왜냐하면 모든 기본적인 사실들은 그 안에 어떠한 역사적인 성격을 가지고 있지 않기 때문이다. 그런 사실들이 역사적인 사실들로 고려되기 위해서 역사가들의 해석과 평가가 필요하다는 것이다. 이러한 의미에서, 이탈리아의 철학자 베네데토 크로체는 "역사가는 기록하기보다 평가한다. 왜냐하면, 그가 평가하지 않는다면 기록할 가치가 있다는 것을 어떻게 알겠는가?"라고 말했다. 카에 따르면, 역사가의 역할은 기본적인 사실을 평가하여 역사적인 가치를 부여하는 것이다. 그러고 나서 그들은 의도하는 맥락에 맞게 사실을 제시한다. 역사가의 중요한 역할을 감안할 때, 그가 제시하는 사실과 특별한 능력에 대한 책임 역시 강조된다고 카는 말한다. 예컨대, "그가 다루는 인물들의 의식과 그들의 행위 속에 담긴 생각을 알아낼 수 있는 상상력"에 대한 책임이다.

"역사란 무엇인가?"라는 질문에 대한 카의 견해에 나도 동의한다. 몇 가지 이유로, 인간의 견해로부터 절대적으로 자유로운 객관적인 역사는 존재하지 않는다고 생각한다. 먼저, 모든 역사적 작품은 역사가들의 취사선택이나 생략이나 선후 정렬 작업의 결과물이기 때문이다. 그러므로 객관적이라기보다는 주관적일 수밖에 없다. 뉴스 보도에 있어서도 비슷하다고 생각한다. 기자가 오직 사실들만을 전함으로써 객관성을 유지하려고 노력할지라도 그의 보도 내용은 편파적일 것이다. 왜냐하면 기자가 자신의 방법에 따라 사실을 전하기 때문이다. 둘째, 역사가들이 1차 사료로 삼는 거의 모든 문서는 그 원저자들에 의해 편향되어 있기 때문이다. 더구나 문서들은 대상의 모든 측면을 표현할 수 없다. 예를 들어서 현재의 내가 미래의 후손에게 나 자신을 보여주라는 요청을 받았다고 가정하여 보자. 나를 보여주기 위해 방대한 분량의 자료, 예컨대, 일기, 수기, 사진, 동영상 파일이나 다른 작업물 등을 준비한다고 할지라도 나 자신을 정확히 보여줄 수는 없을 것이다. 이처럼 역사가들은 과거의 참 모습을 정확하게 전달할 수는 없다.

나는 개인적으로 현대 중국사 과목을 수강하는 중에 그러한 경험을 한 적이 있다. 수업을 통해서 아편전쟁에 대한 나의 시각이 바뀌게 된 경험이다. 수업을 듣기 전까지 나는 아편전쟁에 관하여 영국에 대한 비판적인 견해와 중국에 대한 동정적인 견해를 가지고 있었다. 그렇지만 내 견해는 크게 바뀌었다. 수업을 들으면서 영국의 비도덕적인 행위보다는 오히려 중국이 안고 있던 문제에 관하여 더욱 주목하게 된 것이다. 산업혁명 시대에 중국이 서양 국가에 비하여 크게 뒤떨어진 이유에 초점을 맞추어 공부했기 때문이었다. 나의 시각이 바뀐 이유에 대하여 곰곰이 생각해 보았다. 그 이유는 수업 중에 읽은 역사 자료들 때문이었다고 생각한다. 그 자료들은 대부분 서양학자들이 쓴 글들이었다. 만약 중국 역사가들이 쓴 역사자료들을 위주로 공부했더라면 나의 시각은 그렇게 달라지지 않았을 것이다. 이러한 경험은 역사자료들이 읽는 사람들에게 미치는 영향이 얼마나 큰지 잘 보여주는 것이었다.

이후로 과제를 읽어 가면서 매주 클래스 블로그에 글을 올려야 했다. 과제물을 읽고서 올렸던 몇몇 글들을 소개한다.

꾸며낸 전통(Invented Tradition)

나는 에릭 홉스봄(Eric Hobsbawm)의 견해, 꾸며낸 전통(invented tradition)에 동의한다. 그의 견해에 따르면, 이러한 창안자는 어떤 행동의 가치와 규범들을 반복적으로 주입시키려고 한다는 것이다. 나는 조선왕조의 건국이념인 성리학(Neo-Confucianism)이 좋은 예가 된다고 생각한다. 성리학은 조선을 건국한 태조 이성계의 자문 역할을 했던 유학자 정도전에 의해서 조선의 건국이념이 된다. 그는 진정으로 이상적인 유교국가를 건설하고자 열망했다. 유교의 이념에 따라 국가의 구조를 설계하면서 그는 유교적 가치와 도덕이 사회의 구석구석까지 스며들기를 희망했다. 새로운 정부는 사회의 모든 구성원들이 유교적인 가치와 도덕을 배우고 따르기를 기대했다. 이러한 목적 때문에 교육이 특별히 강조되었다. 그들은 또한 백성들의 행동을 규제했다. 특별히 법규를 제정하여 여성의 행실을 규제했다.

그렇지만 성리학의 이념은 공자가 가르친 전통적인 유교의 이념과 같지 않다. 성리학의 철학적, 종교적인 요소들은 후대 유학자들이 만든 것이다. 이러한 이유로 이것이 "꾸며낸 전통"에 해당한다고 생각한다. 성리학(또는 주자학)은 12세기 말에 주자에 의해 완성된 철학적인 이념이다. 성리학은 우주와 인간의 본질에 관하여 형이상학적인 방법으로 다루고 있기 때문에 전통적인 유교와는 아주 다르다. 공자는 결코 우주의 본질이나 초자연적인 세계에 관심을 두지 않았고, 오로지 현실적인 세계에 관심을 집중했다. 논어에 따르면, 공자는 다음과 같이 언급했다. "너는 아직까지 사람을 섬기는 데 익숙지 않은데, 어찌하여 혼령을 섬길 수 있겠는가?" 새로운 철학은 당나라 말기에 유학자들이 불교를 공격할 때 시작되었다. 당시 유학자 한유는 그의 편지에서 불교를 격렬한 어조로 비판했다. 그리고 새로운 유학의 선구자가 되었다. 송나라 시대에 접어들어서 새로운 유학자들, 즉 주돈이, 정이 등이 불교 배척운동에 가담했다. 역설적이게도 그들은 불교의 형이상학적인 이슈들을 그들의 연구 과제로 삼았다. 그들은 대중이 관심을 가지고 있는 그러한 이슈들을 다룸으로써 대중의 관심을 끌려고 했다. 이러한 이유로 그들은 우주의 기원, 즉 원리(理)와 물질적인 힘(氣) 사이의 관계와 인간의 마음의 상태 등에 관하여 연구하기 시작했던 것이다. 이러한 이슈들은 또한 한국의 조선시대에도 성리학자들, 예컨대 이황과 이이 사이에 열띤 논쟁의 주제가 되었다.

라이오넬 젠슨(Lionel M. Jensen)이 그의 저서, Manufacturing Confucianism에서 언급했듯이 나 역시 공자의 가르침들은 종교나 철학이라기보다 생활양식이나 또는 사회적 규범에 해당하는 것이라 생각한다. 그럼에도 불구하고 후일의 학자나 정치인들이 그 가르침을 철학이나 종교처럼 윤색한 것이다. 공자의 가르침들은 보편적이지도 영구불변하지도 않다. 달리 말해서, 공자는 보편타당한 원리, 절대적인 진리, 또는 사후세계에 관하여 진정한 관심이나 심오한 이해를 보인 적이 없다. 대신에 그는 오로지 군주들을 위한 이상적인 국가운영의 방법을 추구했다. 그는 춘추시대의 혼란한 상황에서 군주에게 도움이 될 만한 사회질서의 유지라든가 사회의 화합과 평온함의 도모 등 현실적인 문제들에 관하여 숙고했다. 실제로 그는 여러 나라들을 돌아다니며 군주의 자문 역할을 구했다. 이러한 이유로 나는 공자의 가르침들이 종교적이라거나 철학적인 것은 아니라고 생각한다. 홉스봄은 모든 꾸며낸 전통들은 역사를 집단 결속의 수단 또는 행동을 정당화하는 수단으로 이용한다고 설명한다. 이와 비슷하게, 조선시대에 성리학은 사회적 신분 차별을 정당화하고 백성들의 충성심과 여성의 정절을 이끌어 내는 수단으로 이용되었다.

한일관계에 대한 서구의 시각

많은 서구의 학자들은 한일 간의 역사자료의 불균형 때문에 한국과 일본의 관계에 대하여 잘못 이해하고 있다. 그들은 대부분 일본의 입장에서 당시의 역사를 이해하고 있다. 예를 들어, 일본의 식민 지배는 한국의 근대화에 도움이 되었다고 보는 것이 그것이다. 그리고 그것은 한국인들에게 크게 도움이 되었다고 믿는다. 앙드레 슈미드(Andre Schmid)는 "일본의 풍부한 자료는 일본제국의 식민지 경험을 살펴볼 많은 기회를 제공하는데 반하여, 한국의 자료는 매우 드물다."라고 지적한다. 이전에 나는 한국의 고종 황제와 일본 총리 이토 히로부미가 등장하는 1907년의 서양의 신문 만평을 본 적이 있다. 그 만평에는 기모노를 입고 유모 모습을 한 이토가 거지 모습을 한 어린 고종의 뒤를 따르고 있다. 그리고 양복 차림의 네 명의 키 큰 남자들이 이를 보며 웃고 있는 모습이었다. 이 만평은 고종을 다루기 힘든 떼쓰는 어린아이로, 이토는 이를 보살피는 자상한 유모로 표현하고 있다. 이 만평은 당시의 서구인들의 시각을 단적으로 보여준다. 이러한 시각은 1907년 헤이그에서 열린 평화회의에서 국제사회가 한국의 밀사들을 배척한 이유를 잘 설명해 준다. 당시 고종 황제는 평화회의에 밀사를 보내어 1905년에 체결된 한일 을사보호조약의 불법성을 공표하려고 의도했었다.

이철우: 많은 서구의 학자들이 일본의 식민 지배가 제도적인 변화를 통해서 한국의 근대화를 이루어 냈다는 이유로 일본을 좋게 평가하는 경향이 있다고 말한다. 그렇지만 인류 역사에서 근대를 더 진보된 인간 해방의 시기라고 정의한다면, 일제 식민지배 동안에 문제를 해결한 것보다는 더 많은 문제가 발생했다고 주

장한다. 나도 이 의견에 동의하면서, 근대화의 의미에 대하여 다시 생각할 필요가 있다고 본다. 일본의 주장과는 다르게, 한국인들은 일본의 식민 지배에 대하여 완전히 다르게 본다. 한국인 중에서 19세기 후반 서양에 대한 문호 개방 시기에 일본이 한국보다 문명화된 나라였다고 보는 사람은 거의 없을 것이다. 개화 또는 문명화의 기준은 무엇인가? 한국인들은 물질적 풍요함을 문명화의 척도로 보지 않는다. 대신에 높은 도덕, 문화적 수준과 철학, 종교 등 사상의 깊이를 문명화의 척도로 본다.

이러한 기준으로 볼 때, 한국인들은 당시의 한국이 일본이나 만주보다 월등히 우월하다고 생각하고 있었다. 한국인들은 일본인들이 유교적 도덕 기준이나 불교적 사상의 깊이에 있어서 야만적이고 미개하다고 보았다. 나아가, 당시의 한국인들은 급속한 산업화나 경제적 발전을 절실하게 원하지 않았다. 그렇기 때문에 일본의 보호를 필요로 하지 않았다. 오히려 일본인들을 무단 침입자로 여겼다. 예를 들어서, 수도승들이 거주하는 수도원을 가정해 보자. 무단 침입자가 수도원의 경제 사정이 나아졌다며 무단 침입 행위를 정당화하거나 자신의 기여를 주장할 수 없는 것과 같다. 수도승들은 경제적인 풍요를 추구하지 않기 때문이다.

학기 중에 작성해야 하는 연구 과제는 다음과 같았다. "10-12 pages dealing with a single event in East Asian history, in which you first construct a narrative account based on primary sources, and then offer an analysis or interpretation of the event, for which you may draw on relevant secondary literature." 나는 일본이 1876년 조선과 체결한 강화도조약에 대하여 연구해 보기로 했다. 일본은 한편으로는 자신들이 영국, 미국과의 사이에 체결한 개항 조약이 불평등 조약이라고 강력히 주장하면서 끈질기게 그 개정을 요구하여 결국은 이를 개정할 수 있었다. 그렇지만 다른 한편으로는 이웃 나라 조선에게는 그러한 불평등 조약의 체결을 강요했다. 자신들이 서구 열강과 체결한 것보다 한층 불평등한 내용이었다. 이 글에서 강화도조약의 체결 과정에서 보여준 일본의 2중적인 태도와 조약에 담겨 있는 그들의 숨은 의도를 살펴보았다.

강화도조약과 일본의 제국주의적 야심

1876년 조선과 일본 사이에 강화도조약이 체결되었다. 이 조약은 당시 조선이 체결한 최초의 근대 조약이었다. 조선은 일본에 개항함으로써 근대화의 길에 접어들게 된다. 그러나 이 조약은 여러모로 불평등 조약으로 평가된다. 한 가지 주목할 점은 이 조약은 서양 국가가 아닌 나라에 의해 강요된 최초의 불평등 조약이었다는 사실이다. 일본은 이미 영국이나 미국과 체결한 불평등 조약으로 심각한 피해를 경험했다. 그럼에도 그들은 이웃나라 조선을 강요하여 비슷한 조약을 체결하게 했다. 그 이유는 무엇이었을까? 이후에 이어진 1910년 일본의 한국 병합을 감안해 보면, 강화도조약의 궁극적인 목적은 조선을 식민지로 만들려는 것이었음을 짐작해 볼 수 있다. 그러나 일본의 진정한 의도를 분명히 밝히는 것은 여전히 어려운 일이다. 일본 정부는 그들의 의도가 조선의 근대화를 돕는 것이었지, 식민지화가 아니었다고 거듭하여 주장하고 있기 때문이다.

이 문제에 대한 답을 찾기 위해, 이 조약의 성격을 철저히 분석할 필요가 있다. 이를 위해 조약의 내용을 자세히 살펴보고, 또한 비슷한 성격의 조약인 1842년의 난징조약이나 1858년의 미·일 수호통상조약과 비교하려 한다. 이러한 방법으로 이 조약의 특징을 살펴보고, 아울러 불평등 조약의 문제를 검토하려 한다. 그렇지만 단순한 비교만으로는 일본의 숨은 의도를 찾아내기에 충분하지 않다. 그러므로 두 가지 역사적인 사건들을 통해서 일본의 의도를 조사하려 한다. 그 사건들은 불평등 조약에 대한 일본의 상반되는 태도를 잘 보여준다. 이러한 2중적인 태도를 살펴봄으로써 조약의 이면에 자리한 일본의 제국주의 야심을 충분히 짐작할 수 있다.

1876년 4월 28일자『뉴욕타임스』는 강화도조약에 대하여 다음과 같이 보도했다.

소약문에는 양국 간에 조공을 폐지하고, 서로 상대국의 수도에 외교사절을 주재하게 하며 개항장에 영사를 유지할 수 있으며, 1877년 10월 이전에 조선의 5개 지역 중 2개의 항구를 통상을 위해 개방할 것이며; 조난당한 일본의 배들은 개항장이 아닐지라도 호의적인 취급을 받으며, 일본은 조선의 해안선을 조사할 수 있다. 그리고 각국은 상대방 영토 내에 있는 자국인에 대하여 자국법에 의한 영사 및 재판권을 가진다. 이 조약의 일반적인 조항들은 일본에 유리하게 규정된 것으로, 유럽 국가들이 아시아 국가들과 체결한 조약들을 상당 부분 모방한 것이다.

이 신문은 조약의 내용을 소개하면서, 그 내용이 일본에 유리하게 규정되었고, 유럽 국가들이 아시아 국가들과 체결한 조약들과 유사하다고 논평했다.

강화도조약은 1876년 2월 26일에 체결되었다. 조약은 모두 12개 조로 구성되어 있는데, 그 조항별 내용은 다음과 같다.

제1조 조선은 자주 국가로서 일본과 대등한 권리를 갖는다.
제2조 양국은 상대국의 수도에 사절을 보낼 권리를 갖는다.
제3조 한자와 일본어를 양국 간의 공식 언어로 정한다.
제4, 5조 부산항은 즉시 개항하고, 다른 두 곳을 20개월 내에 통상을 위해 개항한다.
제6조 일본 선박이 조선 연해에서 도움이 필요할 경우에는 조선의 모든 항구를 이용할 수 있도록 허용하고, 조난당한 선원들에게 호의적으로 도움을 제공한다.
제7조 일본의 항해자들이 수시로 조선의 해안을 조사하고 측량하여 지도를 제작할 수 있다.
제8조 일본은 영사를 임명하여 개항장에 상주하면서 일본인들의 통상과 이익을 보호한다.
제9조 양국은 아무런 제한 없이 상호 거래하고, 양국 정부는 통상을 제한하거나 금지하지 못한다.
제10조 조선의 개항지에 거주하는 일본인이 조선인에 대한 죄를 범했을 때, 일본 당국에 의해 일본법에 따라서 재판받는다. 반면에, 조선인이 일본

인에 대하여 죄를 범한 경우에는 조선 당국에 의해 조선 법률에 따라 재판한다.

제11조 통상의 규제를 위한 모든 규칙들과 조약의 해석에 필요한 규정들은 양국 간에 협의하여 정한다.

제12조 이 조약은 즉시, 영구적으로 시행하고 개정하지 못한다.

당시 일본에 주재하던 영국 총영사 해리 파크스(Harry Parkes)는 이 조약 내용을 분석한 후, 그 내용이 영국과 일본 간의 1858년 조약과 유사하다고 평가했다. 그는 1876년 3월 27일에 영국 외무부에 보낸 보고서에서 다음과 같이 설명한다.

본인은 일본과 조선이 최근에 체결한 조약의 사본을 일본 외무성으로부터 입수하여 논평 없이 보고한 바 있습니다. 이제 그 조약에 대한 검토 소견을 보낼 수 있게 되어 영광입니다. 제1조는 조선이 독립국임을 인정하고 양국의 동등성을 인정하고 있습니다. 제가 보기에, 이 규정은 조선인들이 받아들일 만하고, 일본의 입장에서 볼 때, 조선이 중국으로부터 독립한다는 것을 의미합니다… 제10조는 특별히 눈여겨볼 필요가 있습니다. 최근에 일본 정부는 일본이 외국과 체결한 조약에서 치외법권 조항을 항의하고 있음에도, 그들은 조선에 있는 자국민에 대한 관할권을 세심하게 규정하고 있습니다. 일본의 외무대신이 제게 설명했듯이, 이 조항은 일본에 거주하는 조선인들에 대한 관할권을 인정하지 않았습니다. 이처럼 그들은 일본이 외국과 체결한 조약들을 모방하여 이 권리를 상호적인 권리로 규정하지 않았습니다. 간단히 말하자면, 이 조항은 영국과 일본 간의 1858년 조약의 4조 및 5조와 거의 같은 내용입니다. 이 조약과 영일 간의 1858년 조약의 유사성은 주목할 만합니다. 차이라고는 거의 영일 조약의 내용 중에서 화폐의 교환, 세관의 운영, 그리고 이와 유사한 사항들이 생략된 것에 한정됩니다. 제가 설명 듣기로는 일본의 대표들은 조선의 대표들이 그에 관하여 알지 못하고, 또한 논의할 만한 지적 수준이 되지도 못하기 때문에 이 문제에 대한 언급을 피했다고 합니다. 대신에 그들은 11조를 삽입하여, 이러한 모든 세부사항의 적정한 해석과 시행을 위하여 6개월 이내에 다시 만나서 협의하기로 했습니다.

이 보고서에서 파크스 공사는 일본이 영국과의 조약의 내용을 모방한 것에 주목하면서 일본의 이율배반적인 태도를 지적하고 있다. 왜냐하면 그들은 영국에 대하여 양국 간의 불평등 조약에 대하여 그동안 여러 차례 불평해 왔기 때문이다. 그의 설명에 따르면, 그때까지 일본 정부는 영국과 일본 간의 조약에 규정된 치외법권 규정에 대하여 불평해 왔었다. 그러면서도 그들은 조선과 체결한 조약에 일본인들에 대한 치외법권을 세심하게 규정했다는 것이다. 결국, 일본은 유럽 국가들의 제국주의 정책을 모방하여, 이웃 국가들에 대하여 자신들의 제국주의 정책을 펼치기 시작했다고 볼 수 있다.

주일 영국공사 파크스가 지적했듯이, 이 조약은 서구 열강의 강요에 의해 체결된 조약들, 예컨대 난징조약이나 미·일 우호통상조약과 매우 흡사하다. 1842년에 체결된 난징조약에 따르면, 제2조에 중국의 5개 항구를 영국에 개항하고, 개항한 항구에 영국의 감독관이나 영사 관리들이 주재한다. 제13조에 조약이 양국의 비준으로 효력을 가진다고 규정하면서, 비준 이후의 개정에 관한 규정은 없다. 더구나, 1843년의 보충 조약 제8조에는 최혜국 약관이 규정되어 있다. 그리고 중국은 1844년에 미국과의 사이에 체결한 왕샤조약(望廈條約)에서 미국에 치외법권, 즉 외국인들이 중국에서 범한 형사범죄에 대한 중국법 적용 면제의 특권을 인정한다. 그리고 영국 역시 위 최혜국 약관에 따라 미국과 같은 치외법권을 인정받을 수 있었다. 이러한 규정들은 강화도조약의 규정들과 거의 흡사하다. 또한, 미국과 일본 간에 체결한 1858년 우호통상조약에 따르면, 제1조에 미국은 개항장에 주재할 영사를 임명한다. 제3조에 일본의 6개 항구를 미국에 개항한다. 제6조에 미국인이 일본인을 상대로 범죄를 저지른 경우에 미국법에 따라서 미국 영사가 재판하여 처벌한다고 규정되어 있다. 이러한 규정들 역시 강화도조약과 매우 유사하다. 다만, 미·일 조약에는 조약의 비준 및 개정에 관한 사항이 제13, 14조에 규정되었지만, 강화도조약은 즉시, 영구적으로 효력이 발생하고 개정할 수 없도록 했다.

강화도조약의 체결 당시 일본의 외무대신 데라시마는 주일 외교사절들에게 위 조약은 일·한 양국의 평화와 우호를 위해 체결된 것이기 때문에 모든 나라의 이익에 기여할 것이라고 소개했다. 그렇지만 위 조약은 평등이나 공정과는 거리가 멀었다. 위에서 살펴보았듯이, 위 조약은 서구 열강의 강요에 의해서 체결된 다른 조약들과 흡사했다. 그러한 조약들처럼 강화도조약 역시 여러 가지 면에서 불평등 조약으로 평가된다. 그중에서도 세 가지 주요한 이유가 있다. 첫째 이유는 조약이 강요에 의해 체결되었기 때문이다. 조약의 협상에 앞서서 일본인들은 1875년 소위 운요호(雲揚號) 사건을 모의했다. 그해 9월에 해군 군함 운요호를 한강 하구에 위치한 강화도 앞 바다에 보내어 조선의 수비군을 자극해서 배에 포격을 하도록 했다. 그 후 일본은 이를 빌미로 구로다 기요타카를 지휘관으로 하는 3척의 군함과 4척의 수송선에 800명의 무장한 군인들을 태워 조선에 파견했다. 일본의 함대는 1876년 2월 강화도 동쪽 해안에 상륙한 후, 구로다는 조선 정부에 협상을 요구했다. 이러한 상황에서 조선 정부는 일본의 요구를 받아들일 수밖에 없었다.

둘째 이유는 조약이 조선의 영토 주권을 제한하기 때문이다. 조약 제4조와 제5조에 따르면, 조선은 일본과의 상업 교역을 위해서 3개의 항구를 개방해야 했으며, 개항된 항구에서 일본인들은 조선인으로부터 건물을 임차하거나 토지를 임차하여 건물을 건축할 수 있었다. 더욱이 제10조에는 치외법권이 규정되어 있다. 항구에 거주하는 일본인이 조선인에 대하여 범죄를 저지르면 조선 법이 적용되지 않고 일본법에 따라서 일본 당국의 재판을 받게 되어 있다. 이는 조선의 영토 주권의 명백한 포기였다. 주권의 포기를 요구하는 협정은 평등한 조약으로 간주될 수 없다. 끝으로 셋째 이유는 조약이 상호 호혜적이지 않고 일방적이기 때문이다. 조선은 항구를 개방하고 치외법권 조항을 받아들여야 했지만, 조선은 누릴 수 없는 특권을 일본만이 누릴 수 있었다. 실제로 조약 이후에 조선인이 일본에서 범죄를 저지른 사건이 발생했을 때, 일본 정부는 일본이 조선에게 특권을 부여한 사실이 없기 때문에 치외법권을 인정하지 않겠다고 공식 선언했다. 이러한 이유로 이 소약은 결코 평등하지도 공정하지도 않은 것이었다.

앞서 살펴본 바와 같이, 이 조약은 비 서방 국가가 강요하여 체결한 최초의 불평등 조약이라 할 것이다. 그러면 일본은 왜 조선에 불평등 조약을 강요했을까? 사실 일본은 당시 영국과의 사이에 한청 조약 개성을 위하여 협상 중이었다. 일본은 1854년에 미국, 영국과 조약을 체결함으로써 서양에 문호를 개방했다. 초기에 도쿠가와 정권은 세계 외교의 체계를 이해할 수 없었기 때문에 이러한 조약들의 진정한 효과를 알지 못했다. 그러나 조약 체결 이후 일본의 엘리트들은 불평등 조약의 바람직하지 않은 의미를 깨닫기 시작했다. 그들은 치외법권의 근본적인 의미를 이해하게 되었는데, 그것은 서양인들이 일본의 제도를 자의적이고 미개하고 야만적인 것으로 인식하고 있다는 의미를 담고 있었다. 이는 너무나 수치스러웠기 때문에 그들은 개정운동에 착수하여 영국 정부에 개정을 요청했지만 즉각 거부되었다. 일본의 제도가 서구의 기준에 맞지 않았기 때문이라는 이유에서였다. 그러한 경험을 통해서 그들은 불평등 조약의 개정을 위해 근대화가 선행되어야 한다는 사실을 깨달았다. 이에 따라 그들은 1868년 메이지유신이라는 야심찬 개혁사업에 착수했다. 메이지 지도자들은 산업 근대화를 최우선 과제로 삼고 산업에 대한 정부의 투자를 늘렸다. 부국강병이 메이지유신의 슬로건으로 채택되었다.

1869년 메이지 정부의 외무대신은 일본에 있는 외국 대표단에게 조약의 개정을 요청하는 서면통지를 보냈다. 그는 일본이 커다란 정치적 변화와 전례 없는 개혁을 단행했다고 언급하면서, 이로 인하여 조약이 명목상으로나 실질적으로 부당하게 되었다고 주장했다. 그러나 이 요청은 조약국들에 의해 또다시 거부되었다. 그러자 메이지 정부는 1871년부터 1873년까지 이와쿠라 사절단을 미국, 영국과 유럽 국가들에 보내어 조약의 개정을 협상했다. 사절단은 이와쿠라 왕자와 기도와 이토 등 고위 관료 50인으로 구성되었다. 메이지 정부는 조약국들과의 접촉 경험을 통하여 일본이 국제사회에서 열등한 지위로 취급되는 이유는 서구 열강들과 체결한 조약의 치외법권 조항 때문이라는 사실을 깨달았다. 그래서 그들은 조약 개정을 메이지 정부의 주요 슬로건으로 내걸었다. 이 슬로건 아래, 그들은 사법제도를 서양인들이 요구하는 기준에 맞도록 개혁했다. 결국 그들은 영국과의 협상을 성공적으로 이끌었고, 1894년 7월 16일에 마침내 새로운 조약에 서명했다. 그들은 일본이 "자유롭고 독립적이며 동등한 국제사회의 일원"이 되었음을 선언하면서 전 국민이 함께 이를 경축했다.

그러므로 일본이 1876년에 조선과 협상을 시작했을 때, 그들은 이미 치외법권 조항의 부정적인 의미를 잘 알고 있었다. 이러한 이유로 주일 영국 공사 파크스는 일본의 이중적인 태도에 대해 냉소적이었다. 일본은 한편으로는 서구 열강에 대한 치외법권의 특혜를 불평하면서, 다른 한편으로는 이웃 국가에 동일한 특권의 수용을 요구했다. 그러면 이 조약의 배후에 담긴 일본의 진짜 의도는 무엇이었을까? 일본의 진정한 의도를 파악하기는 쉽지 않다. 왜냐하면, 일본 정부와 학자들은 조선의 근대화를 돕고 상호 평화와 이익에 기여하려는 의도였다고 주장하기 때문이다. 더구나 일부 일본인 역사학자들은 조선인들이 선천적으로 진취정신과 자율 의식 부족하기 때문에 일본이 나서서 조선을 근대화시킬 필요가 있었다고 주장하기도 한다.

그러나 일본의 진정한 의도는 조약의 독특한 조항인 제1조, 제7조와 제10조를 주의 깊게 살펴보면 짐작할 수 있다. 첫 번째 조항은 제1조인데, 조선의 자주독립을 선언하는 내용이다. 이 독립은 중국으로부터의 독립을 의미한다. 중국은 역사적으로 조선에 대한 종주권을 주장해 왔기 때문에, 이 조항은 중국의 간섭을 배제하고 조선을 개방하여 일본의 진입을 가능하게 할 의도이다. 이 선언은 청일전쟁 이후 일본이 중국과 체결한 1895년 시모노세키 조약에서 재확인되었다. 그 조약 제1조는 중국이 조선의 완전한 독립과 자치권을 인정한다고 규정하고 있다. 이 조항의 진정한 의미는 다음 조항인 제2조와 함께 살펴볼 때 명확해진다. 제2조에는 "중국은 다음의 영토와 모든 요새, 무기고 및 공공의 시설에 대한 영구적이고 완전한 주권을 일본에 양도한다. (a) 펑티엔(奉天: 선양의 옛 지명), (b) 포모사 섬(타이완), (c) 펑후군도(타이완 해협의 소군도)"라고 규정되어 있다. 이 조항을 보면, 일본의 영토에 대한 야심을 분명히 알 수 있다. 따라서 조선의 독립을 선언하는 위 조항의 의도는 일본의 조선에 대한 정치적, 경제적, 그리고 군사적인 지배권을 확보하기 위한 의도였다고 결론지을 수 있다.

다음 조항은 제7조로 "지금까지 측량이 이루어지지 않은 조선 해안은 접근하는 선박에게 매우 위험하며, 섬, 방위, 암초의 위치와 수심을 보여주는 해도를 준비하여 모든 항해사가 두 나라 사이를 안전하게 통과할 수 있도록 한다. 일본 선원은 누구든지 자유롭게 조선의 해안을 측량할 수 있다."고 규정되어 있다. 이 조항에 따라 일본은 1877년부터 1879년까지 해군 선함을 파견하여 조선 연안을 조사한 후 새로운 개항을 선정했다. 일본 군함들은 한국의 해역을 자주 항해하면서 군사 목적으로 해도를 작성했다. 따라서 이 조항은 조선 해역에서의 일본의 군사 및 정탐 활동이 가능하게 할 의도였다고 할 것이다.

셋째 조항은 치외법권을 규정하는 제10조이다. 치외법권은 이 조약의 핵심이었다. 이 시스템은 서구 열강이 체결한 유사한 불평등 조약의 핵심적인 구성요소 중 하나이기도 했다. 그러나 서방국가들이 이 제도를 채택한 데에는 나름대로 합리적인 이유가 있었다. 예를 들어 중국의 사법제도의 심각한 문제점을 보여주는 사례가 있다. 1821년 중국의 항구에 정박 중인 미국 선박 에밀리호에서 떨어뜨린 그릇에 맞아 중국의 과일 판매상이 사망한 사건이 있었다. 그릇을 떨어뜨린 미국 선원 테라노바(Terranova)는 중국 관리에게 넘겨져 재판을 받게 되었고 다음 날 유죄판결을 받고 즉시 교수형에 처해졌다. 살인 의도를 입증할 증거가 없었음에도 불구하고 그는 유죄판결을 선고받고 바로 처형되었다. 서양인들이 보기에 이 재판에는 치명적인 결함이 있었다. 하루 만에 필요한 증인의 진술을 듣는 것이 불가능했기 때문에 재판을 담당한 관리가 적절한 재판 절차를 지키지 않은 것이 분명했다. 더구나 상소제도는 존재하지도 않았다. 과실 사건에 대한 사형은 너무나 가혹한 것이었다. 이 모든 점이 누적되어 서양인들은 중국이 그 관할권을 포기하도록 강요해야 한다고 생각한 것이었다.

이에 비하여 일본은 조선에 대하여 치외법권을 요구할 이유가 충분하지 않았다. 조약이 체결되기 전에도 일본인들은 조선의 부산지역에 거주하면서 조선인들과 교역 및 상업에 종사했다. 그들은 모두 조선의 법률의 적용을 받았음에도 그 때까지 특별한 문제가 없었다. 조약 제4조에는 "조선의 부산에 있는 소리오는 원래 일본과의 상업적 교역을 위해 개방된 장소이며 이후에는 그곳에서 이 조약의 규정에 따라 무역을 한다."라고 규정하여 그러한 상황을 뒷받침한다. 그럼에도 불구하고 일본은 조선에 대하여 굳이 치외법권을 요구했다. 일본은 왜 그러한 특권을 얻어 내려고 애를 썼을까? 당시의 의도를 직접적으로 확인할 수는 없지만, 이후의 왕비 시해 사건과 그 재판을 통해서 일본의 숨은 의도를 짐작할 수 있다.

1895년 10월 21일자 『뉴욕타임스』는 한국에서 극악무도한 사건이 발생했다며 "한국 정부는 왕비의 서거 소식을 확인했다…. 일본 관리들은 헌병들의 호위를 받으며 서울에서 돌아오고 있다. 주한 외교사절들은 자국 공사관에 대한 보호를 요구한 것으로 알려졌다. 그들은 모두 왕비를 살해한 일본의 소시(壯士: 낭인)들을 비난했다." 그리고 엿새 뒤의 보도에서는 "미우라, 전 주한 일본 공사와 몇 명의 일본인들이 히로시마 인근 우지나에 상륙하다 체포되었다. 일각에서는 미우라가 최근 서울에서 발생한 한국 왕비 살해 사건에 어느 정도 책임이 있다는 비난을 받고 있다."라고 보도했다. 1895년10월 8일 조선의 왕후가 자신의 궁궐에서 일본인 암살단에 의해 잔인하게 살해되었다. 나중에 일본 공사 미우라 고로가 이 범죄에 직접 관련되었다는 사실이 믿을 만한 증거에 의해 확인되었다. 그는 실제로 서울 주재 일본 공사관의 1등 서기관인 스기무라 후카시와 다른 보좌관들과 함께 음모를 꾸몄다. 그들은 일본 군인들과 일본인 소시(낭인)들을 동원하여 암살을 자행했다. 범행 직후 일본 정부는 미우라, 스기무라와 오카모토 고문을 다른 범행 가담자 45명과 함께 일본으로 소환하여 히로시마에서 재판에 회부했다.

그러나 재판에서 유죄판결을 받은 사람은 아무도 없었고, 모두 무죄 선고를 받았다. 그 판결의 결론 부분은 다음과 같다.

> 동틀 무렵에 일행은 광화문을 통해 궁궐에 들어간 후, 즉시 내실로 들어갔다. … 이러한 사실에도 불구하고 피고인들 중에서 어느 누구도 원래 계획된 범죄를 실제로 저질렀다는 사실을 증명할 충분한 증거가 없다. … 이러한 이유로 피고인 모두를 무죄 방면한다.

법적인 관점에서 볼 때 이 판결은 형사법의 기본 원칙에 어긋난다. 증거법의 일반 원칙에 따르면, 조직범죄와 같은 공모공동정범의 경우에는 공범이 주범의 범행을 방조, 조장, 조력한 경우에는 실제로 범죄 행위에 가담하지 않았을지라도 주범이 저지른 범죄 행위에 대한 책임을 진다. 따라서 공모공동정범의 경우에 검사는 공모 사실과 정범의 범죄 행위를 입증하면, 공범의 구체적인 가담 행위를 증명할 필요가 없다. 그럼에도 불구하고 법원은 피고인들 중 누구도 실제로 범죄를 저질렀다는 사실을 증명할 충분한 증거가 없다는 이유로 무죄를 선고한 것은 잘못이 아닐 수 없다.

이 범죄는 국가 주권에 대한 심각한 공격이었지만, 조선 정부는 조약의 치외법권 조항 때문에 단 한 명의 일본인 범죄자를 수사하거나 처벌할 수 없었다. 이 사건은 특권이 어떻게 악용될 수 있는지 여실히 보여준다. 메이지의 엘리트들은 조선과 체결할 조약 문안을 작성하기 전에 이 특권이 정치적인 목적으로 유용하게 이용될 수 있음을 충분히 인식하고 있었던 것 같다. 1892년 10월 주일 조선 공사 권재영이 일본 외무대신에게 이 특권의 개정을 요구하며 협상을 시도하려 했을 때, 외무대신은 이를 단호히 거절했다. 그리고 1895년 왕비 시해 사건에 대한 히로시마 재판소의 재판이 끝난 뒤, 이하영 주일 조선 공사가 여러 차례 일본 외무대신을 접촉하여 일본인 범죄자들에 대한 엄한 처벌을 요구했다. 그러나 일본 정부는 이 사건을 재검토할 의향이 없다고 답했다. 일본 정부는 이 사건에 관하여 변함없는 태도를 보였다. 이러한 태도는 일본의 메이지 왕의 발언에 잘 드러나 있다. 미우라 고로는 그의 회고록에서, 재판 직후에 왕의 시종 요네타를 만났으며 그로부터 왕비 암살사건 보고를 들은 메이지 왕이 "우리는 해야 할 일을 해야만 한다."라고 말했다는 소식을 전해 들었다고 밝혔다.

강화도조약은 조선이 체결한 최초의 근대적 조약이었다. 그렇지만 이는 불평등한 조약이었다. 일본은 서구 열강이 아니었음에도 이웃나라에 불평등조약을 강요한 최초의 국가였다. 일본은 한편으로 자신들이 체결한 불평등 조약의 개정을 요구하면서, 다른 한편으로 이러한 조약의 체결을 강요하는 이중적인 태도를 취했다. 메이지 엘리트들이 조선과의 개항 조약을 설계하기 전부터 이미 치외법권의 채택을 고려하고 있었음을 알 수 있다. 그들의 의도는 특권을 이용하여 조선 땅에서 조선의 사법권을 회피하려는 목적이었다. 이 조약과 함께 시모노세키 조약을 살펴보면, 메이지 정부가 강화도조약을 체결한 주된 목적은 이웃 나라의 영토에 대한 욕심이었음을 충분히 짐작할 수 있다. 달리 말해서, 조약에 숨겨진 의도는 바로 제국주의적 팽창 욕구였다고 결론지을 수 있다. 이것이 바로 조선 정부의 거듭된 요구를 단호히 거부하면서 이중적인 태도를 취한 이유라고 할 것이다.

로마사 과목

로마사 과목의 교수는 영국 출신의 리처드 빌로우스(Richard Billows) 교수였다. 교재는 메리 보트라이트(Mary T. Boatwright) 등의 The Romans: From Village to Empire (Oxford University Press, 2004)와 미첼(S. Mitchell)의 History of the Later Roman Empire 284-641 AD를 사용했다. 수업은 교수의 강의 방식으로 진행되었고, 주 1회 50분간의 조 모임(discussion section)에 참석하여 읽은 과제에 관하여 토론했다. 교재 이외에 참고한 주요 자료는 로마사 자료집이었다. 자료집(Source Book)은 역사연구에 기본적인 1차 역사자료(primary source)가 망라된 책으로, 로마시대에 시행된 각종 법률 관련 문헌, 원로원의 포고 및 결의, 황제의 칙령, 당시에 발간된 서적이나 서신과 당시에 제작된 각종 비문, 파피루스, 동전 등의 자료가 수록되어 있다.

로마사 자료집을 살펴보다가 눈에 띄는 자료를 발견했다. 로마시대의 상세한 재판 기록이 있었다. 기원전 시대의 생생한 재판 기록이라니 놀라울 따름이었다. 법률 및 재판제도에 관심이 있던 나에게는 귀중한 자료가 아닐 수 없었다. 로마법은 현대 시양 법률의 모형으로 알려져 왔으니 그 연구를 통해 서구 제도의 뿌리를 살펴볼 수 있게 된다. 마침 로마사 과목의 학기 페이퍼 과제가 "6-8 pages, an aspect of Roman history and society, Use one or more primary sources"였고, sample topic으로 지방 행정, 문화적 가치, 제국의 정치, 또는 기독교 등이 예시되었다. 그래서 위 재판 기록을 토대로 로마시대의 재판제도를 연구하기로 정하고 리서치를 시작했다.

작성할 페이퍼의 줄거리는 다음과 같았다. 기원전 70년경에 진행된 가이우스 베레스에 대한 공갈, 횡령 사건의 재판기록은 로마시대의 형사재판의 절차를 보여준다. 로마인들은 이미 상당한 수준의 형사 재판 절차를 채택하여 운영하고 있었다. 이러한 고대 재판 절차는 현대 형사재판 절차의 기본 모델이 되었다. 이와 관련하여 다음과 같은 문제를 제기하여 보았다. 부패한 지방관리들은 어떻게 기소되어 재판을 받았는가? 로마의 재판 절차는 어떤 점에서 발전된 제도라고 할 수 있는가? 고대 로마의 재판절차는 현대 서구의 재판 절차에 비하여 어떻게 다른가?

가이우스 베레스의 재판과 로마의 형사소송 절차

기원전 70년에 45세의 남자가 공갈 혐의로 로마의 법정에 세워졌다. 피고인의 반대편에는 36세의 기소인이 서서 피고인에 대한 기소 진술을 시작했다. "피고인은 국고를 털었고, 소아시아와 밤빌리아에서는 로마의 총독으로 재직하면서 해적처럼 노략질을 일삼았습니다. 시실리에서는 악성 전염병처럼 굴었습니다."라고 준엄하게 꾸짖었다. 법정에는 판사와 배심원단이 모두 로마의 전통의상인 토가를 입고서 기소인과 피고인 측을 지켜보고 있었다. 피고인을 기소한 기소인, 즉 검사는 바로 키케로(Marcus Tullius Cicero, 106-43 BC)였고, 피고인은 가이우스 베레스(Gaius Verres, 120-43 BC)였다. 이 재판에서 베레스는 총독으로 재직할 동안 시실리인들로부터 4,000만 세스테르티우스를 갈취한 혐의로 기소되었다. 그가 시실리에서의 임기를 마치고 로마로 돌아온 직후에 시실리인들은 그를 상대로 로마의 원로원에 청원을 제기했다. 기원전 149년에 제정된 칼퍼니안법(The Calpurnian Law)에 따르면, 로마의 지방 주민들은 로마의 지방행정관들을 상대로 공갈 혐의의 고소를 제기할 수 있었다. 이 재판은 고대 로마의 형사재판의 전형을 보여준다.

베레스는 원로원 의원의 아들이었다. 그는 집정관 카르보가 소아시아 지역의 폰터스 정벌을 위한 원정에 나설 때에 재무관으로 그를 수행했다. 기원전 83년에 마리우스와 술라 간에 내전이 벌어지자, 그는 그가 맡은 군대의 자금을 들고 달아나서 카르보의 대적인 술라 편에 가담했다. 그는 기원전 80년에 당시 시실리 총독 돌라벨라의 특보로 임명된다. 돌라벨라가 임기를 마치고 로마로 돌아온 뒤 공갈 혐의로 재판을 받게 되었을 때 베레스는 그 재판의 주요 증인이었다. 그는 기원전 74년에 로마의 치안관으로 선출되어 로마 시민들의 민사재판을 주재한다. 이후 73년에 시실리 지방의 총독으로 임명된다. 베레스가 임기를 마치고 시실리를 떠나자마자 시실리 주민들의 대표자들이 로마를 방문하여 키케로를 찾아갔다. 키케로는 이전에 시실리에서 재무관으로 근무했기 때문에 그들과 알고 있었다. 그들은 베레스를 상대로 제기한 고소사건을 맡아 달라고 요청했고, 키케로는 이를 승낙했다. 그 후 키케로는 베레스를 공갈 법정에 기소했다.

공갈 법원은 기원전 149년의 칼퍼니안법에 의해 설치되었는데, 지방 공직자, 특히 총독을 상대로 제기된 갈취 사건을 재판하기 위한 법원이었다. 이 상설 특별 법원은 이전에 재판을 맡았던 의회가 지방 총독을 상대로 한 재판에서 몇 차례 악명 높은 무죄 선고를 한 이후에 이에 대한 대안으로 설치된 것이었다. 법원은 재판장과 배심원으로 구성된다. 재판장은 원로원 의원 중에서 선발되어 1년 동안 재판을 주재하게 된다. 그러나 이 법원의 설립 이후에도 유죄 선고 비율이 그리 높지 않았다. 배심원들과 피고인들의 신분이 동등했고, 또 배심원들이 뇌물에 취약했기 때문이었다. 이런 이유 때문에 그라쿠스(Gaius Gracchus)는 기원전 123년에 법원을 개혁했다. 그는 아킬리언법(Acilian Law)을 제정하여 배심원들이 원로원 의원이 아닌 기병 계층에서 선발되도록 했다. 그러나 이후 술라의 독재 기간에 원로원 의원에 의한 배심원 제도가 복원되었다. 즉, 기원전 81년의 코넬리언법(Cornelian Law)에 따르면, 배심원들이 원로원으로부터 선발되도록 했다. 그러므로 기원전 70년에 베레스에 대한 재판이 열릴 당시의 배심원들은 모두 원로원의 의원들이었다. 이 재판이 끝난 후 몇 주가 지나서 아우렐리언법(Aurelian Law)이 제정되어 배심원들을 원로원 의원과 기병 계층과 평민 계층 간에 동등한 비율로 구성하도록 변경되었다.

위 법률 중에서 소송 절차를 규율하는 주된 법률은 아킬리언법이었다. 그 법에 따르면, 법원은 로마 공직자들, 예컨대, 집정관, 지안관, 섬열관, 재물관리관이나 재무관들에 의해 저질러진 공갈이나 횡령 사건에 대한 재판을 관할했다. 그렇지만 그들이 공직에 있는 동안에는 재판할 수 없었다. 달리 말해서, 재직 중에는 기소할 수 없었다. 재판의 대상이 되는 extortion(공갈, 횡령)은 다음과 같이 정의된다. 재직 중에 그의 지배하에 있는 사람이나 그 가족으로부터 재물을 노략질하거나 강제로 빼앗거나, 갈취하거나 횡령하거나 착복하는 행위를 의미한다. 이 범죄의 피해자는 시민권 유무와 관계없이 가해자를 상대로 고소하거나 소송을 제기할 권리를 가진다. 피해자들이 그들을 대신하여 기소 행위를 수행할 기소인을 원하는 경우에 법원은 그들에게 기소인을 허용할 수 있다. 반면에, 피고인도 역시 자신을 변호해 줄 변호인을 요청할 수 있다.

법원은 재판장과 배심원으로 구성된다. 재판장은 로마의 치안관(praetor) 중에서 선발되었는데, 재판을 주재하면서 재판 중에 심문을 시행했다. 재판의 평결과 형 선고와 피해 산정의 권한은 배심원에게 속했다. 아킬리언법에 따르면 배심원은 다음과 같이 선발되었다. 재판장이 아닌 다른 치안관이 매년 형사 및 민사소송의 배심원으로 일할 수 있는 명단을 작성하는데, 재판장은 이 명단에서 450명을 추려낸다. 다만, 다음 사람들은 대상에서 제외된다. 30세 미만이거나 60세 이상인 자, 형사사건으로 유죄판결을 받은 자, 로마시 경계로부터 1마일 이내에 살지 않는 자 등이다. 이 450명의 명단 중에서 기소인, 즉 검사는 자신이나 피고인과 전혀 관련이 없는 100명을 고른다. 그러고 나서 피고인이 그중에서 50명을 고른다. 이 50명이 최종 후보자 명단에 기록된다. 만약, 피고인이 선택을 거부하면 기소인이 최종 후보자 50명을 정한다. 배심원들은 사건에 관하여 듣고, 질문하고 난 후에 평결과 형의 선고를 한다.

재판은 기소인이 원로원에 사건을 기소함으로써 시작된다. 아킬리언법은 지방 주민들이 그들의 종전 공직자를 상대로 원로원에 피해 사실을 고소할 수 있도록 했는데, 이 경우에 주민들은 보통 로마의 시민에게 의뢰하여 기소 업무를 수행하도록 했다. 다음 단계는 기소 단계이다. 로마의 형사절차는 공소(公訴) 제도, 즉 공직자 기소관 제도를 채택하지 않고 사소(私訴) 제도, 즉 일반 사인에 의한 기소 제도를 채택했기 때문에, 일반 개인들이 형사사건의 기소인, 즉 검사의 역할을 했다. 그런데 한 사건에 대하여 여러 명의 기소인이 경합할 경우가 있었는데, 이러한 경우에는 법원이 그중에서 한 명을 그 사건의 기소관(delator)으로 결정했다.

따라서 누가 적합한지를 결정하기 위해 예비 재판 절차가 열렸다. 이 절차를 디비나티오(Divinatio)라고 부른다. 세 번째 단계는 배심원 후보자 선정 절차이다. 피고인을 소환한 후 20일이 경과했을 때, 기소인은 450명 후보자 명단에서 100명을 선별하고, 피고인은 그중 50명을 고른다. 이 후보자 명단 중에서 정규 재판 절차에서 배심원을 최종 선정한다. 네 번째 단계는 증거의 조사 절차이다. 재판장은 기소인에게 증거의 조사에 필요한 기간을 허락한다. 이 기간 동안에 기소인은 범죄가 행해진 지역을 방문하여 증거를 수집한다. 이후 재판은 정해진 날에 재개되는데, 필요한 경우에 재판장은 지방관서에 증거 수집 명령을 내리고 감독관을 보내어 이를 수집하기도 한다.

다음 단계는 정규 재판 절차이다. 정해진 날에 재판이 열리는데, 재판정은 로마의 포럼(Roman Forum)이었다. 재판장과 배심원들의 입회하에 재판이 시작된다. 피고인이 자진 추방이나 사망으로 인하여 출석하지 않을 경우에도 법원은 절차를 계속 진행한다. 피고인이 출석한 경우와 마찬가지로 심문 절차를 진행하여 최종 결정을 하게 된다. 여섯 번째 단계는 배심원의 최종 선정 절차이다. 재판장이 50인의 후보자의 명단을 게시하면, 피고인과 기소인은 허용된 숫자에 이를 때까지 차례로 배제신청을 한다. 이후 배심원단이 최종 확정되면 배심원들은 선서를 하고 재판에 참여한다. 일곱 번째 단계는 최초 변론 절차이다. 기소인은 기소 내용을 설명하고 기소 사실에 관하여 피고인에 대한 신문을 한다. 이 단계에서 기소인은 기소 사실에 대한 주장을 하고 그 입증계획을 밝힌다. 이어서 기소인은 증인 소환을 시작한다. 여덟 번째 단계는 증거조사 절차이다. 이 단계에서 기소인은 기소사실을 입증할 증거를 제출한다. 피고인과 그 변호인은 이에 대응할 반박 증거를 제출한다. 증인은 사건과의 관련성이 인정되어야 하고, 피고인과 친분관계가 있는 사람은 증언이 허용되지 않는다. 증인은 상대방 측에 의해 교차신문이 이루어진다. 기소인은 재판부에 공공 기록이나 사문서, 서적 또는 서신을 제출받아 검증할 것을 요구할 수 있다. 아킬리언법에 따르면 증인의 숫자는 48명까지로 제한되었다. 그렇지만 기원전 17년의 줄리안법에서는 10명으로 제한되었다. 아홉 번째 단계는 결심 절차이다. 이 단계에서 기소인은 최종변론을 한다. 기소사실을 요약하고 처벌을 요구한다. 그 후에 피고인과 변호인이 최후진술과 최종 변론을 하게 된다.

　마지막 단계는 배심원의 평의와 평결 절차이다. 배심원단이 협의에 들어갈 것임을 알리면, 재판장은 다음 재판 날짜를 정한다. 배심원의 3분의 2 이상이 의견을 정했다고 밝히면, 아직 마음을 정하지 못한 배심원들은 투표에서 배제된다. 배심원들은 차례차례 표결하는데, 무죄 또는 유죄의 글자가 새겨진 판을 이용하여 투표함에 넣는 방식으로 한다. 평결은 다수결에 따른다. 투표가 끝나면 재판장은 유죄 또는 무죄의 평결을 선고한다.

　가이우스 베레스에 대한 재판은 기원전 70년 1월에 시작되었다. 당시의 치안관 마르쿠스 아킬리우스 글라브리오가 법원의 재판장이었다. 한 해 전인 기원전 71년 말에 시실리 주민들의 대표자들이 전임 총독 베레스에 대한 고소를 위해 로마를 방문했다. 그들은 키케로를 찾아가 기소 업무를 맡아달라고 부탁했고, 키케로는 이를 받아들였다. 키케로는 그의 디비나티오 연설에서, "제가 시실리에서 재무관으로 근무하는 동안에, 그리고 그곳에서 떠난 뒤로 시실리인들 사이에 저에 대한 즐거운 기억들이 남아 있어서…. 그들은 제게 소송을 맡아서 그들의 재산을 지켜달라고 간청했습니다."라고 사건을 맡게 된 경위를 밝혔다.

　그런데, 로마의 형사재판에서 흔히 그렇듯이, 이 사건 기소인 역할을 두고 경쟁자가 있었다. 그는 시실리 출신의 퀸투스 카이킬리우스였다. 그래서 기소인 결정을 위한 절차, 즉 디비나티오 절차가 열렸다. 사실, 카이킬리우스의 경합은 피고인의 변호인인 호르텐시우스의 전략이었다. 이에 키케로는 변호인이 기소권을 약화시키려 한다고 주장했다. 그는 경쟁자 카이킬리우스가 피고인이 시실리 총독으로 재직할 당시에 소속 재무관으로 근무했던 인물이라고 지적하면서, 기소인으로서 신뢰성이 떨어지고 사명감이나 능력이 의문스럽다고 공격했다. 시실리인들 역시 만약 카이킬리우스가 선택된다면 그들은 더 이상 재판에 참여하지 않겠다는 의견을 분명히 밝혔다. 법원은 결국 카이킬리우스를 배제하고 키케로를 기소인으로 결정했다. 이에 키케로는 기소인으로서 피고인 베레스에 대하여 시실리인들을 상대로 4,000만 세스테르티우스(sesterces)를 갈취한 혐의로 법원에 기소하고, 법에 규정된 대로 1억 세스테르티우스의 벌금형을 청구했다.

　기소 진술을 마친 키케로는 증거의 수집을 위하여 휴정을 요청한다. 재판부는

110일간의 기간을 허락한다. 이 기간 동안 키케로는 시실리로 가서 필요한 증거를 성공적으로 수집한다. 그는 필요한 기록을 확인하고, 관련 공문서와 사문서를 수집하거나 필사했다. 또한 피해자들과 목격자들을 조사했고, 그들로부터 법정증언의 약속을 받았다. 능숙하게 일을 처리하여 50일 이내에 임무를 마칠 수 있었다. 그는 변론에서, "저의 노력과 밤낮의 조사를 통해서 증거 수집 업무를 마칠 수 있었습니다. 50일 동안 시실리 전역을 두루 여행하여 기록을 검토하고, 부족민들과 개인들의 피해를 조사하고 살필 수 있었습니다."라고 밝혔다.

이후 9월 5일에 재판이 재개되어, 키케로는 첫 번째 논고를 시작했다. 그는 먼저 법원에 대한 대중의 불신을 강조하면서 "로마의 시민들뿐만 아니라 외국인들까지도 한결같이 말합니다. 지금 설치된 법원은 비록 죄가 있더라도 돈이 있는 자라면 결코 유죄판결을 선고하지 않는다고 믿고 있습니다."라고 지적했다. 특별히 그는 시민들이 법원을 개혁하기 위해 법 개정을 시도하고 있다면서, 만약 재판이 공정하지 않을 경우에는 시민들이 나서서 원로원으로부터 재판 권한을 박탈할 것이라고 경고했다. 다음으로 그는 신속한 절차 진행의 필요성을 강조했다: "오늘은 8월 5일입니다. 10일 후면 폼페이우스 봉헌 경기가 열릴 예정입니다. 이 경기는 15일 동안 열리고 바로 이어서 로마의 다른 경기들이 뒤따르게 됩니다. 그래서 거의 40일 동안 재판을 할 수 없을 것입니다." 그는 또 다른 이유로 만약에 재판이 다음 해까지 지연된다면, 당시 치안관으로 선출된 마르쿠스 메텔루스가 다음 해의 재판장으로 예정되어 있다는 점을 들었다. 메텔루스는 피고인 베레스와 특별한 관계에 있기 때문에 그가 재판장을 맡게 되면 재판에 나쁜 영향을 줄 것이라고 주장했다.

이어서 키케로는 그의 입증계획에 대하여 설명했다. "저는 목격자의 증언과, 사문서와 공공 기록을 통해서 이 사건을 분명히 입증하겠습니다."라면서 특별히 입증의 방법과 정도에 관하여 언급한다. "저는 너무나 잘 알려져 있고, 증거에 의해 증명되고, 너무나 중요하고, 부인할 수 없는 그런 종류의 증거들을 제시함으로써 아무도 감히 당신들에게 영향을 미쳐 피고인에 대한 무죄판결을 얻어내지 못하도록 할 것입니다." 아울러 그는 피고인 역시 증서소사 과정에서 충분한 반대 신문의 기회를 갖게 될 것이라고 덧붙인다.

키케로는 논고 후에 법원에 증거를 제출한다. 그는 9일 동안 증인들을 소환했다. 여러 명의 시실리인들이 출석하여 증언함으로써 기소 사실을 뒷받침했다. 하지만 피고인은 절차를 끝까지 견딜 수가 없었다. 증인신문이 시작된 지 3일 후부터 피고인은 재판에 출석하지 않았다. 그는 형벌을 피하기 위해 스스로 추방을 선택했다. 피고인의 결석에도 불구하고 재판은 계속 진행되었다. 결국 피고인에게 유죄판결이 선고되어, 피해 배상을 명하고 종신토록 추방할 것을 결정했다.

현대의 형사소송 절차는 주로 로마의 소송 절차에서 유래하여 발전되었다. 미국의 소송 절차는 다음과 같은 점에서 로마의 절차와 유사하다. 첫째, 로마인들은 배심원 제도를 창안하여 발전시켰다. 배심제도를 통해서, 비록 평민들이 참여하는 것은 아니었지만, 일반 시민들이 참여하는 대중 재판이 시행되었다. 이 제도는 영미의 재판제도의 근간이 되었다. 둘째, 로마의 재판은 대심 제도(對審制度, adversary system)를 채택하여 기소인과 피고인이 판사와 배심원단 앞에서 대등하게 서로 대립하도록 했다. 피고인은 변호인의 조력을 받아 자신을 방어할 권리를 가진다. 피고인은 또한 증인에 대하여 반대 신문할 기회를 갖는다. 더구나 피고인은 무죄 추정의 원칙을 적용받는다. 이러한 대심 제도는 미국 재판제도의 기본 틀이다. 셋째, 입증의 책임은 부인하는 측에 있지 않고 기소인에게 있다. 어느 누구도 의심스럽다는 이유만으로 유죄 판결을 받지 아니한다. 더구나 로마의 관습에 따르면, 피고인은 자신에 대한 기소 사건에 관하여 자신을 방어하기 전에는 판결을 선고받지 않았다. 또한 이미 재판받은 사건에 대하여 거듭 재판받지 않았다. 그리고 입증의 정도에 관하여 키케로는 그의 기소 진술에서 "저는 너무나 잘 알려져 있고, 증거에 의해 증명되고, 너무나 중요하고, 부인할 수 없는 그런 종류의 증거들을 제시함으로써"라고 표현했다. 그의 표현은 증거의 기본 법칙을 잘 말해 준다. 기소 사실은 증거에 의해 확신을 줄 정도로, 즉 합리적인 의심의 여지가 없을 정도로 증명되어야 한다. 이러한 원칙들은 로마의 제도로부터 유래되어 미국 형사소송제도의 기본 원칙들로 자리잡은 것이다.

아울러 로마의 형사소송 제도에는 독특한 특색이 있다. 첫째, 로마의 기소 제도는 공적인 공소제도가 아니라 사소 제도(私訴制度)이다. 이런 이유로 복수의 개인들이 동일한 사건의 기소인 역할을 두고 경합하기도 했는데, 법원은 디비나티오라는 예비 절차를 열어 적격성을 심사한 후 기소인을 결정했다. 이러한 점에서 미국의 공소 제도와는 다르다고 할 것이다. 둘째, 전문 법관제도가 없었다. 법원의 재판장은 재판을 주재하고 심문을 행했는데, 로마의 치안관 중에서 추첨으로 선발되어 1년 동안 복무한다. 따라서 로마의 판사들은 법률전문가가 아니다. 이러한 점에서 직업 법관제도를 가진 미국의 제도와는 다르다. 셋째, 증거의 가치는 증인의 신분에 따라 다르게 평가되었고, 경우에 따라서 증인에 대한 고문이 허용되었다. 증인의 신빙성은 우선 증인의 신분에 따라 결정되었는데, 노예의 증언은 다른 증거가 전혀 없을 때에만 사용되었고, 검투사 또는 유사한 신분자의 증언은 그것이 고문을 통한 진술일 경우에만 채택되었다. 이처럼 현대의 소송실무와는 현저히 달랐다. 끝으로, 로마의 재판 절차에서 피고인이 자진 추방되거나 사망으로 인하여 출석하지 않을지라도 법원은 절차를 계속하여 최종 결정에 이르기까지 진행했다. 베레스 재판에서는 피고인의 불출석에도 불구하고 유죄판결이 선고되었다.

로마의 공갈 법원은 지방 공직자들의 범죄를 재판하기 위한 목적으로 설치되었다. 원래 재판을 담당했던 시민 의회의 부패 문제가 심각해지자 이를 해결하기 위한 목적으로 설치되었다. 법원이 설치된 이후에도 고질적인 뇌물이나 부패 문제로 공정한 재판에 지장이 적지 않았지만, 로마인들은 그들의 정교한 형사소송 절차를 계속 발전시켰다. 가이우스 베레스에 대한 재판 기록을 통해서 현대 형사소송 제도의 토대가 된 로마의 형사소송 절차를 깊이 있게 연구, 분석할 수 있었고, 키케로의 탁월한 논고와 법정 진술을 통해서 로마인들의 진보된 법률 사상과 이념을 확인할 수 있었다. "한 명의 무고한 사람을 처벌하는 것보다 열 명의 범인을 풀어주는 것이 낫다."라는 현대 형사소송의 기본 원칙은 로마의 법사상에서 유래한 것이다. 트라야누스 황제는 그 교서에서 "의심만으로는 처벌할 수 없다. 무고한 사람을 처벌하는 것보다 죄를 범한 범인을 처벌하지 않는 편이 낫다(Justinian Digest 48.19.5)"고 밝혔다. 이외에도 "입증의 책임은 부인하는 측이 아니라 주장하는 측에 있다(Justinian Digest 22.3.2)."는 원칙 역시 로마로부터 유래한 것이다. 이러한 의미에서 로마의 법률 제도는 오늘날에도 여전히 살아 숨 쉬고 있다고 할 것이다.

로마의 정치체제의 변화

로마사를 공부하면서 주목한 점은 그 정치체제였다. 그중에서도 독특한 것은 로마의 공화정(Republic) 제도였다. 거의 대부분의 고대 국가체제가 군주제였던 점을 감안해 볼 때, 로마의 공화정 체제는 독특한 제도였다. 그렇지만 그러한 공화정이 결국 왕정으로 회귀했다는 점이 또한 눈길을 끌었다. 대부분의 근대 국가체제가 왕정에서 공화정 체제로 바뀐 것과 비교해 볼 때, 반대 방향의 변화라서 이색적이었다. 로마 역사상 처음 등장한 정치체제는 군주제였다. 그러나 7대에 걸친 왕위 세습 이후에 시민들에 의해 왕정이 무너지고 공화정 체제가 수립되어 480여 년간 계속된다.

이후 줄리어스 시저의 쿠데타와 독재체제 및 내전의 과정을 거치면서 결국 기원전 27년에 옥타비아누스의 왕정 수립으로 귀결된다. 그렇지만 이후 로마제국의 왕위 계승 방법에서 독특함이 관찰되었다. 보통의 경우에는 혈통에 의해 세습이 이루어졌지만, 때때로 혈통이 아닌 자질과 능력에 따른 후계자 선정이 이루어지는 경우도 있었고, 비상시에는 내전을 통해 힘과 능력을 겨루어 정국을 장악한 인물이 왕위를 차지하기도 했다. 그렇지만 왕위를 차지한 새로운 인물은 로마 제국의 전통을 부정하거나 새로운 왕조를 선언하지 않았고, 기존의 체제를 유지하면서 그 틀 안에서 정치, 사회적 전통이 계승되었다. 이것이 로마가 비교적 오랫동안 지중해 세계를 지배할 수 있었던 요인이었다.

초기 왕정시대(Seven Kings Period)

로마의 역사가 타키투스(Publius Cornelius Tacitus, AD56-117)는 그의 저서 『연대기(the Annals)』에서, "왕들이 로마를 다스렸다."라고 로마의 역사를 시작한다. 로마의 역사는 로물루스(Romulus)로부터 시작된 것으로 알려져 있다. 전설에 따르면 전쟁의 신 마르스(Mars)에게 쌍둥이 아들이 있었는데, 그중 하나가 로물루스였다. 마르스는 신전의 신녀 레아 실비아(Rhea Silvia)와의 사이에 쌍둥이 아들을 낳았는데, 이들을 키우지 않고 광주리에 넣어 강물에 버린다. 다행스럽게도 암컷 늑대가 이들을 건져 내 젖을 먹여 키운다. 그러던 중 한 양치기가 이들을 발견하고 구해낸다. 이 둘은 자라서 티베르 강가의 팔라티네 언덕에 정착지를 건설한다. 로물루스는 공격적인 전사였는데, 다툼 끝에 쌍둥이 형제 레무스(Remus)를 죽이고, 부족민들의 추대로 왕이 된다. 그가 건설한 도시의 이름을 자신의 이름을 따서 로마(Rome)라고 정하고, 많은 이웃들을 로마의 시민으로 삼았다. 그중 연장자 100명을 선정하여 자문을 구했는데, 이들을 원로원(the Senate)이라 칭했다. 그는 원로원의 자문에 의지하여 일을 처리했다.

로마인들이 처음 직면한 문제는 부족민들 사이에 여자가 부족한 것이었다. 이에 로물루스는 인근 도시에 거주하는 사비네(Sabines) 부족의 여자들을 취하기로 계획을 세우고 이를 실행한다. 음식과 술을 준비하여 파티를 열고 흥겨운 경기를 벌여 구경거리를 제공하면서 사비네 부족의 남자들을 초대하여 대접한다. 그리고 그들이 술에 취한 틈을 이용하여 사비네의 젊은 여인들을 취하여 아내로 삼는다. 이에 사비네인들은 타티우스(Titus Tatius)의 통솔하에 전쟁을 준비하여 로마로 쳐들어와서 서로 대치한다. 두 세력 사이에 낀 사비네 여인들은 한편으로 아버지들에게, 다른 한편으로 남편들에게 화해를 호소한다. 이에 양측의 지도자들이 서로 화해하고 공동의 사회를 건설하여 함께 거주하기로 한다. 통합한 도시국가를 로물루스와 타티우스가 함께 통치했고, 타티우스가 죽은 후 로물루스가 단독의 군주가 되어 다스린다. 로물루스가 37년간을 통치한 후, 그 왕위는 사비네 부족에서 선출된 누마 폼필리우스(Numa Pompilius)에게 이어진다. 로물루스의 죽음에 관하여 로마의 역사가 리비우스(Titus Livius, BC59-AD17)는 "로물루스는 원로원 의원들에 의해 살해되었거나 또는 아버지인 마르스 신에 의해 하늘로 올려졌다."라고 그의 『로마사(history of Rome)』에 기록했다.

로물루스의 왕위는 폼필리우스, 호스틸리우스 등으로 이어져 제7대 루시우스 타키니우스 수퍼부스(Lucius Tarquinius Superbus, BC 534-510)에 이른다. 수퍼부스는 주변 도시와 잦은 전쟁을 벌였고, 주피터 신전의 건축 등 대규모 건축사업에 백성들을 동원했으며 폭력적인 방법으로 강압적인 통치를 일삼았다. 더욱이 그 아들 섹스터스 타키니우스(Sextus Tarquinius)는 행실이 불량하여 유부녀인 루크레티아(Lucretia)를 강간했다. 이에 루크레티아는 남편과 아버지와 친구들에게 억울함을 호소하면서 이들이 보는 가운데 공개적으로 자신의 목숨을 끊는다. 이에 로마의 엘리트들이 분노하여 들고일어난다. 자살한 루크레티아의 남편인 콜라티누스(Lucius Tarquinius Collatinus)와 왕가의 친척인 브루투스(Lucius Junius Brutus), 푸블리콜라(Publius Valerius Publicola) 등이 주도하여 시민 혁명을 일으켜 도시를 장악한다. 당시 타키니우스 왕은 군대를 이끌고 인근 도시를 공격 중이었는데, 소식을 들은 병사들은 왕을 버리고 도시로 귀환한다. 타키니우스 왕은 재위 24년 만에 권력을 잃고 가족들과 함께 추방되었다. 기원전 509년 무렵에 일어난 일이었다. 로마의 역사가 바로(Varro, 116-28 BC)는 초기 왕정의 시기를 대략 243년간으로 보고 있다.

공화정 시대(Roman Republic)

브루투스는 로마 시민들이 모인 가운데 열변을 토한다. 이에 모든 사람들은 눈물을 흘리며 분을 참지 못하고 무기를 든다. 그러자 브루투스가 외친다. "이러한 상황에서 여러분은 원로원의 결의를 듣고 승인했습니다. 우리 모두 타키니우스와 그 후손들을 로마와 그 영역에서 영구히 추방시킬 것을 결의했기 때문입니다. 어느 누구도 그들이 다시 돌아오게 할 수 없습니다. 우리의 이 결정에 반하는 일을 행하는 자는 죽음에 처할 것입니다. 이러한 결정에 찬성한다면, 쿠리아 의회(Curiae)에 참석하여 투표해 주십시오. 여러분은 스스로의 권리를 행사함으로써 자유로워질 수 있습니다." 시민들은 그의 말대로 소속된 쿠리아에 참석해 투표했고, 모든 쿠리아는 폭군의 추방에 관하여 찬성 표결을 했다.

브루투스가 다시 나서서 연설했다. "이제 우리가 원하는 대로 첫 번째 조치가 실행되었습니다. 이제 다음으로 해결해야 하는 과제에 관하여 들어 보십시오. 이것은 우리의 정부 형태에 관한 문제입니다. 왕을 다시 세우지 않고서, 국가의 일을 처리하기 위해 어떠한 형태의 집행기관을 만들 것인지에 관하여 숙고했습니다. 우리의 결론은 이렇습니다. 매년 두 명의 관리를 임명하여 왕의 권력을 행사하도록 하는 것입니다. 이들은 여러분들이 센추리(century, 군대의 소집 단위) 단위의 투표를 통해서 코미티아 의회(the Comitia)에서 선출할 것입니다. 그러므로 여러분이 투표를 통해서 원하는 사람을 선출하는 것입니다." 이에 모든 사람들이 두 번째 결의안에 대하여 찬성했고, 아무도 반대하지 않았다. 루크레티우스(Spurius Lucretius)가 코미티아를 주재할 의장으로 임명되어 시민들에게 각자 소속된 센추리에 참석할 것을 명했다. 시민들은 각자 소속된 센추리에서 두 명의 관리를 뽑았다. 종전에 왕에게 속하던 기능을 행사할 집정관(Consul) 이었다. 센추리 단위로 이름을 불러서 이들의 임명을 확정 지었다. 이것이 당시 로마에서 취해진 방법이었다.

　왕정을 타도한 로마인들은 시민들이 주도하는 공화정을 수립한다. 시민들이 법을 제정하고, 시민들이 선출한 2명의 집정관이 1년의 임기 동안 부여받은 권한을 행사하는 체제였다. 최초의 집정관으로 혁명을 주도한 콜라티누스와 브루투스가 선출되었다. 이후로 기원전 5세기 중반에는 12표 법(the Twelve Tables)이 제정되어 로마의 기본법으로서 가족관계, 재산관계, 채무관계 및 불법행위와 재판 절차 등의 문제를 규율했다. 로마의 공화정 체제는 현재의 민주공화정 체제와는 다르게 민주주의 요소는 물론 귀족제와 군주제의 요소가 가미된 형태였다. 로마의 공화정 체제는 이후 옥타비아누스가 원로원으로부터 어거스터스라는 호칭을 받고 황제로 취임한 기원전 27년까지 480여 년간 계속되었다. 로마의 공화정 체제를 움직이는 주요 권력 주체는 다음과 같다.

원로원(Senate)
　로마의 원로원 제도는 초기 왕정시대부터 시작되었다. 국왕의 자문기관으로서 원로원이 구성되었으며, 국왕은 원로원의 자문을 받아 국정을 수행했다. 원로원의 존립기반은 선례와 전통에 근거를 두고 있고, 그 권위는 의원들의 평판과 특권에서 나왔다. 공화정 체제에서 원로원은 집행기관의 임명된 공직자들에게 그 업무에 관하여 Senatus Consulta라는 권고 결의를 발령하는 방법으로 정책에 관여했다. 원로원이 관심을 두는 분야는 외교정책의 결정이나 외교관계의 수립 등 주로 외교 분야였다. 원로원의 입법 권한은 시대를 거듭하면서 확대 강화되었고, 이에 비례하여 의회의 권한은 축소되었다. 결국은 법률의 제정에 있어서 원로원이 주된 역할을 맡게 되었다. 원로원 의원들은 검열관(Censor)에 의해 선발되어 종신직으로 임명된다. 검열관은 5년마다 한 번씩 순위를 정한 의원 명단을 작성하여 선발한다. 그러나 기원전 1세기 무렵의 로마 내전 시기에는 독재자(Dictator)나 삼두 집정관(Triumvir)이나 원로원의 결정에 의하여 의원들이 선발되었다. 원로원 제도는 공화정이 폐지되고 옥타비아누스에 의해 왕정이 수립된 이후에도 계속되었다.

의회(Assembly)

로마의 시민들은 중요한 법적인 권리를 갖는다. 참정권과 공직 취임권, 재판 요구권 및 상소권, 혼인의 권리, 계약의 권리와 특별한 조세 면제의 특혜 등이다. 특히 성인 남자인 시민은 완전한 법적, 정치적인 권리를 보유한다. 성인 남자 시민들은 의회의 구성원이 된다. 의회는 공직자를 선출하고 법률을 제정하며 중대한 공공범죄에 대한 재판을 주재하고 평결을 내린다. 또한 전쟁이나 평화를 선포하고 동맹이나 조약을 체결하거나 파기한다. 의회의 결정 방식은 투표에 의해 안건을 채택하거나 거부하는 방식이었다. 회의 주재자가 안건을 제출하면 표결로 결정했고, 부결될 경우에는 수정 의견이 제출되기도 했다.

시민들은 출신 가문(curiae)이나 소속한 군대 단위(centuries) 또는 거주 지역에 따라 의회에 참여했다. 출신 가문별로 표결권을 갖는 큐리아 의회(Curiate Assembly)는 공화정 후기에는 단순히 상징적인 목적으로 소집되었다. 새로 선출된 공직자에 대한 권한을 비준하는 등의 역할에 그쳤다. 센추리 위원회(Comitia

Centuriata)는 군대 단위인 센추리(century) 별로 표결권을 행사하는데, 검열관(censor)이 시민들을 재산 정도에 따라 기병 부대, 보병 부대 또는 프롤레타리(proletarii) 부대 등으로 분류하여 배치했다. 센추리 단위로 1표를 행사하는데 각 센추리의 의견은 다수결로 정했다. 부유한 기병 센추리의 경우에 가난한 프롤레타리 센추리에 비해 구성 인원수가 적어 표결의 비중이 한결 높았다. 표결 시에는 8개의 기병 센추리가 먼저 투표했다. 집정관이 의장으로서 회의를 주재하는데, 군사 분야의 법률을 제정하거나 전쟁이나 평화를 선포하고 동맹이나 조약을 체결했고, 특별한 사건의 재판에 관하여 상소법원의 역할을 했다. 최고 공직자인 집정관이나 치안관(praetor)과 검열관을 선출했다.

다음으로 부족민 위원회(comitia tributa)는 35개의 부족(tribe)이 각각 1표씩 투표하는데, 부족은 혈연에 의한 구분이 아니라 거주 지역에 따른 구분이었다. 검열관이 시민들을 그 거주 지역에 따라 로마 시내 또는 지방지역으로 구분하여 배치한다. 집정관이 회의를 주재하여 민간 분야의 법률을 제정하고, 특별한 사건에 관하여 상소법원의 역할을 했다. 하급 관리인 재무관(quaestor)이나 재물관리관(aediles) 등을 선출했다. 아울러 군대의 호민관(tribune)도 선출했다. 특히 평민 호민관들과 평민 재물관리관들은 평민(plebeian) 들로 구성된 플레브스 민회(Plebeian Council)에서 선출했다. 호민관들은 평민들의 화신으로 간주되었고 어떤 간섭도 받지 않고 권한을 행사할 수 있었다. 호민관을 해치거나 그의 거부권을 무시하거나 또는 그의 업무를 방해하는 것은 사형에 해당하는 중대 범죄로 간주되었다.

집행기관(Magistrate)

선출된 공직자들(magistrates)에게는 각각의 권한이 부여된다. 두 명의 집정관은 매년 선출되어 1년 동안 민간 업무 및 군사업무에 관하여 최고의 권한을 행사한다. 두 명의 집정관의 서열은 매달 바뀐다. 다만, 비상시에는 독재자 1명이 선출되어 절대적인 권한을 행사했다. 이러한 경우에는 통상의 정부는 기능이 정지되었다가 독재자의 임기 6개월이 종료되면 기능이 회복되었다. 집정관 아래에 치안관이 임명되는데, 민간의 법률을 집행하고 재판을 주재하며 지방 군대를 지휘한다. 검열관은 로마인들의 인구조사를 시행하고 원로원 의원을 선정한다. 재물관리관은 내무 업무를 처리하는 관리이다. 공공재산이나 시장을 관리하고 공공행사나 게임 등을 개최한다.

그 외에 하급 관리로 재무관(quaestor)이 선출되는데, 이들은 집정관이나 지방의 총독을 보좌하여 재정관리 업무를 담당한다. 평민 호민관과 평민 관리관들은 평민들의 대표자로서 거부권의 행사를 통하여 원로원을 견제했고 시민들의 자유를 보호하는 역할을 했다. 집정관이나 치안관에게는 일반적인 명령 제정권이 있었는데, 이러한 명령은 행정, 재판, 군사 분야에 일반적인 효력이 부여되었다. 공직자(magistrate)로 선출되면 탄핵되지 않는 한 그는 자동으로 원로원의 의원이 되었다. 공직자로 선출되어 1년간 공직을 맡은 후에는 다시 공직을 맡기까지 최소한 10년이 경과되어야 했다.

공화정 체제의 위기: 술라의 독재

로마의 공화정 체제는 여러 차례 큰 위기를 맞이한다. 그 처음은 술라(Lucius Cornelius Sulla)에 의한 쿠데타였다. 술라는 기원전 88년에 집정관으로서 6개 군단을 이끌고 소아시아 반도 북동쪽 흑해 연안에 위치한 폰투스(Pontus) 왕국의 정벌을 위해 원정 중이었다. 그러나 원정 도중에 로마군의 사령관이 군부 실력자 마리우스(Marius)로 교체된다. 술라는 이에 반발하여 군대를 이끌고 로마로 진군하여 도시를 장악한다. 이에 원로원은 그의 정적인 술피시우스(Sulpicius)와 마리우스 등을 국가의 적으로 선언하고, 그들이 행한 로마의 시민권 확대 조치를 취소함으로써 사태를 진정시킨다. 당시 로마에 새로 병합된 부족들에게 로마의 시민권을 확대하는 문제로 논란 중이었다. 술라는 이 문제에 대하여 부정적이었고, 특히 이탈리아 남부 캄파니아 지방의 호전적인 부족인 샘나이트인들(Samnites)에게 시민권을 부여하는 것을 강하게 반대했다.

이후 기원전 84년에 집정관으로 선출된 카르보(Carbo)는 원로원을 앞세워 모든 군대에 해산명령을 내린다. 그러자 당시 군대를 이끌고 원정 중이던 술라는 5개 군단을 이끌고 로마로 진군한다. 당시 로마의 군단(legion)은 보병 4,200명, 기병 300명으로 구성되어 있었다. 술라의 진군 소식이 알려지자 집정관 카르보와 마리우스의 아들은 군대를 소집한 후, 텔레시누스(Telesinus)가 지휘하는 샘나이트 부족의 군대와 연합하여 술라의 군대에 대항한다. 기원전 82년 11월 로마의 북동쪽 콜린 게이트(the Colline Gate) 외곽에서 벌어진 전투에서 술라와 함께 젊은 지휘관 크라수스(Crassus)와 폼페이(Pompey) 장군은 이에 대항하는 카르보와 마리우스의 군대를 격파하고 승리를 거둔다. 이 전투에서 샘나이트 부족의 텔레시누스는 전사하고 마리우스의 아들은 피신하여 포위 중에 자살한다. 그들이 이끄는 병사 5만여 명이 전사했고 6,000여 명이 포로로 잡힌다. 술라는 마리우스와 텔레시누스 등 대적한 지휘관들의 머리를 잘라 공개 전시하고, 폼페이의 군대를 시칠리아와 북아프리카로 보내서 잔여 세력을 섬멸한다. 시칠리아로 도피한 집정관 카르보는 폼페이에게 붙잡혀 목이 베인다. 이 무렵 폼페이는 "젊은 도살자"라는 별명을 얻었다.

로마에 들어온 술라는 절대 권력을 장악하여 그에게 맞섰던 인물들의 명단(proscription)을 내걸어 처형을 명했다. 500명 이상의 명단이 공개되어 누구든지 이들을 처단할 수 있었고, 모든 재산은 몰수하여 국고에 귀속되었다. 명단에 수록된 인물의 아들들은 물론 손자들까지 공직 취임이 전면 금지되었다. 로마의 원로원은 술라의 조치를 모두 적법하다고 공포하고, 그를 임기의 제한이 없는 독재자로 임명한다. 독재자로서 술라는 과감한 개혁을 단행한다. 원로원 의원을 150명에서 600명으로 확대하여 자신에게 우호적인 부유한 기병 계층(equestrian class)을 대거 포함시켰다. 또한 치안관, 재무관 등 공직자의 수를 증원했다. 아울러 법원제도와 군대의 지휘체계를 개선하고 지방 총독 제도를 실시했다. 다만 지방 총독은 사전 허가 없이 전쟁을 수행하거나 지역을 이탈하지 못하도록 규정했다. 이러한 개혁 조치 이

외에 그는 전역 병사들을 위한 정착지 건설에 힘써 에트루리아, 움브리아, 라티움, 캄파니아 등지에 8만 명 규모의 대규모 정착촌을 건설하여 전역 군인들에게 제공하는 등 그 후생 복지를 위해 노력했다.

술라는 엄격하고 무자비한 군인이었지만 다른 한편으로 원칙을 지키고 전통을 존중하는 인물이었다. 그의 성품을 잘 보여주는 일화가 있다. 82년 콜린 게이트 전투에서 패한 마리우스의 아들(young Marius)이 로마의 남쪽에 위치한 팔레스트리나로 도피하여 숨어 있을 때, 루크레티우스 아펠라(Lucretius Affella)가 포위 공격 끝에 그를 붙잡아 머리를 잘라서 술라에게 보냈다. 그리고 자신의 공로에 대한 보상으로 집정관 직을 요구했다. 술라는 그에게 곧바로 집정관에 임명될 수 없으므로 경력을 밟도록 설득하면서, 재무관이나 재물관리관 직을 권유했다. 그러나 아펠라는 이를 거부하면서 막무가내로 집정관 직을 요구했다. 이에 술라는 포럼에서 공개적으로 아펠라를 처형했다. 그리고 의회를 소집하여, "나에게서 배우라. 내가 루크레티우스 아펠라를 죽였다. 그가 내게 복종하지 않았기 때문이다."라고 연설했다.

그는 독재자로서 무제한의 권력이 허용되었지만 공화정 체제를 유지하면서 제도 내에서 절제된 권력을 행사했다. 독재자로서 그의 임기가 정해져 있지 않았지만, 다음 해인 기원전 81년에 독재자직을 스스로 사임하고 집정관에 임명되었다. 집정관의 1년 임기를 마치고 80년에 은퇴하여, 고향에 내려가서 회고록을 집필하며 사냥과 음주를 하며 여생을 보내다가 기원전 78년에 간장 출혈로 사망했다.

줄리어스 시저의 쿠데타

줄리어스 시저(Julius Caesar)는 갈리아 지방의 총독으로 임명된 후 갈리아 원정을 통해 스페인, 프랑스와 독일 남부지역을 정복하여 로마에 복속시킨다. 그의 임기가 종료되자 원로원은 그에게 군대를 해산하고 로마로 복귀하도록 명했으나, 그는 이 명령을 거부하고 군대를 인솔하여 로마로 진군한다. 기원전 49년 1월 그의 군대는 이탈리아 북부의 루비콘강을 건넌 후 삼두정치 이래로 함께 패권을 겨루던 폼페이에 대항하여 내전에 돌입한다. 폼페이 장군은 당장의 충돌을 피해 이탈리아를 떠나 그의 주력부대가 주둔하고 있던 그리스 북부지역으로 향한다. 시저의 군대는 큰 충돌 없이 2개월 이내에 로마를 포함하여 이탈리아 반도 전역을 장악하기에 이른다. 시저는 이전의 술라가 그랬듯이 경쟁자들을 제거하여 공화정을 무력화시킨 후, 절대 권력을 행사하는 독재자를 꿈꾸었다. 그는 군대를 이끌고 먼저 서쪽으로 진군하여 스페인에 주둔한 폼페이의 지역 군대를 제압한다. 이후 군대는 폼페이의 주력부대가 주둔한 그리스로 향한다. 당시 폼페이의 군대는 그리스를 비롯하여 아드리아해 전역을 장악하고 있었다.

기원전 48년에 시저의 군대는 그리스의 디라키움(Dyrrhachium, 현재의 알바니아 지역)에 이르러 그곳에 주둔 중인 폼페이의 주력부대와 대결한다. 이 전투에서 시저의 2만 병력은 5만 병력의 폼페이 군대에 패하여 후퇴하게 된다. 폼페이 군대는 패주하는 시저의 군대를 추적하여 그리스 중동부 테살리 지역의 파살루스(Pharsalus in Thessaly)에 이른다. 그해 8월에 벌어진 일련의 전투에서 시저의 군대는 열세의 전력에도 불구하고 우월한 전술로 폼페이의 군대를 격파하고 대승을 거둔다. 시저 스스로의 기록, Commentaries on the Civil War에 따르면, 이 전투에서 폼페이의 군대 6만 명이 전사한 것에 비하여, 자신의 군대는 단지 200명이 사망했을 뿐이라고 자랑하고 있다. 군사 전문가들은 폼페이의 군대 6,000명이 전사한 반면에 시저의 군대 1,200명이 전사한 것으로 분석하고 있다.

전투에서 패한 폼페이는 우호관계인 이집트로 급히 피신한다. 폼페이와 함께 군대를 지휘한 키케로(Cicero)는 디라키움에 남아 있다가 로마로 돌아가고, 케이토(Cato)와 폼페이의 두 아들은 북아프리카의 사이리니(Cyrene, 현재의 리비아)로 도피한다. 그해 9월에 폼페이는 이집트의 알렉산드리아로 피신하여 톨레미(Ptolemy) 왕에게 보호를 요청한다. 그러나 톨레미 왕은 즉시 그를 살해한다. 며칠 후 시저와 로마군 3,800여 명이 폼페이를 추적하여 왕궁에 도착하자, 왕은 살해한 폼페이 장군의 머리를 잘라 시저에게 선물로 제공한다. 이를 본 시저는 경악하여 크게 분노한다. 분노한 나머지 선왕의 부채를 즉시 상환할 것을 요구하는 한편, 당시 이집트 왕가의 권력 다툼에 개입하여 갈등 중재에 나설 것을 선언한다. 당시 톨레미 왕의 누나인 클레오파트라 공주는 왕위의 공동 승계를 주장하며 왕과의 사이에 권력투쟁 중이었고, 마침 그곳에 온 시저에게 도움을 청했다.

이러한 상황에서 왕의 지시를 받은 2만여 명의 이집트 군대가 왕궁을 포위하자, 시저와 로마 군대는 성안에서 다음 해까지 연금 상태가 된다. 다음 해인 기원전 47년 3월 시저의 요청을 받은 시리아와 유대의 동맹군 1만 3,000여 명이 출병하여 나일강 하구에서 이집트 군대와 전투가 벌어진다. 이 전투에서 시리아와 유대의 동맹군은 이집트군을 격파하고 항복을 받아낸다. 이에 시저는 알렉산드리아를 떠나 로마로 돌아간다. 이후 시저는 전력을 집결하여 폼페이의 잔존 병력을 제거한다. 46년에 북아프리카에 집결한 폼페이의 군대를 격파했고, 그 지휘관 케이토는 자살을 한다. 뒤이어 스페인으로 탈출한 폼페이의 두 아들이 이끄는 군대를 추격하여 45년 6월 문다 전투(the Battle of Munda)에서 3만 명의 병사를 살해하고 부대를 섬멸한다. 시저 스스로 이 전투가 가장 어려운 전투였다고 회고했다.

줄리어스 시저의 독재정치

로마로 돌아온 시저는 기원전 46년에 원로원에 의해 향후 10년간의 독재자로 선출된다. 로마의 통치자로서 그는 많은 정책을 시행한다. 태양력을 채택하고 가난한 시민들을 위하여 부채를 경감하고 양곡을 무상으로 배급했다. 공공건축을 늘리고 북아프리카의 카르타고 지역과 소아시아의 코린트 지역에 전역 병사를 위한 정착지 건설에 착수했다. 그는 44년 2월에 임기의 제한이 없는 영구적인 독재자로 임명된다. 그는 더 이상 원로원의 자문이나 호민관 등 다른 공직자들을 신경 쓸 필요가 없는 절대 권력자가 되었다. 그는 원로원 의원의 수는 그대로 두면서, 치안관이나 재무관 등 공직자의 수를 두 배로 늘렸다. 그는 호민관의 거부권 행사를 무시할 수 있음을 기뻐하면서, 공화정 체제가 이름만 남았을 뿐 더 이상 실체가 없다고 무시했다. 자신의 절대 권력을 과시하면서, 독재자의 지위를 스스로 사임한 술라의 결정을 조롱했다.

그가 명시적으로 왕을 자처하지는 않았지만, 안토니우스 등 주변 인물들은 그를 신격화하면서 왕의 복장과 의전 및 왕관의 대관을 여러 차례 시도했다. 원로원의 의원들은 그가 공화정 체제를 무너뜨리고 원로원을 무력화시킨 조치를 더 이상 참을 수 없었다. 기원전 44년 3월에 60여 명의 원로원 의원들이 모여서 공화정을 수호하기로 결의했다. 로마의 첫 번째 왕 로물루스가 폭군이 되었을 때 원로원 의원들이 그를 암살했듯이, 그들 역시 폭군 시저를 암살하기로 결의했다. 주도자는 두 명의 치안관인 브루투스(Marcus Junius Brutus)와 카시우스(Gaius Cassius Longinus)였다. 이들은 모두 폼페이 장군의 진영에서 공화정을 지키기 위해 시저의 군대에 대항했던 지휘관들이다. 또한 이들은 로마의 초기 왕조 시절 마지막 왕 타키니우스 수퍼부스를 타도할 때 시민혁명을 주도했던 혁명 집안의 후손들이라 자처했다. 44년 3월 15일에 시저는 원로원에서 암살되었다. 아이러니하게도 그가 제거했던 정적 폼페이의 동상 발아래에 쓰러졌다.

옥타비아누스의 내전과 왕정 수립

줄리어스 시저가 암살당한 후 시저의 조카인 옥타비아누스는 자신의 군대를 증강하여 복수를 도모한다. 기원전 42년에 그리스의 필리피 지역에서 시저의 부관이었던 안토니우스의 군대와 연합하여 공화정을 옹호하는 브루투스와 카시우스의 연합군과 일전을 벌인다(the Battle of Philippi). 쌍방은 각각 10만 명의 병력으로 대결했는데, 안토니우스 군대의 활약으로 공화주의 연합군을 격파했다. 이 전투에서 3만-4만 명의 병사가 전사한 것으로 추정되는데, 공화주의 지휘관 브루투스는 전사하고 카시우스는 자살한다. 이후 기원전 36년에 옥타비아누스는 전함 300척의 함대를 이끌고 시칠리아 해역에 진입하여 폼페이 장군의 아들 섹스터스 폼페이(Sextus Pompeius)가 이끄는 300척의 함대와 전투를 벌인다(the Battle of

Naulochus). 옥타비아누스는 그의 측근 조력자 아그리파(Marcus Vipsanius Agrippa) 장군과 함께 폼페이 함대의 전함 28척을 침몰시키고 250여 척을 나포하는 대승을 거둔다. 이로써 옥타비아누스는 시저의 암살에 가담한 공화주의 세력을 모두 제거하는데 성공한다.

옥타비아누스에게 이제 남은 경쟁자는 안토니우스뿐이었다. 기원전 31년 그리스 서부 해안의 악티움에서 벌어진 해전(the Battle of Actium)에서 모두 650여 척의 전함이 전투를 벌인다. 옥타비아누스의 함대는 안토니우스의 함대 250척 중에서 상당수를 침몰시키고 나머지를 나포하여 전투를 승리로 이끈다. 이 전투에서 안토니우스의 군대 5,000여 명이 전사했고, 안토니우스는 이집트의 알렉산드리아로 도주한다. 옥타비아누스의 군대는 패주한 안토니우스를 뒤쫓아 알렉산드리아에서 총공세를 취한다. 이에 안토니우스는 자살하고 그의 군대는 항복한다. 포로로 잡힌 클레오파트라 역시 스스로 목숨을 끊었고, 시저와의 사이에 낳은 그의 아들 시저리온은 로마군에 의해 처형된다. 이후로 이집트는 로마의 직할령으로 편입되어 로마에서 파견된 관리들과 군대에 의해 통치되었다. 이로써 옥타비아누스는 경쟁자들을 모두 꺾고 로마 제국 전체를 평정한다.

옥타비아누스는 어머니의 삼촌인 시저의 불행한 사례를 통해서 외형적인 권위와 호칭, 의전이나 복장 등은 오히려 반발을 유발한다는 교훈을 체득했다. 그리고 권좌를 유지하는 데 원로원의 지지가 필요하다는 사실을 깨달았다. 그래서 그는 먼저 법을 통한 지배와 공화정 체제를 복원하고 특히 원로원의 지지를 이끌어 내려 노력을 기울였다. 그가 생각하는 원로원은 강력하고 활동적인 집단으로 부유한 엘리트 정치인들로 구성된 조직이었다. 스스로 감찰관(censor)의 역할을 맡아 부적격한 의원들을 제외했다. 원로원의 규모를 1,000명에서 800명으로, 그리고 나중에는 600명으로 줄이고 재산 기준 등 자격을 강화하여 원로원을 정예화했다. 자신은 원로원의 일인자(princeps senatus: the head of the roll)로서 원로원을 주도했다. 그 외에 공직자들의 인원을 늘리고 부유한 기병 계층(equestrian)을 지방 총독이나 재무행정관(procurator)으로 임명하여 모든 지방에 보내어 다스리게 했다.

그는 실제로는 자신이 모든 권력을 장악하고 있을지라도 형식상으로는 단순히 프린켑스(Princeps: leading figure) 또는 첫 번째 시민(the Principate : the first citizen)을 자처하여 거부감을 주지 않으려고 노력했다. 이에 원로원은 기원전 27년에 그에게 어거스터스(Augustus, 추앙받는)라는 다소 종교적인 의미의 호칭을 부여하고 새로운 시대의 시작을 선언했다. 이후 어거스터스는 집정관 직책을 사임하고 원로원의 추대로 마이우스(Imperium Maius), 즉 어떤 공직자 보다 우월한 권력자로 인정되었다. 아울러 호민관의 직책을 겸임하여 보통의 시민들의 보호자로 자처했다. 원로원은 기원전 2년에 그에게 "국가의 아버지(Pater Patriae)"라는 칭호를 부여했다.

로마 시민들은 오랜 기간 지속된 내전에 불안해했으며 경제적인 어려움에 신음해 왔기 때문에 평화와 안정과 화합을 열망했다. 그들은 계속되는 불안정과 다툼에 대한 실질적인 해결책이 될 수 있다면 군주제라도 받아들일 수 있다고 생각하기에 이르렀다. 이러한 시민들의 호응과 지지를 바탕으로 군주의 권좌에 오른 어거스터스는 이에 부응하여 풍요로운 정책을 제공한다. 그는 도시 건축을 확대하고 수도 공급 시설을 확충하여 로마를 100만 명 규모의 도시로 성장시킨다. 20만 명의 가난한 시민들에게 양곡을 무료로 배급하고, 시민들에게 각종 운동경기, 검투사 경기, 야수사냥 게임, 모의 해전 등의 대형 볼거리를 후원했다. 1,500명의 경찰(urban cohorts)을 선발하여 도시의 질서를 유지하고, 노예 신분에서 해방된 3,500여 명을 감시관(vigils)으로 임명하여 로마 시내의 화재감시와 소방업무를 맡게 했다. 이러한 노력으로 이 시절의 로마는 평화와 번영을 구가한다. 이 시절의 로마제국은 (1) 영투의 확장, (2) 평화와 질서의 유지, (3) 로마 전통의 유지, (4) 로마인들의 풍요와 번영, (5) 전역 장병들을 위한 정착촌 건설, (6) 황실의 너그러운 이미지 등으로 기억되는 시기가 되었다.

로마의 왕위계승

어거스터스로부터 시작된 제정 로마의 왕위는 다음과 같이 승계된다. 제14대 코모두스 황제까지 소개하고 이후는 생략했다.

1. 어거스터스 (Augustus)	BC 30 – 14
2. 티베리우스 (Tiberius)	BC 14 – AD 37
3. 가이우스 (Gaius, 칼리굴라)	37 – 41
4. 클로디우스 (Claudius)	41 – 54
5. 네로 (Nero)	54 – 68
6. 베스파시안 (Vespasian)	69 – 79
7. 타이터스 (Titus)	79 – 81
8. 도미티안 (Domitian)	81 – 96
9. 네르바 (Nerva)	96 – 98
10. 트라야누스 (Trajan)	98 – 117
11. 하드리아누스 (Hadrian)	117 – 138
12. 안토니누스 (Antoninus)	138 – 161
13. 아우렐리우스 (Aurelius)	161 – 180
14. 코모두스 (Commodus)	180 – 192

초대 황제 아우구스투스에게 아들이 없었기 때문에 황후 리비아의 전 남편 소생인 티베리우스에게 왕위가 승계되었다가 그 역시 아들이 없어서 먼 방계 혈통의 가이우스를 거쳐서 이후 제5대 황제인 네로에 이르기까지 먼 방계 혈통에게 왕위가 승계된다. 네로는 어거스터스 황제의 여동생인 옥타비아의 증손자로서 제4대 황제 클로디우스의 딸 옥타비아와 혼인한 사위로서 17세에 왕위를 승계한다. 미성년 시

절에 어머니 아그리피나의 섭정을 받았으나 22세가 되던 해에 계략을 꾸며 난파를 가장하여 어머니를 죽이고 독립한다. 재임 기간 중 영국, 아르메니아 등지의 전투가 장기화되고 있음에도 군대 문제에 전혀 관심을 두지 아니하고, 오로지 예술과 자신을 과시하는 쇼맨십에만 관심을 보였다. 스스로 배우, 가수, 시인으로 자처하고 전차 경기에 자주 참가하여 자신을 과시했다. 서기 62년에 아내 옥타비아와 이혼한 후 그녀를 살해했다. 64년에 발생한 로마 대화재 사건을 기독교인들의 소행인 양 희생양으로 삼아 처형했다. 국가의 통치에 관심이 없어 원로원과 사사건건 대립했고, 60-67년 영국 지역의 반란과 66년 유대 지역의 반란, 67-68년 갈리아 및 독일 지역에서 반란이 이어졌음에도 광기와 무관심으로 일관하자, 68년에 원로원은 그를 공공의 적(public enemy)이라고 선언하고 스페인 지방 총독인 갈바(Galba)를 황제로 인정한다. 이에 네로는는 31세의 나이에 스스로 목숨을 끊는다.

그러나 황제로 추대된 갈바는 측근인 루시타니아 총독 오토(Otho)에게 살해되었고, 이에 독일 지역의 장군들은 비텔리우스(Vitellius)를 황제로 선언하고 로마로 진군하여 황제로 즉위한 오토의 군대를 격파했다. 그 당시 유대인의 반란을 진압하기 위해 유대 지역에 원정 중인 베스파시안은 황제를 자처하는 비텔리우스 부대와 교전하여 승리하고 로마로 진입하여 결국 비텔리우스를 살해한다. 로마로 개선한 그를 원로원과 로마 시민들은 황제로 선언한다. 황제로 취임한 베스파시안은 로마 시민의 자격을 갈리아, 스페인, 북아프리카인들에게 확대한다. 이후 왕위는 그의 큰 아들인 타이터스에게 승계되었으나 2년 후에 후사 없이 죽자, 그의 동생 도미티안(Domitian)에게 승계된다. 도미티안은 군대의 경험이 전혀 없으나 집정관과 감찰관으로서 오래 근무한 경험을 내세워 원로원을 무시하고 경멸한다. 89년 독일 지역에 주둔하는 군대가 반란을 일으키자 원로원과 의견이 대립되어 관계가 악화되었다. 그는 로마 시내에 대규모 경기장을 건축하여 그리스 스타일의 게임을 자주 열었고, 이로 인해 재정지출이 늘어나자 이를 반대하는 원로원과 대립했다. 광적인 정신 상태의 소유자로서 직접 군대를 이끌고 독일 지역의 원정에 나서기도 했고, 무신론자라는 이유로 조카의 일가족을 몰살시키기도 했다. 결국 황실 근위병에 의해 아내와 함께 피살되었다.

황제가 암살되자, 원로원은 도미티안을 비난하면서 전직 집정관 네르바(Nerva)를 후임 황제로 정한다. 네르바는 원로원에서 어떤 원로원 의원도 처단하지 않겠다는 서약과 함께 "국가의 아버지(father of his country)"라는 칭호를 받고 황제로 취임한다. 그의 얼굴을 담은 은화에는 '평등, 자유, 안전, 정의'의 가치를 새겼다. 취임 이후 은화 등 화폐를 발행한 후 토지를 구입하여 땅 없는 로마 시민들에게 분배했다. 출산을 증대하고 아동보호시설을 설치했으며, 가난한 시민들에게 저렴한 대출을 제공하고 경작지 확대를 통해 식량 수확 증대를 꾀했다. 그는 당시 독일 지역 총독이었던 트라야누스 장군을 자신의 양자로 입적하여 후임자로 정했고, 원로원은 트라야누스를 후임 황제로 인정했다. 네르바는 자신의 혈연과 상관없이 실력자를 선발하여 왕위를 승계함으로써 전임 도미티안 황제의 불행한 사례를 피하려고 했다.

트라야누스(Trajan)는 군부와 원로원의 지지를 받아 화합적인 분위기에서 왕위를 승계한다. 수많은 공공 건설 작업에 힘쓰고, 전역 군인들을 위한 정착촌을 북아프리카 지역에 대대적으로 건설한다. 다키안 전쟁(Dacian Wars, 101-102, 105-106, 현재의 루마니아 지역의 다키아 족속과의 2회에 걸친 전쟁)을 통해 다뉴브강 유역의 금, 은, 철광 등을 획득하여 귀중한 자원을 확보하였고 5만여 명의 노예를 포로로 잡아 경제적인 풍요를 구가한다. 계속적인 군사 원정을 통하여 아르메니아, 메소포타미아, 북아프리카 지역의 영토를 확장한다. 트라야누스 역시 자신의 혈통이 아닌 유능한 군부 지휘관인 하드리아누스를 양자로 입적하여 후임자로 정한다.

하드리아누스(Hadrian)는 재위 기간 21년 중 반 이상을 로마 밖에서 지냈다. 군대를 이끌고 원정을 하거나 후반에는 제국을 폭넓게 여행하기도 했다. 건축설계, 회화, 시, 연설 등에 관심이 많았고 자서전을 집필하기도 했다. 재위 기간 중 영국을 정복하여 영국 북부지역을 가로지르는 하드리안 장벽을 세워 스코틀랜드와의 경계로 삼았다. 그는 공공지출과 복지 지원을 늘리고 세금을 낮추어 시민들의 생활을 향상시켰고, 법률을 정비하여 민사재판 절차를 완성하고 판례법 체계를 세웠다. 유능한 젊은이들인 마르쿠스 아우렐리우스와 루시우스 베루스를 양자로 삼아 후계자로 정했다. 네르바로부터 마르쿠스 아우렐리우스에 이르기까지의 왕위 승계 방식은 능력 본위, 실력주의에 근거한 방식(principle of meritocracy) 이었다. 혈연에 따른 세습의 방식이 아닌 실력을 근거로 승계가 이루어진 덕분에 이 기간이 로마 역사상 황금기로 평가받고 있다. 이 시기에 로마제국은 지중해를 내해로 하는 최대 영토의 제국을 건설했고 영내 인구는 5,000만 내지 7,000만 명에 이르는 전성기를 맞이한다.

하드리아누스는 영국 지역의 총독이었던 안토니누스 피우스(Antoninus Pius)를 후계자로 삼으면서 그로 하여금 마르쿠스 아우렐리우스와 루시우스 베루스를 양자로 들여 후계자로 삼도록 당부한다. 이에 피우스를 거쳐서 마르쿠스 아우렐리우스와 루시우스 베루스의 공동 통치가 시작된다. 아우렐리우스는 철학에 관심이 많았고『수상록(Meditations)』등 저서를 남긴다. 그는 공동 통치자 베루스가 먼저 죽은 후 단독으로 제국을 통치한다. 그러나 이전의 황제들처럼 실력자를 양자로 삼지 않고 자신의 아들 코모두스(Commodus)를 후임 황제로 정하여 자신이 죽기 4년 전부터 아들과 함께 제국을 공동 통치한다.

아버지 아우렐리우스가 죽은 후 19세의 코모두스는 단독 황제임을 선언하고 황실 근위대(praetorian guard)의 권력을 강화하고 공포정치를 자행한다. 반역 모의 사건을 적발하여 누이 루실라를 포함해 다수를 처형한다. 대중적인 과시를 즐겨 하는 성격으로, 위대한 글래디에이터로 자처하며 경기에 직접 출연하여 코끼리와 타조 등 야수 수천 마리를 죽이기도 했다. 스스로 기록하기를, 아버지의 재위 기간에 글래디에이터로 365회 출장했으며, 본인 재위 기간 중에 1,000회 출장했다고 기록했다. 서기 193년 1월 1일에는 글래디에이터 복장으로 집정관 취임식을 거행하고 로마를 콜로니아 코모디아나(Colonia Commodiana)로 변경할 계획이었다. 그의 변덕과 비정상은 결국 비극을 초래했다. 서기 192년 12월 31일 그는 황실 근위병에 의해 살해되었다. 황제의 사망 이후 원로원은 원로원 의원인 퍼티낙스(Pertinax)를 황제로 추대했으나 황실 근위대가 이를 거부하여 결국 내전으로 발전한다. 시리아 등지의 지역 군 사령관 줄리아누스(Julianus) 등이 권력을 놓고 다투어 오스트리아 지역 군 사령관 세베루스(Severus)가 내전을 평정하고 황제가 되었다.

역사의 교훈

로마의 오랜 정치체제는 공화정 체제였고, 로마의 시민들은 그들이 선출하는 공직자들에 의해 운영되는 공화정 체제를 자랑스러워했다. 권한을 행사하는 공직자들의 권력은 여러 가지 방법에 의해 통제되었다. 공직자들은 시민들로 구성된 의회에서 선출되었고 임기는 1년으로 제한되었다. 또한 명망 있는 시민들로 구성된 원로원이 이들을 감시하면서 권고안을 발의하는 방법으로 자의적인 권한 행사를 통제했다. 아울러 평민들이 선출하는 호민관의 거부권에 의해 권한 행사가 제한되기도 했다. 그럼에도 불구하고 집정관이나 군대의 최고 지휘관들은 통제받지 않는 절대 권력의 유혹을 끊임없이 받았다. 권력을 다투는 과정에서 종종 내전이 발생했고, 경쟁자를 제거한 후에 독재자로 추대되어 통제받지 않는 권력을 행사했다. 더 나아가 임기의 제한을 스스로 풀고 무기한의 절대 권력자로 군림하기도 했다. 이러한 경우 자신을 신성시하면서 사실상의 군주처럼 행세했다. 이들은 공화정 체제를 무너뜨리고 군주 정치로 회귀하려는 경향을 보였다. 공화주의자들은 독재자 줄리어스 시저를 제거하고 공화정을 복구하려고 노력했으나 결국 무력충돌과 내전으로 이어져 절대 권력의 출현을 끝내 저지할 수 없었다. 이로써 480여 년간 계속된 로마의 공화정 체제가 무너지고 기원전 27년에 결국 왕정이 수립된다.

이후 로마제국의 권력승계 방법에 있어서 독특한 사례를 볼 수 있다. 보통의 경우에는 혈통에 의해 세습되었지만, 때때로 혈통이 아닌 자질과 능력에 따른 후계자 선정이 이루어지는 경우도 있었다. 황제 네르바로부터 트라야누스, 하드리아누스, 안토니누스 피우스를 거쳐 마르쿠스 아우렐리우스에 이르기까지 4대에 걸친 왕위 승계 방식은 혈연에 의한 세습이 아니라 능력 본위, 실력주의에 근거한 방식(principle of meritocracy)이었다. 자질과 실력을 근거로 승계가 이루어진 덕분에 이들 유능한 황제들이 통치한 80여 년이 로마 역사에 있어서 최고의 황금기로 평가된다.

반면에 혈통에 따른 세습이 이루어진 경우에는 종종 큰 혼란과 비극이 찾아왔다. 세습 황제인 가이우스, 네로, 도미티안과 코모두스 시절의 로마제국은 황제의 폭정과 기이한 행동으로 인하여 심한 혼란과 위기를 겪게 된다. 미국의 정치사상가 토마스 페인은 그의 저서『상식』에서 세습 군주제의 폐해에 대하여 다음과 같이 지적했다. "역사의 교훈에 따르면, 군주제가 영구화되고 혈통에 의해 세습이 이루어질 경우에 본질적으로 국민들에 대한 압제의 성격을 갖게 된다. 태어나면서부터 사람들 위에 군림하고, 또 남들의 복종을 당연하게 여기며 자란 사람은 무례하고 건방지게 된다. 그들의 마음은 일찍부터 오만과 독선에 중독되어 사람들과 격리되고, 실제의 세상과 현저히 동떨어진 세상에서 살며 행동하게 된다. 국가와 국민들의 관심을 이해하지 못하고, 막상 권좌를 이어받을 때면 온 국가를 통틀어 가장 무지하고 부적합한 인물임이 밝혀진다. 또한 왕이 늙거나 질환을 앓는 경우에도 국가에 불행이 닥친다. 이러한 경우에 국민들은 악인들의 먹잇감이 되곤 한다"(Common Sense, ch.2, Of Monarchy and Hereditary Succession).

이러한 황제들의 비극적인 종말 이후 권력의 공백기에는 내전을 통해 힘과 능력을 겨루어 정국을 장악한 인물이 왕위를 차지했다. 그럼에도 불구하고 로마제국의 체제와 전통은 부정되지 않고 계속 유지되었다. 왕위 세습의 단절과 내전을 통한 권력의 이양에도 불구하고 제국의 체제가 계속 유지된 데에는 로마 원로원의 역할이 컸다. 원로원은 폭정을 일삼는 황제에 대하여 반대의 결의를 하는 등 견제의 역할을 했고, 황제가 궐위되거나 내전이 발생하는 등 비상시에는 후임 황제를 선정하여 추대하는 방법으로 제국의 체제를 유지하려고 노력했다. 네로 황제가 기행을 일삼자 원로원은 그를 공공의 적으로 선언했고, 그가 자살하자 총독 갈바를 후임 황제로 추대하여 제국의 안정을 도모했다. 이후 내전이 발생하여 베스파시안이 정국을 장악하자 그를 황제로 인정했다. 황제 도미티안의 광기 어린 기행에 대하여 원로원은 그를 비판했고, 황제가 암살되자 덕망 있는 전직 집정관 네르바를 후임 황제로 추대했다. 원로원의 이러한 구심점 역할이 로마제국을 지속시킨 힘이 되었다.

이스라엘 역사 과목

이스라엘 역사 과목의 교수는 세스 슈워츠(Seth Schwartz) 교수로 예시바대학교(Yeshiva University)에서 학사학위를 취득한 후 컬럼비아대학교에서 역사를 전공하여 박사학위를 취득했다. 그는 이스라엘 고대 역사의 전문가로서 2014년에 The Ancient Jews from Alexander to Muhammad를 출간한 바 있다. 수업시간의 교재는 John Efron, Steven Weitzman 등의 The Jews : A History(Pearson, 2014)였다. 그 외에 많은 연구 논문들과 에스라, 느헤미야 등 구약성경도 읽어야 할 과제로 제시되었다. 학생들은 주어진 과제물을 읽은 후에 매주 블로그에 글을 올려야 했다. 읽은 내용 중 눈길을 끌거나 중요하다고 생각한 점 등을 블로그에 올려서 서로의 글을 공유하고 교수의 논평을 확인함으로써 이스라엘 역사에 대한 이해의 폭을 넓힐 수 있었다.

이스라엘 역사의 특징은 종교적인 요소들과 종교적인 전통이 많이 포함되어 있다는 점이다. 따라서 이러한 요소들을 역사적인 사실들과 구분할 필요가 있다. 학자들의 연구 대상은 역사적인 사실에 한정되기 때문이다. 역사학자들의 관점에서 볼 때, 이스라엘의 역사는 대략 기원전 6세기부터 시작된다. 성경에 기록된 전체 스토리 중에서 역사적으로 의미 있는 자료와 유물에 의해 뒷받침되는 기간으로 한정한 결과이다. 따라서 기원전 589년에 바빌론 제국이 유다왕국을 침공하여 예루살렘 성과 성전을 파괴하고 이스라엘인들을 포로로 잡아간 때부터 기원전 539년에 페르시아의 키루스 왕이 바빌론을 정복하여 그곳의 이스라엘인들을 해방하고 예루살렘의 회복을 약속한 때까지의 시기를 대략 이스라엘 역사의 시작으로 보는 것이다. 이스라엘의 주요한 역사적 사실들을 소개한다.

바빌론 포로의 귀환

페르시아의 키루스 왕(Cyrus the Great, BC600-530)은 기원전 539년에 바빌론 제국을 정복하고 아시아 전역의 지배자가 된다. 그는 바빌로니아 제국의 가혹한 통치방식과 달리 지역 전통과 문화를 허용하는 입장을 취하여 피지배 민족들의 고유 문화와 종교의 회복을 약속하는 칙령을 발표한다. 당시 바빌론에 포로로 잡혀 있던 이스라엘인들의 귀환과 수도 예루살렘과 성전의 재건 등이 약속된 것이다. 구약성경 이사야서를 보면 그를 하나님의 목자, 기름 부은 자로 묘사하고 있다. 우리말 성경에는 바사 왕 고레스라고 기록되어 있는데, 영문 성경에는 Cyrus(그리스식 발음 키루스, 영어식 발음 사이러스) king of Persia로 기록되어 있다.

> 고레스에 대하여는 이르기를, 그는 나의 목자라 나의 모든 기쁨을 성취하리라 하며, 예루살렘에 대하여는 이르기를, 중건되리라 하며, 성전에 대하여는 이르기를, 네 기초가 세움이 되리라 하는 자니라. 나 여호와는 나의 기름 받은 고레스의 오른손을 잡고 열국으로 그 앞에 항복하게 하며 열왕의 허리를 풀며 성문을 그 앞에 열어서 닫지 못하게 하리라. 내가 고레스에게 이르기를, 내가 네 앞서가서 험한 곳을 평탄케 하며 놋문을 쳐서 부수며 쇠 빗장을 꺾고(이사야 44:28-45:2)

> 바사 왕 고레스 원년에 여호와께서 예레미야의 입으로 하신 말씀을 응하게 하시려고 바사 왕 고레스의 마음을 감동시키매, 저가 온 나라에 공포도 하고 조서도 내려 가로되, 바사 왕 고레스는 말하노니 하늘의 신 여호와께서 세상 만국을 내게 주셨고 나를 명하여 유다 예루살렘에 전을 건축하라 하셨나니, 너희 중에 무릇 그 백성 된 자는 다 올라갈지어다. 너희 하나님 여호와께서 함께 하시기를 원하노라 했더라(역대하36:22-23).

고레스는 이 외에도 성경의 다니엘서(1:21)와 에스라서(1:1-2, 6:3)에도 언급되어 있다. 이러한 이유로 이스라엘 역사에 있어서 키루스 왕은 성경상의 다윗 왕과 비슷한 존재로 여겨진다. 이외에도 키루스 왕에 대한 기록은 영국의 대영박물관에 소장된 사이러스 실린더(the Cyrus Cylinder)에서 찾아볼 수 있다. 이 실린더는 1879년에 바빌론(현재의 바그다드)에서 발견되어 현재는 대영박물관에 보관되어 있는데, 진흙을 구워 원통형으로 만든 것으로 표면에 설형문자로 기록되어 있다. 제작 시기는 기원전 539-538년으로 추정된다. 그 내용은 경건한 왕 키루스가 바빌로니아의 불경한 압제자 나보니더스(Nabonidus)를 물리쳐 폐위시켰다. 키루스는 바빌로니아의 신 마르두크의 선택을 받은 자로서 바빌로니아의 평화와 질서를 회복했다. 키루스는 포로가 된 백성들의 삶을 개선하고 자기들 땅으로 귀환하여 신전을 복구하고 종교를 회복하도록 한 왕이라고 칭송받고 있다는 등의 내용이다. 이러한 내용은 성경에 기록된 이스라엘 민족의 귀환과 예루살렘 및 성전의 회복 조치와 일치한다.

페르시아 제국의 통치방식은 피지배 민족의 지방정부를 허용하되, 그 총독을 제국의 황제가 임명하는 방식을 취했다. 지방정부의 자치를 허용하고, 그 전통문화와 종교를 보호했다. 바빌론에 살던 이스라엘인들은 제3대 다리우스 왕(재위 기간 BC 522-486년) 시기에 본격적으로 귀환하기 시작하여 제5대 아닥사스다 왕(재위 기간 BC 465-424) 때에 대규모로 귀환한 것으로 성경에 기록되어 있다. 이 시기의 역사에 관하여 구약성경의 에스라서와 느헤미야서를 읽어야 했다. 그 당시 에스라는 제사장으로서 제사의식을 주재하고 히브리어 성경을 당시의 통용어인 아람어로 번역하여 기록하는 일을 주도했다. 그의 주재 하에 이스라엘인들은 함께 모여 성경을 읽으며 잘못을 참회했다. 한편 아닥사스다 왕(Artaxerxes)으로부터 12년 임기의 유대 총독으로 임명받은 느헤미야는 파괴된 성전과 예루살렘 성벽을 재건하는 작업에 착수했고, 토라에 따라 유대인 사회를 변혁하는 데 힘썼다. 동족에 대한 대금 업을 금지하고 부의 축적을 제한하며 토지 소유에 대하여 과세하는 등 공동사회 경제제도를 시행했고, 안식일과 제사의식, 십일조 등 종교적 전통의 복원에 힘썼다. 또한,

이방인과의 결혼을 전적으로 금지하는 등 사회 개혁을 추진했다. 이 시기의 유대인 사회는 정교일치의 공동경제 사회였다고 할 것이다.

피지배 민족들은 자체의 인력을 징집하여 페르시아 제국의 군대에 복무하도록 했는데, 이 시기에 징집되어 이집트 남부의 국경지역에 주둔하던 이스라엘인 병사들의 기록이 발견되었다. 1815년부터 이집트 남부의 아스완 인근 엘리판티네섬의 요새지에서 수많은 파피루스문서들이 발굴되었는데, 1907년에 발굴된 일명 엘리판티네 파피루스(Elephantine Papyri)에는 유대인 절기인 무교절에 대한 설명이 적혀 있다. 이 문서는 현재 베를린의 이집트 박물관에 소장되어 있는데, 작성 시기는 기원전 418년으로 추정된다. 이 편지에는 하나니아라는 사람이 엘리판티네 유대인 공동체에 보내는 편지로 유월절을 지키는 방법이 설명되어 있다. 그 내용은 다음과 같다.

> 지금, 올해, 다리우스 왕(Darius II) 5년에 왕의 명령이 하달되었다. "유대인 주둔부대에 무교절 축제 행사를 허용하라." 그러므로 너는 니산월의 제14일이 되거든 유월절을 지키라. 그리고 제15일부터 제21일까지 무교절 축제를 지키라. 몸을 정결하게 하고 주의하라. 제15일이나 제21일에 일을 하지 않으며, 니산월 제14일의 해가 진 다음부터 제21일까지는 맥주를 마시지 않으며 무엇이든지 누룩이 들어간 음식을 먹지 않는다. 그 기간 중에 무엇이든지 누룩이 든 것은 벽장에 넣어 밀봉하여 두라.

이 편지를 쓴 하나니아는 토라(모세의 법)에 대하여 직접 언급하지는 않았지만, 모세의 법에 근거하여 유월절과 무교절에 대한 설명을 하고 있다. 또한 "왕의 명령이 하달되었다."라고 표현한 점으로 볼 때, 이 편지는 페르시아 당국의 승인하에 발송된 것으로 추정된다. 이 편지와 에스라서의 내용을 종합하여 볼 때, 페르시아 당국은 유대인 사회의 전통을 존중하고 토라를 유대인들의 생활을 규율하는 법으로 인정한 것으로 판단된다. 페르시아 당국은 아마도 에스라나 하나니아 같은 사람들을 기용하여 유대인들에게 토라 등 그들의 법규와 전통을 가르치고 시행하도록 했던 것으로 보인다.

마카비 반란(Maccabee Revolt)

알렉산더 대왕은 기원전 331년에 다리우스 3세의 페르시아 제국을 정복하고 그리스와 이집트와 페르시아 지역을 아우르는 대 제국을 건설하여 헬레니즘 시대를 연다. 그러나 알렉산더 사망 후 제국은 분열되었다. 시리아와 페르시아 지역에는 셀레우코스(Seleucid) 제국이, 이집트 지역에는 톨레미(Ptolemy) 제국이 각각 들어섰다. 유대 지역은 톨레미 왕국의 통치를 받았는데, 이전의 페르시아 제국의 통치방법과 비슷했다. 유대의 문제를 유대인들에게 맡겨 폭넓은 자치를 허용함으로써 유대인들은 자신들의 종교와 전통을 유지할 수 있었다. 이 시기의 유대인들은 국제적인 환경에서 다양한 경제활동의 기회를 얻게 되어 유대뿐만 아니라 시리아, 소아시아, 그리스, 이집트 등 헬레니즘 지역에 이주하여 여러 지역에 크고 작은 유대인 사회가 형성되었다.

그러던 중, 소아시아 반도와 아라비아반도 및 이란 지역을 통치하는 셀레우코스 제국의 안티오커스(Antiochus) 왕이 기원전 200년경 이집트를 정복하고 돌아오는 길에 예루살렘 성전에 침입하여 성소의 황금 제단을 탈취하고 성전 정면 금장식 등을 모두 뜯어내는 등 약탈을 자행했다. 왕의 군대는 2년 후에도 또다시 예루살렘에 침입하여 약탈과 살육을 자행했다. 그리고 왕은 칙령을 내려 유대인들의 종교와 전통을 금지하고 셀레우코스 제국의 그리스 종교를 강요했다. 이에 따라 할례와 안식일 지킴이 금지되었고 토라를 압수하여 불태웠다. 그리고 유대인들은 디오니소스에게 경배하고 돼지의 피와 살을 먹도록 요구되었다.

당시 유대의 제사장 제이슨(Jason)은 안티오커스 왕에게 뇌물을 주고 대제사장이 되었다. 그는 그리스의 체육 문화를 받아들여 예루살렘을 그리스 스타일의 도시로 변화시켰다. 예루살렘에 체육관을 설치하여 젊은이들에게 체육을 교육하고 대규모 운동경기장을 건설하여 그리스 스타일의 운동 행사를 거행했으며, 경기장에서 젊은 남자들로 하여금 나체 상태로 경기하게 하는 등 유대인들의 전통을 훼손했다. 제이슨의 뒤를 이어 대제사장 메넬라우스(Menelaus)는 성전의 황금 항아리 등 보물을 훔쳐내 일부는 그리스의 관리들에게 뇌물로 주고, 나머지는 다른 도시에 팔아버리기까지 했다.

안티오커스의 관리들이 예루살렘 인근의 모디인 마을에 와서 유대인들에게 왕의 칙령에 따라 희생제사를 드리라고 강제했다. 이에 마을의 지도자이자 사제인 마타티어스(Mattathias)는 5명의 아들들과 함께 옷을 찢고 베옷을 입고 통곡했다. 그는 제사를 강요하는 관리를 죽이고 제단을 찢어 버리고 아들들과 함께 광야로 도피하여 캠프를 설치하고 전투를 준비했다. 그러던 중 마타티어스는 숨을 거두며 아들들에게, "율법에 열심을 내라. 조상의 언약을 위해 목숨을 바치라."라고 유언했다. 그가 죽은 후 셋째 아들 유다(Judah)가 지휘권을 이어받았는데, 그의 별명은 망치라는 뜻의 마카비(Maccabee)였다. 그는 능란한 게릴라 전술을 이용하여 기원전 161년에 셀레우코스의 니카노(Nicanor) 부대를 물리치고 예루살렘을 탈환했다. 그는 예루살렘 성전의 제사의식을 복원했다. 후에 이를 기념하는 행사가 하누카(Hanukkah)이다.

유다는 얼마 후 전투에서 전사하고 그 동생인 요나단(Jonathan)의 지휘하에 계속 투쟁을 한다. 그 후에는 동생 시몬(Simon)이 지휘하여 기원전 140년에 예루살렘 주변의 유대 지역을 회복하고 예루살렘 성전을 복구했다. 시몬의 사후 기원전 134년에 아들 존 히카누스(John Hyrcanus)가 유대 왕국의 국왕 겸 대제사장으로 즉위하여 하스모니언 왕조(Hasmoneans Dynasty)를 연다. 그는 사마리아, 갈릴리, 이두메 등 유대 주변지역을 정복하여 복속시키고, 영내의 이교도들에게 유대교로의 개종을 강요한다. 유대 지역의 남쪽에 위치한 이두메 지역에 살던 에돔의 후손 이두메인들은 할례를 실시하는 등 유대교로 개종함으로써 추방을 면했다. 헤롯 왕은 이때 개종한 이두메인의 후손이다. 마카비 반란의 역사를 공부하면서 나는 다음과 같이 감상을 적어 클래스 블로그에 포스트했다.

　『마카비서』는 기원전 2세기 초에 일어난 유대인들의 셀레우코스 제국의 지배에 대한 반란 사건을 설명한다. 이 기록을 통해서 나는 유대인들이 예루살렘을 약탈하고 성전과 그들의 전통을 더럽힌 이민족에 대항하여 얼마나 완강하게 저항했는지 잘 알 수 있었다. 유다(일명, 마카비)는 훈련되지 않고 무기와 장비도 빈약한 군대를 이끌고 일련의 전투에서 셀레우코스 제국의 막강한 군대를 물리쳤다. 그 당시 셀레우코스 제국의 군대는 세계 최강의 전력이었기에, 이는 믿기 어려운 놀라운 사건이 아닐 수 없다. 이 대단한 승전의 역사는 이전에 내가 가지고 있던 유대인의 역사, 즉 로마 치하에서 일어난 유대인의 반란 사건에 대한 의문을 풀 실마리가 되었다. 그 의문은 '어떻게 유대인들은 로마제국의 지배하에서 세 번씩이나 거듭 반란을 일으킬 수 있었을까' 하는 것이었다. 역사상 다른 어떤 민족도 로마제국에 대항하여 거듭 저항할 수 없었다. 왜냐하면 로마는 당시 세계 최강의 군대를 가지고 있었고, 만약 그들에게 반역할 경우에는 반드시 무자비하게 진압한 후 민족을 말살하다시피 가혹하게 처우했기 때문이다. 마카비서를 읽으면서, 유대인들의 전통에 대한 자부심이 바로 유대인들이 정복자에 용감하게 저항하게 하는 근원적인 힘이라는 사실을 알 수 있었다. 아울러 현대 역사에서도 6일 전쟁 중에 이스라엘인들이 압도적 다수인 아랍 세력의 무력 앞에서 용감하게 대항할 수 있었던 이유를 충분히 이해하게 되었다.

　『마카비서』에 관하여 궁금한 점은 이 책이 과연 어떠한 책인지 하는 점이다. 이 책은 성경의 일부인가, 그리고 누가 쓴 책인가 하는 의문이다. 가톨릭 교회는 이 책을 성경의 하나로 채택한 것으로 알고 있다. 이 책은 실제의 사건 내용을 생생하게 기술하고 있는 놀라운 역사기록임에 틀림없다. 그렇지만 나는 이 책이 성경과는 세 가지 점에서 다르다고 생각한다. 첫째, 이 책을 누가 기록했는지에 관한 언급이 없다. 둘째, 하나님을 대변할 어떤 선지자도 등장하지 않는다. 셋째, 하나님에 대한 언급이 선혀 없다. 이 책에는 하나님 또는 여호와 대신에 "하늘"이라는 표현이 있을 뿐이다.

로마의 유대 정복

　로마의 이스라엘 침공은 폰터스 지역에 대한 로마 군대의 원정에서 비롯된다. 폰터스(Pontus) 지방은 소아시아 반도 북부의 흑해 연안지역으로 현재의 터키 북동부 지역에 해당한다. 폰터스의 왕권을 승계한 미스리데이츠(Mithridates) 6세는 기원전 90년경 그리스 등 주변지역을 점령했고, 기원전 88년경에는 그곳에 거주하던 많은 로마인들을 학살했다. 이에 로마는 기원전 87년에 술라(Sulla) 군대의 원정을 통하여 두 차례의 전투에서 크게 승리하고 그리스 지역에서 폰터스 군대를 몰아낸다. 계속되는 전투를 통해서 로마군은 기원전 73-71년경 폰터스 국경 내로 진격하기도 했으나 완전히 제압하지 못하고 이후 소강상태를 맞이한다. 로마에서는 집정관을 지낸 폼페이(Pompey) 장군이 기원전 67년부터 이 전투에 가담한다. 66년에 아르메니아와 폰터스를 공격하여 전투를 승리하고 64년에 마침내 폰터스를 정복하여 로마에 복속시킨다. 그는 여세를 몰아 군대를 이끌고 남쪽으로 진군하여 시리아를 정복하여 로마에 복속시킨다. 그리고 계속하여 기원전 63년에 유대로 진군한다.

　폼페이 군대는 예루살렘 인근 여리고에 캠프를 설치한 후 이튿날 예루살렘을 향하여 진군한다. 당시 하스모니아 왕조의 유대 왕국은 형인 히카누스(Hycarnus) 2세와 동생인 아리스토블루스(Aristobulus) 2세가 권력을 둘러싸고 분쟁 중이었다. 폼페이의 군대가 도착하자 히카누스의 세력은 로마 군대를 환영하는 입장이었으나, 아리스토블루스의 추종세력은 결사 항전을 주장했다. 히카누스의 세력이 예루살렘 성문을 열고 로마 군대를 성안으로 맞아들였으나, 아리스토블루스의 세력은 성전 안으로 들어가 연결 다리를 끊고 출입구를 봉쇄하는 등 저항했다. 이에 폼페이의 군대는 성전 북쪽에 진영을 설치하고 성전 외곽의 해자를 흙으로 묻고 그곳에 대응 벽을 쌓아 올려 결국 성전의 벽을 넘어 침입에 성공한다. 3개월간의 포위 공격 끝에 성전을 함락시킨 폼페이는 유대를 로마의 속국으로 만들고 히카누스 2세를 대제사장 및 유대 지역의 통치자로 세운 후 아리스토블루스와 그 아들과 딸들을 인질로 잡고 성전의 보물과 기물들을 전리품으로 획득하여 로마로 개선한다

(Josephus, the Antiquties of the Jews, Ch.4, the Wars of the Jews, Ch.7).

줄리어스 시저와 이두메인 앤티퍼터

줄리어스 시저는 기원전 49년에 루비콘강을 건넌 후 삼두정치 이래로 함께 패권을 겨루던 폼페이에 대항하여 내전에 돌입한다. 그는 기원전 48년에 그리스의 파살루스 전투에서 폼페이 군대를 격파한 후 이집트의 알렉산드리아로 피신한 폼페이를 추적하여 3,800여 명의 병사들을 거느리고 그해 9월 선박편으로 알렉산드리아에 도착한다. 그런데 이집트의 톨레미 왕은 이미 폼페이 장군을 살해하고 그 머리를 잘라 뒤따라 도착한 시저에게 선물로 제공한다. 시저는 이를 보고 분노하여 톨레미 왕에게 죽은 선왕의 부채를 변제할 것을 요구했다. 아울러 왕과 그 누나 클레오파트라 공주와의 갈등에 개입하여 중재를 선언함으로써 왕가의 권력 다툼에 개입하게 된다. 톨레미 왕은 누나와의 공동 통치 제의를 거절하고, 은밀히 지시하여 군대를 동원한다. 왕의 지시를 받은 이집트 군대 2만여 명이 집결하여 왕궁을 포위하자, 시저와 그의 로마 병사들은 성안에 포위되기에 이른다.

다음 해인 기원전 47년 3월 시저의 요청을 받은 시리아와 유대의 동맹군이 출병하여 나일강 하구 도시 펠루시움(Pelusium)에서 이집트 군대와 전투를 벌인다. 페르가몬의 미스리데이츠(Mithridates)가 지휘하는 시리아 병사 1만여 명과 유대의 지휘관 앤티퍼터(Antipater)가 이끄는 유대인 병사 3,000명이 동맹군을 형성했다. 미스리데이츠는 소아시아 반도 서해안의 지중해 연안 도시 페르가몬 출신의 부족장이었고, 앤티퍼터는 유대교로 개종한 이두메인(에돔족속)의 후손으로 유대의 하스모니안 왕조의 고위직 관리였다. 이들은 성을 포위한 후 성벽을 헐어내고 도시를 점령한다. 이 과정에서 앤티퍼터는 특별히 그곳에 거주하는 유대인들에게 유대왕국의 히카누스 왕의 편지를 보여주면서 시저의 편을 들도록 미리 설득하여 동맹 군대에게 저항하지 않도록 조치한다.

이후 나일강 하구의 "유대인 캠프"라고 불리는 곳에서 이집트 군대와 전투가 벌어지는데, 미스리데이츠의 군대는 우측을 맡고, 앤티퍼터의 군대는 좌측을 맡아 전투를 했다. 전투가 진행되자 미스리데이츠의 군대는 800명의 군사를 잃고 열세에 몰린 상황에서, 앤티퍼터의 유대인 군대는 단지 50명이 전사한 채로 적의 군대를 격파하고 좌측의 전선으로 이동해 이집트 군대를 격퇴함으로써 전투를 승리로 이끌었다. 전투에 승리한 후 미스리데이츠는 승리의 공로를 앤티퍼터에게 돌리며 칭찬했다. 이로써 시저와 그의 군대는 이집트의 항복을 받아내고, 그해 봄 또는 여름에 이집트를 떠나 로마로 돌아갈 수 있었다. 시저는 이집트를 출발하여 시리아에 들러서 앤티퍼터의 활약을 크게 치하하면서 그에게 로마 시민권을 수여하고, 면세의 특혜를 부여하면서 그의 희망에 따라 그를 유대 지역의 행정장관(procurator)으로 임명하여 세금 징수권한을 부여했다. 한편 히카누스를 대제사장으로 임명하면서 예루살렘의 성벽을 완성하도록 허가했다(Josephus, the Antiquties of the Jews, Ch.8, the Wars of the Jews, Ch.9).

헤롯의 통치

줄리어스 시저로부터 유대 지역의 사실상 통치자로 인정받은 앤티퍼터는 대제사장 히카누스를 배제하고 유대 전 지역을 통치한다. 이를 위하여 그는 지역을 둘로 분할하여 그의 두 아들에게 업무를 맡긴다. 큰 아들 파새러스(Phasaelus)를 예루살렘과 주변지역의 총독으로, 둘째 아들 헤롯(Herod)을 갈릴리 지방의 총독으로 임명하여 다스리게 한다. 당시 헤롯의 나이는 25세였다. 갈릴리의 총독이 된 헤롯은 당시 악명 높은 도적떼의 두목 헤스기아(Hezekias) 일당을 붙잡아 처형함으로써 주민들의 칭찬을 받게 된다. 아울러 그는 당시 인근 시리아 지역의 로마 총독으로 있던 섹스터스 시저(Sextus Cesar)와 알게 되어 교우하게 된다. 섹스터스는 줄리어스 시저의 친척이었다. 그러던 중 기원전 40년경 파르티아가 침략하여 유대 지역을 점령하자, 헤롯은 로마로 도피한다.

헤롯은 로마에서 후에 황제가 되는 옥타비아누스 및 그의 측근 아그리파 등과 가깝게 지낸다. 기원전 39년 로마의 원로원에서 유대의 왕으로 선출된다. 이후 로마가 파르티아인들을 유대 지역에서 몰아내자, 헤롯은 유대로 돌아와 안티고누스를 축출하고 자신의 왕국을 건설한다. 안티고누스의 조카인 마리암느(Mariamne)와 결혼하고, 종전의 부인 도리스(Doris)와 3살 된 아들을 추방한다. 그후 기원전 37년에 안티고누스를 처형하여 하스모니언 왕조를 종식시키고 예루살렘을 점령하여 유대의 유일한 통치자가 된다. 그는 개인적인 친분관계를 이용하여 로마제국과의 우호관계를 형성하고 피후견국 유대의 종교와 전통을 허용 받는다.

활발한 건설공사를 통하여 항구도시인 시저리아와 아그리피움 및 그 외에 국경 방어 도시 헤로디움과 마사다 요새 등을 건설하고, 예루살렘 성전을 확장한다. 시저리아에는 입구에 6개의 거대 조각상을 건축하고, 시저 신전을 건축하고, 거대한 황제의 동상을 세웠으며, 대형 원형경기장을 건축하여 행사를 유치했다. 활발한 건설사업으로 인하여 1만여 명의 일자리를 창출하는 등 경제를 활성화한다. 그는 건장한 체격과 강인한 체력의 소유자로서 스스로 검투사의 시범을 보여 하루에 야수 40마리를 쓰러뜨리기도 했다. 그는 영향력 확보를 위해 우호적인 인물들을 대제사장 및 산헤드린 의원으로 임명했다.

그렇지만 헤롯은 이두메인으로서 유대인 사회에서 정통성이 없었으며, 도시에 많은 조각상과 신상을 건축하고 그리스와 로마 스타일의 대규모 운동 게임과 엔터테인먼트를 개최하는 등 유대의 전통을 훼손했다. 그는 유대인들의 반란을 우려하여 비밀 경찰대를 운영했고, 정보활동 등을 통해 항상 유대인들을 감시, 통제했다. 성격이 포악하고 변덕이 심하여 부인 마리암느를 포함하여 수많은 사람들을 무자비하게 살해했다. 기원전 4년에 헤롯이 죽자, 세 명의 아들들에게 왕국이 분할되었다. 유대, 사마리아와 이두메 지역은 장남 아켈라우스(Archelaus, BC 4-AD 6)에게, 갈릴리와 페레아 지역은 차남 헤롯 안티바스(Herod Antipas, BC 4-AD 39)에게, 골란 고원 지역은 삼남 헤롯 필립(Herod Philip, BC 4-AD 33)에게 승계되었다. 장남 아켈라우스의 무능함을 이유로 로마제국은 AD 6년에 그를 추방하고 로마의 총독

(minor league governor: procurator)을 보내어 해당 지역을 직접 통치한다. AD 26-37년에는 본디오 빌라도(Pontius Pilate)가 임명되었다.

논란에도 불구하고, 헤롯이 유대왕국에 일정한 이익을 가져왔음에 틀림없다. 헤롯의 통치 기간 중에 유대인들은 유일신에 대한 숭배와 고유한 전통이 허용되었다. 로마의 황제 아우구스투스는 유대교에 대하여 호의적이었다. 예를 들어, 기원전 15년에 로마제국의 제2인자인 아그립바가 헤롯 왕의 초청으로 예루살렘을 방문했다. 그때 그는 100마리의 수소를 유대교 성전에서 희생물로 드렸다. 그리고 그는 유대인들의 특권을 재확인했다(Lewis and Reinhold, Roman Civilization, vol. 1, 619).

성전산 위의 이슬람사원 건축 이야기

카브 알 아흐바(Ka'b al-Ahbar)는 6세기에 예멘에서 태어난 유대인이었다. 그는 성경 지식이 해박하여 주위의 존경을 받았다. 그는 동시대를 살았던 마호메트가 632년에 세상을 떠난 직후인 636년에 70대의 나이에 메디나로 이주한다. 그는 그곳에서 이슬람교의 형성에 큰 영향을 미친다. 저명한 이슬람교도들은 자주 그에게 상담하여 유대인의 토라(모세의 5경)에 대하여 문의하곤 했다. 특히 이슬람의 제2대 칼리프 우마르(Umar ibn al-Khattab)가 그와 가까이 지내며 그의 의견을 묻곤 했다. 비록 이슬람의 정책에 못 이겨 이슬람교로 개종하기는 했지만, 카브는 비록 선지자 마호메트의 말일지라도 토라의 내용에 비추어 확인해 보기 전에는 받아들이려 하지 않았다.

이슬람 세력이 북쪽으로 확장하여 팔레스타인과 시리아 지역을 정복할 때 카브는 칼리프 우마르를 수행하여 예루살렘에 이른다. 예루살렘을 처음으로 방문한 그는 매우 깊은 감명을 받아 칼리프에게 아랍인들이 예루살렘을 로마인들로부터 정복할 것이라는 유대교의 예언에 대하여 말한다(아랍인들은 비잔틴 동로마 역시 로마제국으로 부르고 있었다). 그들이 예루살렘에 진입했을 때, 성전 터는 쓰레기로 뒤덮인 쓰레기장으로 변해 있었다. 이는 비잔틴 제국의 기독교 사상과 관련이 있었다. 로마의 기독교 교리에 따르면, 유대인들의 구약성경은 예수가 오신 후 의미를 잃게 되었다. 오직 그리스도의 은혜의 약속만이 의미를 갖는다는 것이다. 따라서 비잔틴 로마제국은 유대교와 관련된 유적이나 시설들을 의도적으로 무시하고 훼손을 방치했다. 유대교의 가장 주요한 상징인 성전 역시 그러한 이유로 훼손하고 모욕했다.

아랍인들의 예루살렘 점령에 관하여 두 가지 버전의 이야기가 있다. 아랍인들은 곧바로 성전산으로 향했다. 칼리프 우마르의 지시로 군사들은 그곳을 완전히 청소하고 정화했다. 우마르는 그곳에 모스크를 건축할 생각으로 동행한 카브에게 자문을 구했다. 아랍의 역사가 무하마드(Muhamad ibn Jarir)는 당시의 상황에 관하여 다음과 같이 기록했다.

> 우마르가 물었다. "모스크를 어느 곳에 지어야 한다고 생각하시오?"
> "바위 옆입니다." 카브가 대답했다.
> "하나님 곁이라." 칼리프가 말했다. "카브, 그대는 유대교를 따르고 있구려. 내가 보니 그대는 이곳에서 그대의 샌들을 벗었소."
> "맨발로 이곳을 직접 느끼고 싶었습니다." 카브가 대답했다.
> "내게도 그렇게 보였소." 칼리프가 말했다. "그렇지만 아니오. 우리는 모스크의 앞부분이 지블라(the gibla)에 맞도록 할 것이오. 하나님의 선지자(마호메트)가 그랬듯이. 계속합시다! 우리는 바위에 관하여 명령을 받은 것이 아니고, 카바(ka'ba)에 관하여 명령을 받았을 뿐이오"(Bernard Lewis, Islam from the Prophet Muhammad to the Capture of Constantinople vol. 2, New York, 1974,3).

이 바위는 성전산의 표면에서 약간 튀어나온 기반암으로 성전의 지성소가 위치한 곳이다. 카브는 이곳에 도착하여 신고 있던 샌들을 벗었는데, 이는 성전의 성스러운 곳에 들어갈 때 유대인들이 취하는 행동이다. 지블라는 이슬람교에서 절할 때 정하는 방향을 의미한다. 항상 메카에 있는 카바(Ka'ba)를 향하도록 한다. 이슬람의 가장 성스러운 사원이다. 유대인들이 기도할 때 예루살렘을 향하는 것과 유사하다. 이슬람의 성소 메카는 예루살렘의 남쪽에 위치한다. 그렇기 때문에 다른 버전의 이야기에서 지블라가 논란의 대상이 된다.

> 칼리프는 직접 그곳에 갔다. 그리고 카브는 그를 수행했다. 우마르는 카브에게 말했다. "오, 아부 이샤크, 그대는 바위의 위치를 아시오?"
>
> 카브는 대답했다. "게헨나 계곡에 있는 우물로부터 거리를 재어보면 찾을 수 있을 것입니다." 그리고 덧붙였다. "현재는 똥 더미에 덮여 있기 때문에 바닥을 파내야 할 것입니다."
>
> 그래서 그들은 바닥의 쓰레기 더미를 치워서 바위가 드러나게 했다.
>
> 그리고 나서 우마르는 카브에게 물었다. "그대는 어느 곳에 모스크의 성소를 위치해서 지블라를 맞추어야 한다고 생각하시오?"
>
> 카브는 대답했다. "바위의 뒤쪽에(즉, 바위의 북쪽에) 자리를 잡도록 하여 두 개의 지블라, 즉 모세의 지블라와 마호메트의 지블라를 만들 수 있을 것입니다."
>
> 그러자 우마르가 반박했다. "그대는 여전히 유대인의 생각에 맞추어져 있구려, 오, 아부 이샤크. 모스크의 성소는 바위 앞쪽(즉, 바위의 남쪽)에 위치할 것이오."

이렇게 하여 모스크(알 아크샤 사원)는 성전산의 전면에 건축되었다(F. E. Peters, Jerusalem: The Holy City in the Eyes of Chroniclers, Visitors, Pilgrims, and Prophets, Princeton, 1985, 189).

중세 이후 유대인 수난의 역사

디아스포라 이후 기독교 세계에 정착한 유대인들의 역사는 한마디로 고난의 역사라고 할 것이다. 그들은 예수를 죽인 민족이라는 비난과 함께 기독교의 믿음과 순수성을 해할 잠재적 위협세력으로 간주되어 끊임없는 박해와 학살에 시달려야 했다. 그 대표적인 사례가 십자군에 의한 유대인 학살 및 살육이었다. 1096년에 제1차

십자군 원정대는 독일의 라인란트를 통과하면서 그들의 분노를 유대인 사회에 퍼부었다. 그들이 유대인 거주지를 통과할 때 이렇게 외쳤다. "우리는 아직 복수의 대상인 이슬람으로부터 멀리 떨어져 있다. 그렇지만 유대인들은 우리 중에 함께 살고 있다. 그들의 조상들은 불법적으로 예수를 죽여 십자가에 달았다. 우리는 그들에게 복수를 할 것이다. 그리고 그들을 말살할 것이다."

12세기의 십자군 병사였던 알버트(Albert of Aix)의 기록에 따르면, "유대인들이 기독교 병사를 보면 나이와 상관없이 서로의 손에 죽어 갔다. 서로서로 쓰러져 갔다. 형제, 어린이, 아내들, 자매들… 말하기 끔찍하지만, 어머니들은 칼로 젖먹이 어린아이의 목을 잘랐다. 그리고 다른 아이들을 찔렀다. 그들은 자신의 아이들이 이방인의 무기에 의해 죽기보다는 자신들의 손으로 목숨 끊기를 희망했다"(John Efron 등, The Jews: A History, 192). 유대인들은 종교적 순교 의식을 가지고 있었다. 독일 마인츠 지방의 여인 라헬(Rachel)은 자신의 네 아이를 희생 제물로 바치기로 마음먹었다. 제일 먼저 그녀의 큰 아들 이삭을 죽였다. 그 동생 아론이 그 모습을 보고, "엄마, 엄마, 나를 죽이지 말아요." 하면서 울부짖었다. 그리고 달아나 의자 밑에 들어가 숨었다. 라헬은 남편인 랍비 유다와의 사이의 어린 두 딸, 벨라와 매트로나의 목을 날카로운 칼로 베어 희생 제물로 바쳤다. 그 여인은 자기의 세 아이를 창조주께 바쳤다. 그리고 목소리를 높여 아들 아론을 불러 의자 밑에서 끌어 내 일으켜 세우고 그 아들을 희생했다. 그리고 라헬 자신은 십자군들이 집에 들이닥쳤을 때 살해되었다. 남편은 후에 집에 돌아와 이 광경을 보고 칼을 들어 스스로 목숨을 끊었다(The Jews: A History, 192).

중세 가톨릭 교회의 살벌함과 광기를 엿볼 수 있다. 그렇지만 교회에 의한 박해와 살육에 그치지 않았다. 거주하던 국가의 일반인들이 행하는 학살도 그치지 않았다. 1189년 영국의 런던에서 영국인들이 유대인 사회를 공격하여 학살을 자행했다. 1190년에도 영국의 요크 지역에서 학살이 자행되었다. 1298년 독일 남부 바바리아 지방에서 146개 유대인 공동체가 공격을 받아 5,000여 명의 유대인이 학살되었다.

이 사건은 린트플라이쉬 학살(The Rintfleisch massacre)이라고 알려져 있다. 1242년에는 프랑스 파리에서 유대인 사회가 공격받아 탈무드를 불태우는 일이 발생했다. 그 외에도 유대인들은 희생 제사를 위해 기독교도 아이들을 납치해 살해한다는 오해(Ritual Murder)를 받아 12세기 이래로 유럽 전역에서 잘못 기소되어 처형된 바 있다. 또한 유럽 각국에서 유대인들에게 기독교 개종을 강요하고, 이에 불응하는 무리에 대한 집단 추방령이 선포되었다(1290년 영국, 1394년 프랑스, 1492년 스페인 등).

그러면 중세 가톨릭 교회의 유대인 탄압과 박해는 16세기 이후 개신교 시절에는 중단되었을까? 오로지 성경과 은혜로 구원을 받는다는 마틴 루터였으니 원수까지도 사랑하라는 그리스도의 가르침에 충실했을 듯하다. 그렇지만 그런 예상은 빗나간다. 마틴 루터는 초기에는 유대인들에 대해 회유적이고 유화적인 태도를 보인다. 중세 가톨릭 교회의 적대적인 반유대주의와는 대조적인 태도였다. 그러나 후에는 점차 참을성을 잃고 적대적인 입장으로 바뀌어 유대인의 추방을 선동했다. 1523년 루터가 쓴 "That Jesus Christ Was Born a Jew"에서는 유대인들의 개종을 기대하여 유화적인 태도를 보였다. 그렇지만 유대인들의 개신교에 대한 무관심에 실망한 나머지, 1543년에 쓴 글 "Concerning the Jews, and Their Lies"에서 다음과 같이 주장했다.

> 그러면 우리 기독교인들은 이러한 요구를 거부한 유대 민족에 대하여 어떻게 할 것인가? 그들은 우리 가운데 살고 있음에도, 거짓말을 하고 신성모독을 하고, 저주까지 하고 있기 때문에, 우리는 그들을 용납할 수 없다. 우리가 그들의 행위에 동조하지 않는다면, 첫째, 그들의 회당은 불태워져야 한다. 둘째, 그들의 집들은 마찬가지로 때려 부수어 파괴되어야 한다. 셋째, 그들로부터 기도 책과 탈무드를 빼앗아야 한다. 넷째, 그들의 랍비들은 죽음의 위협으로써 더 이상 가르치는 것이 금지되어야 한다. 다섯째, 유대인들에게 여권과 여행 허가가 금지되어야 한다. 여섯째, 그들에게 고리대금이 금지되어야 한다. 일곱째, 젊고 힘 있는 유대인들에게 도리깨와 도끼, 쟁기와 삽 등 농기구를 주어 아담의 자녀들이

그랬듯이 콧등에 땀이 흘러야 그들의 빵을 먹을 수 있도록 해야 한다(The Jews: A History, 231).

유대인들이 기독교 세계에서 받은 차별과 박해에 대하여 나는 다음과 같이 두 개의 글을 블로그에 포스트했다.

기독교 사회에서의 유대인 차별과 박해

이번 주에 읽은 글에는 불공평과 비극이 가득하다. 중세 시기에 기독교 세계에서는 지속적인 악행이 자행되었다. 1069년에 십자군 병사들은 그들의 원정길에서 수많은 유대인들을 살육했다. 그들은 그것이 예수 그리스도의 십자가 처형에 대한 보복이라고 주장했다. 이러한 잔혹행위는 중단되지 않고 200여 년간 반복적으로 발생했다. 이 기간 동안에 서유럽 전역에서는 폭도들이 수시로 몰려가 유대인 공동체를 공격했다. 1189년에는 영국의 런던에서 군중들이 유대인 공동체를 공격했고, 다음 해에는 요크 지역에서 폭도들이 유대인 마을을 공격했다. 그들은 무방비 상태의 유대인들을 살해했다. 프랑스 파리에서는 신성모독이라는 이유로 많은 탈무드 책이 압수되어 불태워졌다. 14세기의 흑사병 유행 기간에는 스위스와 독일 지역에서 수천 명의 유대인들이 허위 선동 때문에 목숨을 잃어야 했다. 그들은 심한 고문 끝에 공공 연못이나 우물에 독을 넣었다고 자백했고, 결국 이러한 혐의로 무고히 처형되었다. 또한, 12세기 이후로 많은 수의 유대인들이 소위 살인 예식이라는 죄목으로 무고히 기소되어 처형되었다. 사실, 이러한 형태의 허위 주장은 1세기경 이집트에 살던 **아피온**(Apion)이라는 인물이 날조한 것이었다. 그는 유대인들이 비유대인 어린이들을 붙잡아 죽여 그 피를 제물로 바친다고 주장했다. 그의 허위 주장에 대하여 역사가 조세푸스는 그의 책 Against Apion에서 충분히 반박했다.

유대인들이 오랜 세월 동안 수많은 잔혹행위를 당해온 사실은 정말 끔찍하다. 1240년대 파리에서 자행된 탈무드 소각 사건은 중국에서 일어난 분서갱유(焚書坑儒) 사건을 띠오르게 한다. 기원전 3세기에 중국을 통일한 진나라의 시황제는 그의 정책과 다른 유교 서적들을 모아 불태우고 그를 반대하는 유학자들을 잡아 땅에 파묻어 죽이도록 명령했다. 이에 따라 수많은 서적들이 불태워지고 많은 유학자들이 산 채로 땅에 묻혔다. 마치 교황의 가톨릭교회가 고대 중국의 폭군과 대비되는 듯하다. 사실, 교황들과 가톨릭교회는 모든 일의 중심에서 끔찍한 악행을 주도하여 왔다. 1215년 교황 이노센트 3세가 소집한 제4차 라테란 종교회의에서 가톨릭교회는 유대인에 대한 분명한 입장을 밝혔다. 이 회의에서 채택된 교회법은 유대인들의 자유와 권리를 심각하게 제한했다. 이에 따라 유대인들은 사회로부터 격리되었고 모든 공직으로부터 배제되었다. 사실 이 시기는 교황의 권세가 정점에 이른 시절이었다. 교황 이노센트 3세는 공언했다. "교황은 베드로 사도의 승계자로서 하나님의 기름부음을 받은 예수 그리스도의 대리인이다. 나는 하나님과 사람 사이에 위치해 있고, 하나님의 아래에 있지만 인간 위에 있다. 따라서 나는 모든 인간을 판단하지만, 어떤 인간의 판단도 받지 않는다."

세파르딤(스페인 지역의 유대인)의 추방

1492년은 크리스토퍼 콜럼버스가 신대륙을 발견한 해이다. 그는 스페인 왕 페르디난드와 이사벨라 왕비의 후원으로 3척의 선박을 이끌고 항해에 나선다. 그렇지만 같은 해에 수십만 명의 유대인들은 같은 왕과 왕비에 의해 스페인으로부터 추방된다. 왕은 이것이 하나님의 뜻에 따른 것이라고 주장한다. 유대인들은 3개월 내에 금이나 은을 버려둔 채 스페인 땅을 떠나야 했다. 이후로 스페인에 있는 모든 유대인들은 전쟁 포로처럼 취급되었다. 스페인에서 추방된 세파르딤 유대인들은 다행스럽게도 오스만 터키에서 환영받았다. 그들은 이스탄불이나 살로니카 같은 도시에 정착할 수 있었다. 이후 오스만 제국이 팔레스타인 지역을 복속시킨 후로 유대인들은 갈릴리 지역에 있는 사페드(Safed) 시에서 그들의 공동체를 건설할 수 있었다. 랍비 이삭 자파티가 그의 친구에게 보낸 기쁨의 편지가 매우 인상적이다.

유럽의 기독교 세계에서와는 달리, 유대인들은 오스만 제국에서 제한 없이 여행과 상업의 자유를 누리게 된다. 특별히 세파르딤들은 지중해 무역에 큰 이점을 가지고 있었다. 그들은 스페인어와 포르투갈어를 할 수 있었고, 이베리아반도에 인맥과 사업망을 가지고 있었다. 더구나, 그들은 자신들만의 길드를 조직했고, 심지어 이슬람인들이나 기독교인들과도 함께 길드를 형성하기도 했다. 제국이 더욱 확장되고 번영을 구가할수록 유대인들 역시 그들의 경제적 번영과 종교적 자유를 향유하는 황금기를 누릴 수 있었다. 아울러, 유대인들은 제국의 경제적 발전에도 크게 기여했다. 유대인들이 그동안 겪어 왔던 불행 끝에 얻은 신의 축복처럼 느껴진다. 이러한 축복에 비하여 기독교 세계에서 감내해야만 했던 불행이 대비된다. 마틴 루터는 유대인들에 대하여 다음과 같이 저주의 말을 퍼부었다. "그들에 대한 하나님의 분노는 너무 커서 그들의 처지는 오로지 비참해지고 더욱 비참해질 것이다. 그리고 극심한 자비를 통해서라도 결코 더 나아지지 않을 것이다. 그러므로 그들에게서 떠나라…"

그리고 유대인 사상가 스피노자에 대하여 다음과 같이 글을 올렸다.

유대인 사상가 스피노자

1656년에 암스테르담의 유대인 사회는 젊은 유대인 사상가를 추방했는데, 그는 바로 스피노자(Baruch Spinoza, 1632-1677)였다. 그 후 그는 18세기 계몽사상의 기초를 놓은 위대한 철학자가 되었다. 유대인 사회의 제명 기록에 따르면, "이 사람에 대한 하나님의 분과 노가 차고 넘쳐 모든 저주로써 그를 저주하고 그의 이름을 하늘 아래에서 말소한다."라고 되어 있다. 그 이유는 그가 끔찍한 이단 사상을 익히고 가르쳤으며, 기괴한 행동을 했다는 것이다. 이 기록은 1615년에 가톨릭 교회가 과학자 갈릴레오 갈릴레이에게 행한 종교재판을 떠올리게 한다. 스피노자의 사건은 유대인의 정체성 문제를 제기하고 있다. 유대인은 반드시 유대교를 신봉하고 유대 전통을 존중해야 하는가? 분명히 스피노자는 유대 혈통의 유대인이었다. 그렇지만 그는 하나의 인간이기도 하다. 미국의 독립선언서에 언급되었듯이, 사람들은 인간으로서 빼앗길 수 없는 각자의 인권을 창조주로부터 부여받았다. 행복의 추구와 사상의 자유는 이러한 천부 인권에 해당한다.

이러한 의미에서 나는 스피노자의 다음 이야기에 동의한다. "하나님은 모든 인간에게 동일하게 관대하다. 그리고 히브리인들은 오직 그들의 사회조직과 정부에 관하여 하나님에게 선택받은 것이다." 그러므로 "유대인 개인은 사회조직이나 정부와 별개인, 다른 사람에 비하여 어떠한 특별한 선물이나 특권을 하나님께 받지 않았다. 그리고 유대인과 이방인 간에 어떤 차이점도 없다." 피조물인 인간이 각 개인의 선과 진리를 추구하는 것은 당연한 의무일 것이다. 18세기 하스칼라운동(Haskalah movement: 18-19세기 유럽 중부 및 동부지역의 유대인 사이에서 일어난 계몽운동)은 스피노자의 사상에 영향을 받았다. 그들이 개인의 중요성을 강조하고 자기 계발을 위하여 개인의 능력을 추구하기 때문이다. 비록 스피노자가 유대인 사회로부터 제명되었지만, 현재 그는 첫 번째 현대적인 유대인으로 평가된다. 230년 후에 지그문트 프로이트(Sigmund Freud, 1856-1939)는 스피노자의 길을 밟아 스스로를 무신론자인 유대인이라고 선언한다. 그 역시 현대적 의미에서 유대인의 정체성 문제를 제기한 것이다.

기독교 역사 과목

기독교 역사 클래스에서는 초대교회부터 16세기 종교개혁 때까지의 교회 역사를 공부했다. 교재로 사용한 책은 글렌 힌슨(E. Glenn Hinson)의 The Early Church (1996)와 도널드 로건(F. Donald Logan)의 A History of the Church in the Middle Ages(2013) 및 후스토 곤잘레스(Justo L. Gonzalez)의 A History of Christian Thought, Vol 2. Augustine to the Eve of the Reformation (1987) 등이었다. 수업은 교수의 강의 이외에도 조교들이 지도하는 섹션(discussion section) 단위의 토론으로 진행되었다. 학기 중에 읽었던 자료들 중에서 눈길을 끄는 글들을 차례로 소개한다.

「디더키(Didache)」: 사도들의 가르침

1873년 터키의 이스탄불에서 양피지에 그리스어로 기록한 「디더키」라는 문서가 발견된다. 문서는 1016년에 작성된 것이었지만, 그 내용은 초대교회 시절의 교회 매뉴얼(운영 지침) 같은 것이었다. 이후에 새로운 발견을 통해서, 양피지에 그리스어로 기록된 AD 4세기경의 디더키 문서의 일부분이 발견되었다. 원래의 「디더키」는 AD 60-70년경에 처음 기록되어 사용된 것으로 추정된다. 사실, 이 시기는 요한 등 사도들이 활동하던 시기이고, 요한의 서신서가 쓰이기 이전이다. 그리스어로 '디더키(Didache)'는 가르침이라는 의미이다. 「디더키」의 전체 제목은 "12사도를 통한 주의 가르침"이다. 모두 16장으로 구성되어 있는데, 그중에서 일부를 소개한다.

제1장 두 개의 길

두 개의 길이 있다. 생명의 길과 죽음의 길이다. 두 길에는 커다란 차이가 있다. 생명의 길은 먼저, 너를 창조하신 하나님을 사랑하고, 둘째, 네 이웃을 너 자신처럼 사랑하고, 자신이 원하지 않는 일을 남에게 행하지 말라는 것이다. 교훈은 다음과 같다. 너의 원수를 위해 기도하라. 그리고 너를 핍박하는 자를 위해 금식하라. 너를 사랑하는 자를 사랑하면 무슨 상이 있겠느냐? 이방인들도 그와 같이 하지 않느냐? 그러나 너를 미워하는 자를 사랑하라. 그러면 원수를 두지 않을 것이다. 육신적인 그리고 세상적인 정욕을 삼가라. 누가 너의 오른뺨을 때리면, 다른 뺨을 돌려 대라. 그리하면 완전해질 것이다. 누가 너를 강권하여 1마일을 가자고 하면, 그와 함께 2마일을 가라. 누가 너의 옷을 빼앗아 가면, 그에게 너의 겉옷을 주라. 누가 너의 것을 가져가면 돌려 달라고 하지 말라. 네게 구하는 모든 사람에게 주라. 그리하고 돌려 달라고 하지 말라. 왜냐하면 우리가 아버지로부터 거저 받았기 때문이다. 계명에 따라 주는 자는 복이 있다. 그가 죄 없기 때문이다. 받는 자에게는 고난이 있다. 왜냐하면 필요로 하는 자가 받으면 죄 없지만, 있는 자가 받으면 벌을 받아야 하기 때문이다. 사람은 자신이 행한 대로 심판을 받을 것이다. 마지막 한 푼까지 남김없이 갚지 않으면 결코 풀려날 수 없기 때문이다. 그러므로 이것을 기억하라. 네 손에서 구제가 흘러나오도록 하라, 누구에게 주어야 할지 알 때까지.

반면에 죽음의 길은 다음과 같다. 먼저, 이러한 것들은 악하고 저주가 가득하다. 살인, 간음, 정욕, 문란함, 절도, 우상숭배, 마술, 주술, 강도, 거짓 증언, 위선, 표리부동, 배신, 교만함, 악의, 완고함, 탐욕, 저속한 말, 질투, 오만함, 자랑함 등이다. 다음으로, 이러한 것들은 모든 면에서 사악하다. 의로운 이를 박해함, 진리를 싫어함, 거짓을 사랑함, 의로움에 대한 보상을 무시함, 선에 집착하지 않음, 옳은 판단을 피함, 악에 관심을 둠, 온유하지 않고 참지 못함, 무가치한 일을 사랑함, 이익을 추구함, 가난한 이에게 자비롭지 않음, 억압받는 자를 돕지 않음, 창조주 하나님을 인정하지 않음, 어린아이를 죽임, 하나님의 창조물을 더럽힘, 어려운 이를 외면함, 괴로워하는 이를 압제함, 부자를 대변함, 가난한 이에 대한 불의한 판단이 그것이다. 그대들이 이러한 모든 일에서 부디 벗어나기를!

제7장 침례에 관하여

침례에 관하여 이렇게 시행하라. 먼저 이것들을 말하라. 아버지와 아들과 그리고 성령의 이름으로 흐르는 물에서 침례 하라. 그렇지만 흐르는 물이 없으면, 다른 물로 침례 하라. 차가운 물에서 할 수 없으면, 따뜻한 물에서 하라. 어떠한 물도 없으면, 물을 세 번에 걸쳐서 머리에 부으라. 아버지와 아들과 성령의 이름으로. 침례에 앞서서 침례를 시행하는 자와 침례 받을 자는 금식하게 하라. 그 외에 다른 이들도 할 수 있으면 금식하라. 특히 침례 받을 자는 하루나 이틀 전에 금식하도록 명하라.

제8장 금식과 기도에 관하여

남에게 보이려고 금식하지 말라. 왜냐하면 한 주의 둘째 날과 다섯째 날에 금식하기 때문이다. 그렇지만 넷째 날과 금요일에 금식하라. 위선자들이 하는 것처럼 기도하지 말고 주께서 복음을 통해서 명령하신 대로 하라. 그러므로 이렇게 기도하라. 하늘에 계신 우리 아버지여, 이름이 거룩히 여김을 받으시옵고, 당신의 나라가 임하옵시며, 뜻이 하늘에서 이루어지듯이 땅에서도 이루어지기를 기도합니다. 우리에게 오늘 일용할 양식을 주옵시고, 우리가 우리에게 빚진 자들을 용서한 것처럼 우리의 빚을 용서하여 주시옵소서. 우리를 시험에 들게 하지 마시옵고, 악한 자로부터 우리를 구하옵소서. 권세와 영광이 영원히 당신에게 있나이다. 하루에 세 번씩 기도하라.

제14장 주의 날의 기독교인의 모임

주의 날에 너희는 함께 모여서 빵을 떼고, 너희 잘못을 고백한 후에 감사를 드리라. 그렇게 함으로써 너희 희생제물이 깨끗해질 수 있다. 그렇지만 동료들과 불화하는 사람은 그가 화해할 때까지 함께 모이지 않도록 하라. 이는 너희의 희생제물이

모독되지 않기 위함이다. 이것은 주님께서 하신 말씀 때문이다: 어느 때에나 어느 곳에서나 내게 정결한 제물을 바치라; 왜냐하면 나는 위대한 임금이기 때문이다. 그리고 내 이름이 세상에서 경이롭기 때문이다.

폴리캅의 순교

순교자 폴리캅(Policarp, AD 69 - 156)은 사도 요한에게 직접 배운 제자이다. 사도 요한이 그를 서머나(Smyrna, 터키 서부의 지중해 연안 지역)의 감독으로 세웠다. 그가 작성한 빌립보인에 대한 서신이 남아 있다. 그는 서기 156년 안토니누스 피우스(Antoninus Pius) 황제 시절에 검거되어 화형 된다. 순교 당시에 목격자들의 목격담을 근거로 하여 서머나 교회가 작성한 순교 기록이 전해진다.

경찰들이 두 명의 노예 소년들을 고문하여 폴리캅이 은신한 곳을 알아냈다. 당시 폴리캅은 교회가 있는 도시에서 떠나 인근에 있는 농장에 은거 중이었다. 그곳에서 그는 밤과 낮으로 기도에만 전념했다. 모든 사람과 교회들을 위하여 기도하는 것이 그의 지속적인 일상이었다. 기도하는 중에 그는 그가 산 채로 화형 되는 환상을 보았다. 그렇지만 그는 특별히 놀라거나 두려워하지 않았다. 금요일 저녁식사 시간에 말을 탄 경찰들이 온갖 무기들로 무장한 채 그가 은신한 농장에 들이닥쳐 그를 찾아내 체포했다. 그들은 폴리캅이 농장 주택의 2층 침대에 누워 있는 것을 발견했다. 폴리캅은 달아나라는 권고를 여러 차례 받았지만, 그럴 때마다, "하나님의 뜻이 이루어지옵소서."라고 답하곤 했다. 그를 체포한 경찰들은 그가 아주 늙은 노인이라서 놀랐다. 그럼에도 불구하고 그의 평온하고 침착한 태도에 다시 놀랄 수밖에 없었다. 그는 아래층으로 내려와 식탁을 차려 체포자들에게 저녁식사를 대접했다. 그리고 그는 그들에게 기도할 기회를 달라고 요청했다. 그들의 허락을 받은 후, 그는 선 채로 2시간 동안 소리 내어 기도했다. 경찰은 그렇게 경건한 노인을 잡아가는 것을 미안해했다.

대장의 이름은 아이러니하게도 헤롯이었는데, 그와 그의 부친은 폴리캅을 수레에 태우고 가면서 그를 설득하기 시작했다. "황제가 주인이니 그에게 분향하시오." 그들은 폴리캅에게 작은 일을 두 가지만 따르면 일상으로 돌아가 예전과 같이 생활할 수 있다고 설득했다. 폴리캅은 조용히 앉아서 대답하지 않았다. 대장과 그의 아버지가 계속해서 권하자 폴리캅은 응답했다. "나는 당신들이 제의하는 그 일을 하지 않을 것이오." 그러자 화가 난 대장이 폴리캅을 수레에서 갑자기 내리게 하는 바람에 폴리캅은 정강이에 심한 상처를 입었다. 그렇지만 그는 아무 일 없었다는 듯이 경기장 안으로 걸어 들어갔다. 경기장 안에는 많은 군중들이 소리 높여 함성을 지르고 있었다.

폴리캅과 기독교인들이 경기장으로 들어갈 때 그들은 하늘로부터 소리를 들었다. "굳세어라. 폴리캅, 당당하라!" 폴리캅은 경기장 한가운데 앉은 총독 앞으로 끌려갔다. 총독은 그에게 신앙을 버릴 것을 설득했다. "당신의 나이를 생각해서, 황제에게 맹세하라!"라고 권유했다. 그리고 기독교인들을 로마의 신들을 믿지 않는 무신론자로 간주하여, "당장 무신론자들에게서 떠나라!"라고 강요했다. 그러자 폴리캅은 관중석을 가득 채운 이교도들의 무리를 엄숙하게 쳐다보면서 그들을 향해 손을 흔들고, 다시 하늘을 올려다보면서 목을 가다듬고, "무신론자들로부터 떠나라!"라고 소리쳤다 그것은 총독이 의도한 것이 아니었다. 총독은 더욱더 강하게 그에게 로마 신들에게 경배할 것을 요구했다. "맹세하라, 그러면 당신을 풀어주겠다. 그리스도를 비방하라."

그러자 폴리캅이 응답했다. "86년 동안 나는 그의 종이었습니다. 그리고 그는 내게 아무것도 잘못한 것이 없습니다. 그런데 어떻게 나를 구원하신 나의 왕을 모독하겠습니까?" 총독은 되풀이해서 그의 목숨을 부지하라고 설득했지만, 그는 전혀 동요하지 않았다. 대신에 "당신은 헛되이 기대하고 있소. 그리고 내가 누구인지 모른 척하고 있소. 나는 그리스도인이오. 이제 당신이 기독교에 관하여 알고 싶다면, 날을 잡아서 이야기할 기회를 주시오."라고 말했다. 총독은 그에게 죽음을 외치고 있는 군중들이 있으니 그들을 설득하라고 했다. 폴리캅은 그들이 결코 설득되지 않을 것을 알기에 이를 거절했다.

시간이 흘러 총독은 최종 결정을 내려야 했다. 폴리캅에게 그의 신앙을 돌이키지 않는다면 맹수들의 밥이 될 것이라고 이야기했다. 폴리캅은 또다시 이를 거절했다. "옳은 것을 뉘우치고 옳지 않은 것을 행하는 사람은 없소. 어서 맹수들을 부르시오." 그러자 총독은 맹수 대신에 그가 화형 될 것이라고 말했다. 그러자 폴리캅은 "나는 지옥불 속에 영원히 있는 것보다 차라리 이 경기장에서 불타는 것이 낫겠소. 왜 지체하오? 원하는 대로 하시오"라고 말했다. 목격자들은 폴리캅이 용기와 기쁨으로 충만했고, 그의 얼굴에 은혜가 가득한 모습을 보았다. 총독조차도 그 모습에 놀랐다. 그렇지만 군중들은 강력하게 폴리캅의 죽음을 연호했다. 경기장 안에 장작과 불쏘시개가 쌓였다. 장작더미가 만들어지자 폴리캅의 옷을 벗기고 장작 위 기둥에 그를 못 박으려 할 때 폴리캅은 못 박을 필요 없다며 그들을 중단시켰다. "나를 그대로 두시오. 불의 고통을 견디게 하시는 이께서 내가 장작 위에서 움직이지 않도록 하실 것이오." 그래서 그들은 못을 박지 아니하고 그를 기둥에 묶었다. 폴리캅은 하늘을 올려다보면서 그리스도를 통한 하나님의 사랑을 증언하면서 하나님께 감사의 기도를 드렸다. 그리고 그가 "아멘" 하자 장작에 불이 붙여졌다.

불은 폴리캅을 삼키지 않았다. 그의 주변은 불길이 타올랐지만 그의 몸에는 불길이 닿지 않았다. 그래서 집행관은 처형인을 보내어 칼로 찔러 죽게 하라고 명령했다. 그대로 실행되어 많은 양의 피가 흘렀다. 이를 본 군중들은 모두 함께 충격을 받았다. 이러한 일을 본 당국자들은 죽음과 박해에 직면해서도 흔들리지 않는 신앙을 보여주는 일련의 사건들 때문에 더 많은 기독교인이 생겨날 것을 우려하며 두려워했다. 경찰 대장의 부친은 총독에게 폴리캅이 새로운 예수로서 경배되지 않도록 그의 시신을 지키라고 건의했다. 그들은 우리들이 결코 그리스도를 버리지 않을 것이며 또한 다른 어느 누구도 숭배하지 않을 것이라는 사실을 몰랐다. 폴리캅이 화장된 후에 교회가 당국으로부터 그의 유골을 받아서 적절한 곳에 안장했다.

3세기 초의 기독교 저술가인 터툴리언(Tertullian)은 "순교자들이 흘린 피는 교회의 씨앗이 되었다."라고 썼다.

퍼페투아의 순교

비비아 퍼페투아(Vivia Perpetua)는 카르타고 지역의 상류 집안에서 태어나 엄격한 가정교육을 받은 여성이었다. 기독교를 믿게 된 초신자로서 서기 202년 또는 203년에 동료 기독교인들과 함께 체포되었다. 22세의 갓 결혼한 여성으로 젖먹이 어린아이가 있었다. 그녀가 체포될 때, 그녀의 오빠도 함께 체포되었고, 그녀의 노예인 펠리치타스(Felicitas)도 아이를 임신한 상태로 함께 체포되었다. 이 기록은 이러한 상황을 직접 목격한 이들의 목격담을 토대로 당시의 교회가 기록한 것이다. 그 중에서도 특히 순교자 퍼페투아와 순교자 새투루스(Saturus)의 기록은 옥중에서 이들이 자필로 직접 기록한 것이다.

퍼페투아의 자필기록

우리가 수감되어 있을 때 아버지께서 나에 대한 사랑 때문에 나를 설득하여 결의를 흔들어 보려고 하셨다. 나는 아버지께, "여기 있는 물그릇 같은 단지가 보이세요?" 하고 물었다. "응, 보인다." 하고 아버지께서 말씀하셨다. "이 단지가 그 이름이 아닌 다른 이름으로 불릴 수 있나요?" "아니지." "마찬가지로 저 역시 저 자신의 이름, 즉 기독교인 이외의 이름으로 불릴 수 없어요." '기독교인'이란 단어를 들은 아버지는 너무 화가 나서 마치 내 눈을 뽑아낼 듯이 다가오셨다. 그는 끔찍한 악담을 퍼붓고는 겨우 분을 억누르면서 떠나가셨다. 이후로 수일간 아버지와 떨어져 지내게 된 것을 주님께 감사드렸다. 그리고 평온함을 느낄 수 있었다. 이 며칠 동안에 나는 침례를 받았다. 그리고 물에서 나온 후로 성령께서 다른 어떤 편안함을 구하지 말고 육신적인 인내를 구하라고 가르치셨다. 며칠 후 우리는 감옥에 수감되었는데, 그렇게 어두운 굴 속 같은 곳에 한 번도 가본 적이 없어서 두려움이 몰려왔다. 얼마나 힘든 시기인가! 사람들이 많아서 더위로 숨이 막힐 지경이다. 병사들에게도 거칠게 취급을 받고 있어 힘들다. 나는 그곳에 데리고 있는 아기 때문에 염려가 되어 견딜 수 없었다.

그때 터티우스(Tertius)와 폼포니우스(Pomponius)라는 집사들이 찾아와 우리를 살펴 주었다. 병사들에게 뇌물을 주어 우리들을 감옥 안의 보다 나은 곳으로 보내어 몇 시간 동안이라도 기운을 차릴 수 있도록 해 주었다. 나는 그곳에서 배고픔으로 실신한 아이를 보살펴야만 했다. 그래서 나를 찾아온 어머니와 오빠에게 아이를 맡겼다. 그들이 나를 염려하느라 고통스러워하는 것을 보니 마음이 아팠다. 이 재판은 많은 날 동안 내가 견뎌야 할 일이다. 아이에 대한 염려와 불안함으로부터 벗어나 건강을 회복했다. 이곳 감옥이 갑자기 궁궐처럼 되어서 지낼 만한 곳이 되었다. 그때 함께 수감된 오빠가 내게 말했다. "너는 특별해. 그러니까 앞으로 일어날 일을 보여 달라고 할 수도 있을 거야."라고 말했다. 나는 진심으로 그렇게 하겠다고 약속했다. 주님의 축복을 직접 경험했기 때문에 주님께 이야기할 수 있다고 생각했다. 그래서 "내일 이야기해 줄게."라고 말했다. 그러고는 주께 간구했다. 이것은 내가 받은 환상이다.

나는 거대한 청동 사다리가 하늘까지 닿은 것을 보았다. 그렇지만 너무 좁아서 한 사람만 겨우 올라갈 수 있었다. 사다리 측면에는 온갖 종류의 철제 무기들이 붙어 있었다. 칼, 창, 갈고리, 단검과 못들이 붙어 있어서 조심하지 않으면 무기에 살점이 뜯기거나 찢길 수 있었다. 사다리 밑에는 거대한 용이 자리 잡고서 사다리로 올라가려는 사람을 공격하거나 겁주려 했다. 새투루스가 처음으로 올라가게 되었다. 그는 자진해서 자신을 사다리에 맡겼다. 비록 우리가 체포될 때 그가 없었지만 우리를 굳건하게 해 준 사람이었다. 그가 사다리 꼭대기에 닿았을 때, 그는 뒤돌아보면서 내게 말했다. "퍼페투아, 당신을 기다리고 있소. 그렇지만 용이 그대를 해치지 않도록 조심하시오." 그래서 나는 "용은 나를 해치지 않을 거예요. 예수 그리스도의 이름으로."라고 말했다. 나를 두려워하는 것처럼 보였지만, 용은 천천히 그 머리를 움직여 사다리 아랫단에 집어넣었다. 그래서 나는 그것을 첫 발판으로 삼아 머리를 밟고 위로 올라갔다. 그렇게 올라가 광활한 정원을 볼 수 있었다. 그곳에는 회색빛 머리의 남자가 양치기 목자의 옷을 입고 앉아서 양의 젖을 짜고 있었다. 그의 주위에 흰옷을 걸친 수천 명의 사람들이 서 있었다. 그는 머리를 들고 나를 쳐다보았다. 그리고, "나의 자녀여, 네가 와서 기쁘다."

라고 말했다. 그가 나를 불러서 그곳으로 가자, 그는 내게 양젖을 주었다. 나는 양손으로 이를 받아 마셨다. 주위의 사람들이 '아멘'하는 것을 입에 달콤한 맛을 느끼며 들었다.

나는 잠에서 깨어나 겪은 일들을 곧바로 오빠에게 이야기했다. 그 환상을 통해서 우리가 고난을 겪어야 한다는 것과 지금 이후로는 이 세상에서 더 이상 어떤 희망도 없다는 사실을 깨달았다. 며칠 후에 우리가 재판에 보내질 것이라는 소문을 들었다. 아버지께서 다시 방문하셔서 걱정스러운 모습으로 나를 설득하셨다. "내 딸아, 늙은 아빠를 생각해다오. 내가 아빠라 불릴 자격이 있다면, 내가 너를 형제들 중에서 가장 좋아했다면, 내가 지금까지 너를 키워주었다면, 다른 사람들이 비난하지 않도록 나를 버리지 말아 다오. 네 형제들을 생각해라. 너의 어머니와 이모를 생각해라. 네 아이를 생각해라. 네가 떠나면 그 아이는 더 이상 살아갈 수 없다. 네 자부심을 포기해라. 너는 우리 모두를 파멸시킬 것이다. 네게 무슨 일이 생긴다면, 우리 누구도 다시는 자유스럽게 이야기할 수 없을 거다." 아버지는 이렇게 나에 대한 사랑을 표현하셨다. 내 손에 키스하고는 내 앞에 쓰러지셨다. 아버지께 한없이 미안했다. 나의 고난을 불행스럽게 여기는 분위기 때문에 그렇다. 나는 아버지를 안심시켜 드리려고 말했다. "하나님의 뜻에 따라 감옥에 갇힌 거예요. 우리는 버려진 것이 아니라 그의 권능 안에 있어요." 그렇지만 아버지는 비통한 모습으로 떠나가셨다.

하루는 아침식사를 하는 중에 갑자기 서둘러 재판정으로 가야만 했다. 우리가 야외 광장에 도착하자, 소문을 듣고 온 사람들로 광장이 가득 찼다. 우리는 죄수석에 가서 섰다. 나에 앞서 모든 이들이 심문에 대하여 유죄를 인정했다. 그리고 내 차례가 되었을 때, 아버지께서 아이를 데리고 나타나셔서 나를 계단에서 끌어당기며 말씀하셨다. "불쌍한 네 아이를 위해 부디 네가 희생해다오!" 총독 힐러리아누스(Hilarianus)가 물었다. "회색 머리의 네 부친을 불쌍히 생각하라. 너의 갓난아기를 불쌍히 생각하라. 황제의 평안을 위해 희생제물을 바치라!"라고 명령했다. 나는 그에게, "그렇게 하지 않겠습니다."라고 대답했다. 총독이 물었다. "너는 기독교인인가?" "예, 그렇습니다." 아버지께서 나를 설득하러 하사, 총녹은 명령하여 아버지를 바닥에 넘어뜨리고 몽둥이로 때리도록 했다. 그 모습을 보니 나 자신이 맞는 것처럼 아프게 느껴졌다. 그의 애처로운 모습에 한없이 죄스러웠다.

그런 다음에 총독이 우리 모두에게 형벌을 선고했다. 맹수에게 던져지도록… 그 후 우리는 영혼이 충만하여 감옥에 돌아왔다. 아이에게 젖을 먹여야 했기 때문에 집사인 폼포니우스를 아버지께로 보내서 아이를 보내 달라고 했다. 하지만 아버지는 아이를 보내주시지 않았다. 그렇지만 아이는 당분간 젖을 먹지 않을 수 있고, 나의 가슴도 통증을 느끼지 않아서 아이 염려 없이 지낼 수 있었다. 며칠 후 퓨던스(Pudens)라는 부관이 감옥을 책임지게 되었는데, 그는 우리 안의 위대한 능력을 느낀 나머지 우리에게 호의를 베풀어 주었다. 덕분에 많은 면회자들의 방문을 허락받을 수 있었다. 형 집행 날이 가까워지자 아버지께서 슬픔에 겨운 모습으로 찾아오셨다. 그는 자신의 턱수염을 잡아 뜯어 바닥에 뿌리고, 스스로 바닥에 쓰러져 자신의 늙은 나이를 저주하고 또 모든 것을 저주하셨다. 노쇠한 아버지의 불행한 모습에 견딜 수 없었다.

맹수와의 대결 전날에 다음과 같은 환상을 보았다. 집사 폼포니우스가 감옥 입구에 찾아와 문을 세차게 두드렸다. 문을 열어주었는데, 그는 벨트 없는 흰색 튜닉을 입고 있었다. 발에는 정교한 샌들을 신었다. 그는 "퍼페투아, 나오라. 너를 기다리고 있다."라고 말했다. 그는 내 손을 잡고 거칠고 황폐한 시골로 걸어갔다. 마침내 원형 경기장에 도착했고, 그는 나를 이끌어 중앙으로 들어갔다. "두려워하지 말라. 내가 여기 있다. 너와 함께 애쓰고 있다."라고 말하고는 그가 떠났다. 나는 놀란 눈으로 쳐다보고 있는 수많은 관중들을 바라보았다. 그런데 경기장 안에는 풀린 맹수가 없어서 놀랐다. 그때 이집트인 한 명이 포악한 모습으로 내게 다가왔다. 그는 보조자들을 대동하고 있었다. 그때 내게도 준수한 모습의 젊은 남자들이 돕기 위해 나타났다. 순간적으로 내가 남자가 되었다. 내 보조자들이 시합 전에 하듯이 내게 기름을 바르기 시작했다. 이집트인이 반대편에 있는 것을 보았다. 이어서 놀랄 만한 체격의 남자가 나타났다. 그의 머리가 경기장 꼭대기까지 닿았다. 그는 벨트 없는 자주색 튜닉을 입었는데 가슴으로부터 양쪽으로 두 줄이 있었다. 그는 금과 은으로 만든 놀라운 신발을 신고 있었고, 운동용으로 보이는 지팡이와 금사과들이 달려 있는 초록색의 나뭇가지를 손에 들고 있었다. 그는 모두를 조용하게 한 다음에 말했다. "이집트인이 그녀를 이긴다면 그가 검으로 그녀를 벨 것이다. 그렇지만 그녀가 이긴다면 이 가지를 받을 것이다." 그렇게 말하고 그가 사라졌다.

우리는 서로에게 가까이 다가갔다. 그리고 결투가 시작되었다. 상대방은 내 발을 잡으려고 했다. 그렇지만 나는 발뒤꿈치로 그의 얼굴을 계속하여 가격했다. 그러다가 나는 공중으로 들려져서 주먹으로 그를 두들기기 시작했다. 그리고 잠시 소강상태가 되었을 때, 나는 두 손을 모아서 그의 머리를 잡았다. 그는 바닥에 얼굴로 떨어졌고, 나는 그의 머리를 밟았다. 관중들은 소리 지르기 시작했다. 내 보조자들은 찬송을 부르기 시작했다. 그때 나는 트레이너에게 걸어 올라가 나뭇가지를 받았다. 그는 내게 입 맞추며 말했다. "평안하라. 내 딸이여!" 나는 경기장 문을 향하여 행진을 시작했다. 그때 잠이 깨어 깨달았다. 내가 싸울 상대는 맹수가 아니라 마귀라는 사실을, 그렇지만 승리할 것이라는 사실을 깨달았다. 대결 전날까지 많은 일들이 있었다. 대결 당일의 일은 누군가가 기록하기를….

새투루스(Saturus)의 자필기록

우리의 고통이 끝났다. 그리고 천사들에게 들려져 동쪽으로 옮겨졌다. 마치 언덕을 오르는 자세로 우리는 위로 떠올랐다. 지구의 대기를 벗어났을 때 밝은 빛을 보았다. 나는 내 옆에 있는 퍼페투아에게 말했다. "이것은 주께서 우리에게 약속한 것이야. 우리는 지금 약속을 받았어." 그렇게 옮겨지는 동안에 우리는 장미나무와 다른 여러 가지 꽃들이 심어진 멋진 정원 같은 열린 공간을 보았다. 나무들은 사이프러스 나무만큼 키가 크고 잎들은 끊임없이 부드럽게 흔들리고 있었다. 그 정원에는 보다 빛나는 천사 넷이 있었는데, 우리를 보고서 경의를 표하면서, "여기 오신다. 그들이 도착했네."라고 말했다. 그러자 우리를 데리고 온 네 천사들이 우리를 내려 주었다. 우리는 보라색을 뿌린 듯한 들을 걸어서 조쿤더스(Jocundus), 새터나이너스(Saturninus)와 아타시우스(Artaxius)를 만났다. 그들은 같은 박해에서 산 채로 불태워진 형제들이다. 그리고 퀸터스(Quintus)도 만났는데, 그는 감옥에서 순교한 형제이다. 우리는 그들에게 그동안 어디에 있었는지 물어보았다. 그때 천사들이 우리에게, "먼저, 이 길로 가서 주님을 영접하세요."라고 말했다. 우리는 마치 빛으로 만든 듯한 벽이 있는 곳으로 올라갔다.

그 입구에 천사 넷이 서 있었다. 그들은 들어가는 사람들에게 흰옷을 입혀 주었다. 안으로 들어가서 끝없이 찬송하는 통일된 목소리를 들었다. "거룩! 거룩! 거룩!" 우리는 흰머리의 남자가 그곳에 앉아 있는 것을 보았다. 머리는 흰색이었지만 젊은 남자의 모습이었다. 그 발은 보이지 않았다. 그의 양편에 4명의 나이 든 남자들이 있었고, 그 뒤에는 많은 사람들이 있었다. 안으로 들어가서 우리는 놀라움으로 보좌 앞에 앉았다. 천사들의 도움으로 나이 든 남자에게 입 맞추었다. 그는 손으로 우리 얼굴을 가볍게 토닥거렸다. 다른 나이 든 남자가 우리에게 말했다. "일어서시오." 우리는 일어서서 평안으로 입 맞추었다. 그러자 그들은 우리에게 기뻐하라고 말해 주었다. 나는 퍼페투아에게 말했다. "네 소망이 이루어졌어." 그러자 그녀는 "하나님께 감사해요. 지상에서 아무리 행복했을지라도 지금 이곳에서는 훨씬 더 행복해요."라고 말했다.

그리고 우리는 밖으로 나가면서 문 앞에서 주교인 옵타터스(Optatus)와 사제인 아스파시우스(Aspasius)를 보았다. 그들은 우리 앞에 무릎을 꿇고 말했다. "우리에게 평안을 주시오. 왜냐하면 그대들이 떠나 우리를 이렇게 남겨 두었소." 우리는 그들에게 이렇게 물었다. "당신들은 우리의 영적인 아버지요, 스승이 아닌가요? 왜 우리 앞에 무릎을 꿇고 계시나요?" 우리는 깊이 감격하여 그들을 감싸 안았다. 그리고 퍼페투아가 그들에게 그리스 말로 이야기했고, 우리는 그들을 장미나무의 정원으로 안내했다. 그럴 때에 천사들이 그들에게 이야기했다. "그들을 쉴 수 있도록 해 주시오. 그리고 당신들 사이에 불화가 있다면 서로 용서하시오." 이에 그들이 불편해했다. 그래서 천사가 옵타터스에게 "당신에게 모이는 사람들의 잘못을 바로잡으시오."라고 이야기했다. 우리가 보기에 천사들은 문을 닫으려는 것처럼 보였다. 그리고 그곳에서 우리는 순교자들 중에서 우리의 많은 친구들을 알아보기 시작했다. 형언할 수 없는 만족스러운 향기로 감싸였다. 그리고 기쁨 속에서 잠이 깨었다.

펠리치타스의 이야기

펠리치타스는 체포될 때 임신 중이었다. 그리고 현재 8개월째이다. 맹수와의 대결의 날이 다가옴에 따라 그녀는 불안해졌다. 임신 때문에 그녀의 순교가 연기

될 수도 있기 때문이었다. 그렇게 될 경우 그녀만 따로 남겨져 일반 죄수들과 함께 피를 흘려야 할 수도 있기 때문이었다. 동료들 역시 그녀만 남겨둔 채 먼저 떠나게 될까 봐 슬퍼했다. 그래서 집행 2일 전에 그녀와 동료들은 함께 눈물을 쏟으며 주께 기도했다. 그러자 그 기도 직후에 그녀에게 진통이 시작되었다. 8개월 만에 앞당겨 출산하느라 상당히 심한 진통과 어려움을 겪어야 했다. 그 모습을 본 간수가 조롱하며 말했다. "너는 지금 큰 고통을 겪었어. 지금도 그렇게 불평하는데, 나중에 맹수들에게 던져지면 어쩌려고 해? (신들에 대한) 제사를 거부할 때 이런 일을 생각해 보지 않았어?" 그러자 그녀가 대답했다. "지금 겪는 고통은 내가 스스로 겪어요. 그렇지만 이제는 다른 이가 내 안에서 고통을 견뎌주실 거예요. 내가 겪을 고통은 그분을 위한 것이기 때문이에요." 그리고 그녀는 딸을 낳았다. 그녀의 자매 중 하나가 아이를 데려다 딸처럼 키웠다.

순교의 기록

성령의 허락하심으로 순교의 사건을 기록했다. 군대 호민관은 그들을 특히 가혹하게 다루었다. 어떤 어리석은 자의 제보 때문이었다. 그들이 마법을 사용해서 탈출할 수도 있다고 했기 때문이었다. 퍼페투아는 그에게 항의했다. "왜 우리들이 적당히 쉬는 것도 허락하지 않나요? 우리는 지금 가장 주목을 받는 죄수들이고, 황제의 생일날 맹수들과 싸워야 합니다. 우리들이 좀 더 좋은 건강 상태로 결투에 나가야 좋지 않은가요?" 호민관은 그 말을 듣고 얼굴이 붉어져 그들이 좀 더 인간적으로 취급될 수 있도록 명령했다. 그리고 그들이 방문자들과 자유롭게 면회하고 함께 식사할 수 있도록 허락했다. 경기 전날 마지막 식사를 할 때에 그들은 이를 기념했다. 그들은 구경하러 온 사람들을 향하여 자신들이 받을 고난 속의 기쁨을 강조하고, 그들의 호기심을 지적하면서 하나님의 심판을 경고했다 새투루스는 그들에게, "내일의 구경으로 충분하지 않나요? 왜 애써서 스스로 싫어하는 것을 보려고 합니까? 오늘은 우리와 친구이지만 내일은 적이 될 겁니다. 오늘 우리의 모습을 잘 보아 두세요. 내일 그곳에서 우리를 알아볼 수 있도록 말입니다."라고 말했다. 그래서 많은 사람들은 놀라움 속에 감옥을 떠났고, 그중 많은 이들이 믿게 되었다.

승리의 날이 밝았다. 기쁨으로 충만한 모습으로 그들은 감옥에서 경기장으로 마치 하늘로 향하듯이 행진했다. 떨림이 있다면 그것은 기쁨 때문이었지 두려움 때문이 아니었다. 퍼페투아는 빛나는 얼굴과 평온한 걸음으로 마치 그리스도의 신부처럼 걸어갔다. 다음으로 펠리치타스가 뒤를 이었다. 안전하게 아이를 출산하고 이제 그녀는 기쁨으로 맹수들과 싸울 수 있게 되었다. 하나의 피 흘림으로부터 다른 피 흘림으로, 산모로부터 검투사로, 출산 후 두 번째 침례를 통해 정화되려는 중이다. 경기장 입구로 들어서면서 그들은 다른 옷으로 갈아입도록 명령받았다. 남자들은 토성(Saturn)의 사제 복장으로, 여자들은 케레스 행성의 여사제 복장으로 갈아입도록 했다. 그렇지만 퍼페투아는 이를 완강하게 거부했다. 그녀는 "우리는 스스로의 의지대로 이곳에 왔어요. 그러므로 우리의 자유가 침해될 수 없어요. 우리는 자유가 침해되지 않는다는 전제하에 우리의 목숨을 바칠 것을 약속했어요. 당신들도 우리의 그런 결정에 동의했고요"라고 주장했다. 불의가 정의에 굴복했다. 군대 호민관은 이에 동의했다. 그들은 그대로 경기장에 입장했다.

경기장에 입장하면서, 퍼페투아는 찬송을 부르기 시작했다. 그녀는 이미 이집트인의 머리를 밟고 서 있었다. 레보카투스, 새터나이너스와 새투루스는 바라보는 군중들에게 경고하기 시작했다. 그리고 그들이 총독 힐러리아누스의 시야에 들어왔을 때, 그들은 그에게 끄떡임의 동작을 보이며 "지금 당신은 우리를 비난합니다. 그러나 하나님은 당신을 비난하실 겁니다."라고 소리쳤다. 그러자 군중들은 분노해서 검투사들 앞에서 그들을 매질할 것을 요구했다. 그들은 오히려 이러한 요구에 크게 기뻐했다. 주님의 고난에 동참한다는 마음이었기 때문이다. 새터나이너스는 심지어 모든 맹수들에게 던져져 더욱 영광스러운 관 쓰기를 희망한다고 했다. 따라서 경기가 시작되었을 때 그와 레보카투스는 표범과 맞붙여졌으나 잠시 후 그들은 곰에게 공격을 받았다. 새투루스는 곰을 싫어하여 표범에게 물려 죽기를 희망했다. 그렇지만 한 검투사가 그를 야생 곰과 함께 대결시키려 했다. 그러다가 그 검투사가 곰에게 심하게 물려서 경기가 끝난 후 오래지 않아 사망했다. 그리고 새투루스가 곰과 맞닥뜨렸을 때, 곰은 우리 안으로 돌아가 다시 나오려 하지 않았다. 그래서 그는 상처도 입지 않고 돌아왔다.

젊은 여성들에게는 마귀가 미친 암소를 준비했다. 암소는 보통 경기에 동원되지 않는데, 여성들의 성별에 맞추어 준비된 것이었다. 그녀들은 옷을 벗기우고 그물에 감싸져서 경기장 안으로 끌려 나왔다. 관중들은 그들의 모습을 보고 크게 겁을 냈다. 하나는 젊은 여자이고 다른 하나는 최근에 출산하여 젖이 줄줄 흐르고 있었기 때문이었다. 결국, 그 둘은 다시 돌아가 튜닉이 입혀졌다. 미친 암소는 먼저 퍼페투아를 들이받아 뒤로 넘어뜨렸다. 그녀는 튜닉을 바로 하며 일어나 앉았다. 고통에도 불구하고 흐트러진 모습을 보이지 않으려 애썼다. 그리고 바닥에서 머리 클립을 찾아 흐트러진 머리를 바로잡았다. 그녀는 마치 승리의 순간에 북받쳐 우는 듯이 보였다. 그리고 그녀는 일어서서 펠리치타스가 심하게 상처를 입은 모습을 보면서 그녀에게로 갔다. 그녀의 손을 잡아 일으켜 세웠다. 그녀들이 일어섰을 때 관중들의 잔인함이 충족된 듯이 보였다. 그리고 그녀들은 생명의 문(Sanavivarian Gate)으로 보내졌다. 그곳에서 다른 초신자인 루스티쿠스가 보살펴 주었다. 퍼페투아는 깊은 잠에서 깨어나는 듯이 보였다. 그녀는 주위를 돌아보면서 물었다, "언제 우리가 그 암소에게서 빠져나왔죠?" 그녀는 자신의 몸 여러 곳의 상처와 옷에 난 자국을 보기 전까지는 무슨 일이 일어났는지 믿지 못하겠다는 듯이 보였다. 그러고는 그녀의 오빠를 부르며 그와 초신자들에게 말했다. "믿음에 굳건하게 서서 서로 사랑해요. 우리가 겪은 힘든 고난이 그대들에게 걸림이 되지 않도록 해요."

다른 쪽 문에서 새투루스는 병사 퓨던스(Pudens)에게 진지하게 이야기하고 있었다. "이것은 내가 미리 예견한 것과 똑같아요. 지금까지 아무 맹수도 나를 건드리지 않았어요. 그러니 당신도 이제는 진심으로 나를 믿을 수 있을 겁니다. 내가 이제 돌아가 표범에게 단 한 번 물려서 죽을 겁니다." 그리고서 경기의 마지막 순간에 풀려난 표범에게 한 번 물려서 피를 철철 흘렸다. 그의 모습을 본 관중들은 "완전히 젖었어! 완전히 젖었어!"라고 소리쳤다. 피에 완전히 젖어 마치 두 번째 침례를 받은 것 같았다. 그리고 그는 병사 퓨던스에게 돌아와 쓰러지면서, "안녕, 그리고 나의 믿음을 기억해 주어요. 이러한 일들이 당신에게 두려움보다는 강인함의 바탕이 되기를 바랍니다." 하고 말했다. 그리고 그의 손가락에서 반지를 빼 상처에 적신 후 퓨던스에게 주었다. 그리고 그는 쓰러졌다. 그의 시신은 다른 시신들과 함께 목이 베이는 곳으로 던져졌다.

그리고 관중들이 살아 있는 사람들을 경기장 안으로 끌고 와 칼로 죽일 것을 요구하자, 살아남은 이들은 일어나서 군중들이 원하는 곳으로 갔다. 그들은 서로 평안을 기원하는 입맞춤으로 마지막 인사를 했다. 움직임과 소리가 없는 이들은 검으로 찔러 죽음이 확인되었다. 새투루스가 먼저 사다리를 올라갔고, 다음으로 퍼페투아 차례였다. 퍼페투아는 아직도 더 고통을 감내해야 했다. 그녀는 갈비뼈 부분을 칼에 찔려 신음했다. 그녀는 젊은 검투사의 떨리는 검을 잡고 그녀의 목으로 당겼다. 아! 가장 용감하고 축복받은 순교자들이여! 그대들은 진정 우리 주 예수 그리스도의 영광에 선택받은 이들이라 하리라! 우리가 목격한 이 영웅적인 행위는 옛이야기에 비하여 결코 가볍지 않다. 왜냐하면 이러한 덕을 세우는 행위는 성령께서 여전히 일하고 계심을 증거하고 있기 때문이다. 아멘.

어거스틴(Augustine)

기독교 역사에 있어서 신학의 기원으로 어거스틴(354-430)을 꼽는다. 어거스틴은 로마제국 말기인 서기 354년에 북아프리카 카르타고 인근의 중류계급 가정에서 태어난다. 그는 17세에 웅변술을 공부하여 카르타고에서 가장 유창한 연설가가 되었고, 19세 때 "첫 번째 개종(conversion)"을 경험한다. 그 개종은 키케로(Cicero)의 호르텐시우스를 읽고서 감명을 받아 그의 모든 노력을 영원한 지혜를 추구하는 데 집중할 것을 결심하게 된 것을 말한다. 그는 지혜를 찾기 위해 성경에 집중한다. 그렇지만 그의 투박한 방법에 한계를 느껴 마니교도들로부터 연구 방법상의 도움을 받는다. 이후 9년간 마니교의 영지주의(Gnostics)에 심취한다.

영지주의는 모든 구약성경을 부정하고, 예수와 그 제자들이 완전히 새로운 종교를 창시한 것으로 받아들인다. 세상을 선과 악, 보이지 않는 것과 보이는 것으로 양분한다. 물질 세상은 아무런 의미가 없기 때문에 설혹 비도덕적이거나 음란한 삶을 살더라도 아무런 문제가 되지 않는다고 본다. 그러나 그의 절친한 친구가 죽었을 때 마니교의 가르침이 그에게 위안이 되지 않아 실의에 빠져 고향인 카르타고로 돌아온다. 이후 그는 밀란으로 이주하여 웅변 교수가 되지만, 학생들의 게으름과 무성의에 실망하게 된다. 382년 무렵에 마니교의 대표 이론가 파우스터스(Faustus)와 만났으나 결국 마니교의 환상에서 깨어난다.

그 후 가톨릭 교회의 암브로즈 주교를 만나 그를 정신적인 인도자로 여기고 점점 더 의지하게 된다. 386년 여름에 마니교의 극단적인 2분 주의 사상과 신플라톤주의의 사상 사이에서 갈등한다. 그가 타락과 일탈의 욕구를 통제할 수 없는 것에 대하여 마니교의 사상에 따르면 그가 그렇게 해야 하기 때문에 할 뿐 결코 좋거나 나쁜 것이 아니다. 그러나 신플라톤주의 사상에 따르면 그는 자유의지를 가졌고 그가 원하기 때문에 악을 행하는 것이다. 그는 원하는 선을 행하지 않고 있는 자신이 바울과 마찬가지로 두 가지 의지에 사로잡혀 있음을 발견했다. 울면서 답을 찾게 되기를 기도했다. 코모 호수 인근의 빌라에서 자기와의 싸움이 일어난 젊은 로마 귀족의 회심 이야기를 읽고 있었는데, 하나님께서 스스로의 뒷모습을 보게 하셨다. 얼마나 악하고 흉측하고 불결한지 자신을 찢어서 눈물 바닷속에 던져 버리고 싶었다. 그때 한 어린아이의 음성을 들었다. 그는 자신의 개종의 경험을 다음과 같이 기록했다.

> 눈물을 쏟으며 고민하다가 쓰러졌을 때 어떤 어린이의 음성이 들려왔다. "집어 들고 읽어라, 집어 들고 읽어라." 나는 이것을 신의 명령이라고 해석하여 성경을 집어 들었다. 펼쳐 든 곳은 로마서 13장 13절이었다. "낮에와 같이 단정히 행하고 방탕과 술 취하지 말며, 음란과 호색하지 말며, 쟁투와 시기하지 말고."

386년 9월 그는 결혼 계획을 포기하고 약식 수도원에 들어간다. 그곳에서 지내는 동안 더 깊게 알게 된다. "저 스스로를 알 수 있도록 저를 가르쳐 주십시오. 당신을 알 수 있도록 저를 가르쳐 주십시오."라며 기도했다. 이후 그는 철학자들이 찾는 하나님과 바울의 하나님, 즉 은혜의 하나님을 동시에 발견하게 된다. 이후 그는 성경을 연구하여 창세기에 대한 주석서(Commentary)를 썼고, 다음으로 자유의지에 관한 글을 썼다. 그렇지만 그의 생각은 섬자로 이성으로부터 교조적 입장으로 바뀌게 된다.

그는 북아프리카 히포의 주교로 취임했다. 당시 도나티즘 논란으로 교회가 분열되었다. 과거 디오클레티안 황제 시절(AD 303-305) 기독교에 대한 박해가 있었을 때 일부 교회의 지도자들은 성경을 수거하여 제출하는 등 황제에게 복종한 배신자라고 비난을 받았다. 이후 311년에 로마의 가톨릭 교회가 카르타고의 주교를 임명하려 할 때, 누미디아의 주교 도나투스를 비롯한 기독교인들이 반대했다. 그는 순교의식에 동참하지 않았던 배신자라는 이유였다. 그러나 로마교회는 그대로 주교 임명을 강행했다. 주교 임명에 반대하던 도나티스트들은 가톨릭 교회에 대항하여 북아프리카 지역에서 자체적으로 주교를 선임하여 400년경까지 별도의 교회를 운영했다. 이러한 논쟁에 관하여 어거스틴은 교회의 순결을 주장하는 도나티스트의 주장을 배척하고 가톨릭 교회의 입장을 두둔한다. 이후 서기 410년에 로마가 포위 공격을 받은 후 "The City of God"을 썼다. 교회는 하나이고, 교회 밖에는 구원이 없다며 가톨릭 교회를 유일한 길이라고 주장했다.

그는 정의로운 전쟁의 이론을 개발했다. 정당한 목적을 가지고 치르는 전쟁은 정당하다고 주장했다. 예컨대, 평화를 구현하기 위한 경우라면 그 과정에서 살인이 일어나지만 그 사랑의 동기는 여전히 존재하기 때문에 정당하다는 것이다. 이 문제에 관하여 그는 다음과 같이 설명한다.

> 하나님께서 전쟁을 승인하지 않는 것으로 생각할 수도 있다. 왜냐하면 후에 예수 그리스도께서 "나는 너희에게 이르노니 악한 자를 대적지 말라. 누구든지 오른편 뺨을 치거든 왼편도 돌려대며"라고 말씀하셨기 때문이다. 그러나 그 진정한 의미는 이와 같다. 여기에서 요구되는 것은 육신적인 행위가 아니라 내면의 의향을 의미하기 때문이다(Augustine, Reply to Faustus, book 22, ch. 76).

전쟁의 해악은 무엇인가? 어찌 되었든 곧 죽을 사람들의 죽음인가? 그렇지 않았으면 피지배 상태에서 평화롭게 살 수도 있었기 때문에? 이것은 결코 종교적인 감정이 아니라 그저 비겁하게 싫어하는 것에 불과하다. 전쟁에 있어서 진정한

악은 폭력을 사랑함, 보복의 잔인함, 사납고 완고한 적개심, 격렬한 저항, 권력욕이나 이러한 것들이다. 하나님이나 또는 합법적인 권위에 복종하면서, 선한 사람들은 보통 이러한 것들을 처벌하기 위하여 전쟁에 착수한다. 이것이 바로 처벌을 위해 무력이 요구되는 경우인 것이다(Reply to Faustus, book 22, ch. 74).

전쟁을 명령하거나 또는 허용하는 권세는 하나님께만 있다. 의로운 사람이 불신자인 왕 밑에서 복종할 수 있다. 심지어 그가 통치자의 명령에 따라 전쟁에 나가서 자신의 지위에 따른 의무를 수행할 수도 있다. 어떤 경우이든 그가 전투하는 것이 분명하게 하나님의 뜻이다. 그렇지만 다른 경우에 이것이 분명하지 않을 수도 있다. 왜냐하면 왕의 불의한 명령일 수도 있기 때문이다. 그럼에도 불구하고, 병사는 무고하다. 왜냐하면 그는 지위 때문에 명령에 복종하는 것이 의무이기 때문이다(Reply to Faustus, book 22, ch. 75).

그의 설명에 따르면 기독교인이 전쟁에 나가는 것이 옳을 뿐만 아니라, 심지어 악한 통치자가 일으키는 사악한 목적을 위한 전쟁에 나가는 것도 옳은 셈이다.

여기에서 우리에게 보복하는 일이 금지된 것이 아닙니다. 그 사람의 잘못을 교정하기 위해서 사랑으로 그것을 행한다면 말입니다. 그렇지만 보통의 경우에 일어나는 복수심으로 타오르는 미워함을 사랑의 위대함으로 압도하지 않는 사람에게는 적절하지 않은 것입니다. 왜냐하면 부모는 어린아이가 잘못을 저지를 때, 아이를 미워하는 것을 두려워할 필요가 없기 때문에, 어린아이는 잘못을 하지 않도록 부모에게 매를 맞습니다. 그래서 하나님 아버지를 본받아서 사랑을 온전하게 하는 문제가 우리 앞에 놓여 있습니다. 주께서 사랑하는 이를 징계하시기 때문에 그렇습니다, 그는 그가 받으시는 모든 아들에게 채찍질하십니다. 주께서는 또한 말씀하시기를, "주인의 뜻을 알고도 예비치 아니하고 그 뜻대로 행치 아니한 종은 많이 맞을 것이요. 알지 못하고 맞을 일을 행한 종은 적게 맞으리라."라고 하십니다. 이것이 가장 적절한 예라 할 것입니다. 죄를 벌하지 않은 채 두기보다는 사랑으로 벌해길 수 있습니다. 따라서 사람을 비참하게 하려고 벌을 하는 것이 아닙니다. 대신에 잘못을 바로잡아 그를 행복하게 하려고 벌을 하는 것입니다 (Augustine, Lord's Sermon on the Mount, book 1, ch. 20).

이런 그의 이론에 근거하여 중세 교회는 십자군 전쟁 등 소위 정의로운 전쟁을 수행했고, 종교재판(the Inquisition)을 통해서 그들이 보기에 잘못을 저지른 이들에게 사랑으로 회초리를 들었던 셈이다.

마틴 루터(Martin Luther)

마틴 루터(1483-1546)는 독일 작센 지방의 작은 마을에서 광산을 경영하는 아버지와 신실한 어머니 사이에서 태어난다. 아버지의 뜻에 따라 1505년 에르푸르트대학교의 법학과에 입학한다. 그해 7월에 집에 갔다가 대학으로 돌아오는 길에서 심한 폭풍우와 벼락을 만나 겁을 먹고 바닥에 엎드려 기도하면서 수도사가 되겠다고 서약한다. 학교로 돌아간 그는 서약한 대로 학교를 그만두고 어거스틴 수도원에 들어간다. 그곳에서 참회와 고백의 시간을 보내던 중 영적인 아버지 요하네스 폰 스타우피츠(Johannes von Staupitz)를 만나 수도사의 길에 접어든다. 1507년에 사제 서품을 받고 신부가 되어 비텐베르크 대학에서 신학을 공부한다. 1512년 신학 박사학위를 취득하고 교수로 임용되어 학생들에게 신학을 가르친다.

그는 신학 강의를 위하여 자신만의 새로운 신학을 정립하게 되는데, 그의 신학은 중세 가톨릭교회의 통일된 신학으로부터 떨어져 나와 결국 종교개혁에 이르게 된다. 1517년에 그는 교황청의 면죄부 판매를 비판하면서 95개 항의 주장을 담은 질문서를 작성하여 교황청에 제기한다. 이후 대학에서의 강의 이외에도 성경의 번역, 주석서의 작성과 각종 논문의 작성에 전념한다. 1545년에 출간된 Latin Writings(라틴어 문헌 모음집)의 서문에 그의 중생(born again)의 간증이 담겨 있다. 그 시기에 대하여 다른 견해도 있지만, 그 서문의 내용을 고려해 볼 때 그의 중생 경험은 1519년에 있었던 것으로 판단된다. 즉, 그는 1517년의 95개항 주장 이후에 성경을 통해서 거듭남의 경험을 한 것이다. 위 서문에 기록된 그의 간증 내용을 소개한다.

> 대학교에서 바울의 서신서, 즉 로마서, 갈라디아서, 히브리서에 대한 강의를 해 온 이후로 특별히 로마서를 이해하고자 하는 특별한 열정에 사로잡혔다. 그렇지만 로마서 1장 17절의 말씀에 관하여는 마음이 차갑게 식었다. "그 안에는 하나님의 의가 나타나서"라는 구절이 나를 가로막았다. 그 이유는 내가 "하나님의 의"라는 말을 싫어했기 때문이었다. 모든 교사들이 전통적으로 가르쳐 왔듯이, 나 역시 하나님은 의로우시고 그래서 의롭지 않은 죄인들을 처벌하신다고 가르쳐 왔었다.
>
> 그동안 나는 사제로서 책망받을 일이 없이 살아왔지만, 스스로 생각하기에 하나님 앞에서 불안한 양심의 죄인이라고 느꼈다. 또한 나의 노력에 따른 만족으로 인하여 하나님의 분노가 누그러졌다고 믿을 수도 없었다. 나는 죄인들을 벌하시는 의로우신 하나님을 사랑하지 않았고, 오히려 미워했다. 나는 하나님께 화를 내며 말했다. "우리 인간들은 원죄 때문에 영원히 버려져서 온갖 재앙으로 깨어지고 율법의 10계명에 의해서도 찢어집니다. 그런데도 마치 이것만으로 부족하다는 듯이 하나님은 복음에 의해 우리 인간에게 고통에 고통을 더하시고, 또한 복음에 자신의 의로우심과 분노하심을 보여서 우리를 위협하시나요?" 그래서 나는 난폭하고 비뚤어진 양심으로 분노했다. 그럼에도 불구하고 나는 끈질기게 바울의 그 말씀을 붙잡았다. 바울이 말하고자 했던 것을 알게 되기를 간절히 갈망하면서.
>
> 밤낮으로 묵상하던 중에, 마침내 하나님의 자비하심으로 나는 말씀의 문맥에 주목하게 되었다. 말하자면 "그 안에 하나님의 의가 나타난다." 라고 쓰여 있듯이, "의로운 사람은 믿음으로 살 것이다." 여기에서 나는 이해되기 시작했다. 하나님의 의로움은 하나님의 선물, 즉 믿음에 의하여 의로운 이가 살게 되는 것이다. 그리고 이것이 그 의미이다: 하나님의 의로우심이 복음에 의하여 드러난다. 이 복음은 수동적인 의로움의 복음인데, 자비하신 하나님이 우리를 믿음에 의해서 정당화하신다는 것이다. "의인은 믿음으로 말미암아 살리라"라고 적혀 있듯이 말이다.

여기에서 나는 완전히 거듭났고 열린 문을 통과해서 천국에 들어갔다고 느꼈다. 성경 전체가 전혀 다른 모습으로 보였다. 그러므로 나에게는 바울의 이 말씀이 진정한 천국의 문이었다.

종교개혁을 주도한 위대한 신학자 마틴 루터에 대하여 우리가 알고 있는 이미지는 대체로 신념이 강하고 신실한 모습인 듯하다. 그렇지만 그에게는 사람들이 잘 모르는 다른 모습이 있다. 루터는 어거스틴과 마찬가지로 자기주장이 강하고 반대자들에 대하여 관대하지 않았다. 루터는 성경을 독일어로 번역하면서 독자적인 주석을 달아 출판했는데, 그 서문에서 대담하게도 각각의 신약성경을 평가하여 그 경중을 가렸다.

이제 그대는 이 모든 성경들을 판단하여 그중에서 어떤 것들이 최고인지 결정할 수 있다. 요한의 복음과 바울의 서신들, 그중에서도 특별히 로마서, 그리고 베드로 전서가 참된 핵심이고 진수라고 할 것이다. 이 성경들은 첫째 가는 것들로서 모든 기독교인들에게 가장 먼저 읽도록 조언할 만하다… 요한의 복음은 이해할 만하고 진정으로 주된 복음서이다. 다른 세 복음서에 비하여 훨씬 더 높이 평가된다. 그리고 또한 바울과 베드로의 서신서는 다른 세 복음서 - 마태, 마가, 누가 - 를 능가한다. 한마디로 요한의 복음과 그의 서신, 바울의 서신서 - 특히 로마서, 갈라디아서와 에베소서 - 와 베드로 전서는 그대에게 그리스도를 보여주고, 그대에게 필요하고 알아두면 좋은 모든 것을 가르쳐 줄 것이다. 그리고, 야고보서는 위의 성경들과 비교해 볼 때 정말 지푸라기 같은 서신서이다. 왜냐하면 복음의 본질에 관하여 아무것도 담고 있지 않기 때문이다(Luther, Preface to the New Testament).

그는 자신의 견해에 반대하는 의견에 대하여 관대하지 않았다. 항상 격렬한 어조로 비난하며 공격했다. 심지어 그를 지지 후원하는 군주와 영주들의 무력을 동원하여 진압하려 했다. 먼저, 유아세례를 옹호하는 그의 견해에 반대하던 재침례파(Anabaptist)에 대하여 강하게 처벌해야 한다고 주장한다.

> 재침례파 교도들은 자신들만의 집회와 목회를 유지하는데, 그것은 하나님의 명령에 반하는 것이다. 이런 점을 고려할 때 세상의 군주들은 다음과 같이 해야 함이 분명하다… 위반자들에 대하여 육체적인 처벌을 과해야 한다. … 또한 어떤 영적인 교리들을 수호하는 문제와 관련하여, 예컨대, 유아세례, 원죄, 그리고 불필요한 분리, … 우리는 다음과 같이 결론짓는다. … 그러한 고집스러운 분파들은 사형에 처해야 한다(Martin Luther, quoted in Johannes Janssen, Geschichte des deutschen Volkes seit dem Ausgang des Mittelalters).
>
> 만약에 어떤 자들이 성경에 분명하게 근거를 두고 있고 세상이 두루 믿고 있는 믿음에 관한 조항, 예컨대 우리가 어린이들에게 가르치는 신앙고백에 있는 조항들에 반하는 교리를 가르친다면, 마치 어떤 이들이 - 투르크인들이나 애너뱁티스트들이 그렇게 생각하듯이 - 그리스도가 하나님이 아니라 다른 선지자들과 같은 단순한 인간이라고 가르친다면, 그러한 교사들은 용납될 수 없고 신성모독으로 처벌되어야 합니다. 왜냐하면 그들은 단순히 이단이 아니라 공개적인 신성모독자들이기 때문입니다. 군주들은 그들을 처단할 의무가 있습니다. 모세는 율법을 통해서 신성모독자들과 심지어 모든 거짓 선생들은 돌로 쳐 죽이라고 했습니다. 그러므로 지금 이 경우에 논란의 여지없이 이들에 대한 재판이나 변명의 기회 없이 처형하여야 합니다(Martin Luther, Commentary on 82nd Psalm).

루터는 성찬식을 행하는 동안에 빵과 포도주에 실제로 예수 그리스도의 피와 살이 초자연적으로 임재한다고 주장했다(화체설 또는 공재설). 이에 대하여 같은 종교개혁자인 스위스의 즈윙글리(Zwingli)는 성찬식의 빵과 포도주는 단순히 상징일 뿐이라고 반박했다. 그러자 루터는 즈윙글리를 신성모독자라고 규정하면서 위선자, 겁쟁이, 거짓말쟁이, 이단자, 영혼 살해자, 죽음에 처할 죄인이라고 비난했고, 그가 죽은 후에 그의 죽음은 하나님의 심판이라고 평했다(Philip Schaff, History of the Christian Church, 2nd Ed., Vol 7, 656).

1524년에 독일에서 루터를 지지하는 영주들에 반발하여 농민반란(German Peasants' War)이 일어나자, 루터는 영주들의 편에 서서 무자비하게 진압할 것을 권고했다. 그 결과 2년간 10만 명에 달하는 농민들이 학살되었다. 이에 루터는 다음과 같이 언급했다.

> 나, 마틴 루터는 반란을 일으킨 농민들을 모두 처단했다. 왜냐하면 그들을 죽여야 한다고 내가 말했기 때문이다. 그들이 흘린 피는 모두 내 머리에 있다. 그러나 나는 그것을 주 하나님께 던진다. 하나님이 내게 이렇게 하라고 말씀하셨기 때문이다(Johann Joseph von Dollinger, The Reformation, vol 1, 96).

루터는 유대인들에 대하여도 분노를 감추지 않았다. 그는 초기에는 유대인들에 대해 회유적이고 유화적인 태도를 보인다. 그러나 후에는 점차 참을성을 잃고 적대적인 입장으로 바뀌어 적극적으로 독일 영토에서 유대인의 추방을 선동했다. 1523년 루터가 쓴 "That Jesus Christ Was Born a Jew"에서는 유대인들의 개종을 기대하여 유화적인 태도를 보였다. 그렇지만 유대인들의 개신교에 대한 무관심에 실망한 나머지, "Concerning the Jews, and Their Lies"(1543)에서는 다음과 같이 주장했다.

> 그러면 우리 기독교인들은 이러한 요구를 거부한 유대 민족에 대하여 어떻게 할 것인가? 그들은 우리 가운데 살고 있음에도, 거짓말을 하고 신성모독을 하고, 저주까지 하고 있기 때문에, 우리는 그들을 용납할 수 없다. 우리가 그들의 행위에 동조하지 않는다면, 첫째, 그들의 회당은 불태워져야 한다. 둘째, 그들의 집들은 마찬가지로 때려 부수어 파괴되어야 한다. 셋째, 그들로부터 기도 책과 탈무드를 빼앗아야 한다. 넷째, 그들의 랍비들은 죽음의 위협으로써 더 이상 가르치는 것이 금지되어야 한다. 다섯째, 유대인들에게 여권과 여행 허가가 금지되어야 한다. 여섯째, 그들에게 고리대금이 금지되어야 한다. 일곱째, 젊고 힘 있는 유대인

들에게 도리깨와 도끼, 쟁기와 삽 등 농기구를 주어 아담의 자녀들이 그랬듯이 콧등에 땀이 흘러야 그들의 빵을 먹을 수 있도록 해야 한다(John Efron, The Jews: A History, 231).

중국사 과목

중국사 입문(Eastern Civilization: China) 과목의 리펑(李峰) 교수는 중국 출신의 고고학자로서 중국 고대사 연구에 정통한 분이다. 1986년 중국 사회과학원 고고학 연구소에서 학사학위를 취득했고, 2000년에 시카고대학교에서 박사학위를 취득했다. 2002년에 컬럼비아대학교에 Early China Seminar 과목을 개설한 후 컬럼비아 고고학 발굴팀을 인솔하여 2006-2011년간 중국 산동지역에서의 고고학 현장 발굴 작업을 수행했다. 『고대 중국의 사회문화사』, 『주나라 시대의 관료제도』 등 많은 저서를 출판했다. 개인적으로 고고학 분야에 관심이 있어서 중국의 고대 역사에 주목했다. 교재는 발레리 한센(Valerie Hansen)의 The Open Empire: A History of China to 1600 (2000)을 사용했다.

중국사를 공부하면서 놀라운 사실들을 많이 알게 되었다. 기원전 3000-5000년의 고분이나 주거지 등 고고학적 발굴은 물론이고 기원전 1200년경의 갑골문(oracle bone)이나 시경에 수록된 시가들을 통해서 고대 중국인들의 생각과 생활을 생생하게 접할 수 있다는 점이 경이롭다. 거의 모든 시대에 걸쳐서 발굴되는 풍부한 기록을 보면서 부러움을 금할 수 없다. 기원전 1200년경 상나라 시대의 하오 부인(Lady Hao)의 무덤과 기원전 4세기경의 구오디안, 기원전 3세기경의 다이 부인(Lady Dai)의 가족 묘지 등이 끊임없이 발굴되고 있다. 산동성에서 발견된 우리앙의 가족 사당은 2세기경에 조성되었는데 이곳 벽에는 우리의 단군신화와 유사한 내용의 곰과 호랑이가 등장하는 비주얼 히스토리(visual history)가 새겨져 있다. 최근 2007년에는 『삼국지』에 등장하는 조조의 능까지 발굴되었다고 하니 가히 역사와 기록의 나라라고 할 만하다.

1959년에 황하 중류 유역의 허난성(河南省) 언사구(偃師區 Yanshi District)에서 대규모 정착지 유적이 발견되어 발굴에 들어간다. 발굴 이후 고고학 팀은 동시대의 유적지 190개 이상을 발견했다. 그곳에서 수많은 유물과 유적이 발견되었는데, 궁궐터와 주거지, 무덤 군, 청동기 작업장, 토기 공방, 터키석 공방 등과 함께, 많은 청동기, 토기, 터키석 유물들이 발견되었다. 탄소 연대측정 결과 기원전 1860-1545년경의 유물들로 확인되었다. 이렇게 발굴된 문화를 학자들은 얼리터우 문화(二里頭文化 Erlitou Culture)라고 명명했다. 지금까지 발굴된 중국의 고대 역사 유적을 시대순으로 열거해 보면 앙소 문화(仰韶文化, BC 5,000-3000) - 용산 문화(龍山文化, BC 3000-2000) - 얼리터우 문화(BC 1900-1500) - 상왕조(商, BC 1600-1046) - 주왕조(周, BC 1045-256) 등으로 짝이 모두 채워진 셈이다.

중국의 역사가 사마천(司馬遷, BC 145-86)은 그의 저서 『사기(史記)』에서 중국 역사상 최초의 왕조인 하왕조(夏王朝)에 관하여 설명한다. 전설적인 3황 5제 시절을 거쳐서 제방을 쌓아 황하의 범람을 효과적으로 대처한 우(禹, Wu the Great) 임금이 하왕조의 시조가 되었다는 것이다. 왕조는 세습을 통해 이어지다가 제9대 걸(桀, King Jie) 임금 때에 그의 부도덕하고 폭압적인 통치에 항거하여 들고일어난 제후 탕(湯)의 군대에 의해 전복되고, 이후 탕 임금을 시조로 한 상왕조가 시작된다. 상왕조의 존재에 관하여는 지금까지 허난성 안양 지역의 은허 유적, 그리고 수많은 갑골문자가 발굴되어 그 역사성이 인정되었다. 그렇지만 그 이전 하왕조의 존재 여부는 아직까지 그 실제 유석이 발굴되지 않고 있어 전설일 뿐 실제 역사적인 사실은 아니라고 여겨져 왔었다. 그런데 얼리터우 유적이 발굴됨으로써 시기상으로 볼 때 하왕조와 일치하게 되었다. 그러면 이리두 발굴 유적이 바로 사마천이 언급한 하왕조의 유적이라고 볼 수 있는가 하는 점에 관하여 학자들 사이에 논란이 있다.

대부분의 중국 학자들은 이를 하왕조의 유적이라고 보는 반면에, 서양 학자들의 의견은 나뉘고 있다. 과연 얼리터우 유적이 왕조의 유적이라고 볼 만큼 발전된 문화인가에 관하여 상당수의 서구 학자들은 회의적이다. 나는 이 문제에 관하여 폭넓게 연구 자료들을 조사한 후 페이퍼를 작성했다.

중국의 초기 국가의 출현

1959년 한 무리의 고고학자들이 황하의 일루오 유역에 있는 얼리터우(二里頭) 주변에서 고대 유적지를 발굴했을 때, 많은 중국의 학자들은 이 유적지가 바로 하(夏)왕조의 수도라는 사실이 밝혀질 것으로 기대하며 뛸 듯이 기뻐했다. 중국인들은 사마천이 『사기(史記)』에서 기록했듯이, 하나라가 중국 최초의 왕조였다고 믿고 있다. 사기에 따르면 하왕조는 최초의 왕조였고, 그 후로 상왕조와 주왕조가 이어졌다고 기록되어 있다. 사기에는 하왕조의 왕위 계보와 수도는 물론 주요한 역사적 사건들이 기록되어 있다. 이러한 기록에도 불구하고, 위 발굴이 있기 전까지 하나라는 학자들 사이에 단순히 신화나 전설로 여겨졌다. 왜냐하면 고고학적인 증거가 없었기 때문이다. 그러나 이 발굴 이후로 "얼리터우 유적은 정말 하왕조의 유적지인가?" 하는 의문이 뜨거운 논쟁거리가 되었다.

최초 발굴 이후로 고고학자들은 얼리터우 주변에서 190곳 이상의 동시대 유적지를 발굴했다. 그들은 궁궐, 주거, 무덤과 청동기 제작소 및 도자기 공방 등 수많은 유적과 유물을 발굴했다. 발굴된 유물들은 탄소 연대측정 방법에 의해 기원전 1860-1545년의 것들로 밝혀졌다. 이러한 발견들로 인해 많은 중국의 학자들은 얼리터우를 하왕조의 유적지라고 생각하면서 하왕조의 존재에 관하여 더욱 확신하게 되었다. 많은 서양의 학자들도 또한 그 의견에 동의하고 있다. 그렇지만 이런 긍정적인 견해와는 달리, 상당수의 서양학자들은 얼리터우를 하왕조와 동일시하지 않고 있다. 그들 중 일부는 하왕조는 단순히 신화에 불과하다면서 그 존재에 대하여 여전히 회의적이다. 그러므로 이 글에서, "얼리터우는 하왕조의 유적지인가?" 하는 문제에 관하여 살펴보려고 한다. 그런데 이 문제의 검토에 앞서서 관련된 문제, "얼리터우 문화는 국가의 단계에 이르렀는가?"라는 문제를 먼저 살펴보려고 한다. 그리고 그 문제를 검토하기 위해 몇 가지 질문에 대한 답을 찾아야 할 필요가 있다: "국가란 무엇인가?" "고대인들은 왜 국가를 만들었는가?" "국가의 출현을 어떻게 알 수 있는가?"

"국가란 무엇인가?" 인류학자 로버트 카네이로(Robert Carneiro)는 국가를, "그 영토 안에 많은 공동체를 포함하면서 중앙 집권화된 정부를 가지고서 조세를 걷고, 사업이나 전쟁을 위해 인력을 동원하고, 법률을 선포하고 집행하는 자치적인 정치 주체"라고 정의한다. 공동체와 국가의 차이에 관하여, 그는 공동체는 자치적인 마을인데 비하여 국가는 그 구성원들을 규제할 수 있는 권력을 가진 정치조직이라고 설명한다. 또 다른 인류학자인 헨리 라이트(Henry T. Wright)는 주민들을 권위로 통치하기 위한 관료조직으로 구성된 정부를 가진 사회를 국가라고 정의한다. 그는 족장 제도가 국가와 유사하다고 설명한다. 왜냐하면 중앙 집중된 권력을 가지고 있기 때문이다. 그렇지만 족장은 공식적인 강제력을 가진 법적 수단을 가지고 있지 않다는 점이 국가와 다르다. 이러한 설명들을 감안하여 볼 때, 국가란 행정조직을 통해 주민들을 통제할 수 있는 권력을 가진 집합된 사회형태의 정치 주체라고 정의할 수 있을 것 같다. 국가는 권력에 의해 구성원들을 통제할 수 있다는 점에서 자치 공동체와 다르다. 국가는 또한 전문화된 행정조직체를 가지고 있다는 점에서 족장 사회와도 다르다.

그러면 고대 사람들은 "왜 국가를 만들었을까?" 전통적으로 네 가지 요인이 국가 형성의 동기라고 제시된다. 이러한 요인들로 인하여 이집트와 메소포타미아의 초기 국가들이 형성되었다는 것이다. 첫 번째 요인은 인구의 증가이다. 인구 증가로 인하여 보다 복합적이고 효율적인 사회로 변화했다는 것이다. 그러나 이 요인은 반론에 직면한다. 왜냐하면, 어떤 지역에서는 인구의 증가 없이도 국가가 형성되었기 때문이다. 예컨대, 나일강 유역에서 이집트는 인구 부족에도 불구하고 국가를 형성했다. 두 번째 요인은 물관리의 필요성이다. 사람들이 관개시설을 만들고 관리하기 위하여 국가를 형성했다는 것이다. 그렇지만 이 요인은 물 관리의 문제는 국가 규모의 사업이라기보다 지역 규모의 사업이라는 이유로 반박된다. 세 번째 요인으로 제시되는 것은 물품 교역의 통제 필요성이다. 교역의 통제 관리를 위해 국가를 형성했다는 견해이다. 이 견해는 이집트의 경우를 예로 든다. 이집트는 통일 이후에 국제 교역을 국가 독점체제로 만들었다고 한다. 그렇지만 이 견해에 대하여 교역의 통제는 부수적인 요인일 뿐 국가 형성의 주된 요인이 될 수 없다는 반론이 있다. 마지막으로 제시되는 요인은 전쟁의 수행을 위한 목적이라는 것이다. 전쟁은 가장 강력한 국가 형성의 동기로서 국가를 통해 군사 자원을 동원하려 했다는 견해이다. 그렇지만 이 견해에 대하여 로버트 카네이로는 전쟁은 국가 형성의 가장 큰 동기라고 볼 수 있지만 항상 그런 것은 아니라고 지적한다.

카네이로는 대비되는 두 지역을 예로 제시한다. 페루의 고원지대와 아마존강 유역이다. 페루에서는 좁은 계곡 지형으로 인해 정착지와 경작지가 제한되었다. 반대로, 아마존강 유역에서는 거의 무제한의 경작지가 제공되었다. 페루의 마을들이 이민족의 침략을 받게 되었을 때, 부족민들은 국가를 형성하여 그들의 거주지와 땅을 지키려 했다. 반대로, 아마존 유역에서는 전쟁으로 인하여 국가가 형성되지 않았다. 왜냐하면 사람들은 다른 곳으로 이주하여 새로운 땅에 새로운 정착지를 건설했기 때문이다. 이와 같이 전쟁은 항상 국가 형성으로 이어지지 않았다. 그러므로 국가의 형성은 주변 환경에 따라 다르다는 것이다. 그의 설명을 감안하여 볼 때, 개개 사회가 처한 환경과 여건이 다르기 때문에 각각의 요인이 모든 사회에 동일하게 영향을 미치는 것이 아니라는 점을 이해할 수 있다. 그러므로 모든 국가 형성에 있어서 공통적인 요인을 단 한 가지로 설명하기는 어렵다고 할 것이다.

이러한 의미에서, 인류학자 라이트의 포괄적인 견해가 설득력이 있다. 그의 제안은 초기 국가의 형성에서 다섯 가지 요인을 함께 고려해야 한다는 것이다. 그는 (1) 전쟁, (2) 생산의 증가, (3) 인구의 증가, (4) 도시화, (5) 계층의 분화와 갈등을 국가 형성의 요인으로 제안한다. 예를 들어, 메소포타미아 지역의 국가 형성 요인으로는 전쟁, 생산 증가, 인구증가, 도시화와 계층 간 갈등이 거론될 수 있고, 이집트 지역은 생산 증가를 들 수 있을 것이다. 그러면 중국의 초기 국가들은 어떠할까? 아마도, 전쟁, 생산 증가, 도시화와 계층분화 등을 들 수 있을 것이다. 개인적으로, 위에서 거론된 다섯 가지 요인들 이외에 한 가지 요인을 추가할 필요가 있다고 생각한다. 그것은 특별한 자원의 관리 필요성이다. 금속이나 소금과 같은 귀중한 자원의 관리를 위해 국가의 형성이 필요했다고 볼 수 있기 때문이다. 이 요인은 특히 중국의 초기 국가 형성의 주된 원인으로 설명될 수 있을 것이다. 많은 고고학적 발굴을 통해 얼리터우와 같은 초기 국가의 지도층들은 구리나 소금 생산의 통제와 관리에 지대한 관심을 보였음을 알 수 있다. 이러한 지식은 초기 국가의 본질을 이해하고 국가의 판별 기준을 세우는 데 도움이 될 것이다.

다음의 질문은 "국가의 출현을 어떻게 알아볼 수 있고, 국가와 다른 공동체를 어떻게 구분할 수 있는가?"이다. 달리 말해서, 초기 국가의 판별 기준은 무엇인가 하는 것이다. 앞서 정의했듯이, 국가는 집합적이고 복잡한 사회이다. 일반적으로 도시화, 사회계층화, 노동분업, 야금술과 문자의 사용 등이 문명의 특징으로 간주된다. 그러므로 국가는 문명의 그러한 특징이 보다 심화된 수준이라 할 것이다. 예를 들어, 국가에서는 신석기 문명에서 볼 수 있는 것보다 밀집된 정착 형태, 보다 분화된 계층, 보다 다양하고 전문화된 노동형태를 볼 수 있다. 그러면 초기 국가의 구체적인 판별 기준은 무엇일까? 인류학자 찰스 스펜서(Charles Spencer)와 엘사 레드몬드(Elsa Redmond)는 고대 메소포타미아 유적들을 평가하면서 세 가지 기준을 사용했다. (1) 4단계의 거주지 등급, (2) 왕궁과 전문화된 사원, (3) 멀리 떨어진 영토의 정복이다. 일응 수긍할 만한 견해이다. 그러나 국가의 개념 정의를 고려해 볼 때, 세 번째의 기준은 필수적이라 보기는 어려울 것 같다. 그리고 두 번째 기준, 왕궁과 사원들은 중앙집권화된 통치기구의 상징으로 해석될 수 있다. 이와 유사하게 고고학자 리 류(Li Liu)와 싱칸 첸(Xingcan Chen)은 세 가지 기준을 제시한다. (1) 중앙집권화, 전문화된 정부, (2) 사회적 계층화, (3) 주거지의 4단계 등급화 등이다. 이에 더하여, 역사학자 사라 앨런(Sarah Allan)은 지배층 문화의 출현을 국가 출현의 기준으로 제시한다. 국가의 정의와 국가의 강화된 특성을 고려해 볼 때, 국가의 필수적인 구성요소는 위의 세 가지 기준에 잘 포함되어 있다. 앨런이 제시한 지배층 문화의 출현은 두 번째 기준인 사회계층화의 양상 중 하나로 이해될 수 있으므로 별도의 기준으로 고려하지 않고, 앞서 제시된 세 가지 기준을 토대로 하여 발굴된 얼리터우 문화가 과연 국가의 단계에 도달했는지를 살펴보려고 한다.

얼리터우가 국가의 단계에 해당하는지에 관하여 대답은 "그렇다."라는 것이다. 얼리터우에 관한 류와 첸의 고고학적인 연구에 따르면, 충분한 증거에 따라 얼리터우 문화가 국가의 판별 기준 세 가지를 모두 충족하고 있음을 알 수 있다. 첫째, 사회적 계층화는 매장지의 구조적인 차이와 계층별 사용하는 물건들의 차이에서 확인된다. 엘리트 계층의 매장지에서는 다양한 매장용 사치품들과 심지어 인간 생매장이 발굴된 반면에, 평민들의 매장지는 유골만이 발굴되었다. 이러한 증거는 지배계층과 피지배계층 간의 분명한 구별을 보여준다. 다음으로 두 번째 기준, 중앙 집권화되고 전문적인 통치기구는 얼리터우 중심에서 발굴된 궁궐의 복합 건물 단지에 의해 증명된다. 가로 108미터, 세로 100미터 규모의 궁궐은 상당한 규모의 시종들과 고도로 집중된 정치체와 종교권력이 존재했음을 보여준다. 끝으로 셋째 기준, 등급화된 거주지 제도는 거주지 등급에 대한 일루오강 조사사업(the Yiluo River Survey Project)으로써 확인된다. 도시화된 얼리터우시 주변에서 발굴된 190채의 주거지는 4개의 계층별 주거지 등급이 형성되어 있다. "얼리터우 문화는 국가 단계의 사회 기준을 충족하는 최초의 정치체입니다."라고 류와 첸은 말한다. 앨런 역시 그 성숙한 지배층 문화를 감안해 볼 때, 국가임을 인정한다. 얼리터우 문화가 국가 단계에 이르렀음은 분명하다. 왜냐하면 얼리터우는 시기적으로 상왕조와 용산 신석기 문화 사이에 위치하기 때문이다. 용산문화에 속하는 타오시 유적에 대한 고고학적인 발굴 결과에 따르면, 이 문화는 이미 사회 계층화와 거주지 등급화와 정치, 종교적인 권력이 형성되어 있음을 보여주고 있다. 이러한 발굴 결과를 감안해 볼 때, 얼리터우는 이미 국가의 단계에 진입했다는 사실을 알 수 있다. 얼리터우 문화는 용산문화로부터 발전된 문화이기 때문이다.

이제 마지막 쟁점은 동일성 확인의 문제이다. 얼리터우는 하왕조의 유적인가? 이 쟁점에 관하여, 대부분의 중국 학자들은 얼리터우를 하왕조의 일부로 간주한다. 그들은 탄소 연대 측정 결과와 얼리터우 유적의 위치가 하왕조의 유적이라는 사실을 증명한다고 주장한다. 그들의 논거는 사마천의 사기에 기록된 하나라의 시기와 위치가 얼리터우 유적의 그것과 일치한다는 점에 있다. 더구나, 일부 학자들은 사기에 기록된 하왕조의 왕실 계보가 믿을 만하다고 주장하기까지 한다. 왜냐하면 사기에 기록된 상왕조의 계보가 기본적으로 정확하다는 것이 많은 갑골문으로 증명되었기 때문이라는 이유이다. 그리고 많은 서양학자들 역시 그

견해에 동의한다.

　그렇지만 얼리터우 유적이 하왕조의 유적이라고 결론 내리기는 다음 두 가지 이유 때문에 어려울 것 같다. 첫째, 아직까지 고고학적 증거가 충분하지 않다. 얼리터우가 비록 국가 단계의 사회였다고 평가되기는 하지만, 왕조 수준의 단계에 이른 것인지는 그 증거가 부족하여 아직 분명하지 않다. 상왕조 시절의 갑골문과 같이 당시의 기록이 존재하지 않는다. 달리 말해서, 우리는 왕들과 그들의 행적에 관하여 살펴볼 만한 단서를 가지고 있지 않다. 그래서 당시 지배자들의 권력이 왕조에 상응하는 정도였는지 짐작해 볼 수 없다. 발굴된 고분들에 관하여, 왕조시대 왕들의 것이라고 평가될 만한 분명한 묘지가 발견되지 않았다. 그중 비교적 대규모의 고분들은 길이 2.5미터, 폭 1.3미터 정도에 불과했다. 이러한 규모는 상왕조의 왕비인 하오 부인의 묘지에 비하여 상당히 작다. 하오 부인의 묘지는 길이 5.6미터, 폭 4미터였다. 고분의 부장품 역시 마찬가지이다. 예컨대, 청동 그릇들은 대부분 크기가 작고 장식되지 않은 것들이었다. 더구나, 얼리터우 유적지에는 정해진 매장지역이 없었다. 분묘들은 유적지 전반에 흩어져 있다. 반면에, 많은 신석기 유적지와 안양에 소재하는 상왕조 후기의 유적지는 계보에 따라 잘 배치된 분묘가 발굴된 바 있다. 이러한 점에서, 얼리터우 유적지의 매장 형태는 고대 중국의 전통적인 매장 형태와 상당히 다르다.

　그럼에도 불구하고, 일부 학자들은 이곳에서 발굴된 궁궐터는 왕조의 존재를 보여준다고 여전히 주장한다. 이곳에서 대형 구조물의 기초가 두 군데에서 발굴된 것은 사실이다. 그리고 그 규모는 108미터×100미터, 73미터×58미터에 달한다. 이 구조물들은 궁궐이거나 종교적 사원인 것으로 추정된다. 그러나 그 규모는 실제 건물의 크기가 아니라 둘러싼 담장의 규모이다. 주된 건물의 규모는 32미터×12미터이다. 그러므로 구조물의 존재만으로는 왕조의 존재를 충분히 입증하지는 못한다고 할 것이다.

　두 번째 이유는 하왕조에 대한 전통적인 역사기록들이 그 실재성을 확신하게 할 만큼 신뢰할 만하지 않다는 점이다. 하왕조의 계보와 상왕조의 초기 계보는 후에 주나라 지배계층에 의해 창작된 것으로 보인다. 중국 역사학자 사라 앨런은 "전통적인 역사 문헌상의 많은 자료는 그 성격이 신화적이어서 신뢰하기 어렵다…

그럼에도 이를 확인시켜 줄 동시대에 기록된 증거가 없다."라고 설명한다. 중국사 교수인 데이비드 키틀러(David N. Keightler)는 가장 오래된 문헌인 고본죽서기년(古本竹書紀年)에 하나라의 연대기가 기록되어 있는데 이를 신뢰하기 어렵다고 주장한다. 왜냐하면 하나라 왕들의 재위 기간들이 믿을 수 없이 길기 때문이라는 것이다. 예를 들어, 우(禹) 왕의 재위 기간은 45년, 후망(后芒)은 58년, 불항(不降)은 69년이다. 앨런 교수는 사기에 기록된 하왕조의 계보는 죽서기년과 다소 다른데, 역시 신뢰하기 어렵다고 평가한다. 그녀는 사기에 기록된 하나라 왕들에 대한 기술은 신화로 가득 차 있어서 객관적인 사건들을 찾아보기 어렵다고 지적한다. 사기에 따르면 하나라의 조상 계보는 우왕으로부터 황제(黃帝)까지 거슬러 올라간다. 그러나 중국 고대 역사에 있어서 황제나 신농 같은 전설적인 신들은 종종 역사적인 인물처럼 묘사되는데, 그리스 신화에서 인간을 신처럼 묘사한 에우헤메로스설(euhemerism)과 반대이다. 그러므로 신화와 역사적 사실 사이에 분명한 경계선을 긋기 어렵다.

    이 연구에서 나는 얼리터우 문화를 분석했다. 그 결론은 얼리터우 문화가 국가 단계에 이른 것은 사실이지만, 이를 넘어서 왕조의 단계에 이르렀는지는 아직까지 불분명하다는 것이다. 그러므로 얼리터우를 중국의 고대 역사 문헌에 언급된 하왕조와 동일하다고 할 수 없을 듯하다. 1990년대 이후로, 중국에서는 두 개의 국책연구 사업이 진행되고 있다. "하—상—주 연대기" 사업과 "중국 문명의 기원 찾기" 사업이 그것이다. 이 사업들은 중국 고대왕조의 기원을 확인하는데 그 목표를 두고 있다. 그렇지만 이러한 연구 사업들은 강력한 정치적 목적에 의해 영향받을 가능성이 있다. 일부 서구 학자들은 사업의 객관성에 대하여 회의적이다. 많은 중국의 고고학자들의 최종 목표가 발굴된 고고학적 자료를 전설적인 전통을 포함하는 기존의 역사적 기록에 합하여 왕조의 역사를 재구성하는 데 있다고 보기 때문이다. 고고학적인 해석은 외부적인 영향으로부터 독립되어야 한다. 우리는 이 논란에 대한 결론을 서두를 필요가 없다. 대신에, 충분한 증거가 발굴될 때까지 좀 더 기다리는 것이 좋을 것 같다. 상왕조 때와 마찬가지로, 시간이 지나면 분명한 증거가 발견되리라 생각한다.

이 글은 교수로부터 좋은 평가를 받았다. 주장, 반론 및 반박 등 바람직한 논리 전개와 설득력 있는 문제 제기 및 단계적 입증 등 연구논문이 갖추어야 할 요소를 충실히 갖추었고 그 내용도 설득력이 있어 우수한 에세이라고 평가받았다. 개인적으로도 내세울 만한 대표 에세이라고 생각한다. 아울러 중국사 시간에 클래스 블로그 포스팅했던 다른 글들을 소개한다.

한제국과 로마제국의 비교

제국이란 복수의 영토와 민족이 하나의 권력에 의해 지배되는 통치체제로서 확장된 형태의 국가라고 볼 수 있다. 제국의 영역 안에서 다수의 국가와 민족들이 하나의 권력, 보통 황제에 의해 다스려진다. 제국은 이웃한 영토와 민족을 정복함으로써 그 통치영역을 확대하려는 경향을 가지고 있다. 제국은 다음과 같은 제도를 통해서 그 백성들에게 권력을 행사한다. 조직된 중앙 및 지방정부, 제국의 군사력, 발전된 법률체제, 조세 및 징병제도, 그리고 공용어 제도. 이러한 기준을 감안해 볼 때, 중국의 한나라와 이탈리아 반도의 로마는 모두 제국에 해당한다고 볼 수 있다. 특히 두 제국은 잘 짜인 법률체제와 강력한 군사력을 바탕으로 권력을 유지했다는 점에서 공통점을 가지고 있다. 그렇지만 양 제국은 서로 확연한 차이점을 보이고 있다. 첫째, 한나라는 정교한 관료제 정부를 가지고 있는 반면에, 로마는 그렇지 않았다. 한제국은 관료제 중앙정부 및 지방정부를 가지고 있었다. 그 정부에는 수없이 세분화된 부서에 10만 명 이상의 관리들이 근무했다. 그렇지만 로마제국은 그 정부에 단지 몇 종류의 집행 분야 공직자(magistrates)들을 가지고 있었다. 예컨대, 2명의 집정관(consul)과 소수의 치안관(praetor), 검열관(censor), 재물관리관(aedile), 재무관(quaestor)과 호민관(tribune)이 임명되었고, 그들은 일부 보조직원들의 도움을 받았다. 그렇지만 그들은 관료제의 구조를 이루지 않았다.

둘째, 로마제국의 군사력은 공격 및 영토 확장에 주력했으나, 한제국의 군사력은 주로 국가 및 영토의 방어에 주력했다. 로마인들은 정복이 제국의 주된 사업이었다. 정복을 통한 영토 확장과 획득을 통해서 그들이 필요로 하는 대부분의 인적, 물적 자원을 얻을 수 있었기 때문이다. 그러므로 그들은 끊임없이 군사 원정을 반복했다. 반면에 중국인들은 대륙을 통일한 후 북쪽에 장벽을 건축했다. 영토를 북방 흉노족으로부터 방어할 목적이었다. 정복할지라도 얻을 것이 없는 변방의 이민족을 정복하기보다는 이방인들로부터 자신들의 값비싼 재화와 자원을 지키는데 주력했다. 셋째, 중국인들은 비교적 외래문화에 대하여 보수적인 태도를 보인 반면에, 로마인들은 보다 개방적인 자세를 보였다. 중국인들은 자신의 문화와 종교 및 사상에 대한 자부심이 각별하고, 이에 따라 변방 민족의 문화에 대하여 천시하는 경향을 보인다(中華思想). 그래서 그들은 애써 외래문화를 받아들이기 위해 노력하지 않았다. 다만, 불교의 수용만은 예외적이었다. 반대로, 로마인들은 외래문화에 대하여 항상 개방적인 자세를 보였다. 그들은 오래전부터 그리스 문화를 동경했다. 스스로 트로이 유민의 후예라고 자처했고, 수많은 그리스의 제도와 철학과 예술 등 문화를 흡수했다. 일부 학자들은 그리스에 대한 동경(philhellenism)이 로마 확장의 근본 원인이라고 주장하기도 한다. 로마인들은 그 외에도 수많은 외래 사상과 문화를 수입했다. 기독교는 그 좋은 사례이다. 기독교는 결국 로마의 공인 종교가 되어 로마 전역을 풍미하게 된다.

    끝으로, 중국의 제국은 혈통으로 이어지고, 혈통이 끊어질 경우에 제국이 바뀌었지만, 로마제국은 그렇지 않았다. 중국에서는 천명(天命, mandate of heaven)과 천자(天子)라는 관념이 발달하여 혈통세습에 큰 의미를 부여했다. 그렇기 때문에 일단 황실의 혈통이 끊어지면 왕조는 종료되고 다른 왕조로 변경되었다. 예컨대, 유방이 진나라의 황실을 타도했을 때, 그는 진제국을 계승하지 않고 새로운 왕조, 즉 한제국을 선언했다. 또한 전한 말에 왕망이 한황실의 황위를 선양 받았다고 주장하며 황제에 즉위했 때(AD 8년), 한제국의 황위를 계승하지 아니하고 새로운 신나라의 개국을 선언했다. 달리 말해서, 중국의 제국은 혈통 세습 체제였다. 그렇지만 로마인들은 제국의 존속이 혈통에 달려 있다는 관념을 가지고 있지 않았다. 네로, 도미티언, 코모두스 등 여러 명의 황제가 암살되는 등으로 황실의 혈통이 끊어졌지만 제국은 중단 없이 계속되었다. 로마의 원로원 제도가 제국의 존속에 기여한 것으로 평가된다.

정화의 항해와 스페인 및 포르투갈 항해의 비교

　명나라의 정화(鄭和)는 1405년에 인도를 향해 해상 원정을 시작했다. 첫 번째 원정에는 317척의 선박에 2만 8,000명의 대원들이 승선했다. 그 이후로 그는 1433년까지 멀리 아프리카 동해안까지 이르는 일곱 번의 장거리 항해를 성공적으로 마쳤다. 그의 원정은 많은 면에 있어서 놀라운 것이었다. 첫째, 인류 역사에 있어서 최초의 대양횡단 항해였다. 명나라의 3대 황제로 즉위한 태종 영락제의 지시로 원정을 준비하여 1405년에 첫 항해가 시작된다. 이에 비하여 포르투갈인들은 항해 왕 헨리(Prince Henry)의 후원 아래 1418년에 대서양 연안을 따라서 아프리카 서안에 이르는 대양 항해를 시작한다. 그렇지만 진정한 대양횡단은 1488년에 바돌로뮤 디아즈가 인도양에 도달할 때에 비로소 이루어진다. 4년 후에 콜럼버스가 대서양을 건너 카리브해의 서인도 제도에 이르렀다. 둘째, 정화의 항해는 그 규모면에 있어서 타의 추종을 불허한다. 첫 번째 원정의 선단은 317척의 선박과 2만 8,000명의 인원이었고, 세 번째는 481척의 선박과 3만 명의 인원이었다. 선단의 기함인 보물선(Treasure Ship, 寶船)들은 그 길이가 130미터, 폭 50미터 크기였다. 이에 비하여 1492년 콜럼버스 선단의 규모는 3척의 선박에 불과했고, 1497년 바스코 다가마 선단은 선박 4척에 선원 170명 규모였다. 그의 기선은 길이 27미터, 폭 8.5미터에 불과했다.

　비록 정화의 원정대가 막대한 규모를 자랑하지만, 서양인들의 항해에 비교하여 볼 때, 뚜렷한 원정 동기와 성과를 찾아보기 어렵다. 황제가 왜 항해를 지시했는지는 분명하지 않다. 많은 역사 연구자들은 명나라 제국의 위엄과 국력을 과시하고 새로운 조공 관계를 개척하기 위한 목적이었다고 추측한다. 그렇지만 일곱 번의 원정에도 불구하고, 특별히 눈에 띄는 결과를 찾아보기 어렵다. 원정에 대한 당시의 논쟁에서 병조판서는 "원정은 수십만 냥의 재화와 곡물을 낭비했고, 더구나 항해 중에 죽음을 맞이한 인원이 만여 명에 이릅니다. 비록 그가 진기하고 값진 물건들을 가지고 왔지만, 나라에 무슨 유익이 있습니까?"라고 했다. 이 논쟁은 모호한 원정의 모호한 동기와 공허한 성과를 단적으로 보여준다. 이와 달리 서양인들은 분명한 항해의 목적을 가지고 있었다. 무역과 바다 건너 식민지의 건설이었다. 그 결과, 그들은 무역과 아울러 아메리카와 아시아 대륙에 광대한 면적의 식민지를 건설함으로써 막대한 이익을 얻을 수 있었다. 정화의 항해와 관련하여, 개인적으로 다음과 같은 의문을 지울 수 없다. 정화의 원정대는 왜 동쪽의 태평양을 향해서 항해하지 않았을까? 왜 식민지를 개척하려 하지 않았을까?

현대 중국사 과목

현대 중국사 과목은 명나라 멸망기부터 1644년 청나라 건국 이후의 중국 역사를 다루는데 엄밀히 말하자면 근대 중국사라고 하는 것이 더 정확할 것 같다. 교과서로 사용한 교재는 조너던 스펜스(Jonathan D. Spence)의 The Search For Modern China였다. 담당 교수는 1979년 이래로 34년째 강의를 맡고 있는 미국인 교수 매들린 젤린(Madeleine Zelin) 교수였는데, 1970년에 코넬대학교를 졸업했고, 1979년에 캘리포니아대학교 버클리(UC Berkeley)에서 박사학위를 취득했다. 그녀는 중국의 법률 제도와 경제제도에 대한 역사연구의 선구자로 평가된다. 2005년에 중국 역사 연구서인 The Merchants of Zigong: Industrial Entrepreneurship in Early Modern China를 출간했다. 그녀는 박사학위 과정 연구를 위해 중국에 가서 청나라 시절의 고서적들과 함께 씨름하며 여러 해를 보냈다고 한다. 외국인으로서 중국어와 한자를 익히는 데 어려움이 많았을 텐데, 그 열정과 노력에 경의를 표하게 된다.

현대 중국사의 핵심 쟁점은 바로 Question of Backwardness, 즉 중국의 쇠락과 퇴행이었다. 청나라의 강희제(康熙帝, 재위 1661-1722)와 건륭제(乾隆帝, 재위 1735-1796) 시절에 세계에서 가장 앞서가던 중국이 산업혁명기에 이르러 서구의 제국들에 비하여 왜 뒤처지게 되었는가 하는 문제 제기이다. 18세기 프랑스의 사상가 볼테르 등 계몽주의 사상가들은 중국을 흠모하면서 세계에서 가장 부강하고, 모범적인 군주에 의해 통치되는 이상적인 국가라고 칭찬했나. 실제로 볼테르는 황제 건륭제를 철학자 군주라고 평가하면서 그를 흠모하는 여러 편의 시를 지어 칭송하기도 했다. 그런 청나라가 19세기 산업혁명기에 접어들면서 서구의 국가들에 비하여 뒤처지기 시작했으니, 학자들은 그 원인이 궁금했을 듯하다. 중국의 경제는 차, 비단, 도자기 등의 교역을 통해 전 세계의 금과 은이 유입되는 등 경제적으로 부유했고 국가 체제가 외견상 잘 작동하는 것처럼 보였지만 실제로는 쇠퇴했다면서, 영국, 프랑스, 독일, 미국 등 서구 국가들처럼 산업혁명으로 이어지지 못하고 뒤처진 이유가 무엇인지 연구하는 데 초점을 맞추었다.

서구 학자들이 분석한 원인은 대략 다음과 같다. 국민 총생산의 3분의 1 정도가 재투자 되지 않고 낭비되었다. 토지의 소유자들은 대부분 부재지주로서 농업 생산력이 저하되었다. 옹정제(재위 1722-1735) 때에 조세제도가 개편되면서 사경제 영역의 수익이 고갈되었다. 특별히 독일의 사회학자 막스 베버는 중국인들은 이윤추구에 특별히 집착하지 않았다. 어느 정도 벌면 쓰기에 바빴을 뿐 모으려고 하지 않았다고 평가했다. 자본주의 경제 시스템을 채택하지 않았기 때문에 낙후되었다고 주장하는 것이다. 또 어떤 학자들은 상업을 천시하는 유교의 가르침이 경제에 부정적으로 작용했다고 주장한다. 그 외에도, 지방 및 농촌 주민들은 제사, 의례 등의 비생산적인 행사에 많은 자원을 낭비했다는 이유를 드는 학자도 있다. 산업혁명을 위해 자본이 축적되고 이윤 극대화를 추구해야 함에도 중국은 반대의 길을 가게 되었다는 것이다. 그 외에도 기술 개발에 소홀하여 농업 생산성이 인구의 증가를 감당하지 못했다는 주장을 하는 학자도 있다.

그렇지만 이러한 연구방향과 관점이 어쩐지 서구인들의 입장에서 본 편향된 시각이라는 생각이 들었다. 마치 개화된 문명의 편에서 미개한, 낙후된 편을 동정하면서 염려하는 듯한 인상을 지울 수 없다. 아울러 개화된 서구인들이 폐쇄적인 중국을 개방시킨 것은 낙후된 중국에 유익한 처사였다고 강변하는 것 같았다. 과연 그러한 관점에서 역사를 보는 것이 옳은 것일까 하는 의문이 들었다. 역사는 승자의 기록이라고 하지만 과연 그것이 객관적이고 옳은 것인지 의문을 갖지 않을 수 없다.

과연 무엇이 진짜 문제였을까? 이를 위해 중국이 1842년의 난징조약에 이르게 된 역사적 사건들을 살펴보아야 한다.

영국의 국영 동인도 회사는 1700년대 이래로 중국으로부터 매혹적인 상품들 - 차, 도자기, 비단 등 - 을 지속적으로 구입할 필요가 있었다. 그렇지만 이에 대응하여 중국에 판매할 만한 자국의 상품이 없었기 때문에(영국산 모직물과 인도 산 면화를 일부 판매하기는 했으나 균형이 맞지 않아 무역수지를 맞출 수 없었다), 중국의 상품 구입을 위해서 결제수단인 은과 금이 지속적으로 필요했다. 동인도 회사는 미국 등 아메리카 대륙에서 3각 무역을 통해 벌어들인 은과 금을 중국과의 무역에 사용했는데, 1790년대에 이르러 한정 없이 소요되는 은과 금을 더 이상 감당할 수 없게 되었다. 1760년부터 1789년까지 30년간 영국이 중국에 지급한 은의 수량은 1,600만 량(1兩은 37.7그램), 즉 603톤에 이른다.

이에 동인도 회사는 사악한 꾀를 내게 된다. 식민지인 인도 지역에서 양귀비를 재배하여 아편을 추출한 후 이를 중국에 팔아 무역수지를 맞추겠다는 것이었다. 중국에 아편 중독자가 늘어가면서 그들의 의도는 충족되었다. 중국에 유입된 아편의 수량은 대략 다음과 같다. 1790년 4,000 상자(chest, 1상자는 65킬로그램), 1810년 4,900 상자, 1828년 13,000 상자, 1832년 23,000 상자로 급증했다. 1834년에 영국 의회는 동인도 회사의 무역 독점 제도를 폐지했는데, 그 이후로는 자유경쟁 하에 많은 영국 상인들이 아편 무역에 뛰어들어 중국에 대한 아편 유입량이 더욱 증가했다. 1835년에 3만 상자(1,950톤), 1838년에는 4만 상자(2,600톤)가 유입되기에 이르렀다. 반면에 아편 대금으로 지급되어 중국에서 유출된 은의 수량은 1820년대에 매년 평균 200만 량(75톤)이었으나 1839년대에는 매년 900만 량(339톤)에 달했다. 이에 청나라 황제 도광제(道光帝, 재위 1820-1850)는 1838년 아편 무역을 금지하는 칙령을 선포하고, 임칙서(林則徐, Lin Zexu)를 흠차대신으로 임명하여 전권을 부여한다. 임칙서는 복건성 출신의 유학자로 1811년에 진시에 합격한 후 북경에 있는 한림원(翰林院) 학사로 임명되었다. 그 후 운남성, 산서성 및 산동성 등지의 관리로서 근무했고, 직전에는 호광성(호북, 호남지역)의 지방장관인 호광 총독(湖廣總督)으로 근무했다.

임칙서는 1839년 광저우 지역에서 대대적인 아편 근절 조치에 돌입한다. 먼저 지역사회에 아편의 해악에 대하여 대대적으로 홍보하면서 아편 흡입자들에게 그들의 아편과 흡입 파이프를 제출하도록 명령했다. 이와 함께 지방 관리와 군대를 동원하여 조직화하고 600여 명의 지방 유생까지 소집하여 단속반에 편입했다. 그는 먼저 중국인 아편 중독자와 아편 거래상들에게서 아편과 흡입 기구들을 압수했다. 1939년 3월부터 5월까지 체포된 아편 중독자는 1,600명, 압수된 아편은 15톤, 아편 파이프는 4만 3,000여 개에 달했다. 다음 2개월간에도 아편 6.8톤과 아편 파이프 2만 7,500여 개가 압수되었다. 이어서 광동 지방의 수출입 상인조합인 공행(公行)들에게 대외 거래를 전면 금지하고 외국 상인 350여 명에게 고용된 중국인 직원들을 모두 철수시킨 다음 외국인 공장을 전면 봉쇄했다.

연금된 외국 상인 16명은 6주가 지나자 숨겨 두었던 아편 2만 상자(1,300톤)를 제출했다. 중국 당국은 단속을 통해 압수한 아편 1,500톤을 전량 폐기한다. 관리 60명의 감독 하에 500명의 인부들이 땅에 구덩이를 파고 압수한 아편을 모두 모아 소금과 석회가루를 섞어 물에 용해시킨 후 인근 개울을 통해 바다로 흘려보냈다. 근처에서 많은 중국인들과 외국인들이 이 광경을 지켜보았다. 임칙서는 황제에 대한 상소문에서 "외국인들은 감히 항의하지 못했고, 오히려 진심으로 부끄러워하면서 공손한 태도로 이를 지켜보았습니다."라고 적었다. 아울러 그는 영국의 빅토리아 여왕에게 서신을 보내 아편 무역의 근절에 협력하여 달라고 요청한다. 그는 이 편지에서 유학자의 도덕적 진지함으로 아편 무역의 부당함을 지적한다. 아래 내용은 컬럼비아대학교의 중국사 자료집에 수록된 내용을 개인적으로 번역한 것이다.

우리의 위대한 황제 폐하께서는 동일한 자애로움으로 중국은 물론 외국을 진정시키고 평화롭게 하십니다. 만약 이익이 있으면 이를 세상의 백성들과 함께 나누십니다. 그런가 하면 해악이 있을 경우에는 세상의 백성들을 위해 이를 제거하십니다. 그렇게 하시는 이유는 폐하께서 그 안에 하늘과 땅의 마음을 가지고 계시기 때문입니다. 귀국의 조공 상소문을 보면, "우리 국민이 중국과의 무역 거래에 있어서 항상 황제 폐하의 자애롭고 평등한 처우를 받아 왔습니다."라고 표현하고 있음을 알고 있습니다. 우리는 귀국의 존경하는 국왕께서 우리 황제 폐하의 입장과 자애로움을 깊이 이해하여 주심을 매우 기쁘게 생각하고 있습니다. 이러한 이유로 황실은 먼 이국인들을 더욱 정중하고 호의적으로 대우하는 것입니다. 그래서 그들이 통상을 통한 이익을 200년 동안 지속적으로 향유하고 있는 것입니다.

그렇지만 오랜 기간의 통상교역 끝에 이국인들 중에 선한 이들과 악한 이들이 드러났습니다. 아편을 밀수하여 중국인들을 유혹하고 중국 전역에 이러한 독이 퍼지도록 한 자들이 있습니다. 오로지 자신들의 이익만을 염두에 둘뿐, 남들에게 미치는 해악은 신경 쓰지 않는 자들은 하늘의 법에 의해 도저히 용납될 수 없고, 인류가 한목소리로 미워함이 마땅합니다. 황제께서는 이 소식을 듣고 분노를 참지 못했습니다. 그는 특별히 소신을 흠차대신으로 삼아 광동지역에 보내셨습니다. 이 지역의 성주들과 함께 이 문제를 조사하고 해결하라고 명하셨습니다.

소신이 알기에, 귀국은 중국으로부터 6-7만 리 떨어져 있습니다. 수많은 배들이 통상을 통해 큰 이익을 얻으려고 이곳까지 옵니다. 중국의 부유함이 이국인들의 이익이 되는 것입니다. 말하자면 이국인들이 얻는 거액의 이익은 모두 중국의 정당한 몫으로부터 나오는 것입니다. 그런데 그들은 도대체 무슨 이유로 이렇게 유독한 마약으로 중국 백성들을 해치는 방법으로 보답하는 것입니까? 설사 이국인들이 이러한 해악을 의도한 것이 아닐지라도, 그들은 과도한 이익을 내기 위한 욕심 때문에 다른 이들을 해롭게 하는 사실에 대하여 애써 외면하는 것입니다.

이렇게 질문해 보겠습니다. 도대체 당신들의 양심은 어디에 있습니까? 아편을 흡입하는 것은 귀국에서도 매우 엄격하게 금지되었다고 저는 들었습니다. 그 이유는 아편으로 인한 해악이 분명히 이해되었기 때문일 것입니다. 국민에게 해를 끼치는 것이 귀국에서 허용되지 않기 때문에, 더 저은 것일지라도 나쁜 나라에 해가 되는 것을 보내서는 안 되는 것입니다. 중국에 대하여는 더욱 그럴 것입니다. 중국이 다른 나라에 수출하는 물건 중에서 어느 것 하나도 사람에게 유익하지 않은 것이 없습니다. 섭취하거나 이용할 경우에 유익합니다. 모든 것이 유익합니다. 어느 것 하나 중국이 수출한 품목이 외국에 해악을 끼친 것이 있습니까? 예를 들어서 차나 대황(약용식물)은 외국에서 매일같이 요긴하게 사용하는 것입니다. 만약 중국이 이들의 수출을 전면 금지한다면 외국인들은 어떻게 견뎌낼 수 있겠습니까? 더구나 중국이 비단의 수출을 완전히 중단한다면 외국인들은 어떻게 이익을 낼 수 있겠습니까? 다른 식품들, 즉 생강, 계피 등과, 용품, 즉 비단, 공단, 도자기 등은 외국인들에게 필수불가결한 물건들입니다.

반면에 외국으로부터 중국으로 수입되는 물건들은 장난감으로 쓰이는 물품뿐입니다. 우리는 그러한 물품이 없어도 불편함이 없습니다. 이러한 상황에서 만약 우리가 국경을 봉쇄하고 무역을 중단한다며 누구에게 곤경이 미치겠습니까? 그럼에도 불구하고 우리의 황실은 차와 비단이나 다른 상품들을 아까워하지 않고 제한 없이 공급하고 있습니다. 이렇게 모든 곳에 유통되고 있습니다. 이것은 바로 이익을 온 세상 백성들과 함께 나누려는 목적 때문입니다. 중국으로부터 귀국에 수출된 상품들은 귀국 백성들의 소비뿐만 아니라 또 다른 나라에 되팔아서 세 배의 이익을 얻고 있습니다. 그럼에도 해로운 물건을 남에게 팔아서 끝없는 욕망을 채우려 한다면 어떻게 참을 수 있겠습니까?

더 나아가 우리는 귀국의 수도인 런던과 스코틀랜드와 아일랜드나 다른 곳에서는 원래 아편이 생산되지 않는다는 사실을 알게 되었습니다. 영국의 통치 하에 있는 인도의 몇몇 지역, 예컨대 벵갈, 마드라스, 봄베이, 파투아, 베니레스와 말와 등지의 언덕이나 연못만이 개방되어 양귀비가 재배되고 있습니다. 수년 수개월간 경작이 계속됩니다. 그렇게 아편 성분이 축적됩니다. 역겨운 냄새가 피어올라 하늘을 자극하고 인간을 놀라게 합니다. 오, 왕이시여! 전하는 정녕 이곳에 심어진 아편을 근절하실 수 있습니다. 땅을 완전히 갈아엎고 수수, 보리, 밀 등 다른 작물을 심으십시오. 누구든지 양귀비를 다시 심어 아편을 생산하려 한다면 무겁게 처벌되어야 합니다. 이렇게 한다면 그야말로 위대하고 자애로운 정부의 정책이라 할 것입니다. 그러한 정책은 인류의 복리를 증진하고 악을 제거하는 것이 될 것입니다. 이러한 이유로 하늘은 전하를 돕고 행운을 가져다주며 수명을 연장하고 자손을 늘려 줄 것입니다. 모든 것이 이러한 행위에 달려 있습니다….

이에 우리는 중국의 백성들을 규제하는 법령을 제정했습니다. 아편을 판매하는 사람은 사형에 처하고, 아편을 흡입하는 사람 역시 사형에 처할 것입니다. 그러므로 이 점을 주목하여 주십시오. 만약 외국인이 아편을 가져오지 않는다면 어찌 중국인이 이를 되팔고, 또한 이를 흡입할 수 있겠습니까? 중요한 점은 사악한 외국인들이 중국인들을 현혹하여 죽음의 덫에 빠뜨리는 것입니다. 그렇다면 비록 이들이 외국인일지라도 우리가 어떻게 살려둘 수 있겠습니까? 그러므로 새로운 법령에서는 중국으로 아편을 들여오는 외국인들에 관하여 참수형이나 교수형에 처하기로 정하여 졌습니다. 이것은 인류를 위하여 해로운 일을 제거하려는 것입니다.

우리의 황제 폐하께서는 처형에 앞서서 먼저 교육을 통해 개선되기를 바라고 계십니다. 그러므로 국왕이시여, 귀국의 사악한 백성들을 억제하시고 가려내시어 그들이 중국으로 오지 못하도록 해 주시기를 바랍니다. 부디 전하의 진심 어린 정중함과 존중을 보여주시어 양국이 평화와 화목을 누릴 수 있게 되기를 바랍니다. 그렇게 된다면 얼마나, 얼마나 다행이겠습니까? 이 서한을 받으시면 전하의 아편무역 규제조치에 관하여 조속히 응답하여 주시기를 앙망합니다. 부디 늦어지지 않기를 바랍니다. 이는 반드시 소통되어야 할 사항입니다.

그러나 빅토리아 여왕은 이 서신에 답하지 않았다. 오히려 영국 상인들은 영국 의회에 대한 로비를 통해 중국의 조치에 대한 보복 조치를 요구했다. 기독교계의 아편 무역에 대한 반대에도 불구하고, 의회는 상인들의 대대적인 로비에 응하여 피해에 대한 보상을 이유로 함대의 파견을 승인했다. 영국 황실은 1840년 자국의 근대화된 전함들을 보내어 중국의 구식 목선들을 월등한 화력으로 제압한다. 조지 엘리엇(George Elliot) 제독이 함대를 이끌었는데, 네메시스호 등 신형 철갑 증기선 4척을 포함한 16척의 전함은 540문의 포로 무장하고 있었고, 28척의 수송선에는 4,000여 명의 병력이 승선했다. 철갑 증기선들은 기상 조건에 상관없이 수심이 낮은 하천에 이르기까지 자유자재로 항행할 수 있었기 때문에 승리에 결정적인 역할을 했다. 전쟁에서 승리한 영국은 중국을 상대로 개항 조약의 체결을 강요한다. 이로 인하여 체결된 조약이 1842년의 난징조약이다.

난징조약의 내용은 다음과 같다. (1) 중국은 영국정부에 2,100만 달러를 배상한다. (2) 중국의 5개 항구를 개항한다. (3) 중국의 수출입거래를 독점하는 상인조합, 즉 공행(公行, Cohong)을 해체한다. (4) 상품 무역에 대한 관세의 부과를 제한한다. (5) 홍콩지역을 영구적으로 영국 정부에 할양한다. 지극히 불평등한 개항 조약이 아닐 수 없다. 이후 영국은 1843년에 보충 조약인 호문 조약(虎門條約)을 체결하여 최혜국(最惠國) 약관을 추가한다. 이를 본 다른 서구 제국주의 국가 들, 즉 프랑스, 미국, 독일 등도 근대화된 전함들을 앞세워 중국을 위협하여 유사한 불평등 조약을 차례로 체결한다.

흠차대신 임칙서의 단호한 조치에 대한 평가는 정반대로 갈린다. 중국인들은 그를 아편전쟁의 영웅으로 칭송하며 존경하고 있다. 그는 단호한 조치를 통해 중국인들에게 아편의 해악성을 경고했고 중국으로의 아편 유입을 효과적으로 차단했다. 그렇지만 불행하게도 이러한 성과는 오래 지속되지 않았다. 아편전쟁에서 패한 후 그는 신장지역으로 유배되었고, 영국에 의한 아편의 유입은 다시 재개되어 1839년의 2만 5,000 상자에 비하여 1873년에는 거의 네 배에 달하는 9만 7,000 상자가 유입되기에 이른다. 미국 뉴욕시의 차이나타운 입구에는 한 중국 인물의 동상이 세워져 있는데, 바로 임칙서의 동상이다. 미국에 거주하는 중국인들은 1997년에 20만 불을 들여 이 동상을 건립했다고 한다. 그는 마약의 유입을 차단하여 중국인을 보호한 영웅으로 기념되고 있다.

이에 반하여 많은 서구의 학자들은 다음과 같이 그를 부정적으로 평가한다. 그는 중국과 영국과의 관계를 대등한 관계로 인식하지 않고 마치 조공 관계인 것처럼 착각했다. 심지어 그는 외국인을 마치 야만인처럼 보았다. 그는 또한 아편이 중국에서 불법인 것처럼 영국에서도 불법인 것으로 착각했다. 더 나아가, 다음과 같은 일들을 그의 실책으로 언급한다. 국제적인 관계, 즉 외교나 군사력 등을 전혀 고

컬럼비아대학교 : 역사 과목

려하지 않았다. 아편 무역의 진정한 원인은 심각한 무역 불균형과 엄청난 은의 중국 유입 때문이었는데, 이에 대한 인식이 없었다. 영국 상품의 수입을 확대하여 무역 불균형을 해소할 필요가 있었는데, 이러한 노력을 기울이지 않았다. 중국인들의 지나친 은화 선호 경향 때문에 중국 경제가 은의 획득에 지나치게 집착했다. 중국이 일방적으로 무역거래를 중단할 경우 영국에 미칠 피해와 부정적인 영향에 대하여 충분히 고려하지 않았다는 등의 평가이다.

이러한 시각에 따르면 (1) 중국이 영국에 대하여 대등한 외교관계를 체결하지 않았고, (2) 정상적인 무역 관계를 허용하지 않았으며, (3) 외국인에 대하여 일방적으로 중국법을 적용하려 한 잘못이 있다는 것이다. 과연 그러한 시각이 정당한 것일까? 의문을 제기하지 않을 수 없다. 먼저, 무역 불균형이 심각하니 너희도 의무적으로 상품 구매를 늘려서 균형을 맞추라는 주장은 결코 합당한 주장이라 보기 어렵다. 다음으로, 아편 거래가 영국에서 불법이 아니니 중국에서도 허용해야 한다는 주장 역시 도무지 타당한 주장이라고 볼 수 없다. 이러한 논리에 따르면, 만약 식인 풍습이 허용되는 지역에서 온 무리가 영국에 찾아가 식인 풍습을 주장한다면 이를 허용해야 한다는 말이 될 것이다.

끝으로, 외교 및 무역 등에 있어서 중국의 방식대로 하는 것은 부당하니 우리의 방식으로 바꾸라. 만약 응하지 않으면 우리의 군사력을 사용하겠다. 이렇게 으름장을 놓는 것이 바람직한 국제질서라는 주장인 셈이다. 바로 강자의 군림, 약자의 굴복, 즉 힘의 논리이다. 당시 세계를 압도하는 제국주의 사상에 근거한 논리가 아닐 수 없다. 아편 근절에 협력하여 달라는 임칙서의 서신에 대하여 영국의 빅토리아 여왕은 결국 답하지 않았다. 당시 영국 내에서도 아편의 흡입 및 수출 행위에 대한 논란이 있었다. 특히 기독교 선교 단체에서 그 목소리를 높였다. 그럼에도 불구하고 영국 정부는 중국에 왕실의 함대를 파견하여 전쟁에 돌입했다. 당시 영국 의회는 선전포고를 하지 않았다. 왜 그랬을까? 그들 스스로도 그러한 요구가 정당한 것이 아님을 알고 있었기 때문일 것이다. 전쟁의 명분 역시 정당하지 않았던 것이다. 단지 무역불균형을 해결하기 위해, 경제적인 이익을 위해 부당한 전쟁을 감행한 것이다.

따라서 중국은 서구 제국주의 세력에 제압된 피해자라 할 것이다. 문제는 피해자에게 있었던 것이 아니라, 무역 대금의 부담을 면하기 위해 아편을 불법적으로 판매한 영국 측에 있는 것이다. 더구나 아편의 피해를 근절하기 위한 중국 정부의 정당한 행위를 빌미로 무력을 동원한 영국의 제국주의적인 해결 방법이 문제였던 것이다. 그럼에도 불구하고 역사상 영국정부가 아편의 판매라든가 무력을 동원한 불평등 조약의 강요행위에 대하여 반성하거나 사과했다는 이야기를 들어보지 못했다. 그들은 단지 1997년 홍콩의 반환을 아쉬워했을 뿐이다. 반면에 그들은 폐쇄된 중국을 개방시키고 근대화에 지대한 도움을 주었다고 자신들의 행위를 한껏 미화하고 있다. 만약 자신들의 도움이 없었더라면 중국은 틀림없이 나락으로 떨어졌을 것이라고 말하려는 듯하다.

현대 중국사 클래스의 페이퍼 과제는 상당히 흥미로웠다. 청나라 황제에게 보낼 문서를 작성하는 것이었다. 자신이 황제에게 정책을 자문하는 위치에 있다고 가정하여, 청나라 황실에 자문할 내용을 담은 서한을 작성하는 것이었다. 당시의 중국에 부족한 것은 무엇이었을까, 그리고 그 해결책은 무엇이었을까 하는 내용을 깊이 연구하고, 그러한 방안을 황제가 받아들이도록 설득해야 한다.

19세기 동아시아의 사정을 살펴볼 때, 일본은 중국과는 다른 길을 밟았다. 일본도 처음에는 미국 등 서구 열강의 힘에 굴복하여 개항했으나 급속히 근대화를 추진했고, 아울러 군사력의 증강에 주된 노력을 기울였다. 그들의 이러한 군사력 강화 전략은 1895년 청일전쟁과 1904년의 러일전쟁의 승리를 통하여 그 가치가 드러났다. 이에 서구 열강은 일본을 제국주의 클럽의 일원으로 받아들이고 각종 이권 쟁탈에 참여시킨다. 이에 비하여 중국은 일본보다 먼저 개항하고 근대화를 추진했지만 청일전쟁에서 패배함으로써 결국 근대화에 실패한 것으로 평가된다. 아편전쟁의 교훈에도 불구하고 군사력 근대화 및 증강에 노력을 기울이지 아니한 처참한 결과라 할 것이다 나는 이러한 짐에 착안하여 다음과 같은 페이퍼를 작성했다.

대청국 황제께 드리는 정책 보고서

　폐하, 춘추시대의 병법가 손자는 "적을 알고 자신을 알면, 백전백승할 것"이라고 강조했습니다. 이 말은 오늘날의 상황에 더욱 적합한 이치가 아닐 수 없습니다. 왜냐하면, 상황이 예전보다 급변하고 있기 때문입니다. 이렇듯 변화하는 세상에서 우리를 둘러싼 환경을 정확히 이해하고 스스로의 약점을 발견하는 것은 반드시 필요한 일이라 할 것입니다. 그 후에 나라를 튼튼히 하기 위해 과연 어떤 길을 택할 것인지 정확하게 판단하는 것이 중요합니다. 실로 국가의 운명이 달려 있는 중요한 일이 아닐 수 없습니다. 이제, 중국이 영국과의 사이에 난징조약을 체결한지 50여 년의 세월이 흘렀습니다. 그간 여러 번의 개혁 조치에도 불구하고 주된 문제는 해결되지 않은 채 현재까지 그대로 남아있습니다. 대신에, 상황은 더욱더 악화되고 있습니다. 조약 이후로 끔찍한 전쟁들이 차례로 꼬리를 물고 일어났습니다. 결국, 중국은 서구 열강에게 막대한 배상금과 수없는 특권을 허용해야만 했습니다. 소신은 이 보고서에서 가장 긴급한 문제를 지적하고, 그것이 중국에 왜 해로운지 설명드리고, 그 문제에 대한 해결 방안을 제안 드리려고 합니다.

　소신의 견해로는 서구 열강들과 체결한 불평등한 조약이 가장 시급한 문제입니다. 그 조약들은 빠른 시일 내에 개정되어야 합니다. 폐하께서는 중국이 영국과 1842년에 체결한 난징조약을 알고 계십니다. 조약 이전에 양국 간에 일련의 사건들이 있었습니다. 아편이 중국 사회에 지대한 악영향을 끼치고 있기 때문에 도광황제(道光帝)께서 1838년에 아편 무역을 금지하셨습니다. 그리고 황제께서는 임칙서를 흠차대신(欽差大臣)으로 임명하여 아편 무역을 근절하도록 명하셨습니다. 임대신은 1839년에 아편 거래와 사용을 금지하는 운동을 대대적으로 전개했습니다. 그는 중국인들의 아편 사용을 단념하게 했고, 영국 여왕에게 서한을 보내서 협조를 요청했습니다. 그의 활발한 활동에 힘입어 막대한 양의 밀수한 아편이 압수되었습니다.

　그렇지만 영국은 함대를 중국 앞바다에 보내서 아편 무역의 보호를 요구했습니다. 이로 인하여 양국 간에 군사적 충돌이 발생했습니다. 영국 군함은 현대화된 무기를 사용하여 중국의 항구들을 공격했습니다. 격렬하게 저항해 보았지만 중국의 군대는 결국 패배했습니다. 영국 함대의 어마어마한 화력에 대항할 수 없었기 때문입니다. 그 결과, 중국은 1842년 8월 28일 난징조약에 서명할 수밖에 없었습니다. 그 후 미국이나 프랑스 등 다른 서양 국가들과의 조약도 이어졌습니다. 더구나, 애로호 사건 이후에 영국과 프랑스의 군대가 톈진을 공격하여 점령했습니다. 그로 인해 중국은 1858년에 영국 및 프랑스와의 사이에 톈진조약을 체결하게 되었습니다.

위 조약들은 여러 가지 점에서 불평등한 조약이라 평가됩니다. 그중 세 가지의 주된 이유는 다음과 같습니다. 첫째 이유는 조약이 강요에 의해 체결되었기 때문입니다. 폐하께서 아시다시피, 대부분의 조약들은 전쟁을 겪은 후 그 해결을 위하여 체결된 것들입니다. 예를 들면, 아편전쟁의 결과로 난징조약이 체결되었고, 애로호 사건 이후에 일어난 제2차 아편전쟁의 결과로 톈진조약이 체결되었습니다. 그렇기 때문에 그 조약들에는 배상금 조항이 포함되어 있는 것입니다. 중국이 프랑스나 미국과의 사이에 체결한 조약들도 별반 다르지 않습니다. 왜냐하면 그 조약들도 아편전쟁의 여파로 체결한 것들이기 때문입니다. 이러한 상황에서 중국은 서구 열강들의 요구를 받아들이도록 강요받았던 것입니다.

둘째 이유는 조약들이 중국의 영토주권을 제한하기 때문입니다. 예를 들어서, 난징조약의 제2조에 따르면 중국은 영국인들이 거주할 수 있도록 다섯 개의 항구를 개방하고, 각 항구에 영사관을 설립할 수 있도록 허용해야 했습니다. 더구나, 중국은 홍콩을 영국에 영구적으로 내주어야 했습니다. 이것은 명백히 중국의 영토주권을 포기하는 일입니다. 주권의 포기를 요구하는 합의는 결코 평등한 조약으로 볼 수 없습니다. 셋째 이유는 그 조약들이 상호적이 아니고 일방적이기 때문입니다. 구체적으로, 중국은 고정된 세율의 관세를 요구받은 반면에, 상대 국가들에게는 이런 제한이 없었습니다. 그리고 치외법권 조항, 즉 외국인이 중국 땅에서 저지른 범죄에 대하여 중국법의 적용이 배제되는 조항이 불평등의 절정입니다. 오직 중국에 있는 서양인들만이 중국법으로부터 배제되고, 서양 국가에 있는 중국인들은 동일한 특권을 누리지 못하는 것입니다. 이러한 이유들 때문에 위 조약들은 불평등한 조약이라 할 것입니다.

그렇지만 외교 사무를 담당하는 총리아문(總理衙門)은 외국과의 조약으로 인해 중국의 주권이 위협받지 않는다고 공표했습니다. 1878년 총리아문이 작성한 해외공관 회보에 따르면, 치외법권 조항이나 최혜국 조항이 중국에 불리하지 않다고 설명하고 있습니다. 치외법권에 관하여, 중국은 외국인들에게 중국의 법률을 무시하거나 위반하도록 허용하지 않으므로 외국인들은 중국의 법률을 지켜야 한다고 주장합니다. 예컨대, 중국의 법률이 중국인들의 특정 통로에 대한 통행을 금지한다면, 외국인들도 또한 그 통로를 통행할 수 없다는 것입니다. 만약 통행한다면, 그들 국가의 영사들이 그들의 법률에 따라 처벌한다는 것입니다. 그러므로 외국인들이 중국의 법률을 위반한다면 처벌을 받지 않는 것이 아니라, 중국의 관리 대신에 그들의 영사에 의해서 처벌받을 것이라고 설명합니다. 그렇지만 이는 불충분한 분석을 바탕으로 한 대단히 순진한 해석이라 할 것입니다. 만약에 어떤 행위가 중국에서는 금지되어 있지만 외국에서는 합법적이라면 문제가 될 것입니다. 예를 들어서, 아편 무역은 중국에서는 금지되어 있지만, 영국에서는 합법적입니다. 이런 경우에 영국의 아편 밀수업자들은 처벌받지 않을 것입니다. 왜냐하면 치외법권 조항에 따라 중국법으로부터 면제되기 때문입니다.

더구나, 이보다 더욱 심각한 문제가 있습니다. 이 문제는 제국의 안전을 위협할 수도 있습니다. 만약에 어떤 범죄 행위가 외국에서 영웅적인 행동으로 여겨진다면 그 외국의 영사는 매우 난처한 상황에 처할 것입니다. 예를 들어서, 어떤 영국인이 애국적인 동기에서 중국의 관리를 공격한다면, 영국 영사는 심각한 딜레마에 처할 것입니다. 실제로 한국에서 이러한 일이 발생했습니다. 1895년에 한국의 왕비께서 궁궐에서 일본인 자객들에 의해 잔인하게 살해되었습니다. 후에, 주한 일본 공사 미우라 고로가 이 범죄에 관여한 사실이 밝혀졌습니다. 그는 암살사건을 사전에 계획하고 자객들을 불러 모아 암살단을 조직했습니다. 사건 직후에 일본 정부는 미우라 공사와 다른 일본인 범죄자들을 일본으로 데리고 가서 재판에 넘겼습니다. 그렇지만 이 재판에서 단 한 명도 처벌받지 않고 모두 무죄 방면되었습니다. 이러한 정치적인 사건에 있어서 영사는 범인들을 조사하고 처벌하는 것을 꺼릴 것입니다. 이 치외법권 조항의 또 다른 해악은 중국인들에게 수치심을 준다는 것입니다. 왜냐하면 영사재판 제도는 중국 사회의 문화와 제도가 서양 국가들에 비해 열등하다는 점을 의미하기 때문입니다. 다시 말해서, 서양인들은 중국의 제도가 부패하고 자의적이며 미개하다고 보고 있다는 의미입니다.

다음으로, 최혜국 대우(最惠國 待遇) 조항에 관하여, 총리아문은 회보에서 어떤 나라가 나서서 중국이 다른 나라에 부여한 새로운 특권에 참여하겠다고 주장할 경우에, 그 나라는 특권 국가가 수락한 조건을 수락해야 한다고 설명했습니다. 만약 그 나라가 조건을 받아들이지 않는다면, 특권은 자동적으로 부여되지 않는다는 것입니다. 총리아문은 이 조항이 중국에 해롭지 않다고 설명하고 있습니다. 그러나 그 논리는 정확하지 않습니다. 서양 열강들에게 부여하는 특권 조항의 대부분은 조건이 붙어 있지 아니합니다. 예를 들어, 1844년의 미국과의 왕샤조약(望廈條約)의 치외법권 조항에는 아무런 조건도 들어있지 않습니다. 조약 21조는 "중국에서 범죄를 저지른 미국인은 미국 법률에 따라 영사 또는 권한을 부여받은 미국 공무원에 의해서만 재판 및 처벌을 받는다. 그리고 모든 논란과 불만을 예방하기 위하여 쌍방의 법 집행은 공평하고 공정해야 한다."라고 규정하고 있습니다. 실제로 영국은 이 새로운 특권에 아무런 조건 없이 참여했습니다. 그러므로 위 회보의 주장은 근거가 없는 것입니다. 사실 최혜국 대우 조항은 외교적인 자율성을 제한하는 것이기 때문에 중국의 외교적 주도권에 해로운 영향을 미치는 것입니다. 이 조항 때문에 중국은 특정 국가에 어떤 특권을 부여하거나 또는 부여하지 않는 방법을 통하여 다른 국가들을 차별화할 수 있는 주요한 외교적 수단을 잃게 되는 것입니다.

총리아문의 또 다른 불합리한 해석은 조약의 개정 조항에 관한 것입니다. 중국이 체결한 조약들에 따르면, 조약들은 10년마다 1회 개정할 수 있다고 규정되어 있습니다. 총리아문은 이 규정은 개정을 어렵게 한 것이어서 중국에 불리하지 않다고 주장합니다. 그들은 비록 개정이 가능할지라도 어느 일방이 개정에 동의하지 않으면 효력이 발생하지 않는다는 이유를 들고 있습니다. 그들의 논리는 개정을 어렵게 하는 것이 중국에 유리하다는 전제에 바탕을 두고 있습니다. 그렇지만 그 논리는 잘못되었습니다. 실상은 그 반대이기 때문입니다. 조약의 유연성이 중국에 유리한 것입니다. 왜냐하면 대부분의 조항들은 중국에 불리하기 때문입니다. 중국의 입장에서 이러한 불리한 조항들을 서둘러 개정할 필요가 있습니다. 그럼에도 불구하고 조약의 개정이 서구 열강의 동의 없이는 불가능한 형편입니다.

추가해서, 소신은 한 가지 취약점을 더 말씀드리려고 합니다. 그것은 고정 관세 제도입니다. 난징조약에 따르면, 제4조에 모든 무역 상인은 공정하고 통상적인 수출입 관세와 기타 납부금을 납부하여야 하고, 그 관세는 일반에게 공개적으로 공포되어야 한다고 규정되어 있습니다. 그리고 1843년의 관세 보충 조약에서 중국정부가 상품에 부과할 수 있는 관세율을 고정했습니다. 구체적으로, 차와 비단천에 대한 수출관세율은 2.5퍼센트로, 생사와 명주실은 10퍼센트로, 그리고 다른 상품은 5퍼센트로 고정되었습니다. 이러한 고정 관세 제도는 중국의 경제적 자율성을 빼앗는 것이므로 해롭습니다. 더구나, 이러한 세율은 서양 국가들 간의 관세율이 보통 15퍼센트에서 60퍼센트인 것에 비하면 너무 낮습니다. 이러한 낮은 관세율 때문에, 중국은 막대한 액수의 세수 손실을 감수해야 합니다. 전문가들은 그 손실액이 중국 전체 예산액의 2분의 1에 달하는 것으로 추산하고 있습니다. 당연히 관세율은 경제적인 상황에 따라서 주기적으로 조정되어야 합니다. 그렇지만 규정에 따르면 25년에 한 번씩 조정하는 것 이외에 조정이 불가능합니다. 왜 중국이 이러한 불공정을 감수해야 합니까? 이러한 막대한 재정 손실은 중국 경제에 매년 심각한 피해를 주고 있습니다.

폐하께서 아시다시피, 이 조약들은 불공정하고 중국에 해롭습니다. 그러므로 상호적인 방식으로 개정되어야 합니다. 그러면 중국은 서구 열강에게 어떻게 개정을 요구할 수 있겠습니까? 소신의 의견으로는 일본의 메이지 유신의 사례가 개혁의 본보기로 채택될 수 있다고 생각합니다. 왜냐하면, 일본은 현재 중국이 처한 것과 같은 위기를 성공적으로 극복했기 때문입니다. 일본은 1854년에 영국과의 사이에 가나가와 조약을 체결한 이후로, 노력을 기울인 끝에 1894년에 마침내 조약의 개정에 성공했습니다. 이는 놀라운 성과가 아닐 수 없습니다. 왜냐하면 지금까지 이러한 성과를 달성한 나라가 전혀 없었기 때문입니다.

개항 초기에 일본의 도쿠가와 정권은 당시 세계의 외교 시스템을 충분히 이해할 수 없었기 때문에 이 조약들의 진정한 의미를 이해하지 못했습니다. 그러나 오래지 않아 일본의 지도층은 불평등조약의 바람직하지 않은 효과를 알게 되었습니다. 그들은 치외법권 조항에 담긴 의미를 알게 되었습니다. 서양인들이 일본의 제도를 자의적이고 미개하고 야만적이라고 보고 있다는 사실을 알았습니다. 그것은 너무나 굴욕스러워서 그들은 개정운동을 시작했습니다. 그 개정을 위하여 영국과 접촉했지만 즉각적으로 거부되었습니다. 일본의 제도가 서양의 기준에 미치지 못한다는 이유 때문이었습니다. 그렇지만 이러한 실패는 일본인들에게 소중한 교훈을 주었습니다. 그들은 근대화가 그들의 목표, 즉 불평등조약의 개정을 달성하는 데 있어서 필수적이라는 사실을 깨닫게 되었습니다. 근대화를 위해서 그들은 1868년에 야심찬 개혁, 즉 "메이지 유신"에 착수했습니다. 메이지 정부는 구습과 낡은 제도를 폐지하고 새로운 제도들을 하나하나 채택했습니다. 메이지 지도자들은 서구 열강의 힘은 바로 산업이라는 결론을 짓고서, 산업의 근대화와 산업에 대한 정부 투자의 확대를 최우선 과제로 삼았습니다. 이에 따라 "부국강병"이 메이지 유신의 슬로건으로 채택되었습니다. 조약 개정은 이들의 또 다른 목표였습니다. 이를 위해 그들의 사법제도를 서양 국가들이 요구하는 기준에 맞도록 고치기로 했습니다.

메이지 정부는 신속하게 그들의 법률 제도를 개혁했습니다. 그들은 모든 봉건적인 영역과 신분제도를 폐지했습니다. 1871년에 모든 봉건 영지는 국가에 편입되었고, 중앙정부의 통치를 받도록 했습니다. 새로운 호적법은 이전의 신분제도를 폐지하고 새로운 신분제도로 대체했습니다. 그렇지만 새로운 신분 집단을 모두 황제의 신민으로 했습니다. 1882년에 정부는 새로운 형법을 제정했는데, 주로 프랑스나 독일의 유럽 법제를 토대로 한 것입니다. 이러한 과정을 통해서 일본은 통일된 법률 제도를 마련했습니다. 이러한 개혁 성과를 내세워 일본은 서구 열강에게 일본인들이 법률 제도의 근대화를 이루었고, 서양의 기준을 충족한다는 확신을 줄 수 있었습니다.

일본의 성과는 중국에 조약 개정의 길을 보여줍니다. 그 교훈은 바로 중국이 사법제도를 서양의 기준에 맞게 근대화해야 한다는 것입니다. 왜냐하면 서양인들은 고문이나 체벌 등 중국의 형사 실무를 도저히 받아들일 수 없기 때문입니다. 우리는 그들이 중국의 세도에 대하여 무엇을 불평하는지 주목해야 합니다. 왜냐하면 이러한 불평들이 궁극적으로 개항장과 치외법권 제도의 원인이 되었기 때문입니다. 서양인들은 중국의 법률을 그들에게 적용하면, 많은 심각한 문제들이 생긴다고 우려합니다. 그들은 중국 법률 제도의 치명적인 단점으로 다섯 가지의 문제점을 지적하고 있습니다. 첫째, 중국의 법률이 사람의 신분에 따라서 다른 취급을 하고 있는 점입니다. 예컨대, 청나라 법률은 팔의(八議, Bayi)를 규정하고 있는데, 왕실 가족이나 관리 또는 만주족 팔기 군인들을 특별히 처우하도록 되어 있습니다. 특별한 처우를 위해서 법률은 특별한 관할과 기관을 두고 있습니다. 둘째, 독립된 사법부가 없다는 점입니다. 국가의 공무원이 사건 수사와 재판 및 판결의 역할을 겸하고 있습니다. 독립된 재판기관이 없을 뿐만 아니라 행정부와 분리되어 있지도 않습니다. 이런 이유로 서양인들은 재판의 공정성과 객관성이 없다고 비판하는 것입니다. 셋째, 일부 처벌 방법들이 지나치게 가혹하다는 점입니다. 예컨대, 체벌과 참수형 등은 너무나 비인도적이어서 서양인들로서는 결코 받아들일 수 없다고 합니다. 넷째, 중국의 형사절차는 보편적인 법률 원칙을 따르고 있지 않다는 점입니다. 중국에서는 피고인으로부터 자백을 받아내기 위하여 강요나 고문이 허용됩니다. 그 외에도 증거에 의한 사실 인정이나 입증의 책임 등 보편적인 법률 원칙이 적용되지 않습니다. 다섯째, 일반적인 상소 절차가 없다는 점입니다. 따라서 피고인은 유죄판결에 대하여 상소법원에 상소할 수 있는 권리가 보장되지 않습니다.

 중국의 법률 제도와 관련하여 위와 같은 문제들을 단적으로 보여주는 사례가 있습니다. 1821년에 중국의 항구에 정박 중인 미국 선박 에밀리호에서 떨어뜨린 그릇에 맞아서 부두에서 과일을 판매하던 중국의 여인이 사망했습니다. 이에 선원 테라노바가 중국의 관리에게 인계되었습니다. 그는 재판에 넘겨져 유죄판결을 받고 바로 다음날 교수형에 처해졌습니다. 피고인의 살인의 의도를 입증할 만한 아무런 증거가 없었음에도 그는 유죄로 인정되어 처형되었습니다. 서양인들이 보기에 이 재판에는 심각한 결함이 있습니다. 재판을 담당한 관리는 적절한 재판 절차를 지키지 않았습니다. 왜냐하면, 하루 안에 필요한 증인의 증언을 듣는 것은 불가능하기 때문입니다. 재판에 불복하는 상소 절차도 없었습니다. 의도적인 살인이 아니라 부주의나 과실에 의한 사망사건에 대하여 사형을 선고하는 것은 지나치게 가혹합니다. 이러한 모든 점이 더해져서 서양인들은 중국의 사법제도를 받아들일 수 없었고, 중국으로 하여금 재판관할권을 포기하도록 해야 한다고 생각하게 된 것입니다. 그러므로 이러한 문제들은 중국의 법률 제도를 개혁하는 데 있어서 심각하게 고려되어야 합니다.

이러한 분석을 통해서, 중국이 조약의 개정을 요구하기에 앞서서 무엇을 해야 하는지 알 수 있습니다. 무엇보다 먼저, 신분에 따른 법률적인 차별은 폐지되어야만 합니다. 법 앞에 평등의 원칙이 이루어져야 합니다. 다음으로, 독립적인 재판 법원이 설치되어야 합니다. 행정부처로부터 분리되어 독립적으로 운영되어야 합니다. 셋째, 새로운 형법은 현대적인 법 원칙을 포함해야 합니다. 현대적인 재판의 원칙들과 상소의 권리 보장입니다. 또한, 새로운 법률은 고문 등 비인도적인 조사 실무와 체벌과 참수형 등 가혹한 처벌을 폐지해야 합니다. 이러한 현대화 계획을 완성하기 위해 정부는 유능한 법률 전문가들을 임명하여 그들로 하여금 서양의 법률 제도를 공부하도록 해야 합니다.

조약의 개정을 위하여 한 가지 문제가 더 있습니다. 바로 군사력 문제입니다. 어떤 이들은 불평등조약의 개정을 위해서 왜 군사력의 증강이 필요한지 의문을 제기할지도 모릅니다. 그 이유는 이것이 바로 서구 열강의 숨은 요구 조건이기 때문입니다. 일본은 비록 자기들의 법률 제도를 근대화했음에도 조약 개정의 목적을 이루지 못했습니다. 메이지 지도층은 곧 깨달았습니다. 숨은 요구 조건이 있다는 사실을 말입니다. 이것이야말로 조약국들이 조약 개정을 거부한 실제 이유였던 것입니다. 그들은 결국 생각하게 되었습니다. 서구 열강을 따라잡을 만한 충분한 군사력을 가질 필요가 있다고 말입니다. 자신들의 군사력이 서구 열강의 수준에 미치지 못한다는 결론을 내린 일본은 군사력 강화라는 새로운 목표를 설정했습니다.

이 목적을 위해 그들은 모든 힘을 군사력의 현대화에 집중합니다. 그들은 징병제를 채택했고, 많은 수의 서양 군사전문가들을 초빙하여 신병들을 훈련시켰습니다. 또한 군사자문에 따라서 그들의 군대 조직을 재편했습니다. 현대화된 무기와 장비들을 수입하는 한편, 다수의 무기고와 군함 건조를 위한 조선소를 건설했습니다. 표 1은 메이지 정부가 군사계획에 지출한 예산을 보여줍니다.

연도 (7월-6월)	일반예산	정부투자	군비투자
1875-1876	69,482,676	3,434,138	9,785,678
1876-1877	55,684,996	3,149,792	10,329,825

1877-1878	49,967,722	1,370,016	9,203,452
1878-1879	53,558,117	1,409,576	9,213,024
1879-1880	57,716,323	2,933,586	10,846,778
1880-1881	58,036,573	3,706,957	11,599,751

표1 메이지정부의 예산지출 (단위: 엔)

그리고, 지속적인 투자의 결과, 그들은 상당한 수준의 군사력을 이루었습니다. 표 2는 일본의 해군력이 영국의 동아시아 함대를 능가하게 되었음을 보여줍니다. 영국의 외무 담당 국무부 장관인 로즈버리(Resebery) 경은 1894년 7월에 일본의 군사력이 중국의 군사력을 능가했고, 유럽 국가들의 동아시아 지역 군사력에 비견할 만하다고 인정한 바 있습니다.

	포문수 합계	선박 중량 (파운드)
일본함대	175	9,908
영국함대 (증강 전)	152	6,346
영국함대 (1894 증강 후)	220	9,119

표2 일본함대와 영국의 동아시아 함대 비교

마침내, 일본은 노력의 열매를 수확할 수 있었습니다. 그들은 1894년 7월 16일 개정 조약에 서명했습니다. 새 조약은 치외법권 조항과 고정 관세제도를 폐지하는 내용이었습니다. 일본인들은 일본이 "자유롭고 독립적이며, 동등한 국제사회의 일원"이 되었다고 환호했습니다.

군사력을 강화하는 것은 조약 개정을 위해 필요합니다. 말할 필요도 없이 이는 국가방위를 위해서도 필수적입니다. 왜냐하면, 현재의 상황 하에서 국가 간의 충돌이 예상되기 때문입니다. 더구나, 일본인들과 러시아인들은 제국주의의 경향을 가지고 영토 확장의 욕심을 노골적으로 드러내고 있습니다. 그들은 이미 만주와 한국에 대한 지배 욕심을 보여주었습니다. 그러므로 중국과 위 나라들 간에 군사적인 충돌이 임박한 듯합니다. 정궈판(曾國藩, 1811-1872) 장군이 미국에서 현대식 무기를 수입하고 중국에 기계공장을 설립하여 그의 군대를 현대화한 점은 주목할 만합니다. 공장에서 생산된 기계들은 1864년부터 그의 군대를 위한 총과 대포를 생산하기 시작했습니다. 이홍장(李鴻章, 1823-1901) 장군과 좌종당(左宗棠, 1812-1885) 장군의 업적도 주목할 만합니다. 이 장군은 톈진에 무기고를 건설하여 소총과 탄약을 생산했습니다. 좌장군은 푸조우에 무기고와 조선소를 설립하여 1868년부터 대포와 군함을 건조하기 시작했습니다.

그렇지만 이러한 노력의 열매는 만족스럽지 않습니다. 1884-1885년에 일어난 중국과 프랑스의 전쟁을 통해서 쓰디쓴 결과를 보았습니다. 11척의 현대화된 중국의 전함이 프랑스 함대에게 모조리 파괴되었습니다. 양무(洋務) 자강 정책(1861-1894)은 천문학적인 비용을 고려하여 볼 때 비효율적이었습니다. 이 계획은 부정부패의 문제 이외에도 많은 문제를 드러냈습니다. 이 계획에는 장기적이거나 국가 전체 차원의 종합적인 계획이 없었기 때문에 각각의 계획이 단편화되고 다른 계획들과 연결되지 않았습니다. 결과적으로, 지역적 불균형과 자원의 낭비가 불가피했습니다. 더욱이, 각각의 무기고에서 통일된 기준과 규격이 없이 무기와 부품을 생산했기 때문에 부대들은 그들의 무기와 탄약들을 다른 부대와 공유할 수 없었습니다. 또한 대부분의 병사들은 승리에 대한 의지를 보이지 않았고, 일부 병사들은 무기를 사용하는 방법을 몰랐습니다. 이 모든 것은 그들이 필요한 훈련을 받지 못했기 때문입니다. 이러한 이유들 때문에, 소신은 폐하께 몇 가지 방안을 제안하려 합니다.

무엇보다도 먼저, 지금부터는 모든 군사사업을 중앙정부가 맡아서 수행해야 합니다. 모든 지역의 군대를 중앙의 군대에 편입시켜서 중앙의 군대 지휘부의 통솔 아래 두어야 합니다. 둘째, 정부는 국가 차원의 장기 계획을 수립해야 합니다. 이 계획을 위해 군사 전문가들과 고문들이 필요합니다. 체계적인 분석과 접근이 필요하기 때문입니다. 이 계획에는 특별히 지역적 균형과 자원의 효율적 이용이 고려되어야 합니다. 셋째, 계획의 진척 상황이 정기적으로 점검되어야 하고, 진척에 따른 계획의 조정도 필요합니다. 넷째, 정부는 외국의 군사 전문가들을 초빙하여 이 사업에 참여시키고, 중국 군인들을 교육하도록 할 필요가 있습니다. 군사훈련은 군대의 단결력과 병사들의 충성심을 이끌어내는데 필수적이기 때문입니다. 효율적인 훈련을 위해서 군대는 체계적인 훈련과정을 개발해야 합니다. 다섯째, 정부는 더 많은 무기고와 조선소를 세워 현대적인 무기와 전함을 건조해야 합니다. 이전까지 지방 군대는 서로 다른 지역 무기고에서 제작한 서로 다른 무기들을 사용했기 때문에 그 부품 간 상호 호환성이 없었습니다. 그러므로 정부는 무기와 탄약의 표준화를 기할 필요가 있습니다.

이제 이 사업을 위해 해결해야 할 문제가 하나 있습니다. 어떻게 필요한 자금을 마련할 것인가 하는 문제입니다. 일본의 메이지 유신의 경험을 통해 해결 방안을 찾을 수 있습니다. 초기에, 메이지 정부는 미쓰이 가문과 같은 특권층 상인들이나 자금 대여업자들로부터 자금을 차용했습니다. 그러다가 1872년에 정부가 국립은행을 설립했습니다. 이렇게 자금을 마련하여 정부는 그 자금을 1870-1885년간 제조업에 투자하여 제철, 시멘트, 조선, 비단, 도자기, 비누, 화학공장 등을 설립했습니다. 정부는 일정 기간 동안 위 공장들을 직접 운영하다가 이를 민간에게 매각했습니다. 이렇게 하여 정부는 차용한 부채를 모두 갚고 그 외의 자금을 국방사업에 사용할 수 있었습니다. 이로써 메이지 정부는 두 가지 목표를 달성할 수 있었습니다. 민간 산업을 촉진하고 군대의 현대화를 이룬 것입니다. 이 사례를 모델 삼아서 중국 역시 국방사업 자금을 마련할 수 있을 것입니다. 이 방법을 통해서 민간 산업을 촉진하고 필요한 자금을 조달할 수 있습니다.

혹시 어떤 사람들은 지폐를 발행하는 방법을 제안할지도 모릅니다. 그렇지만 그러한 방법은 경제에 장기간에 걸쳐 악영향을 미치기 때문에 좋은 방안이 아닙니다. 중국은 이미 지폐 발행 후 고도의 인플레이션 등 나쁜 영향을 경험한 바 있습니다. 예컨대, 1853년 함풍 황제(咸豊帝) 3년에 정부는 은화와 동전을 표상하는 지폐를 발행했습니다. 그 지폐는 해마다 평가절하되어 1860년에 실제 가치의 5퍼센트까지 떨어졌습니다. 그래서 1861년에 지폐를 회수하기 시작했습니다. 이와 같이 지폐를 발행하는 방법은 바람직한 방법이 아닙니다.

이제 소신은 이 보고서를 요약하려고 합니다. 중국이 체결한 조약들은 여러 면에서 불평등합니다. 중국에 해로울 뿐만 아니라, 중국의 체제가 미개하다는 표지이기 때문에 수치스러운 것입니다. 이러한 조약들은 조속히 개정되어야 합니다.

그렇지만 서방국가들이 중국의 현대화를 인정하기 전까지는 개정을 기대할 수 없습니다. 이러한 의미에서 일본의 성공사례가 우리에게 참고가 될 수 있습니다. 그러므로 일본의 개혁 프로그램을 모범으로 삼는 것이 현명한 방안입니다. 목표를 달성하기 위하여 중국은 법 제도를 현대화해야 합니다. 이와 더불어 한 가지 고려해야 할 점은 군사력을 증강해야 한다는 것입니다. 중국이 설령 법 제도를 현대화할지라도 서구 열강을 따라잡을 만큼의 강력한 군사력을 갖추지 않는 한, 조약의 개정은 여전히 요원하다는 교훈을 일본의 사례를 통해 배웠습니다. 이것이 중국이 군대를 현대화하고 군사력을 증강해야 하는 이유입니다. 지금까지 중국에서는 여러 차례 개혁 시도가 있었지만, 효과적인 변화를 가져오지 못했습니다. 그 이유는 무엇이었습니까? 그 노력이 체계적이지 못하고 단편적이었기 때문입니다. 막대한 자원의 투입에도 불구하고 결실을 맺을 수 없었습니다. 이제부터는 중앙정부가 개혁과제를 맡아서 체계적으로 관리해야 합니다. 정부는 장기 계획을 세우고 계획에 따라 과업을 수행해야 합니다. 진행 상황을 정기적으로 점검하고 성과를 극대화하기 위해 계획이 조정되어야 합니다. 폐하께서 결단을 내리셔서 제국의 정책을 결정해 주시기를 간청합니다.

[컬럼비아대학교 :
한국사 과목]

한국사 입문 과목

컬럼비아대학교에 입학하여 첫 학기에 수강한 과목이었다. 교수는 미국인 찰스 암스트롱 교수였는데, 예일대학교를 졸업한 후 1994년 시카고대학교에서 브루스 커밍스 교수의 지도하에 한국사를 전공하여 박사학위를 취득했다. 한국 현대사 중에서 특히 북한에 대한 연구의 전문가로 알려져 있다. 한국사는 이미 알고 있는 내용이어서 수월하리라 생각했지만, 매시간 읽어야 할 과제물이 많았기 때문에 쉽지 않았다. 또한, 학생들은 두 명의 조교가 주관하는 토의 그룹(discussion section)에 배치되어 읽은 내용을 토대로 토의하며 수업을 준비해야 했다. 학기 중에 읽었던 과제는 교과서인 Korea, Old and New: A History(카터 에커트, 이기백, 유영익 등, Harvard University Press) 외에도 다양한 연구논문과 기타 역사 문화 자료가 있었다. 연구논문으로는 브루스 커밍스 교수의 「한국전쟁의 기원」, 테사 모리스 스즈키(Tessa Morris-Suzuki)의 "Exodus to North Korea" 등이 있었고, 역사, 문화 자료로는 유성룡의 『징비록』, 『혜경궁 일기』, 『하멜의 일기』, 이인직의 『혈의 누』, 『윤치호 일기』, 이상의 『날개』, 이범손의 『오발탄』, 황순원의 『학』 등이었다. 교과서 이외에 이러한 다양한 문헌을 읽으면서 많은 도움이 되었다. 국내에서 역사를 공부할 때에 이름만 들었을 뿐 직접 접해 보지 못했던 자료들이어서 직접 읽어 보면서 많은 생각을 하게 되었다.

학기 페이퍼를 위해 폭넓게 조사하다가, 몇 년 전에 읽었던 명성왕후 암살사건에 관한 참혹한 내용이 떠올랐다. 무방비 상태의 왕비에게 가해진 일본인들의 무자비함과 참혹함에 경악하며 치를 떨어야 했었다. 그럼에도 불구하고 역사기록에 의하면, 이 범행으로 인하여 처벌받은 일본인이 단 한 명도 없었다. 왜 당시의 조선 당국은 범죄자들을 조사하고 처벌할 수 없었던 것일까? 그래서 나는 이 문제를 에세이의 주제로 정했다.

나의 주장 요지는 대략 다음과 같다. (1) 명성왕후는 일본인들, 특히 한국에 주재하는 일본 공사를 포함하는 일본인들에 의해 살해당했다. (2) 강화도조약에서 인정된 치외법권의 특권 때문에 조선 정부는 일본인 범죄자들을 조사하거나 처벌할 수 없었다. 이러한 주장을 뒷받침하기 위해 다음과 같은 학술논문을 기본 자료로 삼았다. Homer B. Hulbert, The Passing of Korea; F. A. McKenzi, The Tragedy of Korea; Hilary Conroy, "The Japanese seizure of Korea: a study of realism and idealism in international relations." 그리고 계속하여 자료조사를 하던 중 새로운 책이 발간된 것을 보고 그 책을 구입해 읽어 보았다. 일본에 거주하면서 일제 강점기 역사를 연구하고 있는 역사가 김문자 씨의 『명성황후 시해와 일본인』이라는 책이었다. 이 책에는 그간 국내의 역사 연구자들이 알 수 없었던, 일본의 비밀 자료들이 많이 발견되어 증거로 제시되었다는 점이 관심을 끌었다. 읽어 보니 매우 가치 있는 자료들이었다. 새로 발견된 자료들을 분석, 평가하여 에세이에 포함시켰다.

명성왕후 시해 사건과 치외법권의 문제

이른 아침에 명성왕후는 그녀의 궁궐에서 한 무리의 암살자들에게 잔인하게 살해되었다. 지금부터 117년 전 한국에서 이 사건이 실제로 일어났다. 만약, 오늘날 그런 사건이 일어난다면 어떻게 될까? 틀림없이 정부는 즉시 국가 비상사태를 선포하고 사건에 대한 특별 대책 기구를 만들어 대처할 것이다. 검찰과 경찰은 합동 수사본부를 구성하여 범인들을 마지막 한 명까지 검거할 것이다. 그들을 상대로 범행 동기와 배후를 포함하여 범죄의 전모를 밝히기까지 오래 걸리지 않을 것이다. 정부는 범인들을 검거하고 처벌하는 데 있어서 필요하다면 군사행동까지 고려할 것이다. 마치 미국정부가 911사건 이후에 일련의 군사행동에 나섰듯이 말이다. 그렇지만 이 사건이 실제로 일어난 당시의 조선 당국은 그러한 조치를 하나도 취하지 못했다. 당시 범죄에 일본 공사관이 연루되었다는 소문이 돌았다. 그러자, 당시의 주한 일본 공사 미우라 고로는 이를 반박하면서, 일본 공사관은 전혀 관련이 없고, 이 사건은 일본의 장사(낭인)들의 도움을 받은 조선인들에 의해 저질러졌다고 발표했다. 이 글에서는 다음 세 가지 의문점에 관하여 살펴보려고 한다. 누가 이 극악무도한 범죄를 저질렀는가? 왜 그러한 범죄를 저질렀는가? 조선 정부는 왜 범인들을 처벌하지 못했는가?

미국인 선교사 겸 언론인 호머 헐버트(1863-1949)는 그의 책, 『대한 제국 멸망사(The Passing of Korea)』에서 이 사건을 다음과 같이 기술했다.

> 10월 8일 새벽 3시에 다수의 낭인들을 포함하는 많은 수의 일본인들이 몇 명의 조선인들과 함께 강가에 있는 대원군의 거처로 갔다. 그리고 그와 동행하여 서울로 진행했다. 동이 틀 무렵에 무리는 광화문을 통해 경복궁 안으로 들어가 신속하게 왕실의 거처로 접근했다… 가는 길에 소수의 궁궐 경호병들을 만났으나 쉽사리 제압했다. 그 과정에서 몇몇은 살해되었다… 그들은 왕비의 거처 앞에서 궁내 대신 이경직을 만났는데, 단숨에 칼로 베어 눕혔다… 거처 중 한 방실에서 왕비가 발견되었다. 그리고 무참하게 살해되었다. 조선인의 공격을 받은 것인지, 일본인의 공격을 받은 것인지 정확히 알 수 없다. 그렇지만 무장한 일본인들 중 하나에 의해 살해당한 것이 거의 확실하다. 시신은 모포 종류의 천에 싸여 석유에 적셔져 왕실의 거처 앞에 있는 연못의 동쪽 소나무 언덕 주변에서 태워졌다.

이 기록에 따르면, 일본 공사관이 이 일에 관여했는지 분명하지 않다. 이 책이 1908년에 발간된 이후로, 일본 공사관의 직원들과 군인들이 범죄에 관여했음을 증명하는 충분한 증거들이 발견되었다. 당시 서울 소재 일본공사관의 1등 서기관으로 근무한 스기무라 후카시는 1904년에 회고록을 발간했다. 그 책에서 그는 "당시의 상황에서 그 사건은 불가피했다. 내가 그 사건의 기획자 중 하나가 아니라고 말할 수는 없을 것 같다. 아니, 나는 정말 그 계획의 중심에 있었다. 내 계획에 따르면 일본인들을 거사에 이용하려던 것은 아니었다. … 그러나 결과는 달랐다. … 50-60명이 참여했다. 이것은 예상치 못한 일이었다. 그렇게 일본인들의 관련은 숨길 수 없게 되었다."라고 회고했다.

1979년 하라 다카시의 저택에서 더욱 믿을 만한 증거가 발견되었다. 하라는 당시 일본의 외무성 부대신이었다. 사건 당시 서울 주재 일본공사관의 영사로 근무한 우치다 사다츠치로부터 받은 사적인 편지 12통이 발견된 것이다. 우치다는 사건 이후 하라에게 사적인 편지를 보냈다. 그는 1895년 11월 5일자 편지에서, 이러한 전례 없이 극악무도한 범죄 행위가 공사관 직원들과 군인들에 의해 저질러져서 참으로 유감스러운 제국의 불명예가 되었다고 적고 있다. 같은 해 10월 8일자 그의 첫 서신에서, 왕비의 암살범은 일본군 육군 소좌라고 분명히 밝혔다. 그는 사건 당일 아침에 일본인 낭인 2명이 피 묻은 칼을 들고서 공사관의 참사관인 니로 도키스케 소령에게 사건의 전후 사정을 보고하는 것을 직접 들었다고 적었다.

니로는 이 사건에 관하여 최초로 일본 정부에 전신 보고를 한 인물이다. 그는 두 번의 전신을 보냈다. 오전 6시 32분에, "이제 훈련대 병력이 대원군을 동반하여 궁궐을 습격했다."라는 내용의 전신과, 오전 9시 20분에, "왕은 안전하고 왕비는 사망했다."라는 내용의 전신을 보냈다. 사건 이후 우치다는 일본 정부가 책임을 모면하도록 사건을 조작하는데 관여했다. 일본 육군 장교가 왕비를 살해했다는 사실이 드러난다면, 일본 정부에게는 견딜 수 없는 일이었을 것이다. 그렇기 때문에 일본 공사관은 모든 수단을 동원하여 진실을 은폐하려 했다. 우치다는 1895년 10월 11일자 서신에서 설명한다. 서울에 있는 외국인들에게는 아직까지 일본 공사관의 직원들과 군인들이 범죄에 참여했다는 사실이 분명하지 않기 때문에, 그는 오직 20-30명의 일본 민간인들만 조사하고, 공사관의 직원들이나 군인들은 조사에서 제외함으로써 진상을 덮으려 했다고 적었다. 새롭게 발견된 증거들은 일본 공사관 직원들과, 공사인 미우라를 포함하여, 군인들이 범행을 미리 계획하고 끔찍한 잔혹행위의 실행을 주도한 사실을 분명하게 증명한다.

둘째 의문점은 "그들은 왜 범죄를 저질렀을까?" 하는 것이다. 호머 헐버트는 범죄의 동기에 관하여 그의 책에서 다음과 같이 분석한다.

> 이 사건은 미우라 자작과 그의 참모들의 작품이다. 1896년 1월 히로시마 법원에서 열린 예비조사 법원의 결정에서 볼 수 있다. 재판부는 무엇보다도 미우라 자작이 서울에 도착하자마자 조선 왕실, 특별히 왕비의 세력이 개혁을 가로막는 장애물을 놓고 있다는 사실을 알게 되었다. 그래서 효과적인 해결책이 사용되어야 한다고 느꼈다. 궁궐을 무력으로 장악해서 왕비를 살해하고 왕의 사람을 붙잡아 상황을 통제하려는 음모가 꾸며졌다.

스기무라 후카시 서기관은 회고록에서, 삼국간섭 이후에 조선 왕실이 일본에 대항하기 위하여 러시아에 의존하기 시작했기 때문에 왕비와 민씨 가문의 세력을 제어하는 것이 목적이었다고 썼다. 왕비가 일본에 등을 돌리고 친 러시아 성향을 보인 것이 시해 사건의 근본 동기였다는 것이다. 그런데, 보다 직접적인 동기는 조선에 설치된 전신선을 차지하고 한반도에 일본 군대를 계속 주둔시키기 위한 목적을 위해서였다.

일본은 1895년 청일전쟁에서 중국을 상대로 승리를 거둔 후, 부산에서 서울을 거쳐 의주까지 설치된 전신선을 차지하고, 또한 조선에 진주한 6,000명의 일본군 병력을 계속 주둔시키기를 원했다. 그렇지만 조선 왕실은 전신선의 반환과 일본 군대의 즉각적인 철수를 요구했다. 전신선은 대부분 일본인들에 의해 설치되었는데, 청일전쟁 중에 일본군의 승리에 중요한 역할을 했다. 전신선 문제에 관하여 일본 정부 내에서도 의견이 분분했다. 당시 주한 일본 공사 이노우에 가오루는 반환하자는 의견이었지만, 외무대신 무쓰 무네미쓰와 일본 내각은 전신선을 일본이 차지하기를 원했다. 이노우에 공사가 1895년 7월 1일 무쓰 외무대신에게 보낸 보고서에 따르면, 그는 일본이 조선 정부의 요청에 응하여 전신선을 반환해야 한다고 제안했다. 그러나 외무대신은 서울의 공사관에 보낸 지시에서, 앞날을 위해서 전신선을 일본이 차지하는 것이 전략적으로 매우 중요하다고 못 박는다. 그러면서 공사관이 조선 정부와의 협상을 통해서 목적을 달성해야 한다고 지시했다. 일본 내각은 1895년 6월 4일 일본이 조선의 철도와 전신선을 인수해야 한다고 결의한 바 있다. 내각의 결정은 일본 육군본부(大本營)를 비롯한 일본군 당국의 강력한 의지를 반영한 것이었다.

일본 군대의 한반도 주둔 문제와 관련하여, 이노우에 공사와 일본 내각은 청일 전쟁 이후에도 일본 군대가 한반도에 계속 주둔할 필요가 있다는 데에 동의했다. 그러나 외국 정부들, 특히 러시아 정부가 이 문제에 대하여 크게 우려하고 있었기 때문에, 일본 정부로서는 조선 조정의 동의를 필요로 했다. 청일전쟁에서 승리한 일본 군대는 중국의 랴오둥 반도를 점령하고 있었는데, 1895년 4월 23일 러시아, 프랑스 및 독일 3국의 강한 반대에 부딪힌다(3국 간섭). 일본은 그 압력을 견디지 못하고 결국 랴오둥 반도에서 철수했다. 이러한 상황에서 일본 정부는 또 다른 외세의 간섭을 피하기 위해 조선의 동의를 받아야 했다.

이에 일본 정부는 고종과 그 왕비를 설득해야 하는 어려운 과제를 떠안게 되었다. 서울 주재 일본공사관과 외무대신 사이의 전신 내용에 따르면, 상황은 더욱더 악화되었다. 스기무라는 1895년 6월 26일자 보고서에서, 조선 조정은 일본군의 주둔 문제에 대하여 결정을 내리지 않았고, 고종이 이 문제에 동의하지 않는다는 소문이 있다고 보고한다. 그는 계속하여 6월 30일자 보고서에서, 조선의 장관 서광범과 박영효로부터 고종이 이 문제를 거부했다는 통보를 받았다고 보고한다. 이에 덧붙여, 내무대신 노무라 야시가 이노우에 공사에게 보낸 1895년 8월 2일자 서신에 따르면, 박영효가 일본 정부의 사금 300만 엔 중 일부를 왕비에게 뇌물로 제의했을 때,

왕비는 손을 내 저으며 한사코 이를 받지 않겠다고 말했다고 한다. 노무라는 조선 왕실의 태도를 바꾸기 위한 조치로 일본 내각에 제안된 이노우에의 뇌물 공여 계획은 효과가 없을 것이라고 지적했다.

상황이 이렇다 보니, 일본 정부, 특히 일본 군부는 조선 왕실에 대한 특단의 조치를 절실히 필요로 했다. 이 문제에 군 당국이 직접 개입되었다는 점은 다음과 같은 사실들로 미루어 충분히 짐작할 수 있다. 사건이 일어나기 한 달 전인 1895년 9월 1일 미우라 고로가 주한 일본 공사로 부임했다. 그는 퇴역한 육군 중장이었다. 1895년 7월 5일 다니 다데키가 이토 총리에게 보낸 편지에 따르면, 다니가 미우라를 공사로 추천했다. 다니는 육군에서 장군으로 전역한 내각의 각료였다. 1895년 10월 7일 일본 정부는 일본군의 랴오둥 반도 철수 계획을 공식 발표함으로써, 3국 간섭에 이어진 후속 협상을 타결했다. 같은 날 외무대신은 서울에 있는 미우라 공사에게 위 합의에 관한 전신 메시지를 전했다. 미우라가 왕비 암살 음모를 실행에 옮긴 것은 바로 다음 날이었다. 암살사건이 발생한 다음날 일본의 『아사히신문』은 1895년 10월 9일 총리 관저에서 긴급회의가 열렸는데, 총리는 야마가타 아리토모 육군대장, 가와카미 소로쿠 중장, 고다마 겐타로 소장, 야마모토 곤베 소장 및 내각의 각료들과 회담을 가졌다고 보도했다. 같은 날 육군본부의 가와카미 중장은 이토 총리에게 10월 10일 서울 파견 계획에 관한 공문을 보냈다. 조사단은 고무라 국장과 외무성의 관계자 2명, 안도 검사와 법무성 관계자 3명, 이슈인 대위와 해군 장교 1명, 다무라 중령과 육군 장교 3명, 가메야마 육군 대위와 헌병 19명 등 33명으로 구성되었다. 이러한 사실들은 육군본부가 신속하게 사건 처리에 앞장섰음을 시사한다. 육군본부가 이 일을 처리하는 데 있어서 주도적인 역할을 한 이유가 무엇일까?

당시 일본군 당국과 서울의 공사관 사이에 특별한 연결이 있었음이 분명하다. 미우라 공사는 서울에 도착한 이후로 육군본부와 직접적인 연락을 취했다. 미우라가 서울로 떠나기 전인 1895년 7월 19일 외무대신 무쓰는 사이온지 외무대신 대행에게 전보를 보냈다. 그는 미우라가 특별한 임무를 띠고 공사로 임명된 것이라고 밝혔다. 주한 일본 공사관의 기록에 따르면, 미우라가 서울에 도착한 이후로 육군본부의 가와카미 중장과의 사이에 잦은 전신이 오고 갔다. 전보의 내용은 다음과 같았다. 1895년 9월 12일 가와카미가 미우라에게 "서울, 부산, 원산에 주둔할 보병대대를 파견해야 한다. 또한 전신선을 보호하기 위해 헌병 250명을 파견해야 한다. 파병 전에 공사관이 조선 정부의 허가를 받을 필요가 있다." 9월 15일 미우라가 가와카미에게 "내 의견으로는 이 임무를 서두르지 않는 것이 좋겠다." 9월 16일 가와카미가 미우라에게, "귀하의 의견에 동의한다. 귀하가 임무를 실행할 때, 우리는 더 많은 논의가 필요하다." 9월 19일 미우라가 가와카미에게 "조선의 상황이 불안정하기 때문에, 육군본부가 조선에 주둔 중인 부대의 사령관에게 명령하여 서울의 공사관에 병력을 보내줄 것을 특별히 요청한다." 이 요청 직후인 9월 22일 가와카미는 공식 문서를 이토 총리에게 보내어 육군본부는 조선 주둔군 사령관에게 미우라 공사의 요청에 응할 것을 지시하겠다고 통보한다.

그러자 외무대신은 육군본부의 통보에 화를 내며 9월 24일 미우라 공사에게 지시한다. 해외 공사가 육군본부와 직접 연락하는 것은 부적절하므로 앞으로는 모든 것을 외무대신에게 보고하라는 지시였다. 그럼에도 불구하고, 내각은 육군본부의 제안을 승인하기로 결정한다. 조선 주둔군 사령관은 10월 5일에 육군본부의 지시를 받았다. 이는 미우라가 자신의 의지대로 군대를 동원할 수 있는 권한을 갖게 되었음을 의미한다. 그는 이미 9월 28일에 조선 주둔 일본군 사령관인 다카이 게이키 대령과 가와무라 마쓰나오 중령을 불러서 서울의 일본공사관에서 면담했다. 이러한 사실은 같은 날 공사관의 무관 구스노세 유키히코 중령이 육군본부 가오카미 중장에게 보낸 전보에 적혀 있었다. 미우라 공사는 계획을 위한 준비를 완료하고 실행에 옮길 시간을 기다렸다. 그는 1895년 10월 7일 일본 정부로부터 삼국간섭이 타결되었다는 공식 서한을 받자마자 암살 계획을 실행했다. 정부의 메시지는 실행을 지시하는 신호의 역할을 한 것으로 보인다.

사건 이후 미우라는 일본의 책임을 부인하고, 암살 범행이 일본인 소시(壯士: 낭인)들의 도움을 받은 조선인들에 의해 저질러졌다고 주장했다. 일본인들은 이 소식이 해외로 퍼지는 것을 막으려고 노력했다. 예를 들어, 『뉴욕 헤럴드』의 특파원 코커릴(Cockerill) 대령이 사건에 관한 보도를 전보로 보내려고 했을 때, 일본 정부는 그 전신을 차단했다. 그리고 후에 이를 사과하며 그에게 돈을 보냈다. 미우라의 책임 부인에도 불구하고, 일본 정부는 신속히 미우라와 관련자들을 일본으로 소환하여 재판에 넘겼다. 히로시마에서 열린 재판에서 기소된 피고인들은 모두 무죄 선고를 받았다. 그 판결의 결론 부분은 다음과 같다.

> 동틀 무렵에 일행은 광화문을 통해 궁궐에 들어간 후, 즉시 내실로 진입했다. … 이러한 사실에도 불구하고 피고인들 중에서 어느 누구도 원래 계획된 범죄를 실제로 저질렀다는 사실을 증명할 충분한 증거가 없다. … 이러한 이유로 피고인 모두를 무죄 방면한다.

이 판결은 형사법의 기본 원칙에 비추어 납득하기 어려운 비정상적인 판결이다. 증거법의 일반 원칙에 따르면, 조직범죄와 같은 공모공동정범의 경우에는 공범이 주범의 범행을 방조, 조장, 조력한 경우에는 실제로 범죄 행위에 가담하지 않았을지라도 주범이 저지른 범죄 행위에 대한 책임을 진다. 따라서 공모공동정범의 경우에 검사는 공모 사실과 정범의 범죄 행위를 입증하면, 공범의 구체적인 가담 행위를 증명할 필요가 없다. 그럼에도 불구하고 법원은 피고인들 중 누구도 실제로 범죄를 저질렀다는 사실을 증명할 충분한 증거가 없다는 이유로 무죄를 선고했다.

문제는 조선 정부가 단 한 명의 일본인 범죄자도 수사하거나 재판에 회부하지 못했다는 점이다. 대신에 조선은 조선인 3명을 체포하여 기소했고, 법원은 이들에 대하여 모두 사형을 선고했다. 사실, 법원은 실제 살인범이 누구인지 확신이 없었다. 그럼에도 불구하고 세 사람에 대한 형은 즉시 집행되었다. 이렇게 터무니없는 사건 처리의 이유는 무엇이었을까? 그 이유는 치외법권을 허용한 1876년의 강화도

조약 때문이었다. 조약 제10조에 따르면, 일본인은 수사 및 재판에 있어서 조선의 관리 대신에 일본의 영사에 의해, 또한 조선의 법률 대신에 일본법의 적용을 받는다. 이 사건 이전인 1892년 10월 주일 조선 공사 권재형은 일본 외무대신 무쓰 무네미쓰에게 불평등 조항인 치외법권 조항을 개정하기 위해 협상을 요구했다. 그러나 외무대신은 그 제안을 거부했다.

이러한 반응은 일본의 이중적인 태도를 분명히 보여준다. 왜냐하면, 당시 일본은 영국과의 사이에 불평등 조약의 개정을 시도하는 중이었기 때문이다. 무쓰가 1892년 8월 외무대신이 되었을 때, 그는 서양 국가들과의 불평등 조약의 개정을 위한 새로운 전략을 개발했다. 1893년 9월 영국 런던에서 일본과 영국 사이의 예비회담이 열렸다. 무쓰와 아오키 수조는 이 회담을 성공적으로 이끌었고, 마침내 1894년 7월 16일 새로운 조약에 서명함으로써 불평등 조약을 개정했다. 이에 일본인들은 일본이 마침내 자유롭고 독립적이며 동등한 국제사회의 일원이 되었다고 크게 기뻐했다. 1899년 6월 30일 메이지 왕은 이 일을 회고하면서 다음과 같이 축하했다.

> 조약의 개정과 관련하여, 우리가 오랫동안 간직해 온 염원과 철저한 계획, 거듭된 협상은 마침내 조약 당사국들과의 만족스러운 합의로 마무리되었다. 개정 조약의 시행일자가 다가오고 있는 지금, 한편으로는 국가에 부여된 책임이 조약 강대국들과의 우호를 증진시키고, 다른 한편으로는 그 어느 때보다도 더 강력한 기초 위에 놓이게 된 것은 진심 어린 기쁨과 만족이 아닐 수 없다.

일본은 한편으로 서방 국가들에 대하여 불평등 조약을 개정해 달라고 요구하면서도, 반면에 한국에 대하여는 유사한 불평등 조약을 유지해야 한다고 주장했다. 히로시마 재판 이후 이하용 일본 주재 조선 공사는 여러 차례 일본 외무대신과 접촉하여 암살범들에 대한 엄중한 처벌을 요구했다. 그러나 일본 정부는 이 사건을 재검토할 의사가 없다고 잘라 말했다. 일본 정부는 이 사건에 관하여 일관된 입장을 취했다. 이러한 입장은 일왕이 미우라에게 한 발언에 잘 드러나 있다. 미우라는 재판 직후 일왕 메이지의 시종을 만났던 때를 회상했다. 시종 요네타는 왕이 이 사건에 대하여 듣고서, "우리가 해야 할 일을 해야 한다."라고 말했다고 전했다. 그리고 미우라가 대원군에게 제의하기로 약속한 것이 있었는지를 물어보았다고 덧붙였다.

미우라와 그 조력자들이 암살 음모를 꾸미고, 이를 실행에 옮긴 것은 확실하다. 많은 행위자들이 그러한 끔찍한 잔혹행위를 저지르는 데 필수적인 역할을 수행했다. 그 행위자들은 일본 공사관의 관리들, 경찰들, 군인들 그리고 일본의 소시, 즉 낭인들이었다. 새로 발견된 증거들은 범죄의 실제 동기가 무엇인지, 그리고 드러난 행위자들을 사주한 숨은 배후세력을 보여준다. 일본 정부, 특히 군 당국은 청일전쟁 이후에 조선에 설치된 전신선을 차지하고 그들의 군대를 조선에 주둔시키기를 절실히 원했다. 이를 위해 그들은 조선 왕실의 동의를 받아야 했다. 왜냐하면 삼국간섭 이후로 서구 열강들 사이에 일본의 군사 움직임에 대한 우려가 커졌기 때문이었다. 그렇지만 조선 왕실은 일본에 등을 돌리고 러시아에 의지하기 시작했다. 이러한 상황에서 일본 정부는 어려움을 타개할 효과적인 방법이 없었다. 일본의 육군본부는 범죄를 전후하여 미우라 공사와 긴밀하게 연락을 취한다. 그들은 의도적으로 미우라에게 조선 주둔 일본 군대의 지휘권을 주어 그가 암살 계획을 실행에 옮기도록 도왔다. 신빙성 있는 증거들과 정황을 고려해 보면 일본의 육군본부는 미우라에게 장애물 제거, 즉 왕비의 암살이라는 특별한 임무를 부여하여 그를 조선에 보냈고, 이토 총리는 그 사실을 알고 있었다고 결론짓는 것이 합리적이다.

이러한 범죄는 조선의 주권에 대한 심각한 공격이었음에도, 조선 당국은 단 한 명의 일본인 범죄자도 처벌할 수 없었다. 그 이유는 일본에 치외법권을 부여한 강화도조약 때문이었다. 조선 정부는 일본 정부에 불평등 조약의 개정을 요구했으나, 일본을 이를 거부했다. 당시의 일본은 이 문제에 대하여 야누스적인 태도를 취하고 있었다. 그들은 한편으로는 서방국가들에 대하여 불평등 조약의 개정을 주장했지만, 다른 한편으로 조선에 대하여는 불평등 조약의 유지를 주장했다. 더구나 그들은 일본의 범죄자들에 대한 엄한 처벌을 요구하는 조선 정부의 요청도 거절했다. 일본 정부는 지금까지 왕비 암살사건에 대하여 전혀 사과하지 않았다. 1894년에 영국과 맺은 조약을 개정했을 때, 그들은 자신들이 서구 열강의 국가 공동체의 대등한 일원이 되었다고 기뻐하며 환호했다. 만약 그들이 진정으로 국가 공동체의 일원이 되기를 원한다면, 자신들의 잘못에 대하여 먼저 사과해야 한다.

브루스 커밍스의 저서 『한국전쟁의 기원』

브루스 커밍스 교수는 동아시아 역사를 전공한 역사학자로서 1975년에 컬럼비아대학교에서 정치학 박사학위를 받았고 그 후 시카고대학교의 석좌교수로서 역사학을 가르치고 있다. 그는 한국의 근현대사에 대한 깊은 연구를 통해서 의미 있는 저서들을 남기고 있다. 그의 저서들은 한국의 근현대사 연구 부문의 필독서다. 그는 미군이 한국전쟁 기간 중에 평양을 점령한 후 수집한 방대한 자료를 체계적으로 연구함으로써 그동안 한국의 학자들에게 부족했던 미국 및 북한 측의 자료를 보완함으로써 보다 균형 잡힌 새로운 역사연구의 성과를 얻을 수 있었다. 일제 강점기 및 해방 후 한반도를 둘러싼 정치 군사적인 움직임과 변화를 보다 객관적인 시각으로 볼 기회를 얻었기 때문에 가능한 일이었다.

『한국전쟁의 기원(The Origins of the Korean War)』은 그의 체계적인 연구를 바탕으로 완성한 해방 이후 남북한 사회의 모습과 정치, 군사적인 움직임과 변화를 분석한 대표적인 연구서이다. 1980년에 제1권이 발표된 이후, 1991년에 제2권이 발표되었다. 그의 연구에 대하여 미국 역사 협회는 존 페어뱅크 상(John K. Fairbank Prize)을 수여했고, 국제 연구협회는 퀸시 라이트 북 어워드(Quincy Wright Book Award)를 수여하여 그 성과를 평가했다. 그럼에도 한국에서는 얼마 전까지도 그의 저서를 이념적으로 편향되었다는 이유를 들어 금서로 분류했다. 군대에서는 소지, 탐독을 금했을 뿐만 아니라, 학생 운동권의 학생들이 위 책을 소지한 경우에는 불온

사상서를 소지, 탐독했다는 이유로 수사기관의 조사를 받아야 했다. 다른 이념 서적들과 아울러 한국전쟁의 기원은 대표적인 불온서적으로 간주되었다. 고백하자면, 나 역시 검사 시절에 한때 공안 검사로 근무하면서 위 서적을 소지, 탐독한 사실을 공소사실에 포함하여 국가보안법 위반 사범으로 기소한 경험이 있다.

그렇기 때문에 컬럼비아대학교에서 한국사 입문 과목을 공부하면서 위 논문을 리딩(reading) 과제로 받았을 때 충격이 적지 않았다. 그렇지만 그 내용을 꼼꼼히 읽어 보고서 놀라지 않을 수 없었다. 그 내용이 너무도 깊이 있고 객관적인 데다가 저자의 합리적이고 균형 잡힌 역사관을 엿볼 수 있었기 때문이었다. 어떻게 이렇게 가치 있는 연구 자료를 한국 정부 당국이 불온서적으로 분류했는지 개탄스러웠다. 아마도 해방 이후 남한에서 친일세력 및 외세의존적 사대 세력이 정치 주류를 형성했다는 신랄한 지적이 당시 박정희 정권의 마음에 들지 않았기 때문이었으리라 짐작된다. 실무자들이 과연 위 논문의 내용을 제대로 이해했는지 의문이 든다. 이렇게 객관적이고 균형 잡힌 역사관을 어떻게 공산주의를 찬양하는 불온사상으로 간주했는지 도저히 납득할 수 없었다.

커밍스 교수는 1943년에 뉴욕주 로체스터에서 출생하여 대학에서 사회학을 공부한 후 중국 역사를 전공하려 했으나, 1967년부터 미국 평화봉사단(Peace Corps)의 일원으로 한국에서 2년간 지낸 경험을 바탕으로 한국사를 전공하게 된다. 그의 주된 연구 분야는 현대 한국사, 동아시아의 정치 경제, 미국과 동아시아의 관계, 20세기 국제관계의 역사 등이다. 2003년 시카고 대학교의 인터뷰에서 그는 "미국은 1945년에 한국에 진주한 이래 58년 동안 병력을 주둔하고 있다. 반면에 소련은 1948년에 병력을 철수했다."라고 지적했다. 또한 그는 2005년에 출간한 저서 Korea's Place In The Sun에서 다음과 같이 기술했다.

> 많은 미국인들은 미국이 한국을 점령하여 1945년부터 1948년까지 전적으로 군사정부를 운영했다는 사실을 알고서 놀라워했다. 『뉴욕타임스』의 편집자 겸

칼럼니스트였던 로젠탈(A. M. Rosenthal)은 1986년에 이렇게 썼다. "1945년에 한국 정부는 한반도를 통틀어 이미 기능하고 있었다. 그렇지만 미군이 바보같이 북한에 러시아 군대가 들어오게 하는 바람에 타격을 받고 약화되었다. 이것은 분명히 퇴보이다. 어쨌든 일본이 패망한 지 1-2주 만에 이미 한국의 정부는 존재하고 있었다. 그 본부는 서울에 있었고, 8월 중순에 이미 한국 독립 준비 위원회가 창설되었다(185쪽)."

"한국의 분단에 관하여는 역사적으로 어떠한 정당성도 찾을 수 없다. 만약 동아시아 국가 중에서 분단이 되어야 했다면 그것은 일본이다(전쟁을 일으켰던 독일처럼). 대신에 한국, 중국과 베트남이 제2차 세계대전 이후에 분단되었다. 한국에 있어서 분단의 내부적인 요인은 없었다(186쪽)."

그는 미국인임에도 객관적인 입장에서 역사를 평가하고 바른 말을 하는 미국의 지성이라 할 것이다. 2007년 김대중 재단이 그에게 김대중 학술상(academic award)을 수여하여 독재 시절의 한국민의 인권과 민주화에 기여했다고 평가했다. 커밍스 교수의 논문 「한국전쟁의 기원」 중에서 수업 시간에 읽었던 '제3장 1945년 8월부터 9월까지: 혁명과 반작용'의 내용을 발췌 번역하여 소개한다.

「한국전쟁의 기원」(제3장)

1945년 8월에 접어들면서 일본의 패망이 확실시되자, 일본의 식민당국자들은 당시 영향력 있는 한국인에게 접근하여 임시 행정조직을 운영하도록 권유하려 했다. 그 이유는 혼란기에 법과 질서를 유지하고 일본인들로 하여금 안전하게 한국을 떠날 수 있도록 보장받기 위해서였다. 8월 9일 일본 고위 관료 4명이 송진우를 만났다. 그들은 송에게 해방 후 행정위원회를 조직해서 질서를 유지하고 독립을 준비하라고 권유한다. 그렇지만 송은 이를 거절한다. 그들은 몇 차례 더 송진우를 접촉하여, 협조한다면 그에게 신문, 라디오 및 여타의 통신사업과 다양한 운송 사업의 편의를 제공하겠다고 제의했지만 거절당했다. 송진우의 지지자들에 따르면, 거절 이유에 관하여 먼저, 연합국의 일본에 대한 제재 조치가 발령되기를 기다려야 하고, 다음으로, 중경에 있는 임시정부가 합법적인 정부라는 이유를 들었다고 한다. 그렇지만 다른 소식에 따르면 송진우는 일본인들에게 자신의 지병이 심하기 때문에 그런 의무를 받아들일 수 없다고 답했다고 한다. 추측건대, 송은 전쟁 기간 내내 일본 식민 당국으로부터 지속적인 협력 압력을 받아 왔기 때문에 또다시 그들의 제의에 응한다면 자신의 친일 협력 이미지를 영영 씻을 수 없으리라 염려한 듯하다.

제의를 거절당한 일본인들은 8월 14일에 다른 노선의 여운형을 찾아가 만난다. 이 자리에서 총독 정무 비서관인 엔도 류사쿠는 여운형에게 질서 유지를 위한 행정부를 구성할 것을 요청한다. 일본인들 입장에서는 그들이 가장 두려워하는 학생 시위를 통제하는 데 있어서 진보주의자 여운형이 가장 효과적이고, 아울러 장차 한반도에 진주할 러시아 군대의 압력을 완화하는 데에도 급진적인 세력을 앞세우는 것이 유리하다고 계산했기 때문이었다. 그러자 여운형은 5개 항의 요구 조건을 제시한다. 첫째, 모든 정치범을 석방할 것. 둘째, 향후 3개월분의 식량을 제공할 것. 셋째, 질서 유지 행위에 간섭하지 않을 것. 넷째, 교육 업무에 간섭하지 않을 것. 다섯째, 노동자, 농민의 교육훈련에 간섭하지 않을 것이었다. 전혀 예상치 못한 조건이었지만 달리 선택의 여지가 없었던 일본인들은 이를 수락한다. 이와 같은 접촉이 있은 후, 그날 아침에 여운형은 몇몇 지도자들과 만나 단순한 질서유지 임무를 넘어서 훨씬 광범위한 정치 운동을 제안했다. 그러한 운동은 한편으로 친일 인사들의 권력 장악을 방지하고, 다른 한편으로 연합국 군대의 진주와 해외 망명 인사들의 귀국 때까지 임시적인 행정권력으로 활동하게 된다고 설명했다. 이에 따라 참석자들은 건국준비위원회(건준, The Committee for the Preparation of Korean Independence: CPKI)의 결성을 결의했다.

사실 여운형은 며칠 전인 8월 11일에 장차 진주할 연합군에 제의할 4개 항의 제안서를 작성하여 두었다. 그 제안서에는 연합군에 대하여 일본으로부터의 해방을 감사하는 내용을 담았다. 그렇지만 해방 한국은 한국인을 위한 것이어야 한다고 주장하면서, 연합국은 한국의 국내 정치 문제에 관하여 엄격한 중립을 유지해야 한다고 강조했다. 같은 날 그는 비서에게 지시하여 한국의 독립 선언서를 작성했는데, 그 선언에는 민주주의의 분명한 지지, 친일 부역자들의 축출과 국내외적으로 한민족의 완전하고도 평등한 화해를 주장했다. 건국준비위원회의 지도부는 8월 16일 건국청년 치안대와 조선 학병동맹을 결성하여 질서유지를 담당하게 했다. 그다음 날인 8월 17일 정식으로 건국준비위원회를 결성하고, 그 의장에 여운형, 부의장에 안재홍을 선출한다. 결성 직후 여운형은 대중연설을 통해 한민족 단체들의 결속을 강조하면서 유혈 충돌을 피해야 한다고 역설했고, 안재홍은 일본인들과 그 재산을 보호해 줄 것을 요구하는 연설을 한다. 그러나 일본과의 이러한 우호적인 관계는 곧 악화된다. 서울, 대구 등지에서 석방된 1만 6,000여 명의 정치, 경제사범들이 건국준비위원회의 지방 지부에 대거 가입했고, 더불어 일본군에서 복무 해제된 1만 5,000여 명의 한국 병사들과 징용에서 돌아온 젊은이들이 대거 가입하면서 건준의 성향이 급변했기 때문이었다. 건준의 출범 소식이 알려지자 전국적으로 가입자들이 쇄도하여 8월 말까지 전국적으로 145개의 지부가 결성된다.

공식 자료에 따르면, 해방 직후부터 같은 해 9월 8일까지 한국의 경찰에는 일본인의 90퍼센트가 자리를 유지하고 있었던 반면, 한국인은 80퍼센트가 쫓겨나거나 스스로 도망한 상태였다. 당시 식민지 경찰의 50퍼센트는 한국인이었다. 이러한 상황에서 건준의 건국청년 치안대는 사회질서 유지에 중요한 역할을 하게 된다. 당시의 상황에 대하여 『뉴욕타임스』는 "한국인 소식통에 따르면, 8월 15일 이후로 일본 경찰에 의해 피살된 한국인은 35명이지만, 한국인에 의해 살해된 일본인은 전혀 없었다."라고 보도했다. 전체적으로 볼 때, 한국인들은 해방 이후 극도로 불안정한 상황하에서 폭력과 무질서를 상당히 잘 통제하고 있었다. 같은 상황의 프랑스와 비교해 보더라도 그렇다고 할 수 있다.

상당수의 유사 군대 조직이 생겨났다. 해방과 함께 일본군에서 복무하던 많은 한국인 군인들과 장교들이 징집에서 해제되었다. 그들 중 일부는 치안대에 소속하여 활동했다. 그러나 대부분의 인원들은 준 군사조직을 만들어 활동했다. 이들은 8월 말에 서울 명동에서 모여 조선 국군준비대를 결성하고 지휘부를 조직하여 건준의 산하 조직으로 활동을 시작했다. 지휘관들의 면면을 보면, 일본군 학병 소위로 복무한 이혁기, 후에 북한으로 가 공군 부사령관이 되는 박성한 등이었다. 국군준비대는 지방에도 지부를 결성했다. 일부 지방에서는 건준과 국군준비대가 공동의 지휘부 밑에서 활동하는 경우도 있었다. 경상북도에서는 오덕준이 양 조직을 이끌었는데, 그 휘하에 700여 명의 인력이 활동했다. 정확한 전체 규모를 알 수 없지만, 남한지역에서 대체로 6만여 명의 인력이 동원되었고, 그중 1만 5,000명에게는 기초적인 군사훈련이 실시되었다.

 해방 이후에 결성된 단체들 중에서 가장 인상적인 단체들은 바로 노동자, 농민, 청년과 여성 단체들이었다. 일본인들이 여운형의 요구, 즉 대중 동원을 방해하지 않는다는 요구를 묵인한 것은 참으로 판도라의 상자를 열어 버린 셈이었다. 해방 후 수주일간 수많은 조합, 동맹, 연합 등의 대중단체가 출현했다. 대부분은 좌익 성격의 단체들이었다. 공산주의자들과 좌익세력은 1930년대에 노동자들과 농민들의 단체 활동에 있어서 성공적이었다. 더구나 한국에 소개된 현대의 대중 정치활동은 대체로 소련, 중국과 일본의 좌익단체들과 궤를 같이하는 좌익 인사들에 의하여 소개되었다. 반면에 1945년에 정치활동을 생각하는 한국의 보수 인사들은 유명한 지식인들로 구성된 단체나 협의회를 떠올리며 서울로 모였다. 노동이나 농업문제에 관심이 있는 보수 인사들은 관리, 통제를 생각하며 경찰이 되거나 행정관료 조직에 가담했다. 그들은 결코 조합이나 연맹 등 대중운동 단체에 관여하지 않았다. 해방 이후 한국 전역의 공장이나 작업장에서 노동조합이 결성되었다. 그중 상당수는 일본인이나 한국인들이 소유하고 있는 산업체와 공장들을 인수하는 데 성공했다. 어떤 경우에는 조합원들이 실제로 공장을 운영했다. 그 무렵 한국의 노동 관련 자료를 확인한 바 있는 한 미국의 공무원은 "거의 모든 대형 공장들"이 이러한 방식으로 인수되었다고 언급했다. 노동조합은 특히 경상도 지역에서 활동이 강력했다. 그곳에서는 1945년 8월부터 11월까지 노동자들이 자유롭게 공장들을 운영했다.

 농민조합 역시 이 기간 동안에 전국 각지에서 결성되었다. 많은 농민조합들은 가을 추수기 동안 미곡의 수집, 보관, 분배 등을 관리했다. 1945년 말까지 농민조합은 그 구성원의 숫자로 볼 때 한국에서 가장 강력한 단체였다고 할 수 있다. 한국에서 노동자와 농민조합은 1920년대 및 1930년대부터 결성되어 활동했다. 특히 1924년 러시아에서 볼셰비키 혁명이 성공한 후, 조선 노동 동맹이 결성되어 전국에 있는 노동조합들과 농민조합들의 연합을 추진한다. 그러다가 1926년과

1927년에 동맹은 둘로 갈라져서 조선 노동 총 동맹과 조선 농민 총 동맹으로 분리된다. 노동동맹은 1929년에 3개월간 계속된 원산 파업을 주도하는데 성공한다. 그렇지만 일본이 청진에서의 파업을 강제로 진압한 후 지하운동으로 전환하게 된다. 청진 파업은 1931년의 만주사변에 대한 항거를 위해 실시되었다. 농민조합은 때때로 동학의 후예로 자처하기도 했다. 그러나 1920년대와 1930년대 초의 소작 농민들의 소작료 분쟁을 주도함으로써 그 역할이 부각되었다. 해방 이후 전국에 흩어져서 자발적으로 생겨난 노동조합과 농민조합들은 11월과 12월이 되자 그 지도자들이 서울에 모여 전국 규모의 조합을 결성하고 중앙 조직을 만들기 시작했다.

건준을 이끌어 가는 두 개의 주도 그룹이 있었다. 한 그룹은 여운형에게 충성하는 비 공산계열의 인사들이었고, 다른 그룹은 공산주의자 그룹이었다. 여운형계 그룹에는 1944년 8월 그가 결성한 조선 건국동맹(건맹, Korean Independence League)의 인사들로서 조동호, 김세영, 이만규, 이여송 등이 있었다. 그 외에도 민족주의자 그룹이 있었는데, 감리교 목사인 이규갑, 함상훈, 안재홍 등과 그 외에 성대파(경성제국대학 그룹)라 불리던 이강국, 채영달, 박문규 등이 있었다. 성대파 인사들은 1932년 대학에서 마르크스 연구 그룹을 결성했고 후에 원산의 노동조합에서 노동운동에 참여했다. 건준의 다른 주요 파벌은 소위 장안파 그룹이었다. 장안이라는 이름은 그들이 8월 16일에 새로운 한국 공산주의자 정당을 결성하기 위해 모였던 건물의 이름에서 유래되었다. 장안파의 구성원으로는 이영, 채익한, 정백, 홍남표 등이 있다. 이들은 국내에서 1920년대부터 활동하던 공산주의 인사들이다. 이러한 건준의 지도급 인사 중에서 단 한 사람도 심각하게 일제에 부역하거나 친일활동을 한 인물이 없었다는 점이 특기할 만하다.

8월 19일 또는 20일 김병노와 백관수는 건준의 지도부를 방문하여, 건준이 문호를 넓혀 더 많은 민족주의 인사들과 보수주의 인사들을 포함시켜야 한다고 강조했다. 아울러 정부라는 주장을 하지 말고 대신에 단순히 질서유지 조직으로 축소되어야 한다고 주장했다. 그렇지만 여운형 등 지도부는 8월 15일에 이미 송진우와 김병노에게 건준 가입을 권유했고, 그 외에도 몇 차례 그들의 협력을 요청했지만 그들은 이에 응하지 않았었다. 한편, 일본 당국자들은 건준에 대하여 등을 돌렸다. 그들은 건준이 그들의 이익을 위하여 온건하고 유연한 조직으로 유지되기를 원했지만 그렇지 않았기 때문이다. 8월 18일경 그들은 건준에 대하여 그 기능을 질서유지에 한정할 것을 요구했다. 이러한 상황에서 8.18. 여운형이 테러리스트들의 공격을 받아 회복을 위해 그의 고향 집에서 수일간 머물러야만 했다. 좌익 진영과 우익 진영 중 어느 편의 소행인지 알 수 없었다. 이 사건으로 인해서 좌익과 우익의 협력은 더 멀어지게 되었다. 그런데 위 테러 사건을 전후한 사정을 종합하여 살펴보면, 김병노와 백관수의 건준 방문은 그 진의가 의문시된다. 그들은 이미 여운형 등 건준의 지도부로부터 협력 요청을 받았음에도 끝내 이에 응하지 않았기 때문이다. 그러한 상황에서 그들은 건준을 방문하여 일본 당국자들의 요구사항과 동일한 요구를 했다. 또한 위 테러 사건 바로 다음날 건준을 방문했는데, 그날은 보다 유연한 인물인 안재홍이 의장 역할을 대리하는 중이었다. 그들의 방문은 당시 일본 당국자들이 건준에 대하여 분명한 반대 입장을 확인했던 것과 무관하지 않아 보인다.

    8월의 마지막 주에 소련군이 남쪽을 향한 진주를 멈추고 미군이 진주해 들어올 것이라는 소식이 돌았다. 이 소식은 남한의 정치지형의 형성에 근본적인 영향을 미쳤다. 일본인들은 그들에게 숨 쉴 공간이 생겼다고 여겼다. 더 나아가 그들은 한국에서 좀 더 오랫동안 그들의 영향력을 확대할 수 있는 기회라고 인식했다. 한국의 우파 역시 더 이상 건준을 통해 활동하거나 또는 건준에 대한 영향력을 확대해야 할 필요를 느끼지 않게 되었다. 그들은 자신들만의 조직을 만들 생각을 하기 시작했다. 소련은 미국이 제안한 38선 분할 제안을 받아들였다. 그리고 미군은 9월 초까지 한국에 진주할 여유가 없었기 때문에, 일본은 예상치 않게 3주간의 철수 기간을 얻게 되었다. 그러자 그들은 보관창고를 열어 식량, 기름, 의복 등을 닥치는 대로 꺼내어 처분했다. 그리고 공장, 주택, 가재도구나 비품 등 그들이 일본으로 가져갈 수 없는 것들을 노조리 처분했다. 한편 그들은 이 기간을 이용해 한국인들에게 식민당국의 선물을 남겨 주었다. 그들은 몇 주 동안에 무려 30억 엔의 지폐를 찍어냈다. 해방 당시 시중에 유통 중인 화폐는 50억 엔으로 추정되었다. 이렇게 찍어 낸 지폐를 그들에게 우호적인 한국인들에게 제국의 은사금으로 선사했다. 이렇게 그들은 남한의 경제를 완전히 파탄 냈다. 8월 말에 일본의 식민 당국자들은 미군 점령군과의 연락 통로를 개설하고, 그들에게 공산주의자들의 배신 행위와 사회 혼란에 관한 정보를 제공하고 그들의 동정을 얻었다.

8월 28일 건준의 선언은 조직의 본래 목적인 질서 유지로부터 멀리 벗어나 새로운 정부 수립을 향해 나아가고 있었다. 건준은 국가의 정부 수립을 돕기 위한 임시적이고 제한된 기구여야 했다. 달리 말해서 건준은 한국의 주권을 향한 산파가 될 것이었다. 미군이 남한을 점령할 것이라는 소식이 전해지고, 우익세력이 자신들의 조직의 구성에 착수했기 때문에 좌익 측에서 위 선언을 서둘렀으리라 추측된다. 미국의 도착 전에 정부를 수립하는 절차를 서두르려고 9월 1일에 한국 정부 수립의 절차가 착수된다. 주도자는 여운형, 허헌, 그리고 박헌영이었다. 허헌은 변호사였고 여운형처럼 좌익 성향이었지만 공산주의자는 아니었다. 박헌영은 1945년에 한국 공산주의의 위대한 지도자라고 묘사되었다. 박은 8월 말에 지방에서 서울로 올라와 그의 오랜 경쟁자인 이영이 이미 장안파를 중심으로 공산당을 조직하기 시작한 것을 목격한다. 그가 보기에 이러한 시도는 너무 섣부른 것이었다. 그래서 그는 9월 8일에 소위 재건 조선공산당을 조직한다. 장안파를 떠나서 박헌영에게 가담한 인물들은 홍남표, 조동호, 최원택 등 과거 화요회 운동가들이었다. 박은 또한 여운형과 그의 건맹에 긴밀히 협력하던 이강국, 최영달을 압도했고, 아울러 건준 내의 장안파 운동가들을 제거하는 데에도 성공한다.

9월 6일에 수백 명의 건준 활동가들은 경기여고에 모여서 전국 국민대표자회의를 열고 조선인민공화국(Korea People's Republic: KPR)의 결성을 선포한다. 이렇게 서두른 이유는 미군 점령군의 도착이 임박했기 때문이었다. 건준의 지도부는 외형상 한국 정부의 수립을 보여줌으로써 한국인들 스스로 문제를 다룰 수 있다는 역량을 보여주려고 했다. 아울러 미국의 후견의 장기화를 방지하고 미국의 지지를 받은 다른 세력의 출현을 견제하려는 목적이었다. KPR은 한편으로 해방의 들뜬 분위기와 혁명적 열정의 산물이었다. 프랑스 혁명의 교훈을 따라서 KPR의 기획자들은 대표회의를 소집하고, 공화국을 선언하고, 향후 직접선거 방식의 선거 일정을 공표했다. 그리고 9월 6일 전국 국민대표자회의에서는 87인의 지도자들이 선출되었는데, 그중 55인이 중앙인민위원회 위원으로, 20인이 후보자 위원회 위원으로, 12인이 고문단 고문으로 선정된다.

이 지도자들의 이력을 분석해 보면, 1945년 해방정국의 한국의 지도인사들의 성향을 그려볼 수 있다. 신원이 알려진 62명 중에서 63퍼센트에 해당하는 39명은 정치범죄로 일제 식민시절에 형무소에 복역했다. 전체 87인 중에서 일제에 협력했던 부역자들은 소수에 불과하다. 그러므로 지도부의 성향은 다분히 애국적이고 혁명적인 성격이라 할 수 있다. 애국적인 지도자들로는 이승만, 김구, 여운형, 김규식, 오세창, 권동진, 김창숙을 들 수 있는데, 조선 왕조 시절에 태어나 성장한 후 일제의 한일합방에 저항하여 자신을 바친 인사들이다. 오세창과 권동진은 1919년의 3·1독립선언서에 서명한 인사들이다. 그리고 홍명희는 그 선언서를 작성한 인물이다. 망명 지도자들인 이승만, 김구, 김원봉, 무정, 김일성 등은 회의에 참석하지 않았음에도 그들의 항일투쟁 경력을 인정하여 포함되었다. KPR의 명단을 보면 세대 차이를 드러낸다. 민족주의자와 우익인사들의 평균 연령은 66세인데 비하여 좌익 및 공산주의자들의 평균 연령은 47세이다. 이러한 차이는 한국의 젊은 애국자들이 1920년대 및 1930년대에 공산주의를 조국의 난국을 타개할 해결책으로 인식했음을 알 수 있다. 명단을 보면 확연히 좌익인사들의 비중이 크다. 정치적 이력이 알려진 55인의 지도자 중에서 42명이 좌익이나 공산주의와 관련이 있다. 반면에 13명만이 민족주의자 또는 우익 인사들이다. 미국인으로서는 1945년 한국에서의 정치 사회적인 갈등과 충돌을 정확히 이해하기 어렵다.

미국에서 이해하는 공산주의와 한국에서 이해하는 공산주의는 거의 관련성이 없을 것이다. 미국에서는 공산주의가 결코 대중의 지지를 받은 적이 없었지만, 1945년의 한국에서는 공산주의자들의 확고한 항일투쟁 덕분에 공산주의가 대중에게 분명한 호감을 얻을 수 있었다. 1945년 한국에서의 공산주의는 원래의 공산주의 이념을 깊이 있게 이해하고 있지 않다. 크렘린 당국에 연결되어 있다거나, 마르크스 국제 공산주의 이념에 투철하다고 보기 어렵다. 굳이 말하자면, 한국식의 공산주의인 것이다. 그 성격에 있어서 민족주의나 보수주의와의 차이를 찾기 어렵다. 한국의 상황에서 필요한 해결책이었던 것이다. 그렇지만 그 성격이 우익이라기보다 좌익인 이유는 다음과 같다. (1) 한국 내에서 일제의 영향을 철저히 근절하려 한다. 일제의 영향을 받은 한국 사회와 이익을 취한 개인들을 철저히 근절하기를 원한다. (2) 대중 정치와 대중의 조직화, 그리고 사회적 평등을 추구한다. (3) 한국의 봉건적 잔재를 개혁하려고 한다. 봉건사회야말로 자원의 불평등한 분배가 이루어지는 철저한 불평등을 상징하기 때문이다. 이러한 좌익운동이 1920년대 이후 선각자들의 일관된 입장이 되었다. 다만 때때로 국제적인 영향을 일부 받았을 뿐이다.

　　조선인민공화국의 지도부 명단을 보면, 비록 그 주류는 좌익 성향이지만 좌우 양진영을 골고루 포함시키기 위해 노력한 흔적이 보인다. 먼저, 지도급의 망명 정치인들이 비록 외국에 체류 중이고 당분간 귀국할 가능성이 적을지라도 이들을 배제하지 않았다. 또한 국내의 보수주의자, 예컨대 김성수와 김병노도 배제하지 않았다. 사실, 그 최상위직을 우익세력의 중심이 될 이승만에게 주었다. 이승만은 긴 세월 동안 국외에 체류했고 어쩌면 영영 귀국하지 않을지도 모를 인물이었다. 그리고 이미 미국의 선택을 받았다고 의심되기도 하는 인물이었다. 그럼에도 그에게 이런 통 큰 제안을 한 것이었다. 9월 8일에 발표된 KPR의 내각 명단은 다음과 같다. 좌우의 진정한 협력을 도모하는 명단이었다.

의장	이승만	총리	허 헌
교육	김성수	내무	김 구
법무	김병노	부의장	여운형
외교	김규식	경제	하필원
재무	조만식	통신	신익희

　　조선인민공화국은 9월 14일에 다음과 같이 선언했다. "우리는 일본 제국주의와 그 잔재와 영향을 말소하기로 결정했다. 그리고 나라 안의 반민주적인 무리와 반동요소들과 바람직하지 않은 외세의 영향을 씻어내고, 우리의 완전하고 자주적인 독립을 이룩하여 진정한 민주국가를 실현하게 되기를 기대한다." 그리고 27개 항의 정책이 발표되었다. 일제와 민족반역자들 소유의 토지를 무상 몰수하여 농민들에게 무상 분배한다. 주요 산업, 즉 광산, 제조업, 철도, 운송, 통신, 금융산업을 국유화한다. 반면에 중소 상업 및 산업은 국가 감독하에 민간 운영을 허용한

다. 신속한 산업화 계획의 수립, 이행을 약속한다. 기본적인 표현의 자유, 집회의 자유와 신앙의 자유를 보장한다. 18세 이상의 모든 남녀에게 투표권을 부여한다. 다만, 민족반역자는 제외한다. 모든 특권과 특전을 폐지하고 여성의 해방을 포함하여 완전한 평등을 유지, 보장한다. 1일 8시간의 노동을 약속하고, 어린이 노동을 금지하며, 최저임금을 보장한다. 국가는 의무적인 초등교육을 제공한다. 미국, 소련, 영국, 중국 등과의 긴밀한 협력관계를 설정한다. 국내문제를 간섭하려는 외세의 영향을 단호히 반대한다는 내용이었다.

　일부 오류에도 불구하고 조선인민공화국은 최소한 한국의 주권을 상징했다. 그리고 그들은 지난 500년간의 외세에 대한 의존이 종식되기를 희망했다. 여운형은 한국의 독립이 비록 외세의 도움으로 얻어졌지만, 한국의 앞날이 외세에 맡겨질 이유는 없다고 보았다. 한국인들은 1910년 이래로 국내외에서 일본과 투쟁하여 왔으므로 민족의 운명을 스스로 결정할 민족자결권을 가지고 있다고 주장했다. 이강국 역시, "한국의 해방이 우리 스스로의 노력만으로 독자적으로 얻어진 것이 아닐지라도, 한국인들이 독립정부를 요구하는 것은 당연하다."라고 주장하여 여운형의 주장에 힘을 보탰다. 후에 여운형은 KPR의 수립에 관하여, "우리가 진정하고 진보적인 민주주의에 바탕을 둔 나라를 건설해야만 세계의 다른 국가들로부터 확실한 인정을 받을 수 있다고 믿었습니다. 또한 미군정이 전적으로 그러한 정부의 수립을 도와서 독립의 길로 나아갈 수 있게 된다고 생각했습니다."라고 언급했다.

　한국에서는 KPR의 수립에 관하여 적지 않은 비판이 있었다. 한 공산주의 신문은 9월 6일의 대표자 회의가 졸속으로 소집되었다면서 깊은 고려 없이 너무 서둘렀다고 비판했다. 그러한 회의를 열기 전에 대중 동원 집회를 열어서 대중들과 지도자들을, 그리고 중앙과 지방을 연결하려고 노력했어야 한다고 주장했다. 또한 KPR의 정강정책 역시 혁명적인 관점이 설어뇌었다고 지적했다. 다른 한 매체는 건준 지도부의 성급한 태도를 다음과 같이 지적했다. "혁명적인 대중들의 동원에 실패했고, 대중들을 선도 지도자들로부터 분리시켰다. 그들은 일제의 잔재를 말소하는 일의 중요성을 너무 가볍게 취급했다. 반면에 권력의 수립에 지나치게 중점을 두고 접근했다. 또한 국제적인 상황에 대한 고려를 게을리했다."

이러한 비판에도 불구하고 KPR의 지도부는 남한 지역에서 다른 어떤 한국인들 보다 한국의 주권을 위한 기초를 닦는데 탁월한 기여를 했다고 평가된다. 조직을 결성하고, 인력을 동원하며, 국가의 목표를 설정하는 데 있어서 그러하다. 치안대는 지극히 불안정한 3주 동안 평온함과 질서를 유지했다. 건준 당국은 필수 식량의 비축을 관리하고 보호했으며 가을의 풍성한 미곡 수확을 도왔다. 노동계 지도자들과 노동자들은 함께 협력하여 많은 공장과 사업체들을 운영했다. 지방 조직들은 인민위원회와 농민동맹의 결성을 지원했다. 이 모든 일은 일본의 반대와 이후 미군 당국의 반대에도 불구하고 진행되었다. 만약 이후 수개월간 더 외부의 개입이 차단되었더라면, 조선인민공화국과 그 지원 단체들은 한반도를 통틀어 대성공을 거두었을 것이다.

조선인민공화국에 대한 반대 움직임

1945년 8월은 기득권과 부와 영향력을 가지고 있던 한국인들에게는 좋은 시절이 아니었다. 모든 한국인들이 해방을 환영했지만 일본에 동조했던 소수의 무리들은 그렇지 않았다. 일제로부터 이익을 받아 온 사람들은 식민지 이후의 질서에 관하여 극도로 불안해했다. 보복이 있을 것인가? 재판은? 누가 정국을 주도할 것인가? 이러한 것들이 그들의 관심사였다. 특별히 지주들은 불행한 운명에 처했다. 일제 식민치하에서 토지를 소유한 한국인들은 자신들의 특권을 위해 일본에 필연적인 대가를 치러야만 했었다. 분명한 대가는 일제의 식민지 정책에 적극적으로 협조하는 것이었다. 해방 이후 수 주일 동안 부유하고 영향력 있는 한국인들은 부의 분배와 부역자의 처벌을 주장하는 대중운동에 직면했다. 지방에서는 급진주의 농민운동이 일본 및 한국의 지주들로부터 토지의 강제적인 몰수를 주도했다. 건준은 국영 언론과 방송 및 여타 언론매체를 통제하면서 친일 부역자들을 비난했다. 일제하에서 고위 관직에 있던 한국인들, 특히 일본 경찰에 근무했던 한국인들은 해산하여 상당수가 잠적했다. 그들의 특권은 영원히 사라진 것처럼 보였다. 그러나 정도가 낮은 부역자들이나 지주들은 지역 건준에 참여할 수 있었다. 송진우나 김성수 같은 보수주의자들은 건준에 참여하여 그들의 목적을 이루려고 했다. 그러다가 8월의 마지막 주에 미국이 남한을 점령할 계획이라는 소식이 들려왔다. 이 소식은 우익세력에게 자신들만의 조직을 설립하게 하는 주요한 추진 동기가 되었다.

8월 28일에 애국지사들이라고만 설명된 일부 인사들이 모여서 조선민족당 결성을 위한 준비모임을 열었다. 이 그룹의 구성원들은 김병노, 백관수, 조병옥, 이인, 김용무, 원세훈, 함상훈과 박찬휘 등이었다. 이외에도 같은 목적의 보수인사들이 모여서 한국국민당의 결성을 추진했다. 여기에는 백남훈, 김도연, 장덕수, 구차옥, 허정, 채윤동과 이운 등이 참여했다. 9월 1일에는 두 개의 그룹이 더 모습을 드러냈다. 안재홍의 조선국민당과 송진우의 임시정부 귀국 환영 준비 위원회였다. 송진우는 9월 7일에 위원회의 이름을 국민대회 준비 위원회로 변경하고 여기에 김성수, 장택상, 김준연 등을 참여시켰다. 9월 16일에는 이들이 함께 연합하여 한국민주당(약칭 한민당, Korean Democratic Party) 을 결성하기로 한다. 조병옥, 이인, 장덕수, 원세훈, 백남훈 등이 참석한 결성 모임이 서울의 천도교 홀에서 열렸다.

이후 한민당은 우익인사들의 구심점이 되고, 미군정 기간 내내 가장 강력한 우익정당으로 자리 잡는다. 한민당은 스스로, '애국지사, 저명인사, 다양한 분야의 지식층 인사'들로 구성되었다고 설명한다. 좌익인사들이 보기에 그 구성원들은 재산가와 지식인의 혼합, 애국지사와 친일 부역자들의 혼합, 순수함과 불순함의 혼합인 셈이었다. 전면에는 믿을 만한 지도자들이 자리 잡고 있으나, 실상은 자신들의 재산을 지키려는 지주들과 처벌을 면하고 전환기에 영향력을 행사하려는 친일 부역자들과 민족 반역자들을 위한 방패막이에 불과했다. 미국의 한 소식통은 후에 한국민주당은 주로 지주들과 부유한 사업주들로 이루어졌다고 언급했다. 창당식에 참석했던 한 미국인은 잘 차려입은 참석자들의 모습을 볼 때, '부유하고 존경받는 사람들의 정당'이라고 평가했다.

한민당의 주축은 김성수, 송진우 등으로 대표되는 지주들과 제조업과 출판업자들 그룹과 다른 그룹이었다. 이 호남그룹은 지주 사업가들로 구성되어 있었다. 김성수는 1940년대 초반에 적극적으로 일본을 도왔다. 연설과 기부와 중앙참의원(중앙 자문단)의 고문으로 참여하는 방법으로 기여했다. 송진우는 씻을 수 없는 잘못이 드러나는 것이 아니지만, 고작해야 병든 척하면서 기이하게 나약하고 소극적인 행동을 했을 뿐이다. 이러한 행동 때문에 그는 마치 애국자처럼 보이고 자신의 지위를 보수적이고 전통적인 한국인에 걸맞게 보였을 뿐이다. 여운형은 건준을 결성하고 여러 차례에 걸쳐서 이들의 협력을 얻으려고 노력했지만 매번 거절당했다.

한민당의 일부 지도자들의 친일 부역 행적은 부인할 수 없고 용서받을 수 없는 것들이다. 보성전문학교 교수인 장덕수는 전쟁기의 많은 연설을 통해서 일본을 돕는 발언을 했고, 유명한 친일 반역자들인 이광수, 신흥우, 최린, 최남선 등과 함께 공개 행사에 참석했다. 그는 경기도 지역에서도 조선인 자원봉사단을 이끌었다. 1947년에 그가 암살되었을 때, 그의 암살범은 그가 일본군 지휘부의 고문이었고 한국인 정치, 사상범 교화원의 우두머리였다고 비난했다. 미군정 시기의 미국인 레너드 버치(Leonard Bertch)는 장덕수에 대하여 "진심으로 일본에 협력하면서 미국의 야만성에 대하여 맹렬히 비난했었는데, 이제 1946년에 미군정이 들어서자 진심으로 미국에 협력하고 또한 진심으로 러시아에도 협력하려 했다."라고 언급했다. 다른 한민당 지도자 김동환은 일본의 전쟁 노력에 기여한 대표적인 친일 연설가였다. 친일 부역 행적이 확인되는 다른 지도인사들은 김동원, 백낙준, 박용희, 이훈구, 유진오, 서상일 등이다. 한민당의 애국적인 성격은 조선인민공화국에 비하여 현저히 희박하다 할 것이다.

한민당 명부에는 한국의 대표적인 제조업과 산업, 교육계 인사들이 포함되어 있다. 김도연은 조선흥업 주식회사의 창립자였고, 조병옥은 초기 민족주의 지도자로서 1937년부터 1945년까지 보인광업회사를 운영했다. 민규식은 조흥은행의 책임자였다. 김동환은 대동아회사의 소유주였다. 조종국은 제약회사의 주요 인사였고, 김동원은 평안기업의 소유자였으며, 장현중은 동아흥업을 경영했다. 교육계의 인사들로는 김성수, 백낙준, 이훈구, 백남훈 등 여럿이 있다. 일본 정부의 고위직에 있었던 많은 한국인들도 한민당의 결성에 긴밀히 관여했다. 일본 패망 후 그들은 대부분 공개적으로 그 신원을 밝히지 않았지만, 공개적으로 한민당의 결성에 관여한 일본의 고위 공직자는 이병구, 배용춘, 천태근, 정순석, 이종규, 이청준 등이다. 이들 대부분은 지주들이다. 미군 정보기관에서 파악한 한민당의 구성원들은 거의 모두가 지주 및 사업가들이었다.

1945년까지 교육받은 한국인들 중에서 극소수만이 서양 유학을 할 수 있었다. 극히 예외적인 경우를 제외하고는 서양 교육은 그 자체로 상당한 부를 의미했다. 상당수의 한민당 지도자들은 서양에서 공부한 사람들이었다. 그러한 인사들로 장덕수(컬럼비아대학교), 장면, 장택상(영국 에든버러대학교), 안호상(독일 예나대학교 철학 박사), 구차옥, 김춘옥, 조병옥(컬럼비아대학교 대학원) 등이 있다. 몇몇 한민당 지도자들은 일제 강점기에도 애국적인 성격을 더럽히지 않았다. 이인의 경우 저명한 변호사이고 학자였다. 일제에 의해 투옥되었고 많은 정치적 사건에서 한국인의 입장을 지지했다. 명제세는 3.1운동으로 투옥되었는데 그는 1945년 8월에 건준을 떠나 한민당에 가담한다. 원세훈은 민족주의자로 높이 평가되는데, 한민당의 중도 성향의 분파를 대표한다. 김준연과 김약수는 일제강점기에 오랜 기간 복역했던 공산주의자였다가 탈퇴한 인사들이다. 한민당은 전적으로 우익 성향의 인사들로 구성되었고, 결코 그 경계를 넘어서 좌익 인사들을 포함시키려 하지 않았다. 그 최초의 내각 명단을 보면 대한민국 임시정부의 우익 인사인 이승만과 김구만을 포함시켰을 뿐, 중도적인 김규식이나 좌익 성향의 김원봉을 제외했다. 그 내각 명단은 다음과 같다.

의장	송진우	총무	원세훈, 김동원, 백남훈, 조병옥, 백관수, 서상일, 김도연, 허정
사무국장	나용균	외무	장덕수
재무	박용휘	정보	여운형
문교	김규식	조사	김용무
경호	김종광, 서상천	행사	이인
조직	김약수	선전	함상훈
산업/농업	홍성하	후생	이운
연락	최윤동	감찰	최윤동

한민당은 처음부터 조선인민공화국과 대립되는 실체로 인식되기를 바라는 것 같았다. 9월 8일 미군이 진주하던 날에 한민당 준비 위원회는 건준과 조선인민공화국을 비난하는 선전문서를 만들어 배포했다. 제목은 "조선인민공화국 물러가라!"였고, 그 내용을 보면, 건준과 조선인민공화국은 일제의 도움을 받아 방송국, 신문, 교통 및 운송시설 등을 장악하여 공공질서를 어지럽힌다는 내용이었다. 이어서 한 줌의 위험천만한 인물들이 저명인사 명단을 도용해서 우스꽝스러운 조선인민공화국을 설립했다는 것이었다. 또한 건준은 불법적으로 공장과 사업체, 비축 곡물과 연료, 승용차와 트럭 등을 몰수했고, 치안대는 질서를 유지하지 못하고 오히려 무질서를 야기했다고 주장했다. 그러므로 이제부터는 한민당의 의로운 검으로 악을 척결하고 의를 드높이겠다는 선전물이었다.

한민당은 조선인민공화국과 달리 국민들에게 그 목적을 분명히 표현하지 못하고 있을 뿐만 아니라 실질적인 호소력도 찾아볼 수 없었다. 한민당의 정강은 모호하고 추상적인 일반론이었다. 세계 평화를 확립하고 민족문화를 고양하며 근로대중의 생계를 증진하고 토지제도를 합리적으로 재편한다는 등의 내용이었다. 이들은 당시의 토지 소유 및 산업 사유제도를 유지하고 친일 부역자에 대한 철저한 처벌의 반대, 일본의 영향을 받은 친일인사들에 의한 체제의 유지 등을 도모했다. 따라서 1945년 한국에서 대중적인 호응을 얻을 수 없었다. 한민당의 정책의 또 다른 핵심은 한국 정부의 수립은 중경에 있는 임시정부의 귀국 및 연합군의 진주시까지 기다린다는 것이었다. 그 이유는 한민당이 독자적으로 대중의 지지를 얻을 수 없기 때문이었다. 귀국하는 임시정부 인사들과의 연계를 추진하고 나아가 진주하는 미군과의 긴밀한 관계를 형성할 시간을 벌기 위한 목적이었다. 한민당으로서는 조선인민공화국이 내건 것처럼 긍정적이고 호소력 있는 정책이 없었기 때문에, 오로지 진주하는 외부세력에 기대를 걸 수밖에 없었다.

1945년 미군이 남한에 진주했을 때, 그들은 서로 판이하게 다른 두 개의 정치집단을 맞닥뜨리게 된다. 한편으로는 개인과 파벌로 이루어진 활동력이 미약한 소규모의 집단이었다. 그들은 지방조직도 없었고 대중적인 지지기반도 없었다. 그들은 민주주의에 대한 모호한 이야기들을 얼버무려 그들의 정치적 목적이라고 주장했다. 다른 한편으로는 한국의 주권을 주장하면서 전국 각지에 뿌리내린 혁명적인 조직이었다. 그들은 일본에 대한 투쟁을 근거로 한국민의 자치권과 독립정부의 수립을 기정사실화하고 있는 반면에 보수주의자들은 그 정당성의 근거를 경험과 전통에 두고 있었다. 그들은 종전의 행정경험을 바탕으로 만약 미국이 그들을 선택해 준다면 앞으로도 정국을 주도할 수 있다고 주장하고 있었다.

테사 모리스의 글 「북한으로 집단이주 (Exodus to North Korea)」

이 책을 쓴 테사 모리스 스즈키(Tessa Morris Suzuki)는 호주 국립대학의 역사학 교수로서 현대 일본사와 북한의 역사를 주로 연구하고 있고, 호주의 아시아 연구협회 회장이다. 1951년에 영국에서 태어나 작가인 일본인 남편과 결혼하여 일본에 살면서 일본의 역사를 연구하다가 1981년 호주로 이민했다. 그녀는 특히 일본의 소수자 문제와 동아시아 역사 연구에 주력하고 있다. 2007년에 재일 한국인의 문제를 다룬 Exodus to North Korea : Shadows from Japan's Cold War를 출간했고, 2010년에는 To the Diamond Mountains : A Hundred Year Journey Through China and Korea를 출간했다. 최근에 하버드대학의 마크 램지어 교수가 일본군 위안부 문제에 관하여 이를 부정하는 주장을 했을 때, 테사 모리스는 전면에 나서서 2021년 3월 일본 『산케이신문』 선전지인 저팬 포워드에 이를 반박하고 조목조목 비판하는 「나쁜 역사」라는 글을 실었다.

한국사 입문 수업 시간에 읽기 과제로 주어진 테사 모리스의 「북한으로 집단 이주(Exodus to North Korea)」라는 글은 일본에서 북송선을 타게 된 재일 한국인들의 슬픈 이야기였다. 그동안 우리 역사를 오랫동안 공부했지만 재일 동포들의 사정에 관하여 접할 기회가 거의 없었기 때문에 매우 생소했다. 이 과제는 게스트 스피커의 강의를 위한 읽기 과제였는데, 스피커는 현재 역사학 박사과정에 있는 재일 동포

출신의 조교였다. 개인적으로 몇 차례 만나 이야기할 기회가 있었는데, 매번 미안한 마음이 들었다. 재일 동포들의 사정에 관하여 관심을 가져본 적이 없었기 때문이었다. 조총련의 문제 때문에 항상 껄끄럽고 조심스럽게만 생각했을 뿐 진심으로 그들을 염려하거나 도와주려고 생각한 적이 없었기에 부끄럽고 미안했다. 재일 동포의 문제는 한국의 현대 역사에 있어서 반드시 다루어져야 할 분야라 생각된다. 또한 한국 정부, 특히 외교 부처와 해외공관에 고언하자면, 부디, 교포들의 보호와 지원에 최우선적인 가치를 두었으면 한다. 수업 시간에 읽었던 글을 발췌 번역하여 소개한다.

「북한으로 집단 이주(Exodus to North Korea)」
동해를 건너서

일본의 니가타항에서 수만 명의 한국인들이 북한 배를 타고 북한으로 향했다. 귀국한 이들의 이름이나 개인 사정 등 신상에 관하여 공식 자료를 통하여 확인되지 않고 있다. 그렇지만 지금까지 내가 확인한 바에 따르면 귀국자들의 절대다수는 실제로 북한 출신이 아니라 한반도의 최남단 지역인 제주도와 경상도 동남부 지역 출신들이다. 이렇게 많은 남부지역 출신자들이 북한으로 향한 이유는 과연 무엇일까? 그리고 그들이 진정으로 원했던 것은 무엇이었을까?

나는 일본인 다큐멘터리 영화감독 하라무라 마사키의 필름에서 하나의 사연을 접할 수 있었다. 영화에는 양이현의 사연을 담고 있었다. 양이현은 1916년 제주도의 해변 마을에서 출생했다. 마을의 다른 부녀자들과 마찬가지로 양은 자라서 해녀가 되었다. 태평양 진쟁이 시작되자 다른 사람들과 마찬가지로 일자리를 찾아서 일본으로 이주했다. 전쟁의 마지막 해에 일본에 대한 연합군의 폭격이 심해지자 그녀는 고향 제주도로 돌아왔다. 그녀는 그곳의 남자와 함께 지내며 딸을 낳았으나, 곧바로 난리가 일어나 섬 전체를 삼켜 비렸다. 마을은 불타버렸고 다급한 상황에서 그녀는 어린 딸을 남겨 둔 채로 일본으로 도피했다. 일본에서 그녀는 한국인 교포와 결혼하여 6명의 자녀를 낳았다. 그녀의 남편은 정치적인 활동가로서 일본에 사는 한국인 어린이들에 대한 민족 교육사업에 진력하고 있었다. 그래서 그녀가 가족의 생계를 책임져야만 했다. 그녀는 여름철에 일본 전역의 해안으로 다니며 해녀 일을 하여 전복 등 해물을 채취했다. 필름에는 1960년대 그녀의 해녀 작업이 영상으로 남아 있다. 그 일은 극도로 어렵고 위험한 작업이었다. 그녀의 아들 셋은 아마도 어머니의 고달픈 생활 때문에 북한행을 선택한 것 같다.

필름에서 우리는 1960년대의 니가타 항구에서 그녀의 막내아들이 북으로 떠나는 장면을 볼 수 있다. 아들에게 손을 흔들며 작별 인사를 하는 그녀의 얼굴에서 슬픈 어머니의 고뇌에 찬 모습을 볼 수 있다. 그럼에도 그 길만이 유일한 선택이라는 절박함을 동시에 확인할 수 있다. 필름의 마지막 부분에는 양이현의 북한 방문 모습을 담고 있다. 이 부분 기록은 고이즈미 총리의 2002년 평양 방문과 납치된 일본인의 송환 직후에 촬영되었다. 검은 복장의 폭동진압 경찰이 니가타항을 경비하는 가운데 북한행 만경봉호가 출항할 예정이다. 작은 체구에 허리가 굽은 양이현은 천천히 트랩을 걸어 올라간다. 이번 여행은 아마도 아들들과의 마지막 상봉이 될 것이다. 무엇이 그녀로 하여금 이번 여행길에 오르게 했을까? 그녀의 아들들처럼 북한으로 간 사람들은 그곳에서 어떻게 처우되고 있을까? 그들은 왜 가족들을 남겨둔 채 제3의 행선지인 북한행을 선택하게 되었을까? 이러한 수수께끼를 풀기 위하여 나는 그들의 여행이 시작된 곳을 볼 필요가 있다고 생각했다.

제주에서 대절한 택시 운전기사 고씨는 일본어를 유창하게 하는 사람이었다. 그는 1960년대 젊은 시절에 여러 해 동안 공장에서 일하며 돈을 모아 농장 노동의 족쇄에서 벗어날 수 있었다고 이야기했다. 고씨가 어린아이일 때 마을에서 할 수 있는 일이라고는 허리가 부러질 정도로 힘든 농장일 뿐이었다고 한다. 이러한 일마저도 일제 강점기에는 더욱 사정이 나빴다고 한다. 좋은 농지는 모두 징발되어 일본 군대나 일본 기업들에게 넘겨졌고, 대형 일본 어선들이 제주 연안에 나타나 물고기나 조개류 등의 어족자원을 고갈시켜 어민들과 해녀들의 생계를 위협했다. "우리 마을에 남은 것은 몇 마리의 젖소와 말뿐이었어요." 이렇게 도민들의 행렬은 오사카와 일본의 다른 대도시의 산업화된 수렁으로 쏠려 들어갈 수밖에 없었다. 1930년대의 절정기에는 제주도민의 4분의 1이 제주를 떠나 일본에 살고 있었다. 돌아오는 길에 우리는 고씨로부터 다른 이야기를 들을 수 있었다. 빨라지는 그의 말 때문에 내용을 이해하는 데 어려움이 따랐다.

사람들이 우리 마을에 벽을 쌓아 성처럼 만들었던 것을 기억해요. 2-3미터 높이의 돌담으로 마을 전체를 둘렀어요. 반역 무리와 경찰들이 밖에서 싸우고 있었지요. 담벼락은 그들이 마을 안으로 들어오지 못하게 했어요. 경찰은 밤에 갑자기 찾아와서 이렇게 말했어요. "도망쳐 숨으시오! 도망쳐 숨으시오!" 그리고 이렇게 말하기도 했어요. "새벽 2시가 될 때까지 숨어 있으시오. 그러면 우리의 작전이 끝날 것이니, 그 후에는 나와도 안전하오." 정말 바보 같은 말이었지요. 우리 마을 사람 중에 어느 누구도 시계를 가지고 있지 않는데, 어떻게 새벽 2시인 줄을 알 수 있겠어요? 그 경찰들은 마치 짐승과도 같았어요. 사람이라기보다는 짐승에 더 가까웠어요. 그들이 사람을 때리는 것을 보았지요. 그때 나는 아홉 살 정도였던 것 같아요. 이제는 가난이 아니라 폭력에 대한 이야기였다. 이것이 바로 양이현으로 하여금 제주도에서 도망쳐 나가게 한 폭력이었다. 그녀는 어린 딸을 뒤로하고 섬을 빠져나갔다. 그러한 폭력 사태는 수천 명의 사람들을 일본을 향한 배로 내 몰았다. 그리고 결국 수많은 제주인들이 북한으로 향하게 한 먼 원인이 되었다. 다음날 우리는 제주 4·3 연구소의 책임자인 오승국 씨를 만나 4·3사건의 전체적인 상황을 파악할 수 있었다.

어린이들이 춤추는 들판으로

1980년대부터 1990년대 초까지 권위주의 정부에 의하여 오승국은 두 차례나 교도소에 수감되었다. 4·3사건에 대한 조사와 연구 때문이었다. 그렇지만 이제 그의 연구소는 보다 나은 사정이 되었다. 한국 정부는 최근에 4·3사건의 역사에 관한 종합적인 보고서를 출간했고, 1948년에 일어난 일에 대하여 노무현 대통령이 국가를 대표하여 머리 숙여 사죄하기 위하여 직접 제주도를 방문했다. 오승국의 설명에 따르면, 일제 강점기 때 일본 정부는 제주도 농민들로부터 농토를 수탈해서 한반도에서 가장 넓은 군사기지 중 하나로 만들었다. 1940년대 초 태평양전쟁이 한창일 때 이 기지는 확장을 거듭했다. 연합국의 일본 본토 공격을 방어하기 위한 목적이었다. 하지만 미국은 제주도가 아닌 일본의 남쪽 섬 오키나와에 상륙했고, 전쟁의 공포를 피한 제주 도민들은 일본 군인들이 짐을 싸 눈물을 흘리며 일본행 배에 오르는 것을 보면서 환호할 수 있었다. 마침내 제주도민들은 다른 한국인들과 마찬가지로 자신들의 운명을 스스로 결정할 수 있게 되었다고 생각했다. 제주도 내 마을마다 동리마다 지역위원회가 빠르게 설립되었다. 일제 부역자들은 관직에서 배제되고 새로운 경찰과 공무원들이 훈련되었다. 그렇지만 이들의 희망은 일시적인 것이 되었다.

해방 후 미군이 보기에, 한국인들이 조직한 지역위원회는 엉성하게 구성되었고 위험한 좌익 성향이었다. 미군은 그 권위를 인정하는 대신에 이승만의 지도하에 새로운 정부를 창설했다. 이승만은 미국에서 30년 이상 살아온 민족주의 지도자였다. 새로운 정부는 질서와 효율성이라는 명분하에 일제 강점기에 만들어진 기존 행정력의 상당 부분을 손대지 않고 그대로 존속시켰다. 해방 후 2년 동안 제주에 들어온 경찰과 공무원들은 외지에서 왔는데, 그들 중 많은 수는 일제 강점기 동안 일제에 부역하던 친일 경력자들이었다. "4·3사건의 실제 시작은 1947년 3월 1일이었습니다."라고 오씨는 말한다. 당시의 행정청사 앞에 수많은 군중이 모였다. 3만 명의 인파가 참여하여 통일된 독립국가를 요구했다. 당시 남한에서는 남한만의 분리 선거를 논의하고 있었다. 국민들이 보기에 분단된 조국이 영구화할 것처럼 보였다. 모인 사람들의 구호는 '통일된 독립'이었다. 그들은 "서양 사탕 먹기를 중지하고, 통일된 독립을 성취하자!"라고 외쳤다.

당시 남북이 분단된 상황하에서 이러한 운동은 소련이나 북한의 음모에 동조하는 것으로 간주될 수밖에 없었다. 시위 군중의 규모가 늘어나자 경찰은 발작적으로 반응했다. 발포하여 6명의 시위대가 사망했다. 이를 시작으로 하여 제주도에서 좌익에 대한 혹독한 척결 작업이 진행되었다. 시위를 선동한 혐의자들은 검거되어 구타와 고문을 당했다. 사태는 다음 해 4월까지 계속 악화되었다. 급진 좌익 성향의 지도부는 궁지에 몰리자 투쟁을 결의한다. 1948년 4월 3일에 300-400명의 급진적인 젊은이들이 한라 산록에 모여서 공격을 시작하게 된다. 그들은 여러 명의 우익 지도자들과 경찰관들을 살해한다. 모두 식민시절에 일제에 부역한 이들이었다. 한국 역사에 있어서 '4·3사건'으로 알려진 사건의 시작이었다. 4·3사건은 그 성격상 '제주 내전'이라고 보는 것이 보다 적합할 것이다. 내전에 있어서 끔찍한 일들이 쌍방에 의해 저질러지기 마련이다. 하지만 더욱 심한 폭력행위가 경찰과 다른 지역에서 동원된 군대와 민병대에 의하여 제주도민들에게 가해진 점에 대하여 의문의 여지가 없다.

1948년에 제주에서 일어난 일은 비밀이 아니었다. 비록 적은 수이지만 외국인들도 폭력의 심각함을 알고 있었다. 당시 서구의 주류 언론에 산발적으로 보도되기도 했다. 앨런 레이먼드(Allan Raymond)는 뉴욕 헤럴드 트리뷴지의 기자였는데, 1948년에 제주를 방문한 외국인 중 하나였다. 당시 그는 제주도에서 2명의 가톨릭 선교사들을 인터뷰했는데, 한 명은 호주 출신이고, 다른 한 명은 아일랜드 출신이었다. 그들은 당시 제주도에 남아 있던 적은 수의 외국인들 중 일부였다. 그들에 따르면, "이 모든 소동은 러시아의 사례와 같았어요. 하지만 경찰이 좌익을 만들어냈지요. 만약 어떤 경찰관에게 구타당하면, 당신은 자동적으로 반란세력이 되는 거예요. 누가 피할 수 있겠어요?" 레이먼드는 당시의 미군 군정장관 딘(William F. Dean) 장군과도 이야기했다. 딘은 이렇게 말했다. "경찰의 잔혹행위와 우익 정치집단의 테러행위 때문에 제주도에서 분쟁이 일어났지요. 그렇지만 공산세력이 개입한 점도 무시할 수 없어요." 그래서 그는 경찰책임자를 면직시키고, 미움을 받는 경찰병력을 군대와 새로운 치안인력으로 대체하도록 명령했다고 한다. 그렇지만 불행하게도 새로운 치안 병력은 이전의 경찰만큼이나 공포스러웠다.

4·3사건이 일어난 1948년에 많은 제주도민들은 반란자 또는 좌익 옹호자로 지목되어 치안대에게 처형되었다. 그러나 다른 제주도민들은 경찰의 첩자라고 의심되어 반란세력에 의해 처형되었다. 또 상당수는 당국에 의해 그들이 산에서 반도들에게 음식과 물을 제공했다는 이유로 처형되었다. 젊은이들은 부족한 인력을 보충하기 위한 목적으로 반군에 납치되었고, 그들의 부모들은 경찰이나 치안대에 의해 자식이 반군에 가담했다는 이유로 처형되었다. 산간지역에 주둔하는 반란군을 고립시키기 위해 한라 산록과 해안지역 사이에 출입통제선이 설치되었다. 이를 위해 130개 마을에 대피명령이 내려졌고, 그 마을들은 불태워졌다. 이를 거부하는 주민들 역시 처형되었다.

오후 늦게 오승국 씨는 우리를 데리고 산록에 위치한 없어진 마을터로 갔다. 그곳에 자라고 있는 대나무를 보면서, 어린 시절의 영국의 시골마을을 떠올렸다. 그 마을터에서 오 씨는 이야기를 시작했다. 1948년에 그 마을에는 89가구 400여 명의 주민들이 살고 있었는데, 11월 16일에 주민 대피명령이 내려졌다. 마을 전체가 불태워질 때, 일부 집에 남아 있던 주민들은 불에 타 사망했다. 마을 사람들은 도피하여 근처 동굴에 숨었으나, 그곳이 발각되자 한라 산록으로 대피했다. 그러나 그들은 결국 경찰에 붙잡혀 인근의 정방폭포 부근에 설치된 임시 수용소로 끌려가 수용되었다. 그들을 찾으러 왔던 친척들은 그들을 다시 볼 수 없었다. 친척들에 따르면, 수용되어 있던 마을 사람들은 명령에 따라 모두 폭포 상단으로 끌려 갔다고 한다. 그곳에서 그들은 총살당한 후 시신은 절벽 아래로 던져졌다고 한다. 시신들은 폭포 물에 쓸려 바다로 떠내려가 사라졌다. 살아남은 소수의 마을 사람들은 후에 돌아와 마을 터에 빈 무덤을 조성했다. 그렇지만 아무도 그곳에 다시 돌아와 살 엄두를 내지 못하고, 다른 곳에 집을 짓고 살게 되었다고 한다.

제주 4·3사건으로 인한 정확한 희생자 수는 알 수 없다. 그러나 최근까지 떠도는 소문에 따르면 5만 명 또는 8만 명에 달한다는 이야기가 있다. 최근에 실시된 공식적인 조사를 통해 수집된 명단에 따르면, 1만 5,000 내지 2만 명이 희생된 것으로 알려진다. 오 씨는 대략 3만 명 정도로 생각하고 있다. 소문으로 도는 희생자 수와 공식적으로 밝혀진 희생자 수와의 차이는 어쩌면 그 무렵에 배를 타고 몰래 일본으로 돌아가 버린 사람들 때문이 아닐까? 모두 일본으로 간 것이 아니라 일부는 부산으로 도피하지 않았을까? 얼마나 많은 제주도민들이 배를 타고 일본으로 갔는지는 알 수 없다. 그렇지만 일본으로 돌아간 이들은 어려운 상황에 직면했음이 분명하다. 적법한 입국허가가 없었기 때문에 항상 추방의 위험을 안고 살아야 할 뿐만 아니라, 동시에 한국 정부에게도 위험한 좌익 세력으로 간주되었을 것이다.

앞서 소개한 양이현이 일본행 배를 탈 때, 그의 어린 딸을 제주에 남겨두고 떠났던 이유는 당시 배의 선장이 어린아이를 태우지 않으려 했기 때문이었다. 그녀는 이후 15년간 그 딸을 보지 못했다. 공산주의자로 간주되어 한국으로 돌아오는 것이 허용되지 않았기 때문이다. 1990년대 후반에 한국의 민주화가 자리 잡히기 전까지는… 재일 한국인 공동체 안에 있는 정치적인 균열의 의미와 기원에 대하여 이제 겨우 이해되기 시작했다. 일본에 사는 북한인들이 생겨나게 된 원인이 보이기 시작했다. 한국의 남단에 위치한 제주 출신의 많은 한국인들이 1959년 12월부터 일본의 니가타항에서 북한으로 향하는 귀국선을 타게 된 사실이 내게 더 이상 이상하지 않았다.

내부의 경계들

1940년대 말에 제주도 사회를 찢어 놓은 분단과, 1950-1953년간 한반도 전체를 폐허로 만든 분단은 일본에 사는 한국인 사회 역시 깊게 갈라놓았다. 재일 한국인들에게 미친 영향은 남북한으로부터 분리된 일본 국경의 특별함 때문에 더욱 복잡하다. 일본 도쿄의 한 호텔 로비에 앉아 있는 남자는 그러한 영향을 직접 경험한 사람이었다. 그는 나와 정확히 같은 나이이다. 1951년에 태어난 그는 한때 지방 심포니 오케스트라의 호른 주자였는데, 지금은 주로 번역가로 활동하고 있다. 그를 처음 만난 것은 어떤 회의장에서였는데, 그때는 단순히 인사만 했었다. 그런데 그 후 그로부터 이메일을 받고서 깜짝 놀랐다. 그 이메일에 그가 쓴 「북한으로부터의 귀국」이라는 글이 파일로 첨부되어 있었기 때문이었다. "저는 북송 사건에 직접적으로 관계된 경험을 가지고 있습니다. 원하신다면 이 일에 관하여 이야기 나누고 싶습니다."라고 그는 메일에 적었다. 나는 그에게 전화하여 만나기로 약속한 후 그를 만나서 물어보았다. "시간이 얼마나 있으세요?" "얼마든지 이야기할 수 있습니다."

해방을 맞아 일본에서는 불과 며칠 사이에 온갖 정치, 사회, 문화단체들이 생겨났다. 한국 학생들은 한국어 신문, 잡지 등을 발간했다. 어린이들을 위한 한국학교들이 설립되었다. 남북이 분단되자 일본의 교포들도 공산주의자와 보수주의자로 분열되었다. 가장 큰 지역단체인 조선인 총연맹(조총련)이 설립되어 교포들의 기본권 보호 및 복지를 추구했으나 곧바로 분열되었다. 진보진영의 지도자들이 북한에 수립된 공산정권과 교류하자, 보수 및 자유주의 인사들은 연맹을 떠나 자신들만의 조직인 민단을 설립하여 남한 정부와 연계했다. 1948년 제주에서 4·3사건이 발생하자 일본 군정청의 맥아더 장군은 비상사태를 선포한다. 그가 보기에 제주도의 좌익 폭동 사태가 확대될 것으로 우려했기 때문이다. 일본 내 조총련은 불법화되어 해체되고 조선 민족학교도 폐쇄 조치된다. 일본 정부는 더 심한 조치를 시행하려 한다. 1949년 요시다 총리는 맥아더 장군에게 서신을 보내서 재일 한국인들을 일본에서 강제 추방할 수 있는 권한을 일본 정부에 허용할 것을 요청한다. 그러나 맥아더는 급진적인 해결 방법을 허락하지 않았다.

한국선쟁이 발발한 후 일본의 정치 지도자들은 추방 문제를 다시 제기했다.

1950년에 내각 수반 오자키 가즈오는 남한의 정부 당국과 사이에 일본에 거주하는 파괴적인 한국인들을 한국으로 강제 송환하기로 합의했다고 발표한다. 이에 따라 일본에 거주하는 재일 한국인들의 국적 문제가 제기되었다. 연합국 총사령부는 일본에 거주하는 한국인들은 일본과 한국 사이에 국적에 관한 분명한 합의가 있을 때까지 법적으로 일본 국적을 유지한다고 강조했다. 총사령부가 작성한 문서에 따르면 "총사령부는 재일 한국인들을 한국으로 추방하는 것은 바람직하지 않다고 생각한다. 왜냐하면 그들은 한국에서 처형될 것이 분명하기 때문이다."라고 되어 있다. 이에 덧붙여서, "그 대신에 차라리 일본 정부가 그들을 사형에 처하는 것을 제안한다."라고 했다. 대규모의 추방이 임박했다는 루머 때문에 일본 내 한국인 사회에서 대규모의 시위가 발생한다. 이에 일본 정부는 대규모 강제추방 계획을 당분간 포기한다.

리카 히로시(Rika Hiroshi)는 도쿄와 오사카의 중간쯤에 있는 아이치현 도요하시 마을에서 태어나 자랐다. 그의 부친은 서점을 운영했고, 가족들은 가게 2층의 주거공간에서 생활했다. 부모님은 지역의 시문학 모임에서 만나셨는데, 좌익 성향이었다. 전후 사회주의는 지식인과 문인들 사이에 인기가 있었다. 히로시는 우수한 학생이었다. 초등학교 3학년 때는 전 과목에서 우등을 했고 반장으로 선출되었다. 하지만 친구들은 그의 성이 특이하다는 한 가지 이유로 그를 놀리곤 했다. 그렇지만 그 발음은 일본어로 과학이란 단어의 발음과 같았다. 그 당시 어린 학생들 사이에 어리석은 말을 하거나 이해가 안 되는 말을 하면, 다른 아이들은 "한국말 하지 마!"라며 놀리곤 했다. 그 말이 무슨 뜻인지도 잘 모르면서 그 말을 했다.

히로시가 여덟 살 때에 그의 어머니가 그렇게 말하는 아들을 붙잡고 말했다. "앉아 봐, 네게 말해 줄 것이 있어. 너는 일본인이 아니야. 너는 외국인으로 등록되어 있어. 너는 한국인이야." 그는 한동안 말을 하지 않았다. 그는 그때의 충격을 이렇게 적었다. "나는… 모든 것이 완전히 부정된 것 같았다. 일본 밖에는 아는 곳도 없고, 일본 말 밖에 할 줄 모르고, 한국이 무엇인지도, 한국말을 한 마디도 할 줄 모르고…." 말로 다할 수 없는 충격이었다. 일본인이 아니라면 도대체 무엇이란 말인가? 부모님의 답은 없었다. 어머니는 결혼하시기 전까지 일본인이었다. 한국인과 결혼한 뒤로 일본 국적을 상실했다. 아버지는 한국인으로 태어나서 어릴 때 일본으로 오셨다. 그리고 공무원이 되어서 어머니를 만나 결혼했다. 한국과 긴밀한 관계가 없었고 한국말도 하지 않았다. 리카(Rika)라는 성씨는 1940년 일본의 식민 강점기에 모든 한국인들에게 일본식 이름을 사용하라는 명령이 있었는데, 차별을 당하지 않기 위해 일본식 이름으로 바꾸어야 했다. 리카는 한국 성씨 이씨의 일본식 변형이었다. 그의 한국식 성은 '이'였다. 그래서 현재 그는 이양수라는 한국식 이름을 사용하고 있다.

그의 집안은 원래 경상도 진주시 인근의 작은 마을의 농민이었다. 그의 조상들은 지주 집안이었으나, 그 할아버지 때 대부분의 재산을 잃고 다른 많은 이들처럼 일본으로 이주했다. "당시 아버지는 5세였어요. 그래서 그 후로 아버지는 한국말을 하지 않았어요." 이양수의 부친 이순원은 재혼했다. 그의 첫 결혼은 재일 한국인 여성과의 중매결혼이었는데, 부인은 첫 아들을 낳은 후 병이 들어 곧 사망했다. 재혼을 결정했을 때 그 대상은 야마구치 미요라는 일본 여성이었다. 시문학 취미 모임에서 만나 사귀게 되었는데, 양쪽 집안에서 심하게 반대했다. 그러나 전후 일본 사회의 민주화와 개인의 자유를 주장하는 분위기에 힘입어 어렵게 결혼할 수 있었다. 미요의 이름은 친정의 호적에서 말소되었다. 식민제국 시대에 호적은 지배 민족과 피지배 민족을 구분하는 기준이 되었다. 당시에 한국인이나 대만인들은 비록 일본의 국적으로 분류되기는 했지만, 그들은 일본 혈통의 국민들과 영구적으로 구분되었다. 일본인들은 호적에 '내치(內地: 일본 본토)'라고 등록되는데 비하여, 식민지인들은 '가이치(外地)'라고 등록되기 때문이다. 식민시대에 일본 여성이 한국 남성과 결혼을 하면 그들은 일본의 호적에서 말소되고, 그 남편의 외지인 호적에 등록되었다. 따라서 그 자녀도 또한 외지인의 호적에 등록된다.

전후 평화협정에 따라 일본에 대한 통치권이 일본에 이양되자 재일 한국인들의 국적 문제가 다시 제기되었다. 종전의 제국 시절처럼 일본 내 식민지민들에게 국적을 인정할 것인지 하는 문제였다. 더욱 복잡한 문제는 새로 독립한 한국이 하나가 아니라 둘로 분리되었기 때문에 발생했다. 이승만의 남한 정부는 일본에 거주하는 모든 한국인들이 한국 국민이라고 주장했다. 그렇지만 1952년에 일본에 거주하는 한국인들 중 대부분은 그들이 비록 남한 출신이었음에도 불구하고 남한 국적으로 규정되기를 원치 않았다. 그들은 좌익에 동조하면서 북한의 인민공화국 국민으로 규정되기를 희망했다. 또한 상당수의 거주민들은 자신들을 분리되지 않은 조국의 '한국인'으로 생각하고 있었다.

그럼에도 불구하고 일본 정부는 문제를 단순하게 보고 있었다. 이제 제국은 소멸되었으므로 그들은 더 이상 식민지민들을 원하지 않았고, 한국인이나 대만인들을 일본 국민으로 인정하지 않으려 했다. 이제 연합국의 점령 기간이 끝났으므로 일본 정부는 한국 정부와 함께 모든 문제를 종식하려 했다. 1952년 4월 일본 정부는 일방적으로 샌프란시스코 평화조약의 실행을 선언했다. 일본에 거주하는 한국인들과 대만인들은 그들의 일본 국적을 상실한다는 내용이었다. 샌프란시스코 조약의 발효일인 4월 28일부터 효력이 발생한다는 것이었다. 이러한 일본의 조치는 남한에서의 시위를 촉발했다. 남한 정부는 모든 재일 한국인들을 남한의 국민으로 규정하는 것에 반대하지 않았지만, 일본에 거주하는 한국인들의 특별한 지위가 인정되어야 한다고 주장했다. 이승만 정부는 자신들이 처한 가난과 실업문제에 여념이 없었기 때문에 재일 한국인 문제에 진심 어린 관심을 보이지 않았다. 또한 그들의 대규모 귀국에 대하여도 탐탁해하지 않았다. 대신에 이 문제를 일본과의 관계 정상화 과정에서 쓸 수 있는 여러 협상카드 중 하나로 생각했을 뿐이다.

이양수는 자신이 한국인임을 알게 되었지만, 그의 세상을 흔들어 갈라놓는 힘을 의식해야만 했다 그의 부모의 결혼생활은 행복하지 않았다. 아버지는 가부장적 사고를 가진 사람인데다가 성격이 불같아서 사소한 일로도 화를 내고 아내와 아이를 때리기 일쑤였다. 1950년대 말에 미요는 더 이상 견디지 못하고 남편을 떠나기로 결정했다. 전후 시절에 이혼모가 아이를 키우기는 극히 어려웠다. 일본에 사는 한국인들은 일본 국적을 상실함에 따라 사회복지 혜택이 전면 박탈되었다. 서둘러 제정된 일본의 이민규제법에 의하여 재일 한국인들의 일본 거주 권리는 허용되었지만, 그들에 대한 사회적, 정치적 권리나 보호에 관한 언급은 전혀 없었다. 외국인들은 공공 주택 거주 권리는 물론 일련의 복지혜택에서 전적으로 배제되었다. 이러한 배제 정책은 새로운 복지제도가 도입될 때마다 계속 적용됨으로써 재일 한국인들에게 더욱 고통을 주었다. 예컨대, 1959년에 건강보험과 국민연금제도가 시행될 때에도 제외되었다. 재일 한국인들은 외국인 신분 때문에 의약분야의 직업이나 공적인 채용의 기회에서 철저히 배제되었다. 고위 관료로부터 기차를 운행하거나 도로를 청소하는 직업에 이르기까지 모두 배제되었다. 그리고 그들이 일단 일본을 떠나면 일본에 재입국할 수 없었다. 그리고 재일 한국인의 배우자나 자녀 등 한국에 두고 온 가족들의 일본 입국도 허용되지 않아 이산가족이 되어야만 했다.

사회복지 혜택의 차단은 특별히 가혹한 타격이 되었다. 식민지 시대에는 많은 일본의 대기업들이 한국인 근로자들을 고용하여 일본인 근로자에 비하여 적은 급여를 지급했다. 그러나 전쟁이 끝난 후에는 임금의 차이가 없어지게 되어, 한국인들은 더 이상 값싼 노동력의 공급원이 될 수 없었다. 대기업들은 그들을 고용할 매력을 잃었다. 특히, 많은 경영자들은 재일 한국인들을 잠재적 말썽꾼들로 보았다. 1950년대 초부터 4분의 3 이상의 재일 한국인 노동인력이 정규적인 직업은 물론 매우 열악한 처우의 비정규 직업조차 구하지 못하고 실업상태가 되었다. 일본 보건복지부는 1952년 재일 한국인 사회의 완전한 혼란을 막기 위해 특별자선법을 제정했다. 모든 종류의 사회적 급여를 박탈당한 한국인과 대만인들에게 빈민들에게 제공되는 최소 생계비의 지원을 요청할 수 있도록 하는 것이었다. 그러나 이 재량법은 양날이 칼이 되었다. 일본 정부가 지급 여부를 결정하는 재량권한을 이용하여 교포사회의 행동과 활동을 통제할 수 있기 때문이었.

1950년대에 미요와 양수의 미래는 암담하고 불확실했다. 그러던 중에 갑자기 그들에게 한 줄기 밝은 빛이 비쳤다. 좌익계열 신문지상에 북한에 대한 귀국을 원하는 이들에게 무료로 혜택을 준다는 광고가 실린 것이다. 잡지에도 멋진 무료 주택과 복지혜택과 직업 등을 보장한다는 기사가 실렸다. 번영하는 북한의 사회주의 시스템이 그러한 혜택을 무상으로 제공한다고 설명되어 있었다. 새로 건축된 신형 아파트의 사진들도 함께 실려 그들을 유혹했다. 그렇게 이양수는 그의 모친 미요와 함께 1961년의 어느 비 오는 날에 니가타 항구행 기차에 탑승한다. 일본에서 태어나 한 번도 일본 밖으로 여행해 본 적이 없는 그들이었다. 이러한 그들의 모습이 제네바에 있는 지하 창고에서 발견된다. 35세 여성이 10세 아들과 함께 한 모습이 필름에 담겨 회색의 빛바랜 상자 속에 들어 있었다.

한국사 과목

컬럼비아대학교에서 세 학기에 걸쳐서 한국사 과목을 수강했다. 한국사 입문, 1900년까지의 한국사, 그리고 여성 한국사 세미나 과목이었다. 한국사 입문 과목의 교수는 찰스 암스트롱 교수였고, 한국사 및 여성 한국사 과목의 교수는 김정원 교수였다. 김정원 교수의 전공 분야는 젠더, 가족, 조선의 법사학(gender, family, legal history of Chosŏn Korea)이었다. 그녀는 미국 하버드대학교에서 2001년에 석사학위를, 2007년에 박사학위를 취득했다. 2014년에 조선시대 여성들의 변사사건 기록을 연구한 Wrongful Deaths (University of Washington Press)를 출간했다. 학위 취득 후 일리노이대학교에서 강의했고 2013년부터 컬럼비아대학의 교수가 되어 한국사를 강의하고 있다. 개인적으로 김정원 교수로부터 역사연구의 방법론과 연구의 주제 선택에 관하여 많은 점을 배울 수 있었다.

그때까지 한국에서 우리 역사 공부를 많이 했기 때문에 특별히 새로울 것은 없으리라 생각했다. 그렇지만 모두 영문으로 된 자료라서 매우 생소했다. 예컨대, 『징비록』이나 『혜경궁 일기』, 『춘향전』 등을 모두 영문으로 번역된 자료를 읽어 보니 한글로 읽을 때와는 색다른 느낌이 들었다. 그리고 이전에 공부할 때는 항상 한국의 교과서와 한국 학자들의 연구 자료만을 토대로 공부했는데, 미국 등 외국인들의 연구 자료를 토대로 공부하면서 종전과 상당히 다른 시각을 느낄 수 있었다. 게다가 국내에서 알지 못하던 외국의 자료들을 많이 접할 수 있어서 큰 의미가 있었다.

예컨대, 개화기 미국의 신문기사, 일본 주재 영국 공사의 영국 의회에 대한 보고서 등 외국의 자료에 접근할 수 있어 상당히 유익했다. 그 외에도 이전까지 역사를 공부하면서 전혀 관심을 두거나 직접 읽어 보지 못한 의미 있는 사료들을 직접 읽어 볼 기회가 되어서 상당히 의미 있었다.

학생 시절에는 역사를 단순히 외우는 과목이라 생각했었다. 교과서에 있는 사건, 제도, 인명, 연도 등 역사적 사실관계를 있는 그대로 암기해야 하는 것으로 생각하고 공부했었다. 시험 준비를 위해서는 어쩔 수 없기도 했다. 그렇게 공부하다 보니 역사적 사실의 의미에 관하여 스스로 생각하는 대신에 집필진의 설명에 그대로 의존했다. 예컨대, 신라의 삼국 통일이나 효종의 북벌정책에 대한 평가라든가 또는 개화파의 갑신정변에 대한 평가 등이 그러했다. 역사는 단순히 암기하는 과목이라 생각했을 뿐 자신의 생각을 토대로 토론하는 과목이라고 생각해 본 적이 없었다. 만약 그 당시에 역사에 관하여 토론을 하라고 했으면 모든 학생이 동일한 목소리를 냈을 것이 틀림없다. 미국에서 뒤늦게 한국 역사를 공부하면서 비로소 역사의식을 가져보았다는 사실이 부끄럽게 느껴진다. 뒤늦게 역사 공부를 하면서 눈여겨보았던 사건들이 있었다.

먼저, 신라의 삼국통일에 대하여 다시 보게 되었다. 우리 역사에 있어서 신라의 삼국 통일은 최초의 한반도 통일의 위업이라고 높이 평가하고 있지만, 그 이면에는 배반행위가 자리 잡고 있었다. 과제물을 읽으면서 신라의 비열한 배신 행위에 분노하지 않을 수 없었다. 서기 608년 신라의 진평왕은 승려 원광에게 명하여 수나라 황제에게 고구려를 정벌해 달라고 요구하는 청원서를 작성하도록 한다. 이러한 행위는 동맹국 고구려에 대한 분명한 배신 행위라 할 것이다. 앞서 고구려의 광개토 대왕은 동맹국 신라의 긴칭에 응하여 5만 명의 군사를 보내어 신라를 침략한 왜구를 쫓아내 준 바 있다. 당시 왜구들은 신라의 수도 경주까지 들어와 약탈하고 있었다. 신라의 청원에 따라 수나라 양제는 612년 고구려에 대한 전면 공격을 단행한다. 그렇지만 우문술, 우중문이 이끄는 수나라 30만 병력은 살수에서 을지문덕 장군의 고구려 군대에게 몰살된다. 이러한 일에도 불구하고 신라는 또다시 당나라에 한반도 침략을 요청한다. 결국 당나라 군대는 고구려와 백제를 침략하여 차례로 멸망시키고, 이후 신라까지도 병합하려 한다. 신라의 삼국통일과 관련하여 묻고 싶다. "신라가 중국과 연합한 일은 과연 정당화될 수 있는가?" 한국 역사에 더러운 선례를 남긴 것이 아닐 수 없다. 이와 관련하여 클래스 블로그에 올린 글을 소개한다.

신라의 배신 행위

이번 주의 과제를 읽으면서, 신라의 고구려에 대한 배신 행위에 놀라움을 금할 수 없었다. 서기 608년에 신라의 진평왕은 중국에 유학을 다녀온 승려 원광에게 명하여 수나라 황제에게 청원서를 작성하도록 한다. 바로 고구려에 대한 침략을 요청하는 내용이었다. 이 일화는 정말 충격적이었다. 이것은 고구려에 대한 뻔뻔스러운 배신 행위가 아닐 수 없다. 왜냐하면 고구려는 신라를 크게 도와준 동맹국이었기 때문이다. 서기 400년에 고구려의 광개토대왕은 신라의 절박한 도움 요청에 응하여 5만 명의 병력을 보내어 신라의 수도를 가득 메운 왜구를 몰아내 주었기 때문이다. 이러한 은혜에도 불구하고 이를 배신하여 뒤로 중국의 수나라와 내통한 것이다. 신라왕의 청원을 받은 수나라의 양제는 612년에 고구려에 대한 거국적인 원정에 나선다. 그러나 30만 병력이 고구려 땅의 살수(청천강)에서 을지문덕 장군의 전략에 빠져들어 몰살하고 만다. 이러한 수나라의 침략행위를 신라가 비밀리에 유인했다는 사실은 가히 충격적이었다. 그럼에도 불구하고 신라는 수나라를 뒤이은 당나라에게 또다시 침략을 간청한다. 그 결과 당나라 군대는 고구려와 백제를 차례로 멸망시킨다. 신라가 중국과 연합한 행위는 과연 정당화될 수 있는가? 이러한 신라의 행위는 현대의 법률적인 관점에서 볼 때 외국과 통모하여 적국의 침략을 유인한 외환(外患)의 죄에 해당한다. 신라의 이러한 반역 행위는 결코 정당화될 수 없다고 생각한다.

당나라의 도움으로 신라는 676년에 삼국을 통일한다. 그러나 통일 전후의 신라의 행위는 매우 실망스럽다. 첫째, 신라가 이민족인 당나라와 연합하여 고구려와 백제를 멸망시킨 행위는 동족에게 심각한 해를 끼친 배신 행위이다. 신라의 유인 행위로 인해 당나라는 한국의 내부 분쟁에 개입하게 되었다. 그들의 의도는 만주지역과 한반도까지를 전부 그들의 지배하에 두려는 것이었다. 당나라는 고구려와 백제뿐만 아니라 신라의 영토에도 그들의 지방행정조직인 도독부를 설치하여 직접 통치하려고 계획했다. 심지어 신라의 문무왕을 중국의 지방 총독으로 임명하기까지 했다.

둘째, 신라는 통일 이후 국가와 민족의 막대한 자산을 모두 상실했다. 대동강 이북의 고구려 영토가 당나라의 손아귀에 들어갔다. 수많은 고구려 유민들이 강제 이주의 비극을 겪어야 했다. 『삼국사기』에 따르면, 668년 평양성을 정복한 당나라의 이세적은 평양 일대와 요동지역의 고구려 유민 20여만 명을 당나라로 끌고 갔다고 한다. 이후 669년에는 당나라로 끌고 간 고구려인들의 반란을 우려해 2만 8,000가구의 고구려인들을 중국 내륙의 오지 즉, 황하 상류지역, 회하(淮河) 유역, 감숙성(甘肅省) 지역 등 사람이 살지 않는 곳으로 분산해 강제 이주시켰다고 한다. 고구려의 패망 이후 고구려의 유민들은 만주지역에 발해를 건국했지만 신라는 전혀 교류하지 않고 오히려 적대시했다. 이처럼 신라의 무관심 때문에 고구려의 문화와 전통이 한국인들에게서 완전히 사라져 버렸다. 한국인들의 이러한 무관심한 태도 때문에 고구려와 발해가 중국 역사에 속한다는 중국 정부의 주장, 소위 동북공정의 근거가 된 것이다. 이러한 뼈아픈 경험은 오늘날의 한국인들에게 소중한 교훈을 주는 것이다. 만약 우리가 남북 간의 문제를 해결하는 데 있어서 외세에 주로 의지한다면 마치 신라가 대부분의 고구려 영토와 그 위대한 유산을 잃었듯이 오늘날에도 그러한 일이 일어날 수 있다는 점을 말이다.

셋째, 신라의 지배층은 오로지 자신들에게 주어진 특권을 유지하고 이익을 확대하는 데에만 관심을 두었다. 그들은 통일 이후에 민족의 단합과 화합을 위해 필요한 신분제도나 토지제도의 개혁 같은 노력을 전혀 기울이지 않았다. 그들은 기존의 골품제도를 그대로 유지했다. 이 제도는 그간 사회를 정체시키는 나쁜 영향 때문에 신라의 지식층들 사이에서도 불만과 비판의 대상이 되어 왔다. 그리고 통일된 영토

내에서 지나치게 동남쪽에 치우친 수도 경주를 옮기려 하지 않았고 기존의 토지제도를 전혀 바꾸려 하지 않았다. 나아가 신라는 통일 이후 피정복민들에 대한 어떠한 화합 조치도 취하지 않았다. 대신에, 복속된 지역 곳곳에 복속민들이나 범죄자들의 특별 거주 지역을 설치하여 이들을 감시하고 거주지를 제한하는데 급급했을 뿐이다.

그 결과, 신라의 귀족들은 통일의 과실을 자기들만이 독점할 수 있었다. 막대한 이득이 고관들에게 끊임없이 흘러들어 갔고 그들은 막대한 이익으로 사치와 향락을 추구했다. 당나라의 역사서에 따르면 경주의 고위 관리의 집에는 3,000명의 노비를 거느렸으며 비슷한 수의 무기와 가축과 말과 돼지들을 소유하고 있었다. 경주 시내에는 음악과 노랫소리가 밤이나 낮이나 그치지 않았다고 한다. 반면에 평민들은 고된 노동과 조세부담 때문에 점점 더 가난해졌다. 이러한 상황은 9세기 이후에 일어난 수많은 농민반란의 주된 원인이 되었다. 이것은 결국 신라 멸망의 원인이 된다. 이러한 맥락에서 나는 손진태의 견해에 동의한다. 그는 지배계층의 이기심과 사치스러운 생활습관과 농민 착취를 봉건 제도와 토지제도의 혼란과 함께 신라 멸망의 주된 원인으로 지적하고 있다. 그 외에도 엘렌 언루(Ellen S. Unruh)의 견해에도 동의한다. 그는 씨족에 근거를 둔 신라의 지역사회는 새로운 대규모의 영역을 다스릴 만한 역량이 되지 않았고 문화적인 차별이 결국 신라 중앙권력의 종말로 이어졌다고 본다.

이와 관련하여, 한국사 과목의 교과서로 참고했던, Korea, Old and New: A History (Carter J. Echkert, 이기백, 유영익 등, Harvard University Press)에 기술된 신라의 통일과 통일신라의 사회상에 관한 내용을 번역해 보았다.

중국이 군대를 보내 백제와 고구려를 정복한 의도는 한반도 전체를 당제국의 지배하에 두려는 목적이었다. 이러한 목적으로 과거 백제 영토의 5개 지방에 웅진도독부 등 5개의 도독부(당나라 시대의 지방 관아)를 설치하고 그 지역을 제국의 직접 통치하에 두었다. 얼마 후 당은 계림대도독부를 설치하여 신라의 영토를 통치하려 했다. 더구나 신라의 문무왕을 그 총독으로 임명하기까지 했다. 그리고 당은 고구려의 영토를 통치하기 위하여 9개의 도독부를 설치했다. 동시에 평양에 안동도호부(광대한 속지 지배를 위해 설치한 관청)를 설치하여 정복한 고구려와 백제뿐만 아니라 신라까지 포함시켜 전부를 통치하려 했다. 한민족은 이전에 한나라에 의해 정복되어 한4군이 설치된 때보다도 더 심각한 위기에 처했다(42-43쪽).

대부분의 귀족들은 수도 경주에 머물러 있었다(경주는 황금의 도시라는 의미이다). 그곳에서 그들은 향락적이고 사치스러운 삶을 누렸다. 통일 신라의 귀족들은 막대한 부를 향유했다. 당나라의 공식 역사기록에는 다음과 같은 내용이 있다. 고관대작의 집에는 한정 없이 수입이 흘러들었다. 그들은 3,000명의 노비들을 소유했고, 이에 상응하는 숫자의 무기와 가축과 말과 돼지들도 소유했다. 경주 시내에는 초가지붕으로 된 집이 단 한 채도 없었고 거리에는 밤낮으로 음악과 노랫소리가 그치지 않았다(49쪽).

한국사 클래스에서 첫 번째로 작성한 페이퍼는 고려 시대 무신의 난에 관한 글이었다. 1170년 고려 의종 재위 시 정중부 장군에 의한 무신들의 반란이 일어났다. 그들은 문신들을 죽이고 왕과 태자 등을 쫓아내고 왕의 아우 명종을 왕으로 세우고 권력을 장악하여 무신정권을 수립했다. 이후 이의방, 최충헌 등으로 이어진 무신정권은 100년간 계속되었다. 이와 관련하여 갖게 된 의문점이 있다. "왜 그들은 새로운 왕조를 선언하지 않았을까?" 이와 비교해 볼 때 승려 묘청은 1135년에 평양지역에 대위국을 건국하고 연호를 천개로 하여 새로운 왕조를 선언한 바 있었다. 1년만에 진압된 위 반란에 비하여 1170년의 무신들은 권력을 완전히 장악하여 100년을 지속했다. 그럼에도 불구하고 그들은 왜 새로운 왕조를 선언하고 스스로 왕으로 즉위하지 않았을까? 이 질문에 답하기 위하여 고려 시대에 일어난 또 다른 무신 반란, 즉 이성계의 혁명과 비교할 필요가 있다.

첫째, 그 원인을 비교해 보면, 1170년의 반란은 주로 무신들의 개인적인 원한에 기인한다. 반면에, 이성계는 정치적인 이슈를 대의명분으로 내세웠다. 이성계는 고려 왕실의 친원반명 정책에 반대하여 친명 정책을 내걸었다. 둘째, 무신의 난에서는 자신들의 반란 행위를 정당화할 명분이 없었던 반면, 이성계는 맹자의 천명의 이념(Mandate of Heaven)을 내세워 정당성을 주장할 수 있었다. 셋째, 무인들은 다른 지지 그룹이 없었던 반면, 이성계의 경우에는 강력한 지지그룹이 있었다. 즉, 주자학자들의 선비 그룹과 무신 세력이 있어 공동의 대의명분과 정치적 이념으로 결속했다. 넷째, 무신란의 경우에 실행할 특별한 개혁 플랜이 없었던 반면에 이성계와 정도전 등 주자학 선비들은 토지개혁 등 근본적인 정치, 사회적 개혁안을 가지고 있었다.

끝으로, 두 반란 사건에 대한 백성들의 반응은 어떠했을까? 먼저 무신란에 대하여 백성들은 부정적으로 보았던 반면에 이성계의 반란에 대하여 고려의 백성들은 긍정적으로 바라보았다. 왜 백성들은 두 개의 군사 반란에 대하여 다르게 받아들였을까? 그것은 맹자의 가르침이 근저에 작용한 때문이 아닐까? 고려 말 문하시중을 지낸 익재 이제현의 무신의 난에 대한 평가를 참고할 만하다. "불행히도, 무신란이 의종 말년에 일어났다. 선악을 가리지 않고 무차별적인 파괴가 일어났다." 즉, 무자비하고 비윤리적인 행위로 비난받아 마땅했다. 반면에 이성계의 혁명은 맹자의 역성혁명이론에 근거하여 그 정당성을 인정받을 수 있었던 것이다. 이러한 내용으로 연구 페이퍼를 작성했다.

1170년 고려 무신정변과 반란에 대한 백성들의 인식

1170년 고려 의종 때 왕궁 수비 대장인 정중부 장군의 주도하에 무신 반란이 일어났다. 반란군은 50명 이상의 문관들과 환관들과 왕실 시종들을 학살했다. 이 반란에 대하여 고려사에는 다음과 같이 기록되어 있다. "왕이 문으로 들어가고 대신들이 떠나려고 할 때, 이고와 다른 자들이 달려들어 임정식과 이복기를 문 앞에서 직접 살해했다. 문관들과 함께 시종들과 환관들이 모두 불행을 맞이했다. 그들의 시신이 산처럼 높이 쌓였다." 학살 직후 무신들은 권력을 장악하여 무신들의 최고 회의체인 중방을 통해 고려를 통치했다. 연이어진 권력투쟁 과정에서 국왕 의종은 무신 지도자인 이의민에 의해 살해되었다. 그 이후로 왕들은 형식상의 존재로 남게 되고, 80년 이상 반란의 지도자들이 국가의 실권을 행사했다. 이와 관련하여 한 가지 의문이 든다. "그들은 왜 새로운 왕조를 선언하지 않았을까?" 하는 것이다. 반란의 주동자 정중부와 이후 집권자 최충헌은 왕을 폐위시키고 스스로 그 자리에 오를 수 있었다.

사실, 반란이 있기 30년 전에 한 남자가 그의 지지자들과 함께 서경, 즉 평양에서 반란을 일으켰다. 불교 승려인 묘청이었다. 그는 1135년에 군사를 모아 국왕 인종에 대항하여 봉기했다. 반란세력은 다음 해 군대에 의해 진압되었다. 비록 실패로 끝났지만, 반란세력은 대위라는 새로운 국가명과 천개라는 연호를 내세웠었다. 반면에, 무신정변은 성공적이었음에도 불구하고 그 주도자들은 고려왕조를 전복하지 않았다. 대신에, 그들은 왕을 꼭두각시로 만들어 둔 채 자신들이 실제 권력을 행사했다. 그 이유는 무엇일까? 우리는 이 무신들의 반란을 고려 말에 일어난 이성계 장군에 의한 또 다른 반란과 비교해 봄으로써 그 답을 찾아볼 수 있다. 1170년의 무신 반란은 많은 점에서 이성계의 반란과 달랐다. 이 글에서는 먼저 두 군사 반란의 네 가지 차이, 즉 반란의 동기, 목적, 지지세력과 개혁 계획 등에 관하여 차례로 살펴보고, 다음으로 당시의 백성들이 두 반란을 어떻게 다르게 보았는지 알아보려고 한다.

1170년의 반란의 이유는 주로 무신들의 개인적인 불만 때문이었다. 의종의 재위 기간 중에 무신들은 문신들에 비하여 그 처우가 열악했다. 직업 군인들은 자주 공공 노역에 동원되었음에도 급여를 거의 받지 못했다. 게다가, 문신들은 종종 무신들을 경멸하고 조롱하곤 했다. 예를 들어, 정중부 장군은 문신들에게 조롱을 받으며 수염에 불이 붙는 수모를 당하기까지 했다. 그럼에도 불구하고 왕은 그들의 불만과 원성에 귀를 기울이지 않았다. 이러한 일들이 반란의 주된 이유가 되었다. 고려사에 따르면, 두 명의 무신, 이의방과 이고가 자신들의 상관인 정중부가 당한 수모와 문신들의 오만함에 분을 참지 못하고 말했다. "지금 문신들은 거만하고 배부르고 술에 취해 있다. 그럼에도 무신들은 배고프고 곤궁한 처지이다. 우리가 이를 얼마나 더 참을 수 있겠소?" 이에 정중부는 "그대의 말이 맞다"라고 답했다. 그리하여 그들은 반란을 모의했다는 것이다.

어떤 역사학자는 또 다른 이유를 들고 있다. 에드워드 슐츠는 왕이 국사를 도외시하고 국가를 잘못 운영하는 데 대한 불만도 원인이 되었다고 주장한다. 그는 처단된 신하들의 명단이 그 근거라면서, 처단된 신하들이 모두 국가의 잘못된 운영에 관련되어 있다고 말한다. 『고려사』의 기록이 이를 뒷받침한다. 『고려사』에는 "그는 매일 궁궐의 시종들과 술에 취해 즐기면서 국사에는 관심을 두지 않았다. 간관(諫官)이 왕에게 그만둘 것을 요청했으나, 왕은 시를 지어 그의 꿈 이야기를 하면서 그들의 건의를 물리쳤다. 그 후로 간관들은 입을 다물었다."라고 기록되어 있다. 그러므로 무신정변은 무신들의 개인적인 불만과 왕의 불성실한 국정 운영에 대한 불만이 주요한 원인이었다고 말할 수 있다. 그렇지만 이러한 이유들은 정치적 또는 이념적인 문제와는 거리가 멀다.

반면에 이성계의 반란은 정치적인 이유에 기인한다. 왕이 그에게 명나라에 대한 정벌을 명령했을 때, 그는 조정의 친원반명 정책에 동의하지 않았다. 그는 새로 건국된 명나라에 대하여 호의적인 입장을 가지고서 고려 집권층의 친원 정책에 반대했다. 정치적인 반목이 1388년 반란의 주된 원인이었다. 이성계 장군은 3만 9,000명의 군사와 2만 1,000마리의 말을 이끌고 마지못해 명나라 정벌을 위한 원정길에 나섰다. 부대가 압록강 하구의 위화도에 이르렀을 때, 그는 진로를 되돌려 수도 개경을 향해 진군한다. 고려사에 따르면, 이성계는 "만약 우리가 우월한 나라를 공격한다면, 우리나라와 백성들에게 재앙이 초래될 것이다. 군사 원정을 포기하고 당장 돌아가서 사악한 간신들을 제거해야 한다. 우리는 백성들의 안녕을 위해 이 일을 해야 한다."라고 회군의 이유를 밝혔다고 기록되어 있다. 이성계의 회군의 이유는 정치적인 이유들이었다. 이러한 이유는 무신정변의 경우와 크게 다른 것이었다.

둘째, 무신 반란의 주도자들은 그들의 반란 행위와 국왕을 처단한 행위를 정당화할 명분이 없었다. 물론, 왕이 국사를 게을리하고 국가 운영을 잘못한 점도 반란의 한 원인이 되었고, 그들 역시 어느 정도의 개혁을 목표로 했다고 볼 수 있지만, 이는 어디까지나 부수적인 이유였을 뿐 주된 목적이라고 보기 어렵다. 그들은 반란을 전후하여 오로지 문신들만 척살하고 축출했을 뿐, 무신들을 쫓아낸 사실이 전혀 없었다. 이러한 사실은 무신들과 문신들 사이의 알력이 반란의 주된 원인이었음을 말해준다. 그렇기 때문에 개혁의 범위도 그들의 개인적인 관심이나 불만의 범위 내로 한정되었다. 자리에서 쫓아낸 관리들 중에는 문신들 이외에 군사경찰들이 포함되었다는 사실도 이러한 점을 뒷받침한다. 달리 말해서, 반란의 목적은 국가 전체에 미치는 개혁이 아니라 단지 자신들의 불만을 해소하는 것이었다. 그러므로 백성들에게 그들의 반란에 동조하도록 설득할 수 없었다. 결국, 이후로 전국에 걸쳐 수많은 농민들과 천민들의 봉기가 이어졌다.

이와는 달리, 이성계의 반란에는 분명한 대의명분이 있었다. 그는 천명(天命, Mandate of Heaven), 즉 하늘의 뜻이라는 명분을 내세웠다. 고려의 왕과 귀족들이 백성들을 돌보지 않아 하늘의 신뢰를 잃었기 때문에 하늘의 뜻에 따라 자격을 갖춘 자가 혁명을 일으킨다는 역성혁명(易姓革命)의 명분이었다. 이성계는 후에 그의 건국 선포문에서, "나는 하늘의 뜻이 백성들의 소원에 분명히 표현되어 있다고 들었다. 그리고 누구라도 백성들의 소원을 거부하여서는 아니 된다. 그렇게 하는 것은 하늘의 뜻에 반하기 때문이다."라고 밝혔다. 그는 반란의 명분이 백성들을 도우려는 것이고, 이는 백성들의 소원에 부응하는 것이며 궁극적으로 하늘의 뜻에 합당한 것이라고 분명히 밝히고 있다. 그리고, 그는 성리학의 이념을 앞세우면서 고려왕조의 불교에 대하여 부정적인 입장을 보인다. 아울러, 그의 대의명분은 외교 분야와 경제 분야에 있어서 확연하다. 그의 대외정책은 친명반원 정책으로 고려왕조의 정책과 상반된다. 그리고 경제정책은 고려의 귀족들로부터 토지를 전부 몰수한 뒤 이를 백성들에게 재분배하는 것이었다. 어느 모로 보나 그의 명분은 고려왕조의 정책과 극명하게 대비된다. 달리 말해서, 그의 목적은 옛 왕조와 구체제 하에서 성취될 수 없는 것이었다.

 셋째, 1170년의 무신 반란 무리는 특별한 지지세력을 가지고 있지 않았다. 주도 그룹은 정중부와 그를 보좌한 이의방, 이고와 채원 등의 장수들이었다. 그들은 반란을 주도하면서 군대의 장수들과 병사들의 도움을 받았다. 모든 무신들이 반란에 호의적인 것은 아니었다. 일부 무신들은 공공연히 반란을 반대했다. 예를 들어, 우학규 장군은 반란에 가담하기를 거부했다. 더구나 반란 주도자들의 결속력이 약했기 때문에 반란 직후, 무인 지도자들 사이에 계속적인 알력과 충돌이 발생했다. 정중부는 반란 이후 4개월 동안 몇몇 장수들을 살해했다. 그들이 자신의 처신을 비난했다는 이유 때문이었다. 그 직후에 이의방은 이고와 다른 주도자 채원을 살해했다. 1176년에 정중부의 아들 정균은 이의방을 암살한다. 그리고 같은 해에 정중부와 그 아들 균은 결국 젊은 장수 경대승에게 살해된다. 이처럼 반란의 주도자들은 서로 간에 뚜렷한 결속력이 없었고 그들 주변에 지지 그룹을 갖지도 못했다.

 반면에, 이성계는 강력한 지지 그룹을 가지고 있었다. 성리학자 관리들과 무신 그룹이 그를 지지했다. 이성계와 그의 지지세력은 공동의 대의명분과 성리학의 이념으로 긴밀하게 결속되어 있었다. 개혁 성향의 유학자들은 이상적인 유교국가의 건설을 염원하면서 강력한 지지세력을 형성했다. 그들은 불교사상이 지배하고 귀족세력이 주도하는 낡은 고려왕조에 대항하여 새로운 시대를 꿈꾸었다. 이성계는 이처럼 열성적인 지지자들의 도움에 힘입어 군사 반란을 성공시킨 후 대대적인 개혁에 착수할 수 있었다. 지지자들 중에서 정도전은 대표적인 인물이었다. 그는 고려왕조에서 근본적인 정치 사회적 변혁이 이루어지지 않는다면 진정한 개혁은 불가능하다고 생각했다. 그는 1383년에 동북 변방지역으로 찾아가 이성계 장군을 만났다. 그 만남에서 그들은 공통의 정치적인 이념을 공유했다. 그 뒤로 정도전은 변함없는 지지자였고 가장 핵심적인 조언자가 되었다. 그의 성리학 사상은 새로운 왕조의 건국이념이 되었다. 그는 새 왕조의 국가체제와 제도를 설계했다. 자신의 저서『삼봉집』에서, 정도전은 천명사상을 앞세워 군주의 도리와 재상의 역할을 강조했고, 전면적인 토지개혁의 필요성을 주장했다.

넷째, 무신란의 주도자들은 뚜렷한 명분이 없었던 것처럼 특별한 개혁의 계획을 가지고 있지 않았다. 최충헌이 1196년에 권력을 장악할 때까지 아무런 제도적인 변화가 없었다. 고려사에 따르면, 최충헌은 권력을 장악한 직후에 국왕에게 시무 10조를 건의했다. 그는 과거의 잘못을 지적하면서 그 해결책을 제시했다. 그가 주장한 것은 기존의 체제하에서 문제를 해결하자는 것이었다. 그의 상소는 남아도는 관직, 공유지의 불법점유, 부패한 관리와 승려, 불교 사찰의 부적절한 위치, 관리들의 사치 문제를 지적하는 것이었다. 이러한 문제들은 모두 기존의 체제하에서 해결 가능한 것이었다. 혁명보다는 점진적인 개선을 요구하는 것이었다. 이러한 맥락에서 슐츠 교수는 고려 사회의 귀족 문화는 무신란 및 무신정권 하에서 눈에 띄게 달라지지 않았고 무신정권의 지도자들은 여전히 문신들에 의존하여 국가를 통치했다고 평가한다. 최충헌의 관심은 개혁이 아니라 자신의 권력을 계속 유지하는 데 있었다. 이러한 의미에서 무신란은 결코 혁명으로 평가되기 어렵다.

반면에, 이성계와 그의 유학자 관료그룹은 철저하고도 근본적인 개혁의 청사진을 가지고 있었다. 정도전과 조준은 개혁의 청사진 작성에 주도적으로 관여했다. 개혁은 크게 세 분야에 걸쳐 진행되었는데, 정치이념의 변혁과 제도적인 개혁, 그리고 문화적인 개혁이었다. 그중에서 제도적인 개혁은 토지제도, 국가구조, 지방정부 제도 및 군사제도의 개혁이었다. 개혁 조치 중에서 처음으로 시도된 것은 1390년에 실시된 토지개혁이었다. 모든 토지관련 기록이 폐기되고 전국의 모든 토지가 몰수되었다. 경기도 지역의 토지는 관리들에게 등급에 따라 분배되었고, 다른 모든 토지는 국가의 소유로 귀속되었다. 이에 따라 고려 귀족들의 경제적인 토대가 하루아침에 완전히 무너졌다. 이후로 이루어진 일련의 개혁 조치는 국가 전반에 걸쳐 실시되었고, 기존 제도의 완전한 변혁를 도모했다. 이러한 이유로 이성계의 반란은 혁명으로 평가될 수 있고, 이로 인하여 왕조의 교체로 이어졌다.

한편, 슐츠 교수는 두 개의 반란을 구별짓는 주요한 요인으로 중국의 압력을 꼽았다. 그는 이성계가 고려왕조를 무너뜨리고 새로운 왕조를 수립할 수 있었던 것은 중국의 영향력이 12세기 무신란 시절에 비해서 상대적으로 약했기 때문이라고 주장한다. 12세기의 중국은 진나라가 중국의 북부지역을 지배하고 있었다. 그의 주장은 중국의 영향력이 한국의 정치세력을 결정지을 정도로 강력하다는 가정을 전제로 하고 있다. 그러나 중국의 영향력은 한반도의 왕권을 교체할 정도로 강력하지 않았다. 중국과의 공식적인 조공 관계는 중국의 명나라와 한국의 조선왕조 사이에 처음 수립되었다. 이러한 관계를 통해서 조선은 왕위 승계의 정당성을 확보하기 위하여 중국의 승인을 구했다. 그러나 이러한 승인은 실질적인 의미라기보다는 의례적인 수준에 불과했다. 고려왕조 시절에 고려는 중국의 진나라와 평화조약을 체결했다. 1127년에 중국의 북부지역에 여진족이 세운 진나라가 등장했다. 고려는 진나라와 사이에 군신관계를 약속했다. 그렇지만 진은 고려의 국내 정치를 간섭하지 않았다.

피터 윤 교수에 따르면, 7세기의 신라 통일기를 제외하고는 이후로 몽고의 침략에 이를 때까지 중국은 한국의 정치에 개입한 사실이 없었다. 최충헌을 포함하여 무신 지도자들은 진나라의 부정적인 반응을 혹시 우려했을지는 모르지만, 왕조의 정당성이 중국의 영향으로 인해 실질적으로 위협받을 정도는 아니었다. 윤 교수는 고려사에 따르면 고려에 대한 중국의 정치적인 압력은 최 씨 무인정권 시절보다 14세기 후반에 더욱 심했다고 말한다. 역사적인 기록들이 명나라를 건국한 주원장이 고려 왕실의 여러 가지 국사에 관하여 빈번하게 압력을 가했음을 보여준다. 그는 고려 왕실에 거액의 조공을 요구했고, 이성계의 1388년 반란 이후에도 그 압력은 계속되었다. 사실, 새로운 왕조의 이름 "조선"도 명나라를 건국한 주원장이 고른 것이었다. 그렇지만 이러한 영향들은 권력을 교체할 만큼 강력한 것은 아니었다. 그러므로 중국의 압력은 한국 정치에 있어서 주요한 요인은 아니었다고 할 것이다.

그러면 두 반란에 대한 백성들의 반응은 어떠했을까? 1170년의 무신란 이후에 백성들의 반응은 싸늘했다. 권력을 둘러싸고 쟁투가 계속 이어지자 사회질서가 심하게 흔들렸다. 백성들은 군사정권에 대한 그들의 반대와 불만을 민란의 형태로 표출했다. 무신들이 집권한 80여 년 동안에 전국적으로 80회 이상의 민란이 일어났다. 1200년에는 한 무리의 농민들이 봉기하여 김해의 지역 유지들을 살해하려고 시도했다. 정부의 관리들이 봉기를 진압하려 하자, 반도들은 "우리는 권세 있고 욕심 많은 자들을 제거하여 우리 마을을 깨끗하게 하려고 한다. 왜 우리를 공격하는가?"라고 반문했다. 백성들은 공개적으로 엄격한 신분제도에 항거했다. 1198년 수도 개경에서 천민 만적이 천민들의 무장봉기를 이끌었다. 그는 "반란 이후로… 이 나라에서 많은 천민들이 고위 관리의 자리에 오르는 것을 보았다. 이런 장수들과 재상들이 우리들과 근본적으로 무엇이 다르다는 말인가? 기회가 주어진다면 누구도 그렇게 될 수 있다. 왜 우리는 여전히 고역과 채찍 아래 있어야 하는가?"라며 울분을 토했다. 한편으로 신분제도를 공격하면서, 그는 또한 무신란 때문에 국가적 무질서가 일어났다고 지적한 것이다. 결국, 무신 반란에 대한 백성들의 반응은 대체로 부정적이었다.

이성계의 반란에 대한 백성들의 반응은 어떠했을까? 14세기 말에 대부분의 고려 백성들은 비참한 삶을 살고 있었다. 토지제도는 혼란에 빠져 대부분의 토지를 세도 가문들이 차지했다. 그 결과 많은 농민들이 소유하던 땅을 잃고 소작농이 되었다. 소작농들은 무거운 소작료 부담에 허덕여야 했다. 고려 말의 성리학자 관리였던 이색은 상소문에서 소작농들의 곤경에 관하여, "소작료 징수원이 올 때, 한 명의 토지 소유자가 보낸 것이라면 그리 나쁘지 않습니다. 그러나 때로는 서너 명의 소유자가, 심지어 일곱 혹은 여덟 명이 소유자라는 사람들이 각각 징수원을 보내옵니다. 만약 지불한 소작료가 충분하지 않으면, 징수원들은 부족한 액수를 대출이라고 우기며 그에 대한 이자까지 받으려고 합니다. 이러한 상황에서 농부가 어떻게 부모를 봉양하고 가족을 부양하겠습니까? 농민들의 빈곤이 만연하고 있습니다."라고 적었다. 이러한 이유로 이제현, 이색 등 많은 성리학자 관리들은 철저한 토지개혁을 주장했다.

더구나 1365년부터 1377년까지 일곱 번의 심각한 가뭄이 들었다. 이뿐만 아니라 백성들은 잦은 외적의 침입 때문에 심각한 피해를 입어야 했다. 중국의 도적 떼인 홍건적이 침범하여 북방영토를 파괴했고, 남쪽에서는 일본의 해적인 왜구들이 일상적으로 침입하여 해안 마을들을 약탈했다. 고려사에 수록된 1391년의 상소문을 보면, "1350년에 왜구가 출몰한 이래로 우리의 지역들이 파괴되어 황폐화되었고, 어떤 지역에는 이제 아무도 남지 않았습니다."라고 기록되어 있다. 왜구들은 종종 고려의 세금 운반선을 나포하기도 하여 관리들이 급여를 받지 못하게 되자 관리들의 불만 역시 높아져 갔다. 그럼에도 불구하고 백성들은 정부를 의지할 수 없었다. 이러한 절박한 상황에서, 대부분의 백성들이 급격한 변화를 바랐을 것으로 충분히 짐작할 수 있다. 1390년에 토지개혁이 시행된 후, 고위 관리들은 이성계를 새로운 왕으로 즉위시키는 방법을 논의하기 시작했다. 어떤 이들은 "하늘의 뜻과 백성의 마음이 이미 이성계의 편에 있다. 그를 왕위에 오르도록 해야 하지 않겠는가?"라고 주장했다. 역사 기록에 따르면, 비록 상당수의 고려 사대부들이 그의 즉위에 찬동하지는 않았지만, 일반 백성들은 이성계의 군사 반란과 이어진 개혁 조치에 반발하지 않았다.

그러면 왜 백성들은 두 반란을 다르게 보았을까? 그들의 생각은 어떠했을까? 일반적으로, 고려인들은 반란에 대하여 강한 거부감을 가지고 있다. 이러한 정서는 주로 유교의 가르침에 근거를 두고 있다. 전통적인 유교 윤리는 하급자의 상급자에 대한 반항을 허용하지 않았다. 예컨대, 부모에게 잘못이 있을지라도 자녀들은 부모에게 반항해서는 안 되었다. 마찬가지로, 비록 왕에게 잘못이 있을지라도 신하는 왕에게 반역할 수 없다. 맹자는 "군주에게 잘못이 있을 때, 신하들은 항의하여야 하고, 그들이 반복하여 항의했음에도 군주가 이를 듣지 않으면, 신하들은 떠나야 한다."라고 가르쳤다. 맹자에 따르면, 군주가 비록 덕을 잃고 천명을 잃을지라도 그의 신

하늘은 왕을 폐위시킬 수 없고, 대신에 그들은 군주로부터 떠날 수 있다고 한다. 이러한 가르침에 따라 고려인들은 1170년의 무신들의 반란 행위를 부도덕한 것으로 보았다. 이러한 정서는 고려 말의 저명한 유학자 이제현에 의해 분명히 표현된다. 그는 회고하기를, "불행히도 의종 말년에 무신의 반란이 일어났다. 선악 간에 분별 없는 파괴가 있었다."라고 평가했다. 그에 따르면, 위 반란은 무자비하고 부도덕한 것이었다. 따라서 백성들의 지지를 얻지 못한 것이다.

앞서의 경우와 달리, 맹자는 군주를 폐위시킬 수 있는 다른 경우를 설명한다. 그는 "인간성을 잃은 자는 도둑이라고 불린다. 의로움을 잃은 자는 강도라 불린다. 도둑이나 강도인 사람은 한낱 동류라고 불린다. 나는 주나라 시절에 동류를 처벌했다는 이야기는 들어 보았지만, 군주를 살해했다는 이야기는 듣지 못했다."라고 설명했다. 이 말의 의미는 만약 군주가 그 덕과 천명을 잃게 되면 그 신하들의 경우와 달리, 천명, 즉 하늘의 명령을 받은 다른 사람은 부도덕한 군주를 타도할 수 있다는 의미이다. 맹자는 중국 역사에 있어서 천명을 받은 주나라 왕이 부도덕한 상나라의 왕을 타도한 사례를 소개했다. 만약 군주가 그의 덕을 완전히 잃고 새로운 사람이 하늘의 명령을 받은 경우에는 반역이 정당화될 수 있다는 역성혁명(易姓革命)의 이론이다. 여기서 주목할 점은 맹자가 백성들의 지지를 하늘의 지지와 동일시했다는 점이다. 그는 "하늘은 백성들이 보는 대로 보고, 하늘은 백성들이 듣는 대로 듣는다."라고 표현했다. 이런 의미에서 1170년의 반란은 요건을 갖추지 못했지만, 이성계의 반란에는 그러한 요건을 충족했다고 볼 것이다. 왜냐하면 옛 왕조의 타락과 아울러 그는 일련의 성공적인 개혁을 통해서 백성들의 마음과 지지를 얻었기 때문이다. 이러한 점에서, 고려 백성들의 마음속에는 유교적인 도덕과 천명의 관념이 깔려 있었다고 볼 수 있다.

이 연구를 통해서 1170년의 무신란에 성공한 주도자들이 새로운 왕조를 선언하지 않은 이유를 살펴보았다. 비록 그들의 반란이 성공적이었지만, 그들은 백성들을 설득할 만한 정당한 명분이 없었다. 그들은 개혁의 계획도 가지고 있지 않았기 때문에 고려인들에게 어떠한 의미 있는 변화도 가져다주지 못했다. 그 결과, 백성들은 소요와 민란의 방법으로 그들의 불만을 표현했다. 이러한 이유로 반역의 주도자들은 고려 왕조를 뒤엎을 생각을 감히 하지 못했다. 아울러, 반란에 대한 민중들의 인식을 검토했다. 그들의 관념은 일반적으로 유교의 이념에 기초하고 있었다. 맹자의 천명의 관념은 반란의 성격을 평가할 리트머스 시험지라 할 수 있다. 이 관념에 따라서 고려의 백성들은 두 군사 반란을 판이하게 평가했다. 만약에 하늘의 명령이 옮겨지지 않는다면 사람들은 반란을 혐오하고 저항할 것이다. 끝으로, 두 반란의 지도자들 사이에는 흥미로운 관계가 있음을 확인할 수 있었다. 이성계는 1170년의 무신란에 참여했던 한 무장의 후손이었다. 그의 6대조 이린은 1170년에 형 이의방과 함께 반란을 주도했다. 달리 말해서, 이성계는 그의 조상이 200년 전에 이루지 못한 꿈을 이룬 셈이다.

여성 한국사 세미나 과목

여성 한국사 세미나 과목의 페이퍼 작성을 위해서, 병자호란으로 인한 백성들의 비극을 연구의 테마로 삼아 리서치를 했다. 혹시 "화냥년"이라는 욕을 들어 보았는지 묻고 싶다. 그리고 그 의미가 무엇인지도…. 우리가 흔히 알고 있기로는 정조관념이 없는 여자를 경멸하여 비하할 때에 쓰는 욕설이다. 또 직업적으로 윤락을 하는 윤락녀를 부르는 호칭이기도 하다. 그렇지만 이 용어의 유래에는 우리의 슬픈 역사가 담겨있다. 만주인들은 수십만 명의 조선인 남녀를 포로로 잡아서 인질로 삼아 만주로 끌고 갔다. 그 후 2년간 다수의 포로가 몸값을 지불하고 풀려나 집으로 돌아왔다. 그렇지만 대부분의 사대부 집안은 돌아온 며느리를 시집의 일원으로 받아들이려 하지 않았다. 그녀들이 정절을 잃었다는 이유 때문이었다. 심지어 한 사대부 집안은 국왕에게 이혼을 구하는 상소를 올리기까지 했다. 이 상소로 인해 조정과 고위 신하들 사이에 격렬한 논쟁이 일어났다. 이 논쟁은 "환향녀 논쟁"이라고 불렸다. 환향녀(還鄕女)는 당시 만주에서 귀환한 여인을 부르는 호칭이었다. 나는 이 논쟁에 관하여 깊이 연구하여 다음과 같은 에세이를 작성했다.

17세기 조선의 환향녀(還鄕女) 논쟁: 여성의 정절에 대한 다른 견해
16세기 말의 임진왜란이 끝난 후 조선의 백성들은 또 다른 재난을 겪어야 했다. 17세기 초 만주족의 침략이었다. 연이어진 외적의 침략에도 불구하고, 조선의 정부는 재난을 막거나 줄이기 위해 거의 어떠한 역할도 하지 못했다. 만주족의 조선에 대한 첫 번째 침략은 1627년이었다. 이 정묘호란은 평화조약을 체결함으로써 끝이 났는데, 이 조약에서 조선은 만주족을 형제의 나라로 인정했다. 이후 만주족은 1636년에 청나라를 건국하고 특사를 조선에 보내어 청나라의 조선에 대한 종주권을 요구했다. 그러나 조선은 청나라의 사신을 거부했다. 이 일로 인하여 만주족의 두 번째 침략, 즉 병자호란이 이어졌다. 청나라 군대는 신속히 진군하여 조선의 군대를 쉽게 제압했다. 국왕 인조는 남한산성으로 피신했다가, 결국 청나라 황제 홍타이지(태종)에게 항복한다.『인조실록』에는 다음과 같이 기록되어 있다. "왕의 수레가 이동하는 중에, 포로로 잡힌 남녀 백성들이 울면서 왕에게 소리쳤다. '우리의 왕이시여, 왕이시여, 정녕 우리를 버리고 가시렵니까?' 좁은 통행로를 따라서 1만 명의 남녀가 늘어서 울면서 소리쳤다."

　　만주인들은 수십만 명의 조선인 남녀를 포로로 잡아서 인질로 삼아 만주로 끌고 갔다. 여기에는 왕의 두 아들도 포함되어 있었다. 그 후 2년간 다수의 남녀 포로가 몸값을 지불하고 풀려나 집으로 돌아왔다. 그렇지만 대부분의 사대부 집안은 돌아온 며느리들을 시집의 일원으로 받아들이려 하지 않았다. 그녀들이 정절을 잃었다는 이유 때문이었다. 심지어 한 사대부 집안은 1638년에 국왕에게 이혼을 구하는 상소를 올리기까지 했다. 이 상소로 인해 조정의 고위 신하들 사이에 격렬한 논쟁이 일어났다. 이 논쟁은 환향녀 논쟁이라고 불렸다. 환향녀(還鄕女)는 당시 만주에서 귀환한 여인을 부르는 호칭이었다. 상소를 올린 장유(1587-1638)는 그의 아들과 며느리의 이혼을 구했는데, 그의 며느리는 만주에서 귀환한 환향녀였다. 그는 며느리가 이미 정절을 잃었으므로 더 이상 남편이나 조상을 섬겨서는 안 된다고 주장했다. 이에 대하여 좌의정 최명길(1586-1647)이 귀환한 여인들을 위해 나섰다. 그는 환향녀 모두가 그들의 정절을 잃은 것은 아니기 때문에 이혼을 허용해서는 안 된다고 주장하면서, 만약에 이혼이 허락된다면, 포로로 잡혀간 부녀자들은 귀환을 거부하고 이국땅에서 목숨을 끊을 것이라고 우려했다.

　　이 논쟁은 환향녀들의 비참한 처지에 대한 깊은 연민의 정을 불러일으킨다. 이 논쟁에서 어떠한 양반 관리도 귀환한 여인들 편에 서지 않았다. 사실, 이 상소는 터무니없는 것이다. 왜냐하면 여인들의 불행한 운명은 전적으로 조선의 지배 세력인 양반 남자들에게 책임이 있기 때문이다. 그들은 외적의 침략으로부터 가족들을 지키지 못했다. 그럼에도 불구하고 피해자인 아내들을 비난하면서 이혼을 구하고 있다. 양반 남자들은 어째서 환향녀들에 대하여 자비를 베풀려 하지 않았을까? 과연 이 논쟁의 근본적인 이유는 무엇이었을까? 이 논쟁은 여성의 정절에 대한 견해의 차이를 반영하고 있다. 국가는 사회의 미풍양속을 고양하기 위하여 여성의 정숙한 행실을 강조하고 있다. 반면에, 양반 계급은 혈통의 순수성과 가문에 대한 평판을 의식하여 여성의 신체적인 순결성의 보호에 집착하고 있다. 이 글을 통해서 나는 다음과 같은 문제를 살펴보려고 한다. 이 논쟁에 있어서 양측의 주장은 무엇인가? 양측은 어째서 여성의 정절에 대하여 다른 견해를 가지고 있는가? 논쟁의 결론은 무엇이었나? 그런데 논쟁에 관하여 살펴보기 전에 먼저 조선 사회에서 여성의 정절이 과연 어떤 의미를 가지고 있었는지 알아볼 필요가 있다.

여성의 정절은 무엇인가? 정절은 유교 사회에서 요구되는 여성의 주된 덕목으로, 육체적인 그리고 도덕적인 완전성을 지키는 것이다. 이 덕목은 원래 유교사회에서 부계 혈통을 유지하기 위한 방편으로서 이해되어야 한다. 그 이유는 아내의 육체적 순결이 가계 혈통의 순수성을 유지하는 데 있어서 필수적이기 때문이다. 후에 이 덕목은 보다 복잡한 개념으로 발전된다. 동양 사상을 연구하는 이숙인은 정절을 여성의 성을 통제하는 장치라고 정의한다. 한국사 학자 마티나 도이츨러(Martina Deuchler)는 "정절은 여러 가지 형태를 취한다. 해가 진 후 집 밖에 나갈 때 천으로 얼굴을 가리는 것으로 시작하여 스스로 신체의 일부를 절단하거나 심지어 목숨을 끊는 것까지"라고 말한다. 한국사 학자 김정원은 "정절은 단순히 여성의 도덕적인 그리고 성적인 순결함에 그치는 것이 아니라 가문의 지위나 지역사회에서의 평판을 결정하는 가문의 역량의 명백한 징표이기도 했다."라고 설명한다. 이외에도 정절은 여성들의 도덕성과 선한 풍습을 장려하는 데 있어서 강조되는 핵심 덕목이었다. 이러한 장려는 주로 국가에 의해서 시행되었는데,『성종실록』에는 "수신전(守信田) 제도가 시행되었다: 이것은 특별히 중요한 제도이다. … 백성들이 도덕적인 변혁을 꾀하고 풍습을 교정하는 데 적지 않은 역할을 한다."라고 기록되어 있다. 국가의 관심은 양반 부녀자들의 도덕적 변혁과 사회의 풍습을 교정하는 데 있음을 알 수 있다. 요약하자면, 정절의 관념은 '개인, 가문 그리고 국가' 이 세 분야에서 사회적 통제장치로서 기능했다.

그러면 조선 사회는 왜 정절을 여성의 최고의 덕목으로 보았을까? 조선의 건국자들은 성리학 유교의 이상에 따라 가부장 국가의 건설을 꿈꾸었다. 가부장 전통의 수립을 위하여 여인의 순종이 충, 효와 함께 세 가지 주요한 덕목(三綱)으로 강조되었다. 이러한 이념은 최항(1409-1474)의 세종대왕에 대한 건의문에 잘 나타나 있다. "하늘이 땅에 앞선 것이 강약의 원리입니다. 아내가 지아비에게 순종하는 것이 음양의 법칙입니다. 그러므로 남자는 재능과 덕으로써 이끌고, 부녀자는 의무를 다하여 지아비를 뒤따릅니다. 이것이 하늘과 땅과 세상의 변함없는 법도입니다." 그의 생각은 아내에게 남편에 대한 복종을 강조하는 성리학의 이념에 바탕을 두고 있다. 중국 송나라 시대의 대표적인 성리학자인 정이(1033-1107)는 남자와 여자의 상하관계에 대하여 다음과 같이 설명한다.

남자와 여자 사이에는 상하의 위계질서가 있다. 그리고 남편과 아내의 사이에는 누가 인도하고 누가 따를지의 원리가 있다. 이것은 불변의 원리이다. 만약 사람이 기분에 따라 욕망과 쾌락에 끌려 행동한다면, 남자는 욕망에 이끌려 그의 특성과 강점을 잃어버리고, 여자는 쾌락에 빠져 복종의 본분을 망각하게 될 것이다. 그러므로 불행이 따르고 아무에게도 유익하지 않을 것이다.

그의 설명에 따르면, 상하관계는 변함없는 원리이기 때문에, 아내는 그 남편에게 충실해야 한다는 것이다. 여성의 정절은 죽을 때까지 지킬 것이 기대되기 때문에 과부의 재혼은 바람직하지 않다고 보았다. 그는 과부의 재혼에 대하여 다음과 같이 말한다. "남자와 여자가 결합하여 혼인상태가 되면, 그 결합은 평생토록 변할 수 없는 것이다. 그러므로 예법에 따르면 재혼은 있을 수 없다." 그리고 또한, "혼인은 하늘에 의해 맺어진다. 만약 남자가 정절을 잃은 여자를 그 아내로 택한다면, 그 역시 자신의 완전성을 잃어버리는 것을 의미한다. 재혼의 관념은 사람이 굶어 죽을까 염려하는 두려움에서 생겨난 것이다. 그러나 굶어 죽는 것은 사소한 일이다. 반면에, 정절을 잃는 것은 아주 심각한 일이다."라고 언급했다.

성리학을 집대성한 주희(1130-1200)는 다음과 같이 여성의 복종을 강조했다. "여자는 남자에게 굴복한다. 이러한 이유로 미덕만으로 여인을 규제해서는 안 되고, 삼종지도(三從之道)가 있는 것이다. 가족과 함께 살 동안에 여자는 그 아버지에게 복종한다. 결혼한 후에는 남편에게 복종하고, 남편이 죽은 후에는 그 아들에게 복종한다. 언제라도 여인은 자신의 의향에 따르려 해서는 아니 된다." 주희 역시 과부가 재혼하지 않는 것이 낫다고 믿었다. 그는 귀감이 되는 젊은 과부는 재혼할 수 없도록 스스로 머리를 자르고, 귀를 자르고 코를 자르는 여인이라고 했다. 이와 같이 성리학자들이 보기에, 정절은 유교적인 사회질서를 유지하기 위해서 여성에게 필요한 근본적인 미덕으로 간주되었다.

정절을 강조한 사회현상은 단지 성리학의 이념 때문만이 아니라, 고려로부터 조선으로 이어지는 변혁기의 혼인 풍습의 변화와도 관련이 있다. 고려 시대의 혼인제도는 다소 느슨한 편이었다. 고려 시대에는 데릴사위제, 즉 남편이 아내의 가족들과 함께 사는 관습이 흔한 일이었다. 이러한 생활방식 하에서 여성은 집에서 더 큰 목소리를 낼 수 있었다. 더구나, 딸들은 재산 상속에 있어서 아들들과 동등한 권리를 가지고 있었다. 이러한 경제적인 여건은 여성으로 하여금 서로 맞지 않는 남편과 이혼할 수 있게 해 주었고, 재혼 역시 사회적인 수치가 아니었다. 이러한 이유로, 고려 시대에 과부의 재혼은 흔한 일이었다. 고려의 여성들은 자유와 함께 상당한 수준의 평등한 지위를 누릴 수 있었다.

고려의 여인들과는 달리, 조선의 아내들은 친정의 구성원이 아니라 시집의 구성원으로 간주되었다. 부계 혈통 승계에 있어서 아내들의 역할은 매우 중요하게 여겨졌다. 혼인과 거주 풍습에도 근본적인 변화가 있었다. 고려의 모계 거주 형태는 부계 거주 형태로 바뀌었다. 최항은 세종에게 새로운 거주제도를 강제할 것을 제안한다.

> 어떻게 옛 왕조의 잘못된 풍습이 고쳐지지 아니하고 계속될 수 있습니까? 남자가 여자의 집안에 들어가 살게 되면, 남편과 아내의 본래 의미에 혼란이 생기게 됩니다. 양이 음에게 복종한다면 하늘과 땅의 이치에 반하는 것입니다. 지금과 같이 태평성세에 무엇이 부족한 점이 있겠습니까? 만약 전하께서 타락한 모계 거주 가정에 대하여 엄격한 조치를 취하고 오랜 기간 시행하신다면 백성들은 바른 예법의 가치를 깨닫게 되어 이후로는 감히 올바른 혼인 풍습

을 위반하려 하지 않을 것입니다.

여성의 친정에서의 재산 상속권과 가계 세습의 역할도 현저히 줄어들었다. 도이츨러는 이러한 변화는 거주 풍습의 변화에 따른 결과라고 설명한다. 조선에서는 부계 거주 풍습에 따라 아내는 남편의 집안으로 이주하도록 요구되었다. 이로 인하여 여자들은 친정으로부터 상속분을 받기 어렵게 되었다. 반면에, 어떤 시가에서는 특별한 경우에 며느리에게 특정한 재산을 주기도 했다. 부안 김씨 가문의 1735년 기록에 이러한 내용이 보인다.

너는 나를 돌보느라 모든 노력을 다해 왔다. 그리고 조상의 제사를 모시는 데에도 나를 도왔다. 너의 봉사는 지극히 온화하고 평온했다. 또한 네가 하인들을 부리는 자세 또한 귀감이 될 만하다. 우리 집안에 더할 나위 없는 축복이 아닐 수 없다. 나의 고마운 마음을 어떤 선물로 표현하고 싶구나 … 너에게 8명의 하인과 몇 필지의 땅을 주겠다.

이러한 호의적인 처우는 조선의 아내들이 시가에서 안정적인 지위를 얻었고, 스스로 친정보다는 시가에 대한 강한 소속감을 느끼고 있었음을 보여준다.

혼인 풍습에 있어서 눈에 띄는 또 다른 변화는 과부의 주거지였다. 이는 시가에서의 아내의 역할과 지위가 한층 강화되었음을 보여준다. 고려 시대에 아내의 시가에 대한 결속은 그리 강하지 않았다. 남편이 죽은 후에는 과부는 보통 시가에서 자녀를 데리고 나왔다. 그곳에서는 더 이상 역할도 권위도 없어졌기 때문이다. 과부가 자녀를 데리고 재혼하는 것은 흔한 일이었다. 반면에, 조선의 아내들은 그 남편이 죽은 후에도 시가에서 계속 거주하면서 그들의 지위를 계속 유지했다. 자녀들은 남편의 집안의 혈통에 속했다. 조선시대에 아내들은 잘 짜인 부계 집안에서 중요한 역할을 했다. 이런 의미에서 조선 여성들의 집안에서의 지위는 고려 여성들의 지위에 비해 보다 안정적이었다. 아내들이 시가에서 얻게 된 이러한 안정적인 지위가 조선사회에서 아내들에게 정절을 특별히 강조한 하나의 이유가 될 수 있다.

그러면 환향녀 논쟁으로 돌아가서, 양측의 주장은 무엇이었을까? 이조판서를 역임한 장유는 예조에 청원을 올려서 그 아들과 며느리 사이의 이혼을 청원했다. 이와 동시에 전 승지 한이겸도 구두로 청원하여 딸을 위해 호소했다. 그 딸은 만주에 포로로 잡혀갔다가 돌아왔는데 그 남편이 이혼하고 다른 여자와 재혼하려 한다는 것이었다. 이에 예조는 1638년 3월 조정에 이 문제를 상신했다. 『인조실록』 제36권에는 다음과 같이 기록되어 있다.

> 신풍 부원군 장유가 청원을 올려 이르기를, "소신의 외아들, 선징이 그의 아내와 이혼하도록 허락하여 주실 것을 청원합니다. 그의 아내는 전쟁 때 포로로 잡혀갔다가 속환되어 지금 그 친정에 머무르고 있습니다. 그녀가 조상의 제사를 준비하는 신성한 일을 맡게 할 수 없고, 또한 우리 가문의 이름을 가진 아들을 낳는 것을 용납할 수 없습니다. 그러므로 부디 아들이 이혼하고 재혼할 수 있도록 허락하여 주십시오"라고 했다. 반면에, 전 승지 한이겸은 만주에 붙잡혀갔다 돌아온 그의 딸을 위해 청원하기를, 그의 사위가 재혼을 원하고 있으므로 사위를 벌해달라는 것이었다. 그러므로 예조는 아뢰기를, 주상 전하께서 앞으로의 논란과 불만이 없도록 이 문제를 대신들과 심각하게 논의하시기를 바란다고 했다.

장유의 주장은 이 문제에 대한 당시의 양반 가문의 지배적인 견해를 대표한다. 반면에, 좌의정 최명길은 다음과 같이 세 가지 이유로 이혼 청원이 허가되어서는 안 된다고 주장했다. 첫째, 이전의 선조(재위 1567-1608) 때에 선례가 있었는데, 당시 조정은 임진왜란 때 포로로 붙잡혀갔다 돌아온 부녀자에 대한 비슷한 청원에 대하여 이혼을 허락하지 않았다. 그의 나머지 이유는 『인조실록』에 다음과 같이 기록되어 있다.

> 청나라에 붙잡혀갔다 돌아온 양반 부녀자들은 소수가 아니라 다수입니다. 돌아온 여인들에 대한 이혼이 허락된다면, 사람들은 그들의 아내나 며느리들을 청나라로부터 속환하려 하지 않고 그냥 버려둘 것입니다. … 또한, 돌아온 여

인들 모두가 그들의 몸을 더럽힌 것은 아닙니다. 다만 자신들의 정절을 보일 수 없을 뿐입니다. 난리 통에 그들의 몸을 더럽힌 것으로 추정되는 많은 여인들은 실상은 그렇지 않았습니다. 이러한 상황에서 누가 그녀들의 순결을 믿어주겠습니까? 마찬가지로, 돌아온 여인들 모두가 몸을 더럽혔다고 할 수 없는 것입니다. 저는 많은 여인들이 그들의 몸을 더럽히지 않았다고 확신합니다. 그럼에도 그녀들은 자신들의 순결을 증명할 길이 없어서 그릇 비난받고 있습니다. 이것이 한이겸이 자기 딸의 억울함을 살펴 달라고 청원한 이유가 아닙니까?

최명길의 주장은 국가의 입장을 대표하는데, 환향녀들에 대해 동정적인 입장이었다. 이 문제에 관하여 양측이 이렇게 상반된 입장을 취하는 이유는 무엇 때문이었을까? 그 이유는 여성의 정절에 대하여 서로 다른 견해를 가지고 있었기 때문이다. 최명길이 대표하는 국가의 입장은 왕조의 건국이념에 그 근거를 두고 있다. 조선왕조의 설계자들은 이상적인 유교국가의 건설을 꿈꾸었다. 이상적인 가정의 모델은 정교하게 짜인 부계 가정이었다. 이에 따라 부녀자의 정절이 특히 강조되었는데, 그 이유는 가부장적 사회질서를 유지하고 사회에 유교적인 조화를 이루려는 목적 때문이었다. 이를 위해 국가는 유교 윤리와 여인의 덕목을 선전, 장려했다. 이러한 이념은 1435년에 발간된 삼강행실도에 수록된 권채(1399-1438)의 서문에 잘 표현되어 있다. "저명한 인물들을 선정하여 그들의 모습을 그리고, 그들의 이야기를 편집하여 한양 안팎에 널리 보급함으로써, 무지한 남편들과 아내들이 그들을 보고서 공감함으로써 올바른 행실을 쉽게 본받도록 하는 것이다. 이렇게 함으로써 백성을 교화하고 풍습을 개선하는데 도움이 될 것이다." 또한 1458년에 발간된 국조보감에도 국가의 보훈제도의 목적이 설명되어 있다. "좋은 통치는 국가가 윤리를 융성케 하고 올바른 풍속을 회복함으로써 시작된다. 이러한 이유로 효자들과 정숙한 부녀자들을 명예롭게 하는 것이 대단히 중요하다." 이와 같이 국가가 여성의 정절을 강조한 이유는 부녀자들의 도덕적인 행실을 장려하고 풍속을 개선하려는 목적 때문이었다.

나아가 국가의 궁극적인 목적은 풍속을 개선함으로써 훌륭한 통치를 달성하는 것이었다. 조선의 지도층은 풍속을 사회의 건전함과 튼튼함의 지표로 보았다.

그리고 좋은 통치의 성공은 그 사회의 풍속의 수준에 달려 있다고 생각했다. 이러한 생각은 『태종실록』에 수록된 사간원의 1410년 상소문에 표현되어 있다. "풍속은 국가의 기본인 도덕적인 활력입니다. 교화하고 바로잡음이 당면한 국가적 과제라 할 것입니다. 국가는 교화와 교정을 통해 미풍양속을 고양할 수 있습니다. 이러한 일을 통해 선한 통치가 달성될 것입니다." 마찬가지로, 『중종실록』에 수록된 홍문관의 1517년 상소문에도, "소신들은 소학과 같이 일상생활에 중요한 책들을 민간에 널리 사용되는 한글로 번역하여 출간, 보급하기를 간청합니다. 만약 모든 가정이 교정되어 악한 습속이 그치면 하늘의 화목이 이 땅에 가득할 것입니다"라고 밝히고 있다. 이러한 입장에서 국가는 부녀자들의 행실에 주목했다. 그들은 교육과 보훈제도를 이용하여 도덕적인 행실을 권장했다. 반면에 처벌과 규제를 통해 부도덕한 행실을 억제했다. 그러므로 부녀자들의 책임 있는 행실이 국가의 관심사였다. 왜냐하면 그러한 행실만이 교정될 수 있기 때문이다. 반면에, 책임 없는 행위는 국가의 관심의 대상이 아니었다.

국가의 관점에서 볼 때, 환향녀들은 시가에서 쫓겨나서는 안 되었다. 왜냐하면 그녀들은 자신들의 불행에 대하여 책임이 없기 때문이다. 이 문제에 대한 선조의 견해는 이런 입장을 반영하고 있다. 18세기 말 실학자 이긍익이 쓴 『연려실기술(燃藜室記述)』의 조야첨재에 따르면, "이혼과 재혼의 청원은 환향녀들의 시가들에 의해 제기된 것이었다. 그러나 조정은 이러한 청원을 승인하지 않았다. 선조는 말하기를, '그들이 정절을 잃은 것은 자발적으로 순결하지 않은 행위를 하는 것과 비교할 수 없으니, 이 여인들은 이혼되어서는 아니 된다.'라고 했다."라고 기록되어 있다. 국왕은 분명하게 원칙을 정했다. 결과에 책임이 없는 이들은 그 결과에 대해 비난받아서는 안 된다는 원칙이다. 선조의 이러한 생각은 유학자 정재륜이 쓴 『공사문견록(公私聞見錄)』에서도 살펴볼 수 있다.

임진왜란 때 왜적이 6, 7년 동안 나라를 점령하여 적에게 포로로 잡혀 명예를 잃은 사대부 집안의 부녀자들이 많았다. 적군이 물러간 후, 다행히 재난을 당하지 않은 집안은 불행을 당한 집안과의 혼인을 하지 않으려 했다. 선조는 이 문제를 염려했다. 만약에 이런 추세가 오래 계속된다면, 이 나라에 건전한 사대부 가문이 거의 남지 않을 것이었다. 왕가와 귀족 가문 모두 재난을 겪은 집안과 긍정적으로 혼인하는 것이 중요했다. 이후로 불행을 겪은 집안에 대한 구별이 없어지기 시작했다.

국왕은 백성들이 적에게 붙잡혀 정절을 잃은 부녀자들과의 혼인을 회피하는 행위를 금지했다. 『인조실록』에 기록된 좌의정 최명길의 최종 주장도 같은 논리에 근거한다. "여인의 정절을 이렇게 평가한다면, 전시에 어떤 여인이 정절을 잃었다는 억울한 누명을 벗을 수 있겠습니까? 그렇기 때문에 포로로 잡힌 부녀자 모두를 정절을 잃은 것으로 취급할 수는 없습니다." 이와 같이, 국가는 여성의 책임 있는 행동에 초점을 맞추었고, 반면에 책임 없는 결과에 대하여는 비난하지 않았던 것이다.

그러나 국가의 윤리, 도덕적인 입장과는 달리, 양반 가문은 주로 가문의 입장에서 이 문제를 바라보았다. 그들은 혈통의 순수성 유지, 제사의례의 봉행, 가문의 평판 등에 집중했다. 그들은 며느리들이 이러한 가문의 이익을 위해 역할을 하기를 기대했다. 아내는 아들을 낳아 가문의 혈통을 잇고, 남편과 시부모를 섬기고, 또한 조상에 대한 제사의례를 경건하게 이행해야만 했다. 이러한 목적을 위해서 여인들은 그들의 정절을 지켜야 했다. 『인조실록』에는 논쟁의 말미에 이를 기록하던 사관이 자신의 개인적인 견해를 덧붙였다.

충성스러운 신하는 두 왕을 섬기지 않는다. 마찬가지로, 정숙한 여인은 두 남편을 섬기지 않는다. 충성과 정절은 국가를 건설하는 토대요, 우주를 떠받치는 기둥이다. 환향녀들은 비록 의지에 반하여 그녀들의 몸이 더럽혀졌을지라도 스스로 목숨을 끊지 않았다. 그러면 어떻게 그들이 정절을 잃지 않았다고 말할 수 있겠는가? 만약 어떤 여인이 정절을 잃었다면 이미 시댁과의 관계가 끊어진 것이다. 이미 단절된 관계를 강제로 재결합시키는 일은 전례가 없는 일이며, 누구도 받아들일 수 없는 것을 받아들임으로써 신성한 가문의 전통을 더럽힐 수는 없다. 최명길은 비뚤어진 생각으로 그녀들을 옹호했다. … 만약 더럽혀진 여인으로 하여금 부모와 조상을 섬기고 가문의 혈통을 잇도록 허용한다면 이는 하늘의 원리에 어긋나는 일이다. 최는 우리의 신성한 관습을 망치고 우리나라를 지켜야 할 원칙도 없는 야만 국가로 만들려는 자이다. 나는 그를 향한 격한 분노를 억누를 수 없다.

그는 환향녀들이 이미 정절을 잃었기 때문에 더 이상 시댁을 위해 봉사할 자격이 없다고 주장한다. 그는 이것이 하늘의 원칙이어서 변할 수 없다고 강조한다. 이 견해는 당시 양반 가문의 지배적인 입장이었다. 이러한 입장은 국가의 입장과는 사뭇 달랐다. 그들은 여성의 도덕적 행실보다는 신체적인 순결성에 초점을 맞추었다. 책임과 상관없이 일단 순결을 잃으면 시댁과의 관계가 자동적으로 끊어진다고 생각했다.

사관의 주장에서 한 가지 주목할 점은 환향녀들이 그들의 정절을 잃은 데 대하여 책임이 있다는 주장이다. 그는 위험에 처한 여인들이 스스로 목숨을 끊었어야 한다고 주장한다. 이 주장에서 정절에 대한 극단적인 기준을 볼 수 있다. 양반 가문들은 위기 상황에서 여인의 순절을 기대했다. 순절(殉節), 즉 정절을 지키기 위해 스스로 목숨을 끊는다는 개념은 임진왜란 중에 나타났다. 전쟁을 겪으면서 여인들은 정절을 지키기 위해 점점 더 극단적인 방법을 사용하게 되었다. 자해와 심지어 자살을 포함한 자기희생은 사회에서 순결한 행동의 이상적인 형태로 칭송받았다. 임진왜란 직후인 1617년에 출간된 『동국신속삼강행실도(東國新続三綱行實圖)』는 여러 가지 덕행을 보여준다. 정숙한 여인에 관한 기록은 모두 717건인데, 이중 70퍼센트 이상이 임진왜란 때 발생했다. 이중 80퍼센트에 달하는 404명의 여인이 자신의 정절을 지키기 위해 스스로 목숨을 끊었다는 내용이다.

이 책에서 순절은 명예로운 죽음으로 거듭 칭송되었다. 저명한 유학자 이수광은 그의 저서 『지봉유설』에서 극단적인 사례를 소개한다.

임진왜란 때 한 유학사의 아내가 하녀와 함께 도망가다가 강을 건너기 위해 나루터에 도착했다. 많은 사람들이 배에 타고 있었기 때문에 그 둘은 손을 잡고 막 배를 타려고 했다. 그때 배에 타고 있던 한 사람이 그 여자의 손을 잡아 당겨 세웠다. 그러자 여자는 "이제 내 손이 바깥 남자에게 너럽혀졌으니 어찌

살 수 있으리요?"라고 울부짖으며 강물에 빠져 죽었다.

이 이야기는 전란 중에 순결한 행실이 얼마나 극단적으로 강조될 수 있는지 보여준다. 이러한 관념으로 양반 가문은 환향녀들이 자살하지 않았기 때문에 책임이 있다고 주장하고 있다.

그러면 이 논쟁의 결과는 어떠했을까?『인조실록』에 따르면, 인조는 양측의 의견을 들은 후 좌의정 최명길의 주장을 인정하고, 이혼 청원을 불허했다. 그럼에도 불구하고 귀환한 여인들의 남편들은 조정의 결정에 따르지 않았다. 그들은 돌아온 아내들을 버리고 재혼을 시도했다. 국왕의 결정에도 불구하고 왜 양반 가문들은 이를 거부했을까? 그 이유는 여성의 정절에 대한 양반 가문의 집착 때문이라고 할 수 있다. 당시 양반 가문들 사이에 혈통을 강조하는 사회적 풍조가 있었다. 이러한 경향을 잘 보여주는 것이 바로 족보이다. 유교 사회에서 족보는 매우 중요했다. 확인된 혈통적 배경을 가진 사람들만이 국가에서 중요한 관직에 오르고 지위를 유지할 수 있었다. 유학자 관리인 서거정(1420-1488)은 안동 권씨 족보의 서문에서 다음과 같이 이를 강조했다. "예로부터 저명한 집안과 유명한 후손들이 숱하게 많았다. 그들 중에서 높은 관직과 중요한 직책에 오른 사람이 어찌 존경을 받지 않았겠는가? 그러면 그들은 왜 몇 세대 후에 쇠퇴하여 사그라졌을까? 그것은 이전 세대의 기초가 굳건하지 못했고, 후손들이 갑작스러운 오만과 사치로 그 기초를 잃었기 때문이다." 그는 가문의 흥망성쇠와 직결되는 계보 유지의 중요성을 강조한다. 우수한 혈통을 유지하는 것은 좋은 계보에 필수적이다. 그리고 아내의 정절은 순수한 혈통을 위해 가장 중요한 덕목이다. 이러한 이유로 양반 가문은 여인의 정절에 그토록 집착하는 것이다.

정절에 집착한 또 다른 요인으로 가문에 대한 평판을 들 수 있다. 정숙한 아내에 대한 국가의 포상 제도 하에서 양반 가문들은 국가의 인정을 받으려고 노력했다. 공적인 인정 제도는 어떤 가문의 도덕적 지위를 다른 가문들과 구별해 주는 역할을 했다. 정숙한 아내를 더 많이 배출한 가문은 지역사회에서 명예로운 가문으로 칭송받았다. 이러한 이유로 가문들은 공적인 인정을 받기 위해 엄청난 노력을 기울였다. 김정원 교수는 그러한 경향에 관하여, "국가의 포상에 대한 집착은 가문의 평판을 미화하려는 가문의 관심뿐만 아니라 지역 주민들 사이에서 신구 세력의 끊임없는 대립에서 비롯된 것"이라고 설명한다. 이에 상응하는 최근의 한 연구는 19세기 조선에서 정절을 지키기 위한 순절의 주된 이유는 개인의 고결함과 가문의 명예였다고 밝힌다. 가문의 평판이 정절에 집착했던 이유 중 하나였음이 분명하다.

이러한 이유로 양반 남자들은 이 문제에 대한 자신들의 입장을 고집했다. 인조가 이혼 청원을 받아들이지 않았으나, 두 달 뒤 특진관 조문수가 같은 문제를 다시 제기하며 최명길을 비난했다. 『인조실록』에 따르면, 조문수는 "남편과 아내의 관계는 인륜의 근간입니다. 귀환한 여인들은 이미 그들의 시댁과의 근본 관계가 깨어졌습니다. 이미 깨어진 관계와 더럽혀진 가문의 전통을 어떻게 강제로 재결합시킬 수 있겠습니까?"라며 이혼을 허락해야 한다고 제안했다. 그러나 인조는 단호히 그 제안을 거부했다. 환향녀들이 의지에 반하여 정절을 잃었고, 당시에 자살을 할 수도 없었다는 이유였다. 이러한 임금의 단호한 입장에도 불구하고, 환향녀들의 운명은 달라지지 않았다. 양반 가문들의 입장이 변하지 않았기 때문이다.

이 논쟁은 병자호란 당시 환향녀들의 비참한 운명을 보여준다. 양측의 주장은 여성의 정절에 대한 서로 다른 인식을 반영한다. 최명길이 대표하는 국가는 여성의 정숙한 행동에 주목하여 사회의 선한 풍속을 고양하는 것을 그 목표로 삼았다. 반면에, 청원자 장유가 대표하는 양반 가문들은 혈통의 순결과 가문의 평판을 위해 여성의 육체적인 순결성에 관심을 집중했다. 인조는 환향녀들이 자신들의 불행에 대하여 책임이 없다는 이유로 이혼 청원을 거부했지만, 양반 가문들 중에서 어느 가문도 국왕의 결정에 따르려 하지 않았다. 대부분의 양반 남자들은 돌아온 아내들을 버리고 재혼을 모색했다. 우리는 이 논쟁을 통해서 여성의 정절에 대한 양반 가문들의 비이성적인 집착을 볼 수 있다. 이러한 집착은 16-17세기에 전쟁을 겪으면서 더욱 심화되었다. 그 결과 정절에 대한 숭배의 풍습이 등장했다. 조선시대 말기에 양반 부녀자들은 작은 은장도를 품에 지니고 다녔다. 이 칼은 조선 여인들의 슬픈 처지를 상징한다. 여인들은 남자에게 공격을 받을 때 자신을 지키기 위해서 칼을 가지고 다녔다. 그렇지만 그 칼은 공격자를 상대로 사용하는 것이 아니라 자신의 몸을 해하기 위한 것이었다. 이처럼 사회는 여성들에게 자기희생을 요구하는 경우가 많았다. 이 논쟁은 조선 역사에서 여성이 단지 피해자였음에도 희생을 감수해야 했던 불합리한 사례 중 하나로 꼽힌다.

이 외에 수업 시간에 주어진 과제를 읽으면서 클래스 블로그에 올렸던 글들을 소개한다.

여성의 정절

조선왕조의 설계자들은 성리학 이념을 바탕으로 이상적인 유교국가의 건설을 진심으로 염원했던 것 같다. 그들은 잘 짜인 가부장적 가족을 이상적인 가정의 모델로 보았다. 국가의 형태를 유교의 이념에 맞추어 설계하면서, 유교의 가치를 사회의 구석구석까지 확산하려 했다. 정부는 『소학』이나 『삼강행실도』 같은 책을 발간하여 유교의 가치와 도덕을 선전했다. 그들은 사회의 모든 구성원들이 유교의 도덕관을 배우고 따르기를 기대했다. 그중에서도 세 가지의 기본이 되는 인간관계, 즉 三綱(君爲臣綱, 父爲子綱, 夫爲婦綱)을 윤리의 근간으로 삼았다. 특별히, 정절은 여성의 기본 덕목으로 강조되었다. 이숙인은 조선시대에 강조한 정절은 여성의 성을 통제하는 수단이었다고 말한다. 가부장적 사회는 이러한 덕목을 강조함으로써 여성의 성을 통제하여 가부장적 혈통 승계의 순결성을 유지하는 수단으로 이용한다. 조선시대 정절의 관념은 시기에 따라 변화했다. 초기에는 여성이 순결을 지키고 아내의 의무를 다하는 것을 의미했다. 그렇지만 후기에 이르러 정절을 지키기 위해 스스로 목숨을 끊는 순절(殉節)의 관념이 등장하여 18세기 무렵에는 일종의 신앙으로까지 발전했다.

이숙인의 글에는 소위 환향녀에 대한 논쟁이 소개되었다. 양반 가문들은 청나라에 끌려갔다가 귀환한 부녀자들이 이미 순결을 잃었으므로 더 이상 남편이나 조상을 섬길 수 없다고 주장하며 이혼을 요구한다. 그 반대편에서 재상 최명길은 만약 이혼이 허용된다면 잡혀간 부녀자들은 돌아오려 하지 않고 이국땅에서 목숨을 끊을 것이라고 주장한다. 개인적으로 볼 때, 중요한 점은 부녀자들이 처한 상황에 대하여 아무런 책임이 없었다는 점이 아닐까? 조선의 백성들은 네 차례의 끔찍한 외적의 침입을 겪어야 했다. 두 번의 왜적의 침입과 두 번의 만주족의 침입이 그것이다. 이러한 참화에 대하여 누구에게 책임이 있었을까? 확실한 것은 백성들의 책임이 아니라 정부의 책임이었음이 분명하다. 정부는 국가방위를 완전히 게을리했다. 특히, 만주족의 침입에 관하여 볼 때, 조정이 현명한 외교정책을 취했더라면 그 전란을 충분히 피할 수 있었다. 그러한 길을 외면하고 무모하게 전란을 자초한 조정에 전적인 책임이 있다 할 것이다. 그럼에도 불구하고 아무런 책임이 없는 부녀자들은 집안으로부터 쫓겨나야만 했다. 이 문제와 관련하여 다음과 같은 의문이 든다. 조선시대에 여성의 정절을 강조한 근본적인 목적은 무엇인가? 여성의 도덕적인 타락을 방지하기 위함인가, 아니면 여성 자신의 책임과 상관없이 절대적인 순결을 요구하는 것인가 하는 의문이다. 아마도 조선 당국은 후자를 원한 것 같다. 조선시대에 기혼 여성을 쫓아낼 수 있는 칠거지악(七去之惡)을 보면 알 수 있다. 쫓아낼 수 있는 사유에 부녀자의 심각한 질병이 포함된 것을 보면, 부녀자 자신의 책임과는 상관없이 쫓겨날 수 있었다.

　김정원 교수의 글에 소개된 "김씨 부인의 사건"은 또 다른 문제를 제기한다. 18세기에 이르러 여인들은 남편이 죽은 후에 스스로 목숨을 끊는 일이 있었다. 소위 "순절"이다. 김씨 부인은 21세에 스스로 목숨을 끊었다. 17세의 남편이 죽자 곧바로 자신의 목숨을 끊었다. 그녀는 죽기 전에 부모에게 편지를 썼다. 그 편지에서 스스로를 불효녀라고 표현하면서 부모에 대한 죄책감을 표현했다. 그 당시에 여인이 순절하면 국가로부터 열녀 인정을 받을 수 있었다. 일단 열녀로 인정되면 마을에 열녀문을 세워주어 칭송하는 이외에도 그 집안은 여러 가지의 경제적인 이득을 얻게 된다. 조세 면제와 부역의 면제 등 상당한 혜택을 받게 되기 때문에 시가에서는 열녀 인정을 받기 위해 상당한 노력을 했다. 이런 상황에서 며느리들은 순절의 압박을 받게 되는 것이다. 그렇지만 이렇게 목숨을 끊음으로써 오히려 유교의 다른 가치, 즉 부모에 대한 효도와 자녀에 대한 어머니의 의무를 저버리는 패륜적인 행위가 아닐까? 유학자 정약용은 그의 저서 『열부론』에서 이러한 풍습을 비판했다. 그는 두 가지 이유에서 열부 제도의 잘못을 지적한다. 첫째, 천박한 동기 때문이다. 유교적 도덕관 때문이라기보다 경제적인 이득을 위한 것이라는 비판이다. 둘째, 여인들로 하여금 자신의 목숨을 가볍게 여기도록 장려하기 때문이라는 것이다. 매우 설득력이 있는 지적이라 생각된다. 어쩌면 현재 대한민국이 당면한 높은 자살 현상이 이러한 전통에서 비롯된 것이 아닐까 우려된다.

여성의 시각으로 본 한국 역사

최충무의 글을 읽으면서 역사를 보는 여성의 시각이 남성의 시각과 크게 다르다는 것을 실감했다. 그녀는 한국 역사에 있어서 계속된 남성 주도의 전통에 대하여 이야기한다. 조선시대로부터 일본의 식민지배와 미군정 시대, 그리고 한국의 군사정권에 이르기까지 남성 중심의 가부장적 정서가 사회를 지배했다. 그녀는 군사정권이 새로운 식민 지배의 현실과 계층간 격차의 존재를 부정하고 있다고 지적한다. 군사정권 시절에 한국의 공식 역사학계는 군사적인 남성 위주의 정체성을 정립했다. 중국의 역사 교수 레베카 칼은 남성이 규정한 국가 프로젝트 안에서 여성의 개념이나 여성의 역할은 여성들이 생각하는 것과 다르다고 말한다. 따라서 여성의 주체성 수립을 방해한다. 그녀는 청나라 말기의 민족주의 운동의 예를 제시한다. 남성 지도자들은 국가의 예속적인 처지만을 강조했다. 반면에 여성의 가정에 대한 예속적인 처지는 간과했다. 그녀의 이러한 견해에 동의한다. 민족주의 역사가들은 국가의 대규모 목표에 집중할 뿐 여성의 처지에 대하여 관심을 두려 하지 않았다. 최충무는 서편제 프로젝트를 한국의 경제개발 정책에 비유했다. 젊은 여성이 예술적 완전성을 위한다는 미명하에 눈이 멀게 되고 또 의부에게 강간당한다. 한국의 경제개발 정책은 국민들로부터 반대의 목소리를 빼앗았고, 국토를 민족주의라는 이름으로 황폐화시켰다. 마치 의부가 의붓딸의 시력을 빼앗고 강간하듯이 말이다. 한국의 현대사에 대한 그녀의 예리한 통찰력에 감탄하게 된다.

양현아의 글에서 일본의 한 역사학자가 군대 위안부에 대한 일본의 공식적인 기록에 관하여 한 발언이 눈에 띈다. 요시아키 교수는 일본의 군부가 군대 위안부의 운영에 관여했다는 공식적인 자료를 찾는 것은 어렵지 않았다고 말한다. 이와 관련하여 양현아는 목소리를 높인다. "위안부 여성들의 대규모 동원에 관여하고 또 이를 목격한 한국인들은 대체 어디에 있는가?" 정말 뼈아픈 지적이 아닐 수 없다. 우리 스스로 역사적인 증거를 찾는 노력을 게을리했다는 사실이 정말 실망스럽다. 나는 이러한 태만이 여성문제에 대한 한국 정부의 소극적인 입장과 관련이 있다고 생각한다. 김현숙은 "한국 정부는 군대의 성 노예로서 이용당한 여성들의 문제에 관하여 일본 정부와 마찬가지로 남성 위주의 민족주의 입장을 취하고 있다."라고 지적한다. 정부의 이러한 입장 때문에 결국 이 문제에 대하여 최소한의 관심으로 소극적인 정책을 취해 왔다는 것이다. 대단히 설득력 있는 분석이라고 생각된다.

나는 이와 비슷한 역사 연구 사례를 소개하려고 한다. 최근에 재일교포 아마추어 역사가 김문자는 일본에서 의미 있는 역사자료를 찾아냈다. 그 자료들은 일본 제국주의 정부가 1895년에 일어난 명성황후 암살에 관여했다는 사실을 알려준다. 그녀는 일본 정부의 공식 문서의 존재를 확인함으로써 일본의 군사 당국이 암살사건에 조직적으로 관여했다는 사실을 밝혀냈다. 이러한 일을 통해서 역사연구는 한국 내 자료에 국한될 것이 아니라 외국의 자료 검색 및 발굴에도 미쳐야 한다고 생각한다. 외국에 있는 한국 관련 역사자료의 발굴이라는 과업을 위하여 우리 정부에 제안을 하고 싶다. 정부가 필요한 역사 전문 인력을 특별 선발하여 일본, 중국 및 미국 등지의 한국 대사관에 참사관으로 파견하는 제도를 시행하자는 것이다. 파견된 인력들은 외국에서 한국과 관련된 의미 있는 역사자료들을 체계적으로 검색 및 발굴하게 될 것이다.

현모양처(賢母良妻)

최혜월은 현모양처라는 현대 여성의 이상형에 관하여 이야기한다. 개화기에 다양한 사회단체들이 현모양처를 여성의 이상형으로 장려했으며, 특히 일본 식민정부는 복종적인 제국의 국민과 능률적이고 순종적인 노동인력의 양성을 위한 목적으로 이 여성상을 한국 여성교육의 공식 목표로 삼았다. 1911년 제1차 한국 교육 칙령은 공립 여성 고등교육 학교들은 학생들이 국민으로서 적합한 여성의 덕목을 기르고 일상생활에 유용한 지식을 배우도록 가르쳐야 한다고 선언한다. 그녀는 일본의 이러한 교육 이념은 당시 새로운 도전에 대처할 목적으로 고안된 새로운 형태의 가부장적 성 정체성의 구현이라고 결론짓는다. 나는 그 분석이 매우 설득력이 있다고 생각한다.

문성숙은 민족주의 시대로 내표되는 박정희 시대의 여성에 대하여 이야기한다. 박정희 정권은 민족주의를 국민에 대한 탄압과 착취를 정당화하는 수단으로 이용했다. 당국은 교육을 민족의식을 고취하는 도구로 보았다. 정부는 1968년에 국민교육헌장을 제정한다. 공동체 의식이나 집단 우선이라는 미명하에 정부는 국가에 대한 충성과 희생을 강조한다. 그들은 여성을 노동의 자원으로 보았다. 나 역시 그녀의 평가에 동의한다. 그렇지만 박정희 정권의 악명 높은 독재체제의 실체를 이해하는 데 있어서 그녀의 설명만으로는 충분하지 않은 것 같다. 그래서 나는 그의 독재에 대하여 몇 가지 언급하고 싶다.

박정희는 본래 일본군 장교로서 만주에서 한국의 독립운동가 토벌에 참여했고, 해방 이후 남로당에 가입하여 공산주의자로서 군대 내에서 비밀리에 활약했음에도, 집권 이후에 공식적으로 민족을 우선하는 민족주의의 기치를 들고나온 것은 가당치 않다. 사실, 그는 부끄러운 자신의 과거를 가리기 위해 반일과 반공의 정책을 표방했을 것이다. 그럼에도 불구하고 그는 많은 정책을 일본으로부터 모방했다. 예컨대, 1968년의 국민교육헌장은 일제 강점기의 군국주의 일본의 교육헌장과 매우 유사하다. 주로 공공의 이익을 우선하고, 사회질서와 국가를 위한 공헌을 강조하는 점에서 공통된다. 그가 보기에 국민들은 단순히 통치의 대상으로서 특정한 사상이나 신념을 심어 주어야 할 대상이었다. 결국 그는 1972년에 일본의 메이지 유신을 모방한 10월 유신을 통해서 영구적인 독재자가 되었다.

박정희의 독재는 다음과 같이 특징지을 수 있다. 첫째, 그의 통치는 매우 억압적이었다. 중앙정보부, 보안사령부, 경찰 등 정보기관에 의해 국민들의 행동과 움직임이 감시되었으며 어떠한 반대자이든 가혹하게 탄압되었다. 수사기관에 의한 고문이나 사건 날조 등이 흔하게 자행되었다. 둘째, 그가 내세운 민족주의는 실상은 전체주의를 미화한 것에 불과했다. 국민을 단순히 통치의 대상으로 보았고 노동력의 차출 수단으로 여겼다. 셋째, 그의 통치는 이념, 종교, 성별 등 여러 가지 기준에 따라 차별적이었다. 이에 덧붙여 박정희 시절을 잘 보여주는 두 개의 일화를 소개하고 싶다.

충북 제천시에 주재하는 한 지방신문 기자가 있었다. 1989년 당시 그는 오랜 기간 보안관찰을 받고 있었다. 그는 1970년대에 교도소에서 형을 복역한 후 석방된 이래로 경찰에 의하여 요시찰 인물로 분류되어 감시받고 있었다. 그가 복역한 판결문에 따르면, 그의 범죄사실은 다음과 같다. 그가 제천 시내의 한 술집에서 일행과 함께 술을 마시고 있을 때 식당 안 텔레비전 뉴스에 대통령 부인의 모습이 방영되었다. 그러자 그는 대통령 부인을 향하여 "나쁜 년"이라고 소리쳤다는 것이다. 이것이 그에 대한 범죄사실의 전부이다. 이 사실에 대하여 그는 긴급조치 위반으로 기소되어 징역 1년의 유죄판결을 받고 교도소에서 복역했다. 그 당시 대통령 긴급조치에 따르면, 누구든지 국가나 또는 대통령이나 부인을 비방할 수 없도록 규정되어 있었다. 국가원수모독죄였다.

다음 사례는 1974년에 시작된 고등학교 평준화 조치이다. 이전까지는 학교별 입학시험에 응시하여 성적에 따라 입학이 결정되는 경쟁 입학시험 제도였다. 이후로는 평준화 조치에 따라서 입학시험 없이 추첨에 의해 고교 입학이 결정되었다. 문제는 평준화 조치가 바로 박정희 대통령의 아들이 중학교를 졸업하고 고교에 입학하는 바로 그해, 즉 1974년부터 실시되도록 했다는 점이다. 평준화 조치로 인하여 대통령의 아들은 청와대에서 가까운 중앙고등학교에 진학하여 졸업한 후 육군사관학교에 입학했다. 이러한 일화들을 보면서 19세기 영국의 역사가 로드 액턴(Lord Acton)의 말이 떠오른다. "권력은 부패하는 경향이 있다. 그리고 절대 권력은 반드시 부패한다. 역사상 위대한 인물들은 거의 언제나 나쁜 사람이다."

[학교 캠퍼스에서]

컬럼비아 캠퍼스에서 한국의 슬픈 역사를 생각함

지금 나는 세인트폴 예배당(St. Paul Chapel)에 있다. 이곳 의자에 앉아서 실내를 둘러보면 붉은 벽돌로 이루어진 벽체와 높은 돔형 천정과 스테인드글라스를 통해 들어오는 그윽한 빛으로 인하여 경건하면서도 고요한 분위기를 만들어 낸다. 고요함 속에서 마치 시간이 정지되어 버린 듯하다. 이러한 분위기가 좋아서 자주 이곳을 찾곤 하는데, 어떤 때는 수업을 마치고 다음 수업이 있는 강의실로 이동하는 도중에 이곳에 들러 스스로 마음을 가다듬기도 한다. 특이하게도 이곳에서 1960년대 인기 듀엣 사이먼과 가펑클이 그들의 대표 곡 <The Boxer>를 녹음했다고 한다. 당시 가펑클이 컬럼비아에 재학 중이었는데, 이곳의 고요한 분위기가 음반 녹음에 적합하다고 보았을 듯싶다. 이 건물을 보면 학생들의 정신적인 삶까지 세심하게 배려하는 마음을 느낄 수 있다. 학교의 설립정신, 즉 In Lumine Tuo Videbimus Lumen (주의 빛 안에서 우리가 빛을 보리이다)을 보면, "지식 교육은 우리가 책임지지만, 지식만으로 충분하지 않다. 정신세계에 대한 관심을 게을리하지 말라."라고 말하는 듯하다.

　컬럼비아대학교는 1754년에 개교한 이래 1897년에 현재의 위치로 옮겨 왔는데 처음 건축된 건물이 로우 라이브러리(Low Library) 건물이다. 처음에는 도서관으로 사용되다가 현재는 본관으로 사용되고 있다. 이 건물은 컬럼비아의 상징 건물로서 매년 학위 수여식이 건물 앞 광장에서 거행된다. 본관 건물을 보고 있노라면 우리나라의 슬픈 역사가 자꾸 오버랩되어 서글퍼진다. 건물이 완공된 1897년 바로 그해에 대한제국이 수립되었기 때문이다. 비록 제국을 선포했지만 기울어가는 국운과 함께 운명을 다한 고종 황제, 그가 한없이 애처롭게 느껴진다. 그 2년 전에는 황후를 일본인들의 잔인함에 잃어야 했고, 후에는 나라를 빼앗기고 결국에는 독살당한 비운의 황제였으니 말이다. 학교 캠퍼스는 짜임새 있고 운치가 있다. 아무리 보고 다시 보아도 질리지 않는다. 언제나 편안하고 아늑한 느낌을 준다. 120년의 전통을 가진 캠퍼스이니 그동안 거쳐갔을 많은 석학, 수재들을 생각하면 감개무량하다. 그동안 87명의 노벨상 수상자와 100명의 퓰리처상 수상자를 배출했고, 루스벨트, 오바마 등 4명의 미국 대통령이 탄생했다. 세계적인 철학 및 교육학자 존 듀이(John

Dewey)가 교수로 있었고, 중국의 유학생 호적(胡適)이 제자로서 수학한 후 돌아가 중국 현대 철학의 아버지가 되었다.

본관 건물을 멀리서 마주 보고 있는 6층 건물이 버틀러 라이브러리(Butler Library)이다. 1934년에 준공되어 중앙도서관으로 사용되고 있다. 안으로 들어가면 3층으로 올라가는 계단 벽면에 대형 그림이 걸려 있다. 1939년 이곳 컬럼비아대학교에서 거행된 졸업식의 모습을 그린 유화이다. 이 그림에는 당시 영국의 국왕 조지(George) 6세의 모습이 담겨 있다. 그는 영화 <King's Speech>의 주인공으로 영화화된 인물이고 엘리자베스 여왕의 아버지이기도 하다. 그가 루스벨트 대통령의 초정으로 미국을 방문했을 때, 이곳에서 거행된 졸업식에 참석하여 상징적으로 학위를 수여했다고 한다. 컬럼비아대학교는 원래 1754년에 영국의 국왕 조지 2세의 인가를 받아 설립되어 학교명이 킹스 칼리지(King's College)였다고 한다. 그 후 미국이 독립한 이후로 왕실과의 관계를 끊고, 교명을 컬럼비아 컬리지(Columbia

College)로 바꾸어 현재에 이르고 있다. 제2차 세계대전 발발이 임박한 시점에 미국을 방문한 조지 6세는 미국과의 긴밀한 관계를 강조하기 위해서 과거 영국 왕실과 관계가 있었던 컬럼비아대학교를 특별히 방문했던 것이다.

버틀러 라이브러리 5층 밀스틴(Milstein) 열람실에서 공부하고 있다. 사방 벽면의 서가에 꽂힌 오래된 책들이 100년이 넘은 역사를 보여준다. 정면 창문 너머로 학교 본관 건물인 로우 라이브러리 돔(Low Library dome)이 햇볕을 받아 밝게 빛나고 있다. 우측의 창문을 통해서는 컬럼비아 출신으로 미국 건국의 아버지로 추앙받는 알렉산더 해밀턴의 동상이 보인다. 문득 어느 학교의 잡지에 실린 졸업식 연설 내용이 떠오른다. "단지 눈앞에 보이는 성취의 진기함만을 볼 것이 아니라, 그것을 넘어서 자신 안에 있는 열정을 깊이 성찰하고, 나아가 사회와 더 넓은 세상을 위해 기여할 수 있는 너의 특별한 재능을 살펴보라."

컬럼비아대학교의 중국인 유학생들

　컬럼비아대학교의 중앙 도서관인 버틀러 라이브러리의 3층 대열람실 입구에는 한 중국인의 오래된 초상화가 걸려 있다. 한 남자가 전통 중국옷을 입고 손에 책을 든 모습이다. 그 아래에는 다음과 같이 설명되어 있다. 중국 안후이성 출신의 후시(Hu Shi, 1891-1962)는 의회단의 난 배상금 스칼라십 시험에 합격하여 코넬대학교에 입학한 후 1914년 학사학위를 취득한다. 그는 존 듀이 교수의 글에 매료되어 1915년 컬럼비아대학교에 입학하여 박사과정 학업을 마치고 1917년 귀국한다. 그 후 국립 북경대학교의 교수가 되었고 1927년에 컬럼비아로부터 박사학위를 수여받았다. 2년 후 그는 우수 동문에게 수여되는 메달(the first Columbia University Medal for Excellence)을 수상한다. 그는 미국 주재 중국대사가 되어 1938년부터 1942년까지 4년간 근무한다. 이 초상화는 그가 대사로 근무할 당시에 그려진 것으로 보인다. 그는 많은 중국인들 사이에 "중국 르네상스의 아버지"로 추앙되고 있다. 중국 신문화 운동(1915-1923)의 저명한 지도자였고, 그 시절 중국 고전 작품을 읽기 쉬운 말로 옮기는데 주력했다.

　컬럼비아대학교는 중국 유학생들의 오랜 입학 전통을 가지고 있다. 청나라 시절인 1882년에 당소의(唐紹儀, Tang Shaoyi)가 처음으로 컬럼비아대학교를 졸업했고, 1886년에 장강인(張康仁, Chang Hong Yen)이 로스쿨을 졸업한 이래로 현재까지 수

많은 중국 학생들의 유학이 이어지고 있다. 컬럼비아 중국 학생회에 따르면, 2020년 현재 컬럼비아대학교의 학부 및 대학원에 재학 중인 중국인 학생 수는 6,200명에 달한다고 한다. 그동안 컬럼비아를 거쳐 간 유학생들은 중국에 돌아가 정치, 외교, 교육, 과학, 문화 등 각 분야의 선구자로서 중국의 개화와 현대화에 크게 기여했다. 예를 들어, 위 초상화의 주인공 후시(胡適 Hu Shi)는 1915년부터 시작된 신문화 운동과 1919년의 5·4운동을 주도했고, 1938년부터 4년간 주미 중국대사로 근무했으며, 1946-1948년간 북경대학교 총장을 역임했다. 그 외에도 1919년에 개최된 파리 만국평화회담에 중국 대표로 참석하여 유창한 영어로 일본이 점령 중인 산동반도의 반환을 역설한 외교관 고유균(顧維鈞, Wellington Koo)도 1912년 컬럼비아대학교에 유학하여 박사학위를 취득한 인물이었다. 이러한 이유로 컬럼비아대학교는 중국의 젊은 학생들 사이에 유학 대상으로 가장 선망하는 학교로 인식되고 있다. 컬럼비아대학교 중국 학생회에서 소개하는 존경하는 중국인 졸업생의 면면은 다음과 같다.

장팽춘(張彭春, Zhang Pengchun)은 1910년에 입학하여 1915년 교육학 석사, 1922년 교육학 박사학위를 취득했다. 1919년의 5·4 운동을 주도했고, 1923년에 컬럼비아대학교 출신의 후시(胡適), 시인 서지모(徐志摩 Xu Zhimo, 1921년 석사과정 수료) 등과 함께 초승달 협회를 설립하여 월간지 『초승달』을 발간하는 등 개화기 중국의 신문화 운동을 전개했다.

곽병문(郭秉文, Kuo Ping-Wen)은 1911년 컬럼비아대학교의 교육대학원인 Teacher's College에 입학하여 존 듀이 교수에게 수학하여 1914년 교육학 박사학위를 취득했다. 중국에 돌아가 1921년에 국립 동남대학교(National Southeast University, 난징대학교의 전신)를 설립하고 1925년까지 총장으로 재직했다.

장몽린(蔣夢麟, Jiang Menglin)은 1912년 Teacher's College에 입학하여 1917년 교육학 박사학위를 취득했다. 귀국하여 1919-1927년간 북경대학교 총장으로 재직했고, 1928년 중화민국의 교육부 장관으로 임명되어 1930년까지 재직했다.

장백령(張伯苓, Zhang Boling)은 1917년 Teacher's College에 입학하여 수학했

고, 후에 그는 교육학 박사학위를 취득했다. 1919년에 귀국하여 중국 톈진에 남개대학교(Nankai University)를 설립했다.

임홍준(任鴻雋, Jen Hung-Chun)은 1916년 입학하여 1918년 화공학 석사학위를 취득했다. 귀국하여 1923년부터 1925년까지 중국 과학협회의 설립을 주도했고, 1935년부터 1937년까지 남경대학교의 화학 교수로 재직한다. 이후 그는 현대 과학 연구 및 교육 방법을 개발하는 등 중국 현대 과학의 개척자가 된다.

진학금(陳鶴琴, Chen He Qin)은 1917년 입학하여 1918년 교육학 석사학위를 취득했다. 귀국하여 초등교육 현대화에 헌신하여 "초등교육의 아버지"라 불리게 된다. 1940년에 장시성(Jiangxi Province)에서 중국 최초의 보통학교인 장시초등보통학교를 설립했다.

홍업(洪業, William Hung)은 1917년 입학한 후 신역사(New History)의 주창자인 제임스 하비 로빈슨 교수에게 수학하여 1919년 석사학위를 취득한다. 귀국하여 1927년에 연경대학(Yenching University)의 교수 및 학장을 역임하면서, 시성 두보에 대한 전기를 발간하는 등 중국 고전문학 연구에 기여했고, 과학적인 도서 분류 방법을 개발하여 현대적인 분류의 기준을 마련했다. 1946년 이래 미국 하버드대학교의 교수로 임명되어 중국 문학을 가르쳤다.

후덕방(侯德榜, Hou Debang)은 1921년에 화학을 전공하여 박사학위를 취득했다. 중국 화공학 분야의 선구자로서 새로운 소다 제조 기법을 개발하여 1920년대에 소다 공장을 설립하는 등 중국 중화학 산업의 개척자가 되었다

당오경(唐敖慶, Tang Au-Chin)은 1949년 화학 박사 학위를 취득했다. 귀국하여 1950년 북경대학교 교수가 되었다. 1952년에 장춘으로 이주하여 길림대학(Jilin University)의 설립에 참여했고, 같은 대학에 화학부를 설치했다. 이후 1978년부터 1986년까지 길림대학교의 대학 총장으로 재직했고, 1986년에 중국 국립 자연과학재단의 설립을 주도하여 초대 총재가 되었다. 중국 양자 화학(Quantum Chemistry) 분야의 아버지로 알려져 있다.

서광헌(徐光憲, Xu Guangxian)은 1948년에 입학하여 양자 화학을 전공하여 1949년에 석사학위를, 1951년 박사학위를 취득했다. 귀국하여 북경대학교 교수로 임명된 그는 중국의 핵물질 연구 개발에 깊이 관여했다. 1966년에 일어나 문화혁명 기간 중 노역 캠프에 수용되어 있다가 1972년에 북경대 교수로 복귀했다. 이후 희토류 연구에 전념하여 1986년 북경대학교에 희토류 연구센터를 설립했고, 현재 중국 희토류의 아버지로 알려져 있다.

졸업생 중에서 특히 눈길을 끄는 인물은 파리 평화 회담에 중국 대표단으로 참석한 고유균(顧維鈞, Wellington Koo)이다. 컬럼비아대학교 사이트에는 이렇게 소개되어 있다. 1908년 컬럼비아 칼리지를 졸업했고, 1909년 정치학 석사학위를, 1912년 정치학 박사학위를 취득했다. 재학 중 『컬럼비아 스펙테이터(Columbia Spectator)』 저널의 선임 편집인으로 활동했고, 컬럼비아 토론클럽 필로렉시안 협회(Philolexian Society)의 회원으로 컬럼비아 - 코넬 토론대회에 참가하여 메달을 획득했다. 중국 외교의 현대화에 기여한 외교관이 되어서 19세기 중반에 강압적으로 체결된 서구 열강과의 불평등조약의 폐지를 위한 협상에 헌신했다. 1919년 피리 평화 회담의 중국 대표로 참석했고, 1926-1927년간 총리 서리를 역임했다. 이후 중국대사로 임명되어 프랑스, 영국, 미국 등지에서 근무했고, UN 창설의 주역으로 기여했다. 1957-1967년간 헤이그 국제사법재판소의 판사 및 부소장으로 근무했다. 이어서 위키피디아에 소개된 내용을 살펴보았다.

그는 1888년 상하이 교외의 상류층 가정에서 태어나 좋은 교육을 받았다. 1895년 청일전쟁에서 중국이 패해 시모노세키 조약이 체결되었을 때를 회고하며 그는 이렇게 기록했다. "일곱 살 때 우리나라가 일본에 패배한 이야기를 들으면 언제나 슬픈 마음을 금할 수 없었다. 그날 이후로 나는 중국이 일본의 위협으로부터 벗어나는 데 도움이 되는 일을 하고 싶었다." 또한 그가 열한 살 때 겪은 일을 잊을 수 없었다. 그가 상하이 거리에서 자전거를 탈 때의 일이었다. 어떤 장소에서 인도인 경찰관이 그를 붙잡아 범칙금을 물렸다. 그런데 자전거를 타고 뒤따라오던 한 영국 아이는 제지하지 않고 그냥 지나가도록 했다. 나중에 그는 치외법권 지역이라는 사실을 알고 충격을 받았다. 그곳은 중국 땅이었지만 중국인은 들어갈 수 없고 외국 경찰관이 관리하는 지역이었던 것이다. 그 경험을 통해 그는 불평등 조약에 따라 중국이 체결한 치외법권 제도를 폐지해야 한다는 생각을 갖게 되었다고 한다.

1912년 컬럼비아대학에서 박사학위를 취득한 그는 귀국하여 위안스카이 행정부의 대통령 비서관으로 근무한 후 1915년 미국 담당 장관으로 임명된다. 1918년 윌슨 대통령의 초대를 받아 백악관을 방문한 그는 윌슨에게 일본의 "21개항 요구"에 대한 중국의 입장을 설명한다. 당시 일본은 중국의 산동지역에 대한 특권을 주장하고 있었다. 원래 산동지역은 독일이 1897년의 불평등조약에 의해 중국으로부터 99년간 할양 받은 상태였는데, 제1차 세계대전이 발발하자 일본이 연합국에 가담하여 1914년 독일을 몰아내고 이 지역을 점령했다. 다음 해 일본은 독일의 권리를 승계 받았다고 주장하며 21개항을 요구하여 중국과의 사이에 강압적으로 협약을 체결했다. 웰링턴 구의 설명을 들은 윌슨은 그에게 파리 평화 회담에 참석할 것을 권유한다. 이에 그는 1918년 12월 윌슨 대통령과 같은 배를 타고 프랑스로 가 중국 대표단의 일원으로서 파리 평화 회담에 참석하게 된다.

1919년 1월 29일 일본 대표 마키노 노부아키의 발언이 있은 후 미국의 윌슨 대통령은 "듣고 있기에 매우 고통스러웠다."라고 논평한다. 이어서 중국 대표 웰링턴 구는 일본 대표의 발언에 대한 반박 연설을 시작했다. "국제법에 따르면 협박 하에 서명된 조약은 무효입니다. 1915년 5월 25일 중국과 일본 사이에 체결된 조약은 강압적으로 체결된 것이므로 무효라 할 것입니다. 당시 일본이 중국에 대해 전쟁의 위협을 했기 때문입니다." 더 나아가 그는 "일본이 승계를 주장하는 독일의 산동반도에 대한 권리 역시 무효입니다. 1897년 독일의 전쟁 위협 때문에 강압적으로 조약이 체결되었고 이에 따라 산동반도가 할양되었기 때문입니다. 1914년에 일본이 독일의 점령을 끝낸 것은 환영합니다. 그러나 일본의 승계 주장은 정당하지 않습니다."라고 주장했다. 그는 윌슨 대통령이 선언한 14개 조항의 민족 자결권을 거론하면서,

산동지역은 한족들의 삶의 터전이고 살고 있는 주민들 모두가 일치된 의견으로 중국에 속하기를 원하고 있다고 강조했다. 더구나 산동지역은 공자와 맹자의 고향으로 중국 문화의 발상지이고 중국인들에게 성스러운 곳이라는 사실을 덧붙였다.

연설을 들은 미국 국무장관 로버트 랜싱(Robert Lansing)은 "미스터 구는 연설로 일본 대표를 압도했다."라고 언급했고, 캐나다 총리는 그의 연설이 대단히 유능하다고 평가했다. 그럼에도 불구하고 1919년 5월 4일 회담에서 일본의 21개 요구사항이 승인되었다. 이미 영국 등 연합국들 사이에 일본의 요구를 들어주기로 하는 비밀 합의가 있었기 때문이었다. 같은 날 중국에서는 대학생 등 3만여 명이 천안문 광장에 모여 회담의 결과에 반대하는 시위를 벌이는 등 전국적으로 5·4운동이 일어났다.

같은 시기에 미국에 유학하여 박사학위를 취득한 이승만 전 대통령과 비교해 본다. 이승만은 1907년 조지 워싱턴 대학을 졸업하고, 1908년 하버드대학교에서 수학한 후 프린스턴대학의 박사과정에 입학하여 1910년 정치학 박사학위를 취득했다. 그는 1908년에 하버드대학교에서 석사과정을 수료했으나, 학점 취득에 차질이 있어서 1910년에야 뒤늦게 석사학위를 취득했다. 그 이유는 이수한 과목 중에서 일부 과목을 낙제했기 때문이었다. 이후 낙제 과목을 보충하여 1910년에 뒤늦게 석사학위를 받았다고 한다. 하버드대학교에서의 과목별 성적은 역사학 4과목(B, B, B, C), 정치학 2과목(B, B) 경제학 1과목(D) 이었고, 이후 미국사 과목을 추가로 이수했는데 그 성적은 B 학점이었다고 한다(『중앙일보』 1995년 2월 28일자, 이승만과 대한민국 탄생 - 6. 이승만의 유학(2) 참조). 그렇다면 그가 프린스턴 대학교의 박사과정에 입학할 때 충분한 자격이 되었는지 의문시된다.

졸업 후 귀국하여 한국기독교청년회(YMCA)의 총무 겸 학감에 취임하여 선교 활동에 관여했으나 1912년 105인 사건에 연루되어 일본 당국의 주시를 받게 되자 미국으로 망명하여 이후로 줄곧 미국에 체류했다. 그는 일제 강점기 내내 일관되게 외교독립 노선을 고수했다. 한국의 독립을 서구인의 여론에 호소하거나 강대국의 외교정책에 편승하는 방법이 유일하게 현실적인 방법이라고 주장했다. 반면에 무장투쟁에 관하여는 부정적이었다. 1908년 3월 23일 샌프란시스코에서 장인환, 전명운 의사가 대한제국의 친일 외교고문 스티븐스를 저격하여 재판을 받게 되었을 때, 미주 한인 동포들로부터 동역 및 변호 요청을 받게 되었다. 그러자 이승만은 "예수교인의 신분으로 살인재판의 통역을 원하지 않는다."라며 이를 거절했다고 한다(김원용, 『재미 한인 50년사』, 325쪽 참조).

그는 한국의 독립 문제를 무장투쟁이 아닌 오직 외교적인 방법으로 해결해야 한다고 시종일관 주장했다. 그렇지만 그는 단 한차례도 국제회담에 참석하여 발언하는 등 외교적인 성과를 얻을 수 없었다. 1919년에 개최된 파리 평화 회담에 참가하기 위하여 미국정부에 여행 비자를 신청했으나 거절되어 출국하지 못했고, 1921년 말에 열린 워싱턴 군축회의에 대한민국 임시정부의 대표로 참석하기 위해 노력했으나 일본의 방해로 참석하지 못한 이래 단 한 번의 국제회의에도 참석한 기록이 없다. 1919년 미국 정부로부터 비자 신청을 거절당했을 때 그는 윌슨 대통령에게 서한을 보내고 면담을 요청했지만 거부되었다(1919년 4월 30일자 이승만의 윌슨 대통령에 대한 서한; 김남균, 「태평양 전쟁기의 이승만 외교」; 『한겨레신문』, 2019년 3월 6일자 「이승만, 윌슨에 위임통치 청원」 참조). 우드로 윌슨 대통령은 이승만이 프린스턴대학교에서 박사학위 과정을 이수할 때 대학 총장이었음에도 그 친분이 전혀 도움이 되지 않았다(『데일리안』, 2021년 7월 20일자 「신효승의 역사 너머 역사 38회」 참조). 그럼에도 그는 해방될 때까지 오로지 외교적인 방법만을 주장하면서 그 외의 무력충돌은 부정했다. 그의 노력에도 불구하고 대한민국 임시정부의 승인이나 광복군의 연합군 합류 등 어떤 문제도 미국이나 국제적인 승인을 이끌어 내지 못했다.

컬럼비아대학교에는 우리나라에서도 오래전부터 많은 유학생들이 공부했다. 알려진 바로는 조병옥, 김활란, 장덕수 등의 인물이 초기에 유학했다고 한다. 그들의 프로필을 살펴본다. 조병옥(1894-1960)은 독립운동가 집안의 장남으로 태어나

배재전문학교와 미국 와이오밍대학교를 졸업한 후 1925년 컬럼비아대학교에서 「한국의 토지제도」라는 논문으로 경제학 박사학위를 취득했다. 귀국한 후 1929년 광주학생운동의 배후조종 혐의로 수감되어 3년형을 복역했다. 1937년에 수양동우회 사건으로 2년형을 복역한 후 전향서를 쓰고 광산업을 불하받아 보인광업회사를 운영했다. 해방이 되자 김성수, 장덕수와 함께 한국민주당의 창당에 관여했고, 반공을 기치로 내걸고 좌파 척결을 운동을 주도했다. 미군정하에서 경무부장으로서 수도경찰청장 장택상과 함께 친일 경찰의 등용을 옹호했다. 특히, 그는 해방정국에서 좌익 탄압을 주도했고, 제주 4·3사건이 일어나자 경찰 및 서북청년단을 보내어 도민들을 무자비하게 진압했다. 당시 그는 "대한민국을 위해서 온 섬에 휘발유를 뿌리고 불태워 버려야 한다."라고 발언했다고 전한다(나무위키, '조병옥' 및 『한겨레신문』블로그, 2008년 10월 21일 「제주 4·3은 끝나지 않았다」 참조). 1950년에 내무부 장관에 취임했으나 1951년 5월에 거창 민간인 학살사건의 책임을 지고 사퇴했다.

　　김활란(1899-1970)은 1918년 이화학당을 졸업한 후, 미국으로 유학하여 1924년 웨슬리언대학 학사, 1925년 보스턴대학 철학석사, 1931년에 컬럼비아대학 Teacher's College(교육대학원)에서 철학 박사학위를 취득한다. 귀국하여 이화여전의 학감, 부교장을 거쳐 1939년에 교장이 된다. 친일인사 윤치호 등과 긴밀하게 교류하면서 1936년 이후 적극적으로 친일 강연 및 저술활동에 나선다. 1938년에 국민정신 총동원 조선연맹 발기인 및 이사로서 정신대 참여 및 학도병 지원을 독려한다. 1941년 스스로 일본명으로 개명하고 조선임전보국단의 발기인 및 평의원이 되어 "여성의 무장," "대동아 건설과 우리 준비"라는 제목의 강연을 했다. 또한 『매일신보』 등 신문, 잡지에 「징병제와 반도 여성의 각오」, 「뒷일은 우리가」, 「남자에게 지지 않게 황국여성으로서 사명을 완수」 등의 글을 기고하여 일본의 침략전쟁에 참여할 것을 독려한다. 해방 이후 1946년에 이화여대 총장, 1952년 코리아타임스 사장에 취임했고, 발빠르게 정치에 참여하여 1948년 UN 대표단 참여, 1950년 공보처 장관, 1959년 한국 여성 단체 협의회장 등을 역임한다.

장덕수(1894-1947)는 일본에 유학하여 와세다대학을 졸업한 후 귀국하여 1920년 김성수, 송진우와 함께 『동아일보』 창간에 참여하고 1923년에 부사장이 된다. 그 후 1924년 컬럼비아대학교에 입학하여 경제학 석사, 1936년 정치학 박사학위를 취득한다. 귀국하여 1936년 보성전문학교의 교수가 되었으나, 1938년 흥업구락부 사건을 전후하여 친일파로 변절한다. 국민총력 조선연맹 등 일제의 많은 어용단체에 참여하면서 수많은 시국강연을 통해 내선일체를 찬양하고 학도병 참여를 독려했다. 1939년 친일잡지 『동양지광』의 창간에 참여했다. 1944년 11월 5일 부민관에서 열린 학병 제도 실시 사기 앙양대회에서, "이 전쟁은 반드시 이긴다. 제군은 필승의 신념을 가지고 황국의 역사를 쌓아 올리는데 피를 흘려라. 그리고 내지(일본) 학도와 어깨를 겨루고 같이 죽으라."라고 연설하며 입대를 종용했다. 해방 이후 송진우, 김성수 등과 함께 한국민주당 창당에 참여하여 외무부장 및 정치부장을 역임했다. 1947년 12월 그에게 반감을 가진 경찰관과 대학생 등에게 암살되었다.

초기의 한국 유학생들이 존경을 받지 못하는 이유는 무엇일까? 이들은 모두 개화기에 남들은 꿈도 꾸지 못하는 해외 유학의 혜택을 누렸던 선구자들이었다. 유학을 통해 개화된 선진 지식과 사상을 교육받았고 귀국한 후에는 정치, 행정, 교육, 언론 및 종교 분야의 지도자들로서 지대한 영향력을 행사했다. 이들은 미국에서 자유, 평등, 정의, 박애의 개화사상과 민주주의를 경험한 선구자들이었음에도 귀국하여 정 반대의 길을 가게 된 이유는 과연 무엇일까? 브루스 커밍스는 개화기 해외 유학생들에 대하여, "1945년까지, 교육받은 한국인들 중에서 극소수만이 서구의 교육을 받을 수 있었다. 극히 적은 예외를 제외하고 서양 교육은 그 자체로 상당한 부를 의미했다."라고 평가했다. 이들은 대부분 지주계급으로 우월감에 젖어 일반 민중에 대한 차별의식을 가지고 있었던 것 같다. 아마도 조선이라는 오랜 신분제 사회에서 몸에 밴 우월감이나 특권의식 때문에 서구문화의 진정한 가치인 자유와 평등, 정의와 박애 등의 정신을 진심으로 받아들이지 못한 것은 아닐까? 이들은 대체로 다음과 같은 공통적인 성향을 보였다. 첫째, 자기 과시와 지나친 출세욕에 사로잡혔다. 둘째, 자신의 것을 중시하고 반면에 남의 것은 경시했다. 셋째, 솔선수범하거나 자기를 희생하는 대신에 현실적이고 개인적인 이해관계에 집착했다.

이들은 일제 강점기에 일제의 권세에 복종하고 결국 자신의 영달을 추구했다. 반면에 다른 이들의 생명과 자유는 무시한 채, 어린 학생들에게 학도병 및 위안부의 지원을 선동했고(장덕수, 김활란), 해방 이후에는 좌익을 탄압하면서 제주도민에 대하여 무자비한 진압을 지시했다(조병옥). 일신의 영달을 위해 친일행각을 벌이면서도 표리부동하며 가식적인 모습을 보였다. 이들은 친일 기득권 세력과 결탁하여 해방정국 주도했다. 그렇지만 지도층으로서의 자기희생이나 솔선수범보다는 자신의 개인적인 이익을 우선했다. 함께 잘 사는 먼 길보다는 혼자 잘 사는 가까운 길을 택하곤 했다. 그 결과 해방 이후 한국에 진정한 민주주의가 정착하지 못했다. 자유, 평등, 정의 및 인도주의의 정신이 결여된 껍질만의 형식적인 민주주의를 구현했다. 김활란은 정부 수립 이후에 외국 매체와의 인터뷰에서, "이 나라에서 자유는 단순히 구호나 관념이 아니에요. 그 의미는 우리가 숨 쉬는 공기 중에, 우리의 생각 속에, 우리의 마음속에 있습니다."라고 발언한다. 그녀가 말하는 자유는 아마도 가진 자, 기득권자들만의 자유를 의미하는 것이 아닐까? 수많은 젊은이들을 죽음의 전쟁터로 향하도록 선동하던 친일 운동가의 가식적인 위선이 아닐 수 없다.

[졸업소감]

졸업학점 이수

컬럼비아대학교의 학부 과정 졸업을 위해서 필요한 최소 학점은 124학점이다. 나는 편입 시에 이전 학교(한국의 대학교 및 미국의 커뮤니티 칼리지)에서 이수한 60학점을 트랜스퍼 크레디트(transfer credit)로 인정받았기 때문에 나머지 64학점만을 이수하면 되었다. 그런데 졸업을 위해서 두 가지 요건을 충족해야 했다. 하나는 모든 학생들에게 요구되는 필수 교과과정(core curriculum)을 이수해야 하고, 다른 하나는 전공과목을 이수하는 것이었다.

먼저, 코어 커리큘럼은 컬럼비아 교육과정의 독특한 특징이다. 학생들에게 필요한 교양과목을 체계적으로 망라하여 필수과목화한 것이다. 학부생들은 이 코어 과정의 요구사항을 전부 충족해야만 졸업이 가능하다. 컬럼비아 칼리지는 100년이 넘도록 이 과정을 운영하고 있고, 제너럴 스터디 학부도 1990년대부터 이를 채택하여 필수과목화했다. 이 과정의 목적은 학생들에게 현대사회가 당면한 문제와 인문학의 지속적인 쟁점들에 대한 숙고와 담론의 기회를 제공하고, 이를 통해 공동체 교육의 목표를 달성하는 것이라고 한다. 문학, 철학, 역사, 과학 및 예술 등 각 분야의 토대가 되는 사상과 개념과 이론을 소개하고, 이에 대한 서로의 토론과 대화를 통해서 지적인 호기심과 숙고와 비평 등을 끌어내는 것이라고 설명되어 있다. 코어 과목은 다음과 같이 구성되어 있다. 문학(Literature Humanities), 미술(Art Humanities), 음악(Music Humanities), 대학 작문(University Writing), 현대 문화(Contemporary Civilization), 국제 분야(Global Core), 외국어(Foreign Language), 과학(Science)과 체육(Physical Education) 등이다.

문학은 서구 문학 및 철학의 정수들을 읽고 토론하는 토론식 수업 과정으로, 학생들은 2학기에 걸쳐 과목을 수강하여야 한다. 첫 학기에는 호머의 『일리아드』, 『오디세이』, 그리스의 희곡들과 the Bible 등을 공부하고, 둘째 학기에는 단테의 『신곡』, 몽테뉴의 『수상록』, 셰익스피어의 『오셀로』, 도스토옙스키의 『죄와 벌』 등의 작품을 공부한다. 미술은 미술작품을 관찰하고, 서로의 의견을 토론하는 과정으로 학생들은 다양한 작품에 대한 분석과 평가의 방법을 익히게 된다. 메트로폴리탄 뮤지엄 등 뉴욕의 미술관들을 자주 방문하여 수준 높은 미술작품을 접할 기회를 갖게 된다. 음악은 체계적이며 비교 분석적인 음악 듣기와 토론의 기회를 통하여 시대적인 변화와 차이를 파악한다. 다양한 음악의 용어를 익히고 음악의 특색과 성격이나 목적 등을 표현하는 기법을 연습한다. 뉴욕의 풍부한 음악 공연에 참석하여 감상할 기회를 갖는다.

대학 작문은 전공과목에서의 성공을 위해 필요한 읽기 및 쓰기 능력의 습득을 위해 폭넓은 학술문헌 조사와 읽기 능력을 익히고 글쓰기의 방법을 연습하는 과정이다. 현대 문화는 현대 사회의 제도와 문화에 대한 이해를 높이기 위해 설정한 과정으로 심리학, 역사학, 정치학, 경제학, 사회학 및 인류학 등이 있다. 외국어는 영어 이외의 외국어 과목을 말하는데, 한국 유학생의 경우에 한국어 과정을 이수한 것으로 인정받을 수 있다. Global Core는 세계의 다양한 문화와 전통에 접촉하도록 할 목적으로 정해진 과정이다. 아시아, 중동, 아메리카 및 아프리카 지역의 역사, 문학, 종교 등의 과목이 이 과정에 해당한다. 과학을 충족하기 위해 3 과목을 이수하여야 한다. 생물학, 화학, 물리학, 환경학, 지질학, 천문학, 심리학 등이 이에 해당한다. 양적 추론(Quantitative Reasoning)에는 수학, 통계학, 경제학, 컴퓨터 공학 등이 있다. 끝으로 체육과목(physical education)을 충족하기 위해서는 학교 수영장에서 장거리 수영을 하여 테스트를 통과해야 한다. 이를 통과하지 못한 학생들은 한 학기 동안 수영 과목을 수강해야 했다. 다행히 나는 커뮤니티 칼리지에서 이수한 체육 학점 덕분에 이를 면제받을 수 있었다. 당시 인근에 있는 스키장에서 스키강습을 통해 1학점을 이수했기 때문이었다.

나는 코어 커리큘럼을 충족하기 위해서 다음과 같은 과목들을 수강했다. 먼저, 문학(Literature Humanity) 과목을 한 학기 동안 수강했고, 그 외에 커뮤니티 칼리지에서 이수한 문학 과목이 트랜스퍼 크레디트로 인정되어 문학 과목을 충족했다. 서양미술(Masterpiece of Western Art)과 서양음악(Masterpiece of Western Music)

과목을 이수했고, 대학 작문(University Writing) 과목을 수강했다. 현대 문화(Contemporary Civilization) 과목을 위해 표현 및 언론의 자유(Freedom of Speech and Press)를 수강했고, 사회학 과목이 트랜스퍼 크레디트로 인정되었다. Global Core 과목으로는 중국시, 로마사, 이스라엘 역사 등의 과목의 수강으로 충족할 수 있었고, 과학 과목으로 심리학과 통계적 추론(Statistical Reasoning) 등 두 과목을 수강했고, 수학과 생물학 과목이 트랜스퍼 크레디트로 인정되어 충족되었다.

다음으로 전공과목(major)의 수강이 필요했는데, 역사학 전공의 필수과목은 9과목이었다. 그중에서 전문분야(Specialization) 과목을 최소 4과목, 그리고 세미나 과목을 최소 2과목 수강하여야 했다. 졸업할 때까지 역사 분야의 과목 9과목을 수강하고 2과목의 트랜스퍼를 통해서 전공분야 필수과목을 충족했다. 전문분야인 동아시아 역사 분야에 관하여 한국사, 한국사 입문, 중국사, 현대 중국사 등 4과목을 수강했고, 세미나 과목으로 동아시아 역사문헌학과 여성한국사 세미나를 이수했다. 그리고 그 외의 역사 과목으로 로마사, 이스라엘 역사, 기독교 역사 등 3과목을 수강했고, 미국사와 서양문명사 등 2과목을 편입학점으로 인정받아서 역사 전공 필수과목을 충족할 수 있었다.

내가 취득한 학점은 모두 125학점(편입 학점 60 포함)이었고, 그중에서 역사 전공분야의 학점은 36학점이 되었다. 이렇게 하여 학위 취득에 필요한 모든 학점을 충족할 수 있었다.

졸업소감

미국에서 대학을 졸업하게 되어서 더할 나위 없이 기쁘다. 늦은 나이에 많은 어려움을 극복하고 얻은 성과라서 더욱 자랑스럽다. 이번 졸업이 특별한 이유는 스스로의 결정과 준비와 노력으로 얻은 것이기 때문이다. 10대 시절에는 거의 부모님의 지원과 도움에 의존하여 대학에 입학했다. 그리고 대학에서의 전공 역시 장래의 진로와 실용성을 감안하여 선택한 것이었다. 그런데 오십의 나이에 도전한 두 번째 대학 생활은 다른 사람의 도움 없이 스스로의 판단에 따라 스스로 학비를 조달하여 하고 싶은 공부를 한 것이라서 큰 성취감과 만족감을 느낀다. 해야 한다는 의무감으로 하는 공부와 달리 순수한 열정으로 한 공부라서 특히 즐거웠다. 마치 판매를 고려하지 않고 스스로 원하는 그림을 그리는 화가의 마음이나, 또는 상업영화가 아닌 인디영화를 찍는 제작자의 마음과도 비슷할 것 같다. 매슬로(Maslow)가 말하는 자아실현(self-actualization)의 만족감이라고 할까?

2009년에 처음 커뮤니티 칼리지에 지원할 때만 해도 졸업이나 학위 취득 같은 결과를 전혀 기대하지 않았다. 처음에는 그저 개울에 놓인 징검다리 하나를 디뎌보려고 생각했을 뿐인데, 어느덧 개울 저편에 다다르게 되었다. 마치 돌계단을 하나하나 밟고 정상에 오르듯 처음에는 전혀 상상할 수 없었던 커다란 성취에 이른 것이다. 그 과정에서 얻은 것이 적지 않다. 먼저, 나이가 들었음에도 지적 능력이 저하되지 않았음을 확인할 수 있어서 의미 있었다. 나이 들어감에 따라 비록 반응 속도가 느려지고 기억이 오래가지 않는 단점이 있지만, 반면에 사고의 폭과 깊이가 확대된 것을 확인할 수 있어서 기뻤다. 나이가 주는 안목 덕분에, 젊은 시절에는 미처 볼 수 없었던 학문의 다른 면을 깊이 있게 음미할 수 있었다. 마치 빨리 달리는 자동차를 타고 가면서 보던 풍경을 차에서 내려 걸어가면서 볼 때 느끼는 차이와 같을 것이다.

다음으로, 젊은 시절에는 취업 준비하느라 여념이 없어 가버린 학창 시절을 뒤늦게 아쉬워했는데, 마치 시간 여행을 하듯이 그 시절로 되돌아갈 수 있어서 좋았다. 특히 좋은 환경에서 젊은 학생들과 함께 어울리며 경쟁한 것은 소중한 경험이었다. 스스로 나이를 의식하지 않고 스스럼없이 어울린다면 젊은이들 편에서도 마음을 열고 격의 없이 대하는 것을 확인했다. 아울러 미국의 대학에서 서구 문화에 푹 빠져볼 수 있어서 즐거웠다. 바다 건너에 있는 서구 문화를 공부하는 것이 아니라, 그들의 땅에서 직접 그 문화를 접했고, 또 동양 문화에 대한 그들의 시각도 확인할 수 있어서 좋았다. 컬럼비아대학교의 코어 커리큘럼이 그런 기회를 제공했다. 그 과정을 통해서 서양문학의 정수를 공부하고 그들의 토론 문화에도 참여할 수 있었다. 작품에 대한 나의 의견을 제시하고 다른 의견을 경청하여 참신한 아이디어와 다양한 견해를 확인하는 등 소중한 경험을 할 수 있었다. 미국의 아카데미아를 경험한 것도 뜻깊은 일이었다. 독창성을 높이 평가하고 학문의 진실성을 중시하는 그들의 태도를 확인할 수 있었고, 연구에 임하는 그들의 진지한 자세와 철저함에 감탄하곤 했다.

그 외에도, 젊은 시절에 하고 싶었던 역사 공부에 전념할 수 있어서 매우 만족스러웠다. 한국사와 중국사뿐만 아니라 미국사, 로마사, 그리스 역사, 이스라엘 역사와 기독교 역사 등을 폭넓게 공부했고, 국내에서 접하기 어려운 해외의 연구 자료들을 널리 접근할 수 있어서 유익했다. 그리고 이러한 자료들을 통해서 역사를 보는 새로운 시각을 얻을 수 있어서 특별한 의미가 있었다. 이전에 중고등학교와 대학생 시절에 모두 세 차례에 걸쳐서 역사공부를 했다. 그렇지만 모두 시험 준비를 위한 공부였기 때문에 사실을 이해하고 암기하는데 그쳤을 뿐, 역사적인 사실들을 당시의 사회나 사람들의 생활과 연결 지어 생각하지 않았다. 교과서에 적혀 있는 대로 암기하는데 집중했을 뿐, 그러한 교과서의 해석과 견해가 과연 합당한 것인지 의문을 가져보지 않았다. 미국에서 한국 역사를 공부하면서 비로소 역사의식을 가지게 되었다는 점이 부끄럽다. 뒤늦게 역사를 공부하면서 많은 점에 관하여 문제의식을 가지고 궁리했던 일은 정말 소중한 경험이 아닐 수 없다.

끝으로, 문화생활의 기회를 가질 수 있어서 즐거웠다. 메트로폴리탄 미술관이나 MoMA를 자주 방문하여 풍부한 미술작품을 감상했고, 링컨센터를 방문하여 세계 정상급 메트로폴리탄 오페라의 공연을 여러 차례 감상할 수 있었다. 특히, 벨리니의 노르마를 보면서 흘린 감동의 눈물은 잊을 수 없다. 늦은 나이의 영어 공부가 비록 만족스럽지는 않지만, 부단한 노력으로 극복할 수 있었다. 되돌아보면 미국에서의 대학 생활은 성공적이었다고 생각된다. 덕분에 보석과도 같은 소중한 글들을 남길 수 있어서 기쁘다. 이제는 영문 자료 읽기가 한결 수월해졌고, YouTube 등 영어 콘텐츠 접근에도 어려움이 줄어들었으니 큰 소득이라고 하겠다. 영어 준비가 덜 되었을지라도 충분히 도전할 수 있음을 다른 이들에게 알리고 싶다.

작가 인터뷰

이 책을 쓰게 된 동기는 무엇인가요?

저한테는 개인적으로 늦은 나이에 공부를 결심한 것이 특별한 의미가 있었어요. 일종의 자아실현이라고 할까요? 그러고는 그 학업 성과를 기록으로 남기고 싶었어요. 젊은 학생들에게는 학업을 소개하는 안내자가 될 수 있고, 제2의 학업을 희망하는 사람들에게는 용기 있는 도전을 권유하는 격려자가 될 수 있겠다 싶어서 책 발간을 결심했어요.

검사와 변호사로 일하시다가 어떻게 미국 유학을 결심하게 되셨나요?

원래 검사 생활을 마치고 서울에 있는 대형 로펌에서 근무를 했는데 몇 년쯤 지나서 문득 스스로가 초라하게 느껴지더라고요. 일의 보람보다는 돈을 위해서 살고 있다는 생각이 들었어요. 부장검사 시절에 사법연수원 교수로 있었는데, 제자들이 수입과는 상관없는 의미 있는 일들을 하는 걸 봤어요. 굉장히 대견스럽기도 하면서 동시에 자책감이 들었어요. 주로 수임료가 높은 사건을 맡고 있던 저를 돌아보게 됐죠.

사실 이전에 바다에서 빠져 죽을 뻔한 경험을 했어요. '제주 바다에서 미리 찍어본 삶의 마침표'라는 에세이에 담겨 있는 내용인데요. 죽음을 목전에 두니 그동안 성취라고 믿었던 사회적 성공과 재산, 명성 같은 것들은 실상 떠오르지도 않더라고요. 아내와 자식들, 사랑하는 사람들의 얼굴만 떠올랐어요. 그때 '실제 내가 죽을 때에도 이렇겠구나'라는 걸 알았습니다. 그때부터 삶의 의미에 대해 고민하기 시작했죠. 덧없는 것들 말고 불변의 가치들을 찾아야 할 필요가 있다는 생각을 많이 했어요. 그 경험이 나중에 변호사를 그만두고 미국 유학길에 나서는 계기가 됐어요.

미국에서 역사학을 전공하셨는데, 왜 '역사학'을 택하셨나요?

학생 시절에는 사회적으로 성공하려면 법률을 공부하는 것이 제일 유리하다고 생각했어요. 그래서 사법시험을 봤지만 사실 마음속에는 역사나 사회 분야를 공부해 보고 싶다는 꿈이 늘 있었어요. 그리고 역사는 과거를 통해 현재와 미래에 대한 지혜를 얻을 수 있는 학문이라고 생각했기 때문에 공부하고 싶었어요. 그래서 컬럼비아대학교에서 역사학을 전공(major)하면서 동아시아 역사를 전문분야(specialization)로 정했어요. 한국 역사를 왜 미국에서 공부하느냐고 의아하게 생각할 수도 있지만, 나름대로 의미가 있었어요.

먼저, 국내에서 접하기 어려운 자료에 폭넓게 접근할 수 있는 장점이 있어요. 예를 들어서, 개화기에 일본에 주재하던 영국 영사가 강화도조약의 체결에 관하여 본국에 보낸 영문 보고서를 접할 수 있고, 또 한국전쟁 당시에 미군이 평양에서 획득한 많은 문서들이 있는데 이러한 자료에 접근할 수도 있지요. 다음으로, 역사를 보는 다른 견해를 접할 수 있어서 유익했어요. 그 예로서 해방 이후 한국의 상황에 대한 브루스 커밍스 교수의 시각이라든가, 제주 4·3사건과 재일 한국인들의 처지에 대한 테사 모리스의 시각 등을 들 수 있을 거예요.

그리고, 미국에서 공부하면서 역사학은 단순히 암기하는 과목이 아니라 토론을 통해 배우는 과목이라는 점을 알게 되었어요. 서로의 의견을 교환하면서 연구를 통해 진실을 찾아가는 과정이지요. 이전에 한국에서 세 번이나 한국사를 공부했는데요. 당시의 공부는 교과서에 쓰여있는 대로, 그리고 학교에서 가르치는 대로 암기해서 시험을 치기 위한 것이었어요. 그러다 보니 역사를 보는 저 자신의 의견은 없었던 것 같아요. 예를 들자면, 조선시대 병자호란과 관련해서 예전에는 김상헌이나 삼학사 등 척화론자들을 지조 있는 애국자라고 생각했어요. 교과서에 그렇게 쓰여 있고, 학교에서 그렇게 배웠기 때문이지요. 그런데 공부해 보니 당시에 끌려간 부녀자나 백성들이 50만 명이 넘더군요. 그런데도 왜 그 사람들의 불행과 애환에 관심을 갖지 않았을까 하는 자책감이 들더라고요. 이제는 그러한 불행에 보다 주목해서 당시 집권세력인 척화론자들의 무능함과 무책임을 보게 되었어요.

한국에서의 학업과 미국 유학의 가장 큰 차이는 무엇이었나요?

강의계획서 그대로 강의가 이뤄진다는 점이었어요. 첫 수업에 나눠주시는 강의계획서를 보니까 날짜별로 해야 할 과제, 진도, 준비해야 될 책들, 작성해야 할 페이퍼 등이 꼼꼼히 기록되어 있더라고요. 거의 모든 클래스가 강의 계획서대로 진행돼서 중간에 적당히 끝나거나 예외가 생긴 적이 없었어요. 아무리 학생 수가 많아도 시험을 보거나 페이퍼를 내면 반드시 피드백을 표시해서 돌려줘요. 채점 과정에서 어떤 평가가 이루어졌는지, 어떤 부분이 아쉬웠는지를 학생들에게 알려주는 거죠. 그래서 어떤 점이 부족하고, 어떻게 개선해야 하는지 구체적으로 알 수 있었어요.

한국에서는 한 번도 이런 피드백을 받아본 적이 없었거든요. 어떤 기준으로 평가가 이루어졌는지 알 수 없으니 교수님의 주관에 의한 결과가 아닌가 하는 생각이 들 정도였죠. 그래서 그런 점에 참 감탄했어요. 미국에서는 교수님이 표현까지 하나하나 짚어줄 정도로 상세하고 꼼꼼한 피드백이 이루어지는데, 이런 점은 우리나라도 배우면 좋을 것 같아요.

검사와 변호사, 그리고 미국 유학생으로서의 경험이 작가님의 세계관에 각각 어떤 영향을 미쳤나요?

검사 시절에 어떤 선배 검사로부터 들은 말이 있어요. "일단 법조인이 되면, 사법시험을 공부하면서 얻은 지식을 평생토록 우려먹는다"라는 자조적인 이야기였지요. 그런데 그 말이 일리가 있어요. 사실, 한국에서 일단 법조인이 되면 새로운 지식을 추구하기보다는 기존 지식을 앞세워 항상 자기가 옳다는 우월감에 빠져 살기 마련이지요. 법조인 시절에 저도 그렇게 살았어요. 그 후 늦은 학문의 경험을 통해서 이전에 가지고 있던 세계관이나 가치관이 많이 바뀌었어요.

먼저, 법률 문제에 관해서, 이전까지는 검사의 입장에서 사회질서를 우선하는 보수적인 견해를 가지고 있었어요. 그런데 공부를 하면서 이러한 입장이 크게 바뀌었어요. 예를 들어서, 미국에서 사형제도나 플리바게닝, 즉 답변협상 제도 등을 개인적으로 연구했는데요. 한국에 있을 때는 수사의 효율성이나 사회질서의 유지를 우선시하는 보수적인 입장이었어요. 그런데 자료를 폭넓게 조사하고 객관적인 입장에서 분석해 보니 과연 어떤 것이 인권보장에 꼭 필요하고 궁극적으로 정의로운 것인지 달리 보게 되더라고요.

그리고, 역사를 보는 눈이 크게 바뀌었지요. 이전에는 역사를 마치 관객의 입장에서 보았다고 할 수 있거든요. 그런데 이제는 그 시대 사람들과 함께 겪고 느끼는 동반자적인 시각으로 바뀌었다고 할 수 있어요. 역사를 공부하면서 강자의 시각으로 미화하고 왜곡한 거짓을 걷어낼 필요가 있다고 생각하게 되었지요.

끝으로, 학교에 다니는 동안에 개인적으로 인생의 의미라든지 삶에 있어서 가치 있는 것이 무엇인지 깊이 생각해 볼 기회가 있어서 뜻깊었습니다. 그래서 졸업 후에 귀국해서 종전의 대형 로펌 변호사 생활을 접고, 2015년부터 서울 북부지방법원 소속 국선전담 변호사로 2년간 일했습니다. 변호사를 선임할 여력이 없는 가난한 사람들을 변호하면서 큰 보람을 느꼈어요.

유학 생활 중 가장 어려웠던 점은 무엇이었나요?

아무래도 언어가 가장 문제였어요. 같은 연구 논문을 읽어도 미국 학생들보다 1.5배 정도의 시간이 더 필요하다 보니 학습 시간을 많이 확보해야 된다는 점이 버거웠어요. 게다가 저는 영어를 늦게 시작해서 실력이 좋지 못했어요. 그럼에도 불구하고 해낼 수 있다고 이야기하고 싶어요. 새로운 클래스가 시작할 때마다 저의 서툰 말솜씨를 들은 교수들의 얼굴에서 염려스러운 표정을 읽을 수 있었는데요. 글을 쓰는 게 저한테는 큰 도움이 됐어요. 페이퍼를 한두 번 제출하고 나니까 늦깎이 외국인 학생을 염려하던 교수님들의 눈빛이 달라지는 걸 느꼈죠. 법조계에서 일하면서 논리적으로 생각하고 글을 썼던 경험이 도움이 많이 됐어요. 매 과목마다 이번

엔 어떤 글로 교수님을 사로잡을까 고민했던 기억이 나네요. 결국 학기말 시험을 볼 때쯤이면 다른 학생들과 대등하게 경쟁할 수 있는 위치까지 올라갔던 것 같아요.

작가님이 생각하는 교육의 힘은 무엇일까요?

넬슨 만델라는 아이들, 특히 가난한 아이들에게 교육이 중요하다고 말했는데요. 사실 저도 어릴 때 굉장히 가난했어요. 교육이 아니었다면 아마 그 힘든 상황을 극복할 방법이 없었을 거예요. 저는 교육이 인생의 여러 장애물을 극복하고 더 넓은 세상으로 나아가게 해준다고 믿어요. 교육은 사람들마다 가진 고유의 재능을 찾을 수 있게 해주죠. 그게 결국 사회 전체가 발전할 수 있는 동력으로 이어지고요. 문화적으로는 선조들의 찬란한 유산과 역사가 소멸되지 않게 이어지도록 해주는 힘이라는 생각도 합니다.

책 출간 이후 새로운 목표가 있다면 무엇인가요?

컬럼비아 대학에서 쓴 페이퍼 중 일부를 모아 글을 쓰다 보니 어느새 작가의 길도 걷게 되었는데요. 유학생으로서의 경험이 저를 '꿈꾸는 개척자'로 살아가도록 하는 것 같아요. 이번 책에 수록하지 못한 글을 모아서 후속 책도 발간할 계획이고, 책 번역도 이어나갈 생각이에요. 기회가 된다면 진리를 찾아가는 여정에 대한 글도 써 보려고 해요.

인생 후배들에게 한 말씀 부탁드려요.

제가 쓴 글이 도전할 수 있는 하나의 계기가 됐으면 하는 바람이 있어요. 이와 관련해 세 가지 정도를 말씀드리고 싶은데요.

첫 번째는 이제부터는 자기 자신을 위해서 살아보라는 거예요. 많은 사람들이 가족이나 소속된 회사에 기여하느라 자신을 돌아볼 겨를 없이 살잖아요. 지금부터

라도 자기 자신을 위해서 살아보세요.

두 번째는 늦지 않았으니 지금 도전하라고 말씀드리고 싶어요. 어떤 일이든 반드시 도전할 만한 가치가 있어요. 물론 여러 가지 어려움이 따르겠지만, 그 과정을 극복하면 분명히 소중한 것을 얻게 되거든요. 그리고 나이가 들어서 뭘 한다는 것이 꼭 불리한 것만도 아니에요. 연륜에서 비롯되는 안목이라던가, 젊은 시절에 미처 볼 수 없었던 깊이가 존재하거든요.

세 번째는 학문의 즐거움에 푹 빠져 보시라는 거예요. 시험을 위한 공부 말고요. 더 넓은 세계로 나가면 그것과는 다른 배움의 길이 있어요. 그 학문의 바다로 가서 진정한 배움의 즐거움에 빠져 보기를 권해요.

작가 홈페이지

흔들릴 것도, 아쉬울 것도 없을 때 떠나라
컬럼비아 대학에서 늦은 공부하기

발행일 2024년 11월 7일

지은이 이홍훈
펴낸이 마형민
기획 신건희
편집 곽하늘 조도윤 최지민
디자인 김안석 조도윤
펴낸곳 (주)페스트북
주소 경기도 안양시 안양판교로 20
홈페이지 festbook.co.kr

ⓒ 이홍훈 2024

ISBN 979-11-6929-608-3 03810
값 21,000원

* 이 책은 저작권법에 의해 보호를 받는 저작물이므로 무단 전재와 무단 복제를 금합니다.
* (주)페스트북은 작가중심주의를 고수합니다. 누구나 인생의 새로운 챕터를 쓰도록 돕습니다.
  creative@festbook.co.kr로 자신만의 목소리를 보내주세요.